# 사고의 용어사전

# 사고의 용어 사전

## Glossary of Thinking

나카야마 겐 지음
박양순 옮김

북바이북

# 철학의 무대

철학이란 무엇인가. 프랑스 사상가 질 들뢰즈는 새로운 개념을 만드는 행위라고 답한다. 하지만 그가 전혀 새로운 개념을 추구하고자 한 것은 아니다. 그보다는 저 긴 철학의 역사 속에 잠들어 있는 개념들을 흔들어 깨워 다시 무대에 세워 새로운 역할을 연기할 수 있도록 힘을 쏟는다. 자, 모두 일어나라, 나갈 차례다.

들뢰즈는 자기 책을 개념이 담긴 '상자'가 아니라 개념의 장치로 읽어주길 바란다고 말한다. 책을 '상자'로 읽으려는 사람은 상자 속에 무언가 '의미'가 숨겨져 있다고 여긴다. 그래서 부스럭거리는 소리가 뭔지 밝혀내려 한다. 그리고 마침내 상자에 대한 상자, 책에 대한 책에 온통 생각을 빼앗긴다. 하지만 들뢰즈가 중요하게 생각하는 것은 그런 것들이 아니다. 이미 형성된 개념에 대해 그 의미와 기능에 반하는 내용을 강요해서라도 그것이 새로운 의미와 역할을 연기해주길 바랐다. 여기서 철학이란 무엇인가라는 물음에 다시 생각해본다. 결국 철학하는 행위는 낡은 개념들을 위해 새로운 무대를 만들어주는 게 아닐까.

이 책 또한 그런 책이라고 생각해주었으면 좋겠다. 철학의 역사라는 풍성한 장난감 상자 속에서 번쩍거리는 금속 병정과 곰 인형을 들춰내듯이 여러 개념을 끄집어낸 책, 그렇게 함께 생각해보는 책이라고 말이다. 여러 철학자가 제각기 파헤친 개념들을 다시 끄집어내어 빛을 비추어보자. 어떤 역할을 연기할 것인가. 분명 가슴을 뛰게 하는 철학이 시작될 것이다.

이런 철학개념들은, 칸트의 말을 빌리면 '철학적 요소'라고 한다. 철학적 요소는 경험으로 증명되는 것이 아니라 우리가 생각하는 문제 자체를 구성하며, 우리가 철학을 하는 데 기본이 되는 것들이다. 이 책에는 여러 가지 개념, 즉 철학적 요소가 등장한다. 인형뿐만 아니라 사다리도 쇠망치도 등장할지 모른다. 서양철학이라는 장난감 상자와 도구 상자에는 2,500년 동안 쌓인 놀랄 만한 것들로 가득하기 때문이다. 부디 마음껏 감탄하고 감동하시길.

철학적 요소를 최초로 거론한 것은 그리스 철학이다. 그러므로 이 책에서도 각각의 개념들을 가능한 한 그리스어와 이를 이어받은 라틴어의 어원적 근거로 되돌아가 생각하고자 하였다. 처음 제기된 문제의 형태를 살펴보는 것은 매우 중요하다. 출발점에 따라 이후 변화 양상이 달라지는 경우가 많기 때문이다. 또한 어원으로 돌아가면 다른 개념과의 관계가 투명하게 보이는 이점도 있다. 아! 그게 친족관계였구나 하고 번역어로는 보이지 않는 부분이 보이지 않겠는가.

물론 이 책은 서양의 철학개념이 중심이 된다. 철학적 요소가 그리스에서 가장 분명하게 이루어졌고, 그 후 현대철학에 이르기까지 하나의 전통 속에서 끊이지 않고 발전해왔기 때문이다. 그리스 철학과 이를 계승한 서양철학만이 보편성을 지향해온 것은 아니지만 가장 알기 쉬운 형태로 제시된 게 사실이다.

철학사에서는 하나의 개념이 어느 시기에 갑자기 중요한 '문제'로 대두되어, 철학자들의 주의를 끄는 일이 있다. 철학사를 보면 여러 사상 체계 속에서 특정 개념이 돌연 빛을 발하는 예를 볼 수 있다. 그때까지 두드러지지 않던 개념이 갑자기 중요한 철학적 요소로 다가오는 것이다. 수수께끼 투성이다. 내가 이 책에서 그려보려는 것은 역사에 등장한 많은 철학적 요소, 개념들의 '모험'이자 오디세이이다.

이 모험은 두 가지 문제를 중심으로 이뤄진다. 철학의 보편성, 그리고 욕망과 타자의 문제이다. 우선 보편성 문제는 그리스에서 시작된 철학이 동양에서 서양철학을 생각하는 우리에게 얼마만큼 보편성을 지니는가의 문제이기도 하다. 동양에서 철학을 하는 데에는 늘 뭔가 미묘한 당황스러움이 따른다. 실제 서양철학에서는 서양 특유의 지방성 혹은 풍토성이 있게 마련이고, 서양 문화권 바깥에 있는 나(를 포함한 우리)는 그 풍토성을 그대로 받아들이기 힘들다.

서양철학의 고유한 풍토성을 어떻게 보편적인 것으로 바꾸어나갈 수 있는가. 이는 서양과 다른 풍토에서 태어난 우리에게 특히 중요한 문제이다. 당연히 서양철학 내부에 있는 사람들에 비해 매우 절실한 문제일 것이다. 동양에서 태어난 우리가 서양철학의 문제를 배우고 소화하는 데에는 분명 핸디캡이 있다. 하지만 그렇기 때문에 우리는 오히려 서양철학의 보편성 문제를 연구할 수 있는 좋은 처지인지도 모른다. 동양에서 철학을 배우고 사물을 생각하는 우리는 철학적인 사고에서 불리한 입장일지도 모른다. 하지만 이를 '자극제'로 활용할 수는 없는가. 이 책은 그 점에 관해서도 끊임없이 방법을 생각해본다.

다음은 욕망과 타자의 문제이다. 그리스 이래 철학은 '자기를 안다'는 행위와 따로 떼어서 생각할 수 없는 것이었다. '나는 누구인가'는 두 가지 관점에서 생각할 수 있다. 하나는 자기 욕망에 충실하며 자신이 좋아하는 자신을 만들어가는 것이다. 자신을 부정하지 않고 욕망을 키우고 연마하며 철학을 통해서 자신의 행복을 만들어가는 것으로, 아리스토텔레스부터 스토아학파, 스피노자에 이르는 철학의 중요한 전통이다.

분명 철학의 목적 가운데 하나는 자기 욕망을 키워나가면서 행복해지는 것이다. 이를 부정하지 않는다. 살아가는 것도 사고하는 것도 기쁨이어야 하기 때문이다. 하지만 이런 욕망만으로는 자기를 제대로 파악할 수 없다. 자기는 단독으로 성립하는 것이 아니라 타자의 힘으로 태어나 타자에 의해 키워지기 때문이다. 타자의 문제는 자기 형성에 있어서 자기 욕망에 앞서 존재하는 것이다. 타자는 욕망이라는 철학적 요소로 다룰 수 없다. 자기 문제를 생각하기 위해서는 욕망의 측면에서 출발하여 자기 욕망에 이질적인 타자라는 측면을 계속 생각할 필요가 있다. 결국 보편성과, 욕망과 타자라는 두 가지의 철학적 요소는 이 책에서도 타원의 두 개 초점처럼 대립하면서 서로 끌어당긴다.

여기서는 모두 100항목의 개념을 다룬다. 어디든, 마음에 드는 곳부터 읽어도 상관없다. 하나의 개념이 어떻게 빛을 발해 어떻게 다른 개념과 연결되어 가는가. 이런 생각을 통하여 (들뢰즈의 말을 빌려 말하자면) 우리 사고의 장에 새로운 '주름'이 생기고 새로운 세계가 보이게 된다. 그리고 오늘날 생각하지 않으면 안 되는 문제들의 상이 '무대' 위에 드러나게 된다. 바로 낡은 개념들의 새로운 역할이다. 다시 한번 불러보자. 자 모두 일어나라, 나갈 차례다.

이 책은 치쿠마쇼보 출판사의 편집부장 이자키 마사토시井崎正敏 씨의 기획으로 이루어졌다. 그는 책의 구성에서 내용까지 세세한 도움을 주었다. 또한 니키 마리二木麻里 씨는 문장과 문체에 관해 귀중한 조언을 해주었다. 두 분의 도움이 없었다면 책을 완성하지 못했을 것이다. 이 책은 세 명의 공저인 셈이다. 두 분에게 마음 깊이 감사한다.

# 문고판을 내며

『사고의 용어사전思考の用語辭典』이라는 제목으로 단행본이 처음 출판된 것은 2000년 일이다. 당시 책은 하나의 완성된 사상용어 사전이기보다는 철학적인 사고를 위한 사전이었다. 명사 '사상'이 아니라 '사고(하다)'라는 동사의 의미를 제목으로 붙인 것도 그 때문이다.

책에 실린 항목은 철학의 기본적인 개념들로서, 생활 속에서 그 개념들을 어떻게 사용하며 사고할 것인가를 보여주고자 하였다. 이러한 의미에서 이번 문고판에서는 '살아 있는 철학을 위하여'라는 부제를 덧붙였다.

2005년에는 이 책의 자매판이라고 할 수 있는 『고교생을 위한 평론문 키워드 100』(한국어판 『논술 시험에 꼭 나오는 키워드 100』)이라는 책을 펴냈다. 이 책과 마찬가지로 철학과 사상을 중심으로 한 개념 100항목을 선정하여 실제로 논술에서 어떻게 쓰이는가를 검토하며 의미를 생각하는 책이다.

또한 사고를 위한 용어가 아니라 현대 사상용어 자체를 모아서 고찰한 책이 2006년에 펴낸 『사고의 토포스』이다. 철학적인 사고가 위기에 처해 있는 오늘날 우리가 직면한 갖가지 문제를 생각하는 데에 도움이 될 만한 개념을 모아본 것이다.

이 책들을 출간한 뒤에 다시 읽을 때마다 수정하고 싶은 부분이 생긴다. 그러나 이미 하나의 개성을 갖추고 있어 전부 다시 쓰는 것이 아니라면 손을 대는 게 무리라는 느낌이 든다. 이 때문에 이번 문고판을 내면서도 최소한으로만 고쳤다.

다만 이번에 다시 읽으면서 새롭게 느낀 것은 가능한 한 이 책은 처음 항목부터 순서대로 읽어주었으면 하는 것이다. 처음에는 새 항목마다 새로운 길이 개척된다. 3분의 1정도 읽어나가다 보면 이제 개척된 길의 전체상이 펼쳐진다. 그리고 후반부에서는 개척된 길과 길이 서로 연결된다. 각각의 연결고리를 이어감으로써 지금까지 파악할 수 없었던 광경의 전후관계와 전체를 두루 볼 수 있게 되리라는 것이다.

이렇게 구성되어 있어서 뒷항목부터 읽으면 너무 간략히 서술하고 있는 듯한 인상을 받을지 모른다. 사전의 성격을 띤 만큼 어느 항목부터든 읽을 수 있지만 처음부터 읽어나가는 편이 이해하기 쉬우리라 여겨진다.

이 책의 문고판 출간에 즈음하여 문고판 편집부의 다카야마 요시키 高山芳樹 씨가 부제선택 등 많은 도움을 주었다. 감사 인사를 전한다.


2007년 정월 나카야마 겐

# 사 고 의 용 어 사 전  차 례

# 놀이
**game, jeu, Spiel**

언제부터 우리는
'놀이'와 '일'을 대립적으로
생각하게 되었을까.
근대 자본주의 이후이다.
그전까지는 이렇게 완전히
갈라놓지는 않았던 것 같다.

인간을 호모 루덴스Homo Ludens, 즉 놀이하는 동물이라고 정의한 이는 하위징아J. Huizinga이다. 하지만 '인간은 무엇이다'라고 단정짓는 것은 좋은 버릇이 아니다. 인간은 무엇 무엇이다. 자, 인간은 동물과 다르지 않은가. 알게 모르게 이렇게 교만과 거만이 배어나오기 때문이다. 그리고 실제로 정말 인간은 우월하다고 믿어버린다. 나는 그렇게 유희와 거리가 먼 인간은 되고 싶지 않다.

그보다는 『료진히쇼梁塵秘抄』(일본 헤이안 시대의 가요집―옮긴이)에 나오는 "놀기 위해 태어난 인생인가"라는 노래 구절이 훨씬 마음에 든다. 누구라도 사실은 놀고 싶은 법인데 노는 것은 나쁘고, 일하고 노력하는 것이 중요하다고 굳게 믿는다. 나도 예외는 아니다. 철학의 역사에서도 마찬가지다. 놀이보다는 노동이나 부정성否定性을 중시하는 형이상학이 주류를 이룬다. 그래서 철학은 도무지 까다롭게만 느껴져 '경원'시된다. 하지만 철학의 역사를 들여다보면 놀이를 중시하는 흐름이 분명히 존재했었다.

그리스 시대에 놀이는 경기(아곤[agon])와 비견할 만한 중요한 거리였다. 헤라클레이토스도 말했듯이 노는 데 열중하고 있는 아이들은 마치 시간을 관장하는 신과 같다. 시[詩]나 광기, 정열과 마찬가지로 놀이(유희)는 신적인 영역으로 인도해주는 중요한 통로라고 보는 전통이 있다. 반면에 놀이란 아이가 어른을 흉내 내는 것이며, 어른사회나 어른문화로 들어가기 위한 과정에 불과하다고 보는 견해도 있다. 여기서 놀이는 인간사회의 '진지한' 행위로서는 가치가 없는, 진지한 영역 바깥에 존재하는 말초적인 것이다.

두 가지 전통은 상반된 것이다. 하지만 놀이와 진지한 행위가 딱히 충돌할 소지가 있는 것은 아니다. 하위징아는 인간의 문화란 모두 놀이의 산물이라고 주장하기까지 했다. 원시사회의 수렵이나 채집에 어느 정도 놀이 요소가 있었던 것도 그렇다.

그렇다면 언제부터 우리는 '놀이'와 '일'을 대립적으로 생각하게 되었을까. 근대 자본주의 이후이다. 그전까지는 이렇게 완전히 갈라놓지는 않았던 것 같다.

철학에서 노동의 의미를 명확히 한 이는 헤겔[G.W.F. Hegel]이다. 그가 생각하기에 인간이 언어를 사용하고, 도구를 써서 자연을 변화시키고 생산하여 타자와 법적인 관계를 맺음으로써 이를 바탕으로 사회와 국가가 성립한다. 즉 인간이 '도구로써 자연에 작용을 가하'는 노동행위야말로 문화를 형성하는 중요한 원동력이라는 것이다.

헤겔은 자연을 상대로 벌이는 인간의 노동이 정신 또는 문화를 만들어낸다고 보았다. 이는 서양철학의 기본 인식이라고도 할 수 있다. 인간과 동물의 차이가 분명해진다. 또한 정신은 자연과 대립하는 요소가 있다. 즉 인간은 동물과 어떻게 다른가, 인간의 문화는 자연과 어떻게 다른가 하는 차이를 사고하는 것이 서양 형이상학의 기본적인 사고이다. 이것은 뒤에 노동의 의미를 짚는 단계에서 매우 중요한 요소가 되므로 기억해두기 바란다.

좀더 들어가보자. 놀이의 운명을 쥐고 있는 것은 아무래도 노동이라는 느낌이 들 것이다. 그렇다. 자본주의 사회가 완성되는 과정에서 노동은 도덕적인 의미를 지니게 된다. 자본주의가 어떻게 해서 서양사회에서 생겨났는지 계속 물어온 사람 중에 베버M. Weber가 있다. 그가 재미있는 말을 했다. 영국 국왕이 국민의 오락을 옹호하자 청교도인들이 '미친 듯이 항쟁했다'는 것이다. 조금 인용해보면 이렇다.

> '귀족적'인 스포츠든, 서민들이 댄스홀이나 술집을 찾는 일이든, 직업으로서의 노동이나 신앙을 잊게 해주는 충동적인 쾌락은 그 자체가 합리적인 금욕주의의 적으로 간주되었다.
>
> ― 베버, 『프로테스탄티즘의 윤리와 자본주의 정신』◆

인간이 자신의 욕망을 누르고 노동하는 것, 그리고 그 생산물을 자신의 욕망을 위해 소비하지 않고 축적하는 것이 신에게서 부여받은 인간의 사명이라고 여기는 것이 프로테스탄티즘의 윤리이다. 서양사회에서 자본주의가 형성되기 위해서는 이런 윤리가 필요했다고 베버는 말하고 있다. 이러한 노동이 신앙과 손을 잡았다. 인간은 동물과 다르다, 그러니 부지런히 일하자. 이렇게 된 것이다.

---

◆ *Die protestantische Ethik und der Geist des Kapitalismus*

이렇게 노동은 도덕적이며, 노는 것은 도덕에 반하는 반사회적인 것으로 여겨지게 되었다. 그리스 시대까지 인식되어온 놀이의 중요성도 잊혔다. 근대 초기에 범죄자나 광인들에게 무의미한 노동을 부과한 예도 널리 알려진 바 있다. 노동의 내용과 상관없이 일단 노동을 하게 되면 사람은 도덕적인 존재가 된다고 믿었다.

숨이 막혀온다. 하지만 서양철학에서 놀이의 가치를 잊지 않은 사상가도 분명히 존재했었다. 이를테면 실러J. C. F. von Schiller이다. 칸트와 같은 시대 인물인 실러는『인간의 미적 교육에 관한 서한』♦에서 이렇게 밝힌 바 있다. 인간은 유희에 젖어 있을 때 비로소 진실한 인간이 된다. 노는 인간이야말로 인간의 본질을 최고 수준으로 발휘한다고. 짝짝(박수)

하지만 바꾸어서 말하면 실러의 놀이관은 놀이에조차 인간의 '본질'을 발휘해야 한다고 요구하고 있다. 그렇다. 말꼬리를 잡고 늘어질 생각은 없지만 이것 역시 놀이의 참뜻을 망각하고 있는 게 아닌가 싶다. 실러의 놀이관은 알게모르게 인간의 본질에 관한 철학적 전통의 무게에 짓눌려 있는 듯하다.

실러든 누구든 융통성이 없어서일까. 놀이적 사고가 느껴지지 않는다. 이쯤에서 마지막 카드인 니체F. W. Nietzsche에게 기대를 걸어보자.

놀이는 무용한 것. 이것은 권력에 만연한 이상에 불과하며, '어린아이' 같은 것이다. 신의 유아성, 깔깔거리며 웃는 아이.
— 니체『권력에의 의지』♦♦

바로 이것이다. 신의 유아성, 깔깔거리며 웃는 아이. 『차라투스트라는 이렇게 말했다』♦♦♦의 마지막 부분에는 아이가 등장한다. 천진난

만하게 노는 아이는 도덕이라는 요소에 의해 더럽혀지지 않은 세계와의 관계를 의미한다. 르상티망(원한) 없는 행위, 세계를 그대로 긍정하는 본능이다.

서양 역사는 르상티망과 도덕의 오욕으로 더럽혀졌다고 니체는 생각했다. 그의 영원회귀 사상은 모든 것을 그대로 긍정하는 강한 의지를 의미한다. 니체는 인간의 최고 행위를 유희로 보았다. 더욱이 실러처럼 유희를 본질과 철학적 사유로 옭아매지 않았다.

이같은 19세기 니체의 유희사상을 20세기에 이어받은 이가 바타유 G. Bataille이다. 바타유는 니체가 자신과 너무나도 똑같은 생각을 이미 내놓았기 때문에 자신이 따로 철학서를 쓸 필요가 없을 것 같다고 했다. 하지만 니체와 마찬가지로 그도 유희에 관해 여기저기서 생각을 밝힌다. 바타유에 따르면 생산과 관계없는, 유용성이 결여된 놀이야말로 인간에게 지고至高의 행위이다.

지고의 행위는 일종의 유희이다. 우리들은 모두 놀이라고 하면 아이들의 놀이 같은 부정적 이미지를 떠올린다. 그러나 지고의 행위는 위대한 유희의 완벽한 이미지이다. — 바타유 『지고성』◆◆◆◆

바타유에게 "인간이란 하나의 유희이다"같은 책. 유희적 요소를 부정하고 생산과 축적만을 중시하면 사회에 큰 재앙이 온다는 것이다. 바타유는 그 근거를 밝히지 않았다. '근거 없는' 확신이다. 그래서 더욱 의미심장하지 않은가.

---

◆ *Briefe über die ästhetische Erziehung des Menschen*   ◆◆ *Der Wille zur Macht*
◆◆◆ *Also sprach Zarathustra*   ◆◆◆◆ *Souveraineté*

# 뜨겁다/차갑다
## chaud/froid

뜨거움과 차가움을
단순한 피부 감각이 아니라
공간에서 이뤄지는
물질운동으로 본 사람들이
있다. 17세기 산업혁명기의
영국 과학자들이다.

뜨겁다, 차갑다는 감각이 아닌가. 철학사전에 등장하는 것은 이상하지 않은가. 사실이다. 하지만 니체 이래로 신체 감각도 철학의 중요한 주제로 다루어지고 있다. 추상적 개념뿐만 아니라 사고 영역을 넓혀 좀더 풍성해지려면 여러 영역으로 손을 뻗쳐보는 게 좋지 않겠는가. '이성의 타자'라고 할 수 있는 신체 영역에는 우리가 아직 경험하지 못한 세계가 숨어 있을지 모른다.

우선 과학부터 거슬러 올라가보자. 뜨거움과 차가움을 단순한 피부 감각이 아니라 공간에서 이뤄지는 물질운동으로 본 사람들이 있다. 17세기 산업혁명기의 영국 과학자들이다. 베이컨F. Bacon과 보일R. Boyle은 공간 내부의 분자운동을 연구하였다. 일정한 공간에 포함된 분자 간의 충돌운동이 공간 자체에 일정한 온도를 형성하여 '뜨거움'을 만들어낸다는 이론이다.

이는 상당히 복잡한 이야기다. 연소 개념을 거쳐 물리학적인 열이 온도로 감지되기까지의 일련의 과정은 쉽게 이해할 수 있는 내용이 아니다. 하지만 공기의 온도 변화를 공간 내의 분자운동과 연관지어 생각한 점은 매우 신선하다.

때마침 사회는 중세 이후 계속된 오랜 '정체적 안정'에서 벗어나 서양의 자본주의 사회가 격동기로 접어들 무렵이었다. 그 사회에서 인간은 분자운동과 마찬가지로 활발한 움직임을 보였다. 그리고 사회 전체가 열기를 띠면서 발전하게 된다. 공간 내부의 분자운동이 열을 만들어낸다는 물리법칙과 거의 흡사하지 않은가. 사회는 발전한다. 어떻게? 사회 내부에 스스로 발전을 유도하는 원동력이 존재하기 때문이다. 바로 이런 인식이다.

실제로 이렇게 급속히 발전하게 된 사회적 원동력은 과연 무엇일까. 열을 만들어내는 분자운동처럼 사회 내부에도 실제로 무언가가 존재하는 것일까.

이런 생각을 한 이가 19세기 마르크스K.H. Marx이다. 그는 사회의 '뜨거움'을 '인간 생산력의 발전 원리'라는 관점에서 설명했다. 마르크스는 인간의 역사를 투쟁의 역사라고 보았다. 생산수단의 발달과 그로 인한 모순이 사회계급 간의 투쟁을 초래한다. 그리고 이것이 사회의 발전을 추진해나간다고 보았다. 투쟁이 알력을 낳고 이 과정에서 사회가 발전한다는 이론은 분명 보일의 원리를 연상시킨다. 분자충돌이 공간 내부에서 열을 만들어내듯이 생산력의 발전이 사회모순을 불러일으킨다. 지금 우리가 이 논리를 받아들이느냐 마느냐는 별개의 문제이다. 마르크스의 역사관은 사실 객관적이며 과학적인 '진리'를 내세운다. 이를테면 물리법칙처럼 말이다. '과학'은 근대 서구문화의 위대한 마술과도 같다.

그러나 다른 견해를 가진 인물이 나타난다. 20세기 레비스트로스 C. Levi-Strauss이다. 그는 사회의 '뜨거움'을 발전의 결과로 파악하면서도 역사적 '진보'와는 따로 떼어서 생각했다. 그는 문화인류학자답게 자신이 속한 서구문화를 날카롭게 바라보는 시각을 지닌다. '과학성'을 신봉하는 마르크스적 신앙에 의심을 품은 것이다.

원시적 사회는 '역사'도 없으며, 자본주의 사회인 서구사회만이 진보한다고 믿었던 당시 진보사관에 레비스트로스는 의문을 품었다. 사회형태가 다를 뿐, 서구사회가 진보된 사회는 아니다. 단지 '뜨거운 사회'에 지나지 않다는 것이다. 그의 유명한 『야생의 사고』◆를 조금 읽어보자. 거기에는 '차가운 사회'와 '뜨거운 사회'에 관한 설명이 있다.

차가운 사회는 어떤 제도적인 장치를 마련하고 이를 통해 역사적인 요인이 사회의 안정과 연속성에 미치는 영향을 자동적으로 제거하려 한다. 뜨거운 사회는 역사적 생성 과정을 사회 내부에 끌어들여 그것을 발전의 원동력으로 삼는다. — 레비스트로스『야생의 사고』

상당히 독창적이지 않은가. 더욱이 서구사회를 '앞선' 사회, '좋은' 사회라고 보는 것은 착각에 불과하다는 결론에 이른다. 그에 따르면 '원시적 사회'는 역사가 없는 것처럼 보이나 그 사회가 뒤떨어져서가 아니라 서구 자본주의와는 다른 원리를 따르기 때문이다. 이른바 원시적 사회는 정밀한 사회구조를 통해 사회 갈등과 '발전'을 억제한다. 즉 '차가운 사회'에 해당한다. 이 관점은 서구에서 생겨난 이론이지만 전체 사회 연구에 커다란 돌파구가 되었다.

레비스트로스는 서구문화권 이외의 다른 사회집단을 조사한 결과, 차가운 사회는 적절히 발전 요인을 제한해왔다고 생각하게 되었다. 집단 내부나 집단끼리는 대립과 갈등이 존재하게 마련이다. 이것이 단순한 대립을 넘어 사회에 '발전'을 가져오는 요인이 된다고 가정할 때, 이 요인을 제거하면 '발전' 없는 사회가 만들어진다는 것이다. 레비스트로스의 참신성은 그때까지 부정적으로 여겨온 사회 요인들을 그 사회의 '예지'로 보았다는 점이다.

그러나 이는 마르크스주의 역사관에 정면으로 찬물을 끼얹는 결과를 가져왔다. 『야생의 사고』*는 당시 마르크스주의와 마르크스 옹호파인 사르트르 J. P. Sartre와의 격렬한 논쟁으로 이어졌다. 마르크스주의에서 역사는 공산주의 사회를 향한 진보라고 보았기 때문에 논점이 된 것은 당연하다.

'뜨거운 사회'와 '차가운 사회'를 대비시킨 레비스트로스의 개념도 어딘가 마르크스주의적 역사관과 통하는 부분이 있다. 서구사회는 '발전하는 사회', 서구 이외의 사회는 '정체된 사회'로 보는 것 자체가 마르크스와 일치하기 때문이다. 이 점에 관해서는 레비스트로스 자신도 후에 『구조인류학』**에서 인정하고 있다. 하지만 그의 이론이 갖는 의의는 변함이 없다.

그러면 마지막으로 우리가 사는 현대사회의 환경적인 '뜨거움'에 관해 생각해보자. 인류의 활동이 온실효과를 가져오는 가스 방출량을 증대시켜 지구를 뜨겁게 하고 있다. 레비스트로스의 '차가운 사

---

◆ *La pensée sauvage*　　◆◆ *Anthropologie structurale*

회'도 예외는 아니다. '뜨거운 사회'에 비해 양은 적지만 열을 만들어
내는 것은 마찬가지이다. 문제는 열의 '과잉'이다.

이 문제를 일찍이 인식한 사상가가 있다. 바타유이다. 그는 그때
까지 당연시되었던 '희소성' 중심의 경제학에서 탈피하여 '과잉성'
중심의 경제학으로 시점을 바꿀 필요가 있다고 역설하였다. 놀라울
정도로 예리하다. '과잉성'이라니? 결국은 이런 이야기다. 가령 지
구 전체의 열수지로 보면 환경보호 활동도 자연 파괴 행위가 된다.
즉 폐기물을 재활용하기 위해 여분의 에너지를 쓰면 열수지는 더 한
층 증가할 뿐이다. 충격적인 사실이 아닌가. 그러나 바타유는 이런
사실을 미리 예견하고 있었다. 조금 읽어보자.

> 생산활동은 그로 인한 주위의 갖가지 영향과 변화까지 모두 고려해
> 야 하지 않을까. 다시 말하면 인간의 생산과 지출 방식은 전체를 놓
> 고 연구해야 할 필요가 있는 것은 아닐까. ─ 바타유 『저주의 몫』♦

생산활동은 인간에게 잉여의 부를 가져다준다. 바타유에 따르면
그런 부의 처리 방법이 중요하다는 것이다. 지구 전체가 뜨거워지고
있는 오늘날, 태양에서 얻은 에너지의 '처리 방법'을 바타유에게서
다시 배워야 하지 않을까.

---

♦ *La part maudite*

# 아날로지
## analogy

---

**아날로지는 확실한 추론을 이끌 수 없는 대상에까지 넓혀서 추론한다. 고대 그리스 철학 텍스트는 온통 아날로지로 가득하다.**

아날로지는 '유사'나 '유추'에 해당한다. 그리스어로는 아나로기아<sup>analogia</sup> 또는 아나로곤<sup>analogon</sup>이라 하며, 원래 '비율(로고스<sup>logos</sup>)에 따라'라는 의미이다. 이것이 처음 등장한 것은 어느 분야일까. 바로 수학의 비례이다. A와 B의 비율이 C와 D의 비율과 같을 때 ABC의 값에서 D의 값을 구한다. 아, 그렇지. 오랜만이라 반갑다.

고대 그리스 때부터 A대 B는 C대 D와 같다고 보는 것은 철학에서 중요한 사고방법으로, 꽤 편리하게 쓰인다. A와 B의 관계에 견주어 C에서 D를 추론한다. 플라톤이 즐겨든 예가 있다. "선장과 항해술의 관계는 잘 알려져 있다. 철학자와 철학을 다루는 기술 관계도 이에 견주어 추론 가능하다." 이것이 아나로기아다. 구성요소는 A B C D 네 개이다. 아리스토텔레스가 『니코마코스 윤리학』에서 지적했듯이 아나로기아는 4개 항으로 이루어진다.

철학적인 추론 원리에서는 연역과 귀납이 유명하다. 아날로지도 비슷하지만 그것들보다 좀더 유연하고 널리 쓰인다고 할 수 있다. 즉 활용폭이 더 넓다. 연역이나 귀납은 기존의 사실을 전제로 미지의 사실을 확실하게 추론하려 한다. 그러나 아날로지는 확실한 추론을 이끌 수 없는 대상에까지 넓혀서 추론한다. 고대 그리스 철학 텍스트는 온통 아날로지로 가득하다.

그러나 철학적 논의는 반드시 논리학처럼 정확하고 확실한 추론만을 다루지는 않는다. 우리가 무언가를 생각할 때 아날로지, 즉 유추할 수밖에 없고 또 그래야만 한다. 아날로지는 철학적 논의를 발전시키는 중요한 양분이 되기 때문이다. 하지만 문제는 그것이 오류의 원인이 되기도 한다는 것이다.

그렇다. 아날로지는 유용하면서도 위험한 원리이다. 그러므로 우리는 아날로지를 정반대의 양 방향에서 다룰 필요가 있다. 확실한 추론의 경계선을 대담하게 뛰어넘어 과감한 아날로지를 시도하는 한편, 그런 시도의 한계와 맹점을 끝까지 캐내는 것이다(칸트의 『논리학』은 아날로지에 대해 크게 경고하고 있다. 시간이 되면 꼭 읽어보도록).

예를 들어보자. 과감한 아날로지 하면 바로 생각나는 인물이 프로이트S. Freud이다. 그는 인간의 '마음'을 하나의 '장치'로 보았다. 그리고 그 장치의 내부에서 작동하는 여러 가지 힘을 생리학과 심층심리학 영역에서 따로 떼내어 모델화하였다. 그는 '제2국소론'이라 하는 심리모델에서 인간의 마음을 자아·초자아·이드 세 영역으로 분류하였다.

이 마음의 장치라는 모델이 문제이다. 이 모델은 자의적 아날로지에 지나지 않다며 뒷날 거듭 비판을 받았다. 짐작할 수 있듯이 프로이트의 장치에는 여러 가지 약점이 있다. 그러나 여기서 아날로지는 시험 수준이지만 인간의 정신에 관해 중요한 실마리를 제공해준 것만은 분명하다. 아무것도 없는 제로 상태에서 문제를 제시해주었기 때문이다. 어떤 대상을 탐구할 때 아무 모델도 없으면, 사고가 전혀 진전되지 못하는 경우가 많다.

아날로지를 비판하는 논의는 너무 많아 소개하기도 힘들다. 철학사에서는 베이컨을 비롯해 수많은 사람들이 '잘못된 아날로지'를 강하게 비판해왔다. 문화인류학에서의 레비스트로스의 비판은 날카로운 통찰력이 돋보인다. 우리의 사고방식에 숨어있을지 모르는 아날로지를 지적하는 것은 눈여겨볼 만하다.

레비스트로스 이전의 문화인류학에서는 이른바 원시적 사회의 사고방식은 '문명적으로 논리적 사고방식까지 성장하지 못한' '전前논리적' 사고로 간주되었다. 예컨대 1910년에 나온 레비-브륄L. Lévy-Bruhl의 『미개인의 사고』*라는 책이 있다. 여기서는 원시사회에서 나타나는 토템 신앙의 표현, 이를테면 "나는 잉꼬이다"라는 표현을 논리적 사고방식이 성립하기 이전의 사고, 즉 '전논리적' 사고로 분류하였다.

이에 대해 레비스트로스는 그 사회가 '전논리적'인 것이 아니라 서양 논리학과는 다른 사고방법이 지배할 뿐이라고 하였다. 서양 논리학적 사고방법인 '아날로지'로 고찰해서는 안 된다는 것이다. 다른 사회에는 다른 논리가 필요하다. 논리의 이질성을 전제하지 않고 서양 논리학적 법칙을 다른 사회에 적용하려는 것은 아날로지 방법과 '논리적 사고'에 대한 '신앙'일 뿐이라는 것이다. 매우 중요

---

◆ *Les Fonctions mentales dans les sociétés inférieures*

한 지적이다.

여기서 비트겐슈타인L. Wittgenstein을 거론하고 싶다. 그는 아날로지를 응용한 철학적인 고찰과 아날로지의 비판을 모두 행한 특이한 철학자이기 때문이다.

초기의 비트겐슈타인은 세계에서 일어나는 모든 사태의 논리적 성질은 반드시 논리문으로 표현할 수 있다고 생각했다. 비트겐슈타인은 파리 법정에서 자동차 사고를 설명하는 데 인형을 이용한 일화에 감명을 받았다고 한다. (A)사건 사고의 전모를 언어로 표현하기란 불가능하다. (B)하지만 사건 사고와 당사자의 관계는 언어나 인형으로 그려낼 수 있다. 그렇다면 문장이란 (C)현실 사태의 (D)'상형문자'인 것이다. '현실 사태'와 '논리적 문장'의 관계를 아날로지적으로 보여준 예이다.

다른 한편으로 비트겐슈타인은 세계를 보는 시점은 오직 하나밖에 없다고 말한다. 살아 있는 주체의 시점 이외의 다른 시점은 있을 수 없다. 세계를 높은 곳에서 조감하는 형이상학적 주체는 있을 수 없으며 주체가 주체를 객관적으로 보는 것도 불가능하다. 어떤 아날로지도 거부되는 대목이다. 그가 초기에 쓴 『논리철학논고』*는 흥미롭게도 이 두 가지 관점을 극단적으로 보여준다. 아날로지를 거부하는 독아론獨我論과 아날로지를 적극적으로 도입한 실재론이 공존한다. 그리고 바로 여기서 비트겐슈타인의 철학은 철학의 불가능성을 밝힌다고 하는 모순을 보인다.

후기 비트겐슈타인은 이 모순을 방치한다. 아날로지에 대한 상반된 생각 또한 변함이 없다. 그는 실제로 철학의 많은 오류는 아날로지로 인해 발생한다고 말하기도 한다. 후기 대표작 『철학적 탐구』[**]
에서는 이렇게 말하고 있다.

> 그러므로 우리의 고찰은 문법적인 고찰이다. 문법적인 고찰은 오해
> 를 없애준다. 즉 언어의 관용적 표현에 관한 오해, 특히 언어의 여러
> 영역에서 쓰이는 아날로지 표현에 따른 오해를 제거한다. 이것이 우
> 리 문제에 빛을 밝혀준다.

그러면서 그는 오히려 여러 가지 아날로지를 구사한다. 파리통, 게
임, 기관차 등……. 철학이 얼마나 잘못된 아날로지에 끌려가는가
를 아날로지로 보여주기 위해서다. 철학이 안고 있는 문제를 철저하
게 아날로지로 풀어가려 한 것이다. 그것 참, 그야말로 모순된 행위
가 아닌가.

비트겐슈타인은 이렇게 아날로지를 구사하면서 동시에 아날로지
가 불러일으킨 오류를 비판한다. 그야말로 철학적 행위가 야기하는
역설적인 면모를 상징적으로 보여주고 있다. 이러한 모순을 피하지
않은 비트겐슈타인은 참으로 대단하다.

---

◆ *Tractatus Logico-Philosophicus*　　◆◆ *Philosophische Untersuchungen*

# 알레고리
## allegory

자신이 말하고 싶은 것을 그대로 말하는 것보다 더 강하게 표현하려는 시도이다. 추상적인 개념을 열거하기보다 구체적인 알레고리가 훨씬 강한 힘을 발휘한다.

알레고리는 재미있다. 다른 것에 빗대어 자신이 정말로 하고 싶은 말을 하는 기술이기 때문이다. 내용을 직접적으로 다루지 않는 점에서는 은유와 비슷하다. 하지만 은유는 독자의 해석에 맡기는 부분이 많은 데 비해 알레고리는 좀더 분명하게 전하려 한다. 즉 작가의 의도가 명확하게 표현되는 경향이 강하다. 가령 해골이 그려져 있으면 작가는 죽음을 생각한다. 이 정도는 금방 알 수 있다. 하지만 문화적인 배경 지식이 없으면 알 수 없는 알레고리도 적지 않다. 예를 들어 꼬리를 무는 뱀은 무엇을 말하는가? 원을 그리며 회귀하는 그리스 개념의 '시간'을 가리킨다. 알레고리는 철학의 중요한 도구이다. 그 출발점이 된 것은 성서 해석이다. 1세기 무렵 초기 성서학자로 제롬Saint Jerome(라틴어명은 히에로니무스E. Hieronymus— 옮긴이)이라는 사람이 있다. 그리스 철학의 전통을 이어받은 그는 그리스 철학이나 스토아 학파의 가르침은 성서의 가르침과 조화를 이룬다고 생각했다. 그러나 성서의 세계는 철학을 싫어한다. 철학은 '헛된 속임수'에 지나지 않는다는 것이다. 실제로 성서에 "신의 계시는 철학이 알려주지 못하는 것까지 알려준다"「콜로새 신자들에게 보낸 서간」고 씌어 있을 정도이다.

제롬은 성서가 그리스 철학에서 논리적으로 말하고 있는 내용을 알레고리적으로 보여주는 것이라고 생각했다. 즉 성서의 가르침은 철학 이론을 '다른 말'로 표현한 것이라고 보았다. 그후 (신학자) 오리게네스Origenes가 이 해석 방법을 한층 더 발전시켰다. 성서를 해석하는 데는 '문자 그대로의 의미'만이 아니라 알레고리적인 '영적 의미'를 이해할 수 있어야 한다고 주장하게 된다.

이렇게 해서 알레고리적 방법이 철학에 도입되고, 이어서 문학에도 활용되어 걸작들이 나오게 된다. 예컨대 에라스뮈스D. Erasmus의 『우신예찬』*이 있다. 어리석은 여신 모리아를 등장시켜 인간의 우매함을 의인화하여 인간의 모든 행위는 어리석기 짝이 없음을 우의적으로 표현한다. 또 같은 시대 토머스 모어T. More의 『유토피아』가 있다. 새로 발견한 섬 유토피아를 빌려 양이 인간까지 거침없이 물어 죽이는 초기 자본주의 사회를 그렸다. 이런 식으로 모두 다른 것에 빗대어 표현한다. 속이는 거 아니냐고? 아니, 오히려 그 반대다. 자신이 말하고 싶은 것을 그대로 말하는 것보다 더 강하게 표현하려는 시도이다. 추상적인 개념을 열거하는 것보다 구체적인 알레고리가 훨씬 강한 힘을 발휘한다.

원래 인간의 꿈은 알레고리적 특징이 발휘되는 영역이다. 프로이

---

◆ *Encomium Moriae*

트의 『꿈의 해석』*도 알레고리의 숲이다. 그것은 인간의 마음이라는 조직이 은밀히 전해주는 꿈의 알레고리적 세계를 분석한 책이다. 자신의 꿈이 무엇을 뜻하는지 모른 채 숨겨진 욕망을 드러낸다. 우리 마음은 알레고리라는 수단에 의탁하지 않으면 진짜가 무엇인지 알 수 없을지도 모른다.

자 그렇다면 철학의 즐거움인 알레고리를 맛보도록 하자. 벤야민 W. Benjamin의 『독일 비극의 기원』**을 읽어본 적이 있는가. 그때까지 가볍게 여겨온 바로크의 알레고리를 다루며 대대적인 구명작전을 펴는 책이다. 독일의 고전주의에서는 상징은 높이 평가하지만 알레고리는 낮게 보았다. 괴테가 그 전형적인 예이다. 특히 『잠언과 성찰』***을 읽어보면 잘 알 수 있다. 한마디로 상징은 보편성을 의식하지 않는다. 특수성을 생생하게 다루면서 자연스럽게 보편적인 것을 제시한다. 한편 알레고리도 특수한 것을 그려내기도 한다. 하지만 그것은 보편 일반이 아니라 하나의 개별적 사례일 뿐 별것이 아니라고 여겼다.

벤야민은 여기에 동의하지 않았다. 알레고리는 별것 아닌 게 아니며, 근대라는 시대에는 상징이 아니라 알레고리를 다루어야 하며 그 근거도 있다는 것이다. 어려운 문장이지만, 조금 읽어보자.

상징에서는 자연이 몰락한 사이에 그 모습을 바꿔가면서 구제의 빛이 있는 아주 짧은 순간만 얼굴을 내민다. 이에 비해 알레고리에서는 보는 이의 눈앞에 응고된 배경처럼 역사의 죽은 모습이 펼쳐진다. 역사란 무엇보다도 시기를 놓쳐버린 것, 가련한 것, 처음부터 실패가 예정된 것이다. 이것이 하나의 얼굴로, 아니 해골이 되어서 모습을 드러낸다. 이 해골에는 (…) 인간 존재 그 자체의 모습뿐 아니라 한 개체로서 인간의 전기적傳記的 역사성이 의미심장한 수수께끼로 나타난다. 이것이 알레고리적 관점의 핵심이다. 이것은 역사를 세계의 수난사로서 보는, 바로크의 현세적인 역사 해석의 핵심을 이루기도 한다. — 벤야민 『독일 비극의 기원』

어두운 이야기이다. 하지만 근대에 와서는 개별적인 것에 보편이 그대로 비쳐지리라는 이념을 더 이상 믿지 못하게 되었다는 것이 벤야민의 소감이었을 것이다. 그는 독일의 바로크 비극을 분석해서 말한다. 비극의 모든 세부적인 것들은 무언가 다른 것, 비밀의 말을 읊어대고 있다. 이러한 비극에서는 전체는 전체 그대로 제시될 수 없고 단편적인 것 가운데 전체를 뛰어넘는 진리가 나타난다.

여하튼 알레고리란 아주 기묘한 수사법이다. 벤야민이 이것을 좋아한 이유는 철학의 전통적인 방법과 체계에 위화감을 품고 있었기 때문일 것이다. 철학은 세계의 모든 것을 지식체계 안으로 끌어들이려 한다. 헤겔의 체계에서도 모든 것은 어떤 전체의 일부로서 존재한다. 『엔치클로페디』◆◆◆◆가 그 대표작이다. 하지만 벤야민은 철학을 그런 체계적인 지식으로 생각하는 방식에 수긍할 수 없었다. 전체가 아니라 단편과 세부적인 것이야말로 진리를 담고 있다고 믿었기 때문이다.

벤야민은 『독일 비극의 기원』에서 바로크의 알레고리적인 문서를

---

◆*Die Traumdeutung*　　◆◆*Ursprung des deutschen Trauerspiels*
◆◆◆*Maximen und Reflexionen*　　◆◆◆◆*Enzyklopädie*

해독하고 알레고리의 중요성을 강조했다. 하지만 이 책을 읽다 보면 어느 순간 이제 누구도 읽지 않는 바로크 시대의 무수한 글들을 싣는 행위 그 자체가 알레고리적 의미를 가지는 것은 아닐까 하는 생각이 든다. 벤야민은 인용으로만 하나의 책을 펴낼 만큼 이 작업에 정열을 쏟았다. 왜 그랬을까? 아마 역사적인 글들에서 다른 어떤 보편상을 그려내고자 하는 알레고리적 방법을 믿었기 때문일 것이다. 그는 이른바 알레고리 개념은 인용 그 자체로 이루어진다고 확대하여 생각했다. 여러 인용을 모아서 인용 자체가 말하는 것과는 '별개의 것'을 전한다. 그러므로 이 책은 알레고리를 분석하는 이론서인 동시에 알레고리의 실천서이기도 하다.

다른 비슷한 예가 있다. 푸코M. Foucault도 그렇다. 피에르 리비에르라는 살인범의 고백서인 「기묘한 아름다움」에 감동하여 이를 출간하는가 하면, 프랑스 국왕의 봉인서를 모아 『가족의 무질서』*를 펴내기도 했다. 모두 알레고리적인 행위라고 할 수 있다. 이런 단편들을 통해 우리는 제각각 글의 배경을 이루는 더 큰 상像을 읽어낼 수 있다.

알레고리라는 방식이 갖는 세부적인 것에 대한 관심, 단편성, 과격하기까지 한 극단적인 해석 등은 데리다J.S. Derrida의 탈구축deconstruction 방법과도 연결된다. 그는 중요한 텍스트의 아주 하찮은 세부적인 부분에 주목한다. 더불어 그 세부적인 부분의 독립된 의미를 최대한 확대한다. 그리고 마침내 그 책이 표면적으로 주장하는 것과 정반대 결론을 끌어내는 것이다.

---

* *Le desoradre des familles*

이를테면 레비나스E.Levinas의 탈무드 해석을 들 수 있다. 이것 역시 알레고리적 요소가 담겨 있다. 레비나스는 탈무드 학자들의 논의를 소재로 다루었다. 유대교의 난해하고 어려운 문장을 해석하여 전혀 다른 결론을 끌어내는 기술 방식이다. 이를 통해 서구 형이상학이 지닌 사고방법과 대조적인 또 다른 사고방법의 가능성을 제시하였다. 아주 먼 옛날 유대사상과 그리스 철학을 조화시키기 위해 제롬은 알레고리적 방법을 썼다. 2천여 년이 지난 후 레비나스는 그리스 철학과는 다른 새로운 사고의 가능성을 찾아 유대교 경전으로 알레고리적 전략을 전개한 것이다.

# 앰비밸런스
## ambivalence, Ambivalenz

'인간의 심적 작용의 모순'을
아주 무시할 수는 없는 일.
인간의 복잡한 마음구조에
어울릴 만한 논리학은 없을까.

앰비밸런스, '양의적兩義的'? 그렇다. 어원적으로는 앰비(두 개의) 밸런스(가치)가 합쳐진 것으로 양의적이라는 번역어가 가장 가깝다. 하지만 선뜻 이해가 되지 않는다. 두 개의 의미가 어떤 관계에 있는지 보여주지 못하기 때문이다. 단어도 뜻도 모두 종잡을 수 없이 모호하다면 어쩔 수 없지만 말이다. 하지만 정말 앰비밸런스적 상황일 때가 있다. 어떤 표현에 정반대 뜻이 배어 있을 때가 그렇다. '나는 어머니를 사랑하고 어머니를 증오한다.' 앰비밸런스의 전형적인 표현이다. 두 개의 대립 표현이 동시에 성립한다는 의미에서 '이율배반'과 비슷하다. 하지만 이것은 윤리학에서는 레드카드이다. 배중률에 반하기 때문이다. A이고, A가 아니다. 당연히 반칙이다. 변증법적인 모순 개념과도 비슷하다. 다만 모순 개념은 헤겔의 활약으로 배중률에 반하지 않고 교묘히 빠져나갔다. 헤겔은 '한정적인 부정'이라는 방법을 쓴다. 우선 A의 모든 것이 아니라 A의 일부를 부정한다. 그래서 새로운 부정의 운동으로 연결한다. 매끄럽다.

하지만 앰비밸런스에는 그런 운동성도 묘책도 없다. A라고 하고서, 입 속의 침이 채 마르기도 전에 A가 아니라고 한다. 게다가 A라고 할 때도 A가 아니라고 할 때도 진심이다. 무슨 말인지 종잡을 수가 없다. 어머니를 사랑한다고 할 때는 진심으로 어머니를 사랑한다. 그 다음 순간 어머니를 증오한다고 할 때는 또 진심으로 어머니를 증오한다. 이쯤 되면 더 이상 논리학에서 손을 쓸 수 없다. 누군가의 도움이 필요하다.

이 문제는 역시 프로이트에게 넘길 수밖에 없을 듯하다. 그는 사랑과 증오, 삶과 죽음의 욕구 등 인간 마음에는 때때로 정반대 감정이 공존한다고 말한다. 우리는 누군가를 사랑하는 동시에 그 사람을 증오하기도 한다. 사랑하는 마음이 강할수록 증오심도 강해진다. 마음은 수수께끼다. 아마도 사랑하는 부모를 죽이는 꿈을 꾼 이도 있을 것이다. 그렇게 두 가지 상반된 명제, 가치로서 정반대 감정이 같은 대상 안에 공존하는 상태를 '앰비밸런트'라고 프로이트는 칭했다.

> 지극히 타당한 애정과 여기에 뒤지지 않는 정당한 증오가 뒤섞인 앰
> 비밸런트적 갈등이 같은 대상을 향하게 된다.
>
> — 프로이트 「억제, 증상 그리고 불안」♦

(인류학자) 베이트슨 G. Bateson 의 『마음의 생태학』♦♦에서는 이 개념이 한층 더 발전한다. 바로 더블바인드라는 유명한 개념이 등장하는

---

♦Hemmumg, Symptom und Angst    ♦♦*Steps to an Ecology of Mind*

데, 특히 모자관계에서 적나라하게 드러난다. 어머니가 아이에게 모순된 요구를 할 때가 그렇다. 예컨대 어머니가 아들에게 "너는 엄마를 다정하게 안아주지도 않는구나" 하고 불만을 토한다. 하지만 정작 아들이 어머니를 안으려 하면 거부한다. 아들 입장에서는 어머니 말을 흘려버리면 어머니에게 애정이 없다고 비난받고, 그 말 그대로 따르려 하면 거부당한다. 애고 애고.

베인트슨에 따르면 이런 상황에 있는 아이는 분열증에 걸리기 쉽다. 그러나 실제로 가족관계에서는 이런 모순된 상황이 전혀 이상할 게 없다. 그렇다면 우리도 모두 분열증세가 있을 터이다. 아버지는 아들에게 "나처럼 하라"고 한다. 그러나 어머니에게 하는 행동은 "나처럼 하지 마라"고 모순된 명령을 한다. 아들은 이런 모순을 극복하지 못하면 '성숙'하지 못한다. 어쩌면 스스로 아버지가 되어 모순 그 자체가 될 때 극복할 수 있을지 모른다.

마음의 작용은 논리학이 손댈 여지가 없다. 과연 그런가. 아리스토텔레스 이래 논리학의 명제는 판단 명제의 기초였다. 이것이 칸트에 와서는 새로이 인간 인식의 범주를 다루는 근거로 제시되었다. 그런데 정말로 '인간 판단의 기초적인 구조'를 제시했는지 의문이다. 이는 철학의 기초가 흔들리는 중요한 문제이다.

원래 과학의 세계는 확실하게 모순을 배제하는 논리학에서 이뤄졌다. 논리학의 유효성은 절대로 부정할 수 없다. 가령 논의할 때에 'A이며 A가 아니다'고 열변을 토하는 상대와 논의하고 싶은가. 나는 사양하고 싶다. 하지만 '인간의 심적 작용의 모순'을 아주 무시할 수는 없는 일. 으음, 인간의 복잡한 마음구조에 어울릴 만한 논리학은 없을까.

사실 아직은 없다. 그렇다고 누군가에게 떠넘길 수도 없으니 축하할 일이다. 우리가 풀어야 할 과제이다. 물론 모순을 활용하는 논리학, 앰비밸런스를 활용하는 논리학은 이미 조금씩 시도되었다. 프로이트의 저작물에서도 이런 새로운 논리학의 움직임을 느낄 수 있다. 한마디로 인간의 심적 추론은 기호논리학과는 다른 길로 진행되고 있다.

이 추론 과정은 가령 프로이트의 「편집증 환자 슈레버의 사례」에 잘 나타나 있다. 그런 증상을 가진 환자들의 추론은 다음과 같은 과정을 거친다. '나는 (동성의) 그를 사랑한다.' 그러나 나는 그것을 인정하고 싶지 않다. 더 나쁜 것은 나를 그렇게 만든 그다. 그러므로 '나는 그를 증오한다.' 아니 나는 동성이 아니라 분명 이성을 좋아하는 사람일 것이다. 그러므로 '나는 그가 아니라 그녀를 사랑한다' 등등.

이것은 물론 이른바 논리적인 추론이 아니다. 피해망상이나 질투, 투영 등 여러 가지 메커니즘이 작용하고 있다. 하지만 프로이트는 이런 메커니즘의 배경에 있는 논리를 좇는다. 중요한 것은 프로이트가 이런 논리를 펴는 환자를 편집증으로 분류하면서도 '이상한' 논리가 아니라 인간의 무의식에서 작용하는 논리로 생각했다는 점이다. 우리도 이같은 추론을 하기도 하는바, 이해가 가는 이야기이다.

들뢰즈 G. Deleuze도 하나의 실마리를 제공해준다. 그는 프로이트의 개념을 비판적으로 이어받았다. 그리고 생각할 수 없는 것을 생각하는 '차이의 사상'을 모색했다. 앰비밸런트적 내용 중 어느 한쪽을 결정하는 것이 아니라 앰비밸런스 그대로 사고하는 것을 목표로 한다. 어렵지만 매력적이다.

우리들은 차이를 감각하고 사고하지 않으면 안 된다. 그리고 자연법칙에 반하는 무엇인가를 감지하고 사고의 법칙에 반하는 무엇인가를 사고한다. (…) 사고 그 자체의 핵심에 사고할 수 없는 것이 존재함을 부정할 수 있겠는가. 그리고 마음의 양식 그 중심에 착란이 존재한다는 것을. — 들뢰즈 『차이와 반복』♦

메를로퐁티M. Merleau-Ponty도 살펴보자. 그 역시 앰비밸런스의 철학을 목표로 삼았던 사람이다. 그는 양의성이라는 말을 좋아했다. 메를로퐁티는 인간은 육체적 존재이기 때문에 '양의성'을 띤다고 생각했다. 몸을 가진다는 것은 자유로운 존재가 될 가능성을 가짐과 동시에 세계 속에 구속되는 것이기 때문이다.

우리가 자신의 실존을 확고히 정할 수 있는 조건 자체가 자신의 실존을 절대적인 형태로 정하는 데 방해 조건이기도 하다. 우리 신체의 익명성이란 자유로운 것인지 예속되어 있는 것인지 분간하기 어렵게 만든다. 그러므로 '세계 속의 존재'의 양의성은 신체의 양의성에 따라 나타난다. — 메를로퐁티 『지각의 현상학』♦♦

앰비밸런트적 존재라는 것은 우리의 실존 조건 그 자체다. 그렇다면 철학 역시 앰비밸런트적인 작용을 하지 않으면 안 된다.

---

♦ *Différence et répétition*    ♦♦ *Phénoménologie de la perception*

# 낯설게하기
## Verfremdung

낯설게하기. 잘 알고 있는 것이 이상하게 보인다. 반대이기도 하다. 이상하게 보이는 것이 사실은 잘 알고 있는 것이었다는 조금 섬뜩한 이야기다.

평소 낯익은 것인데 다시 보니 낯선 느낌이 들어 소스라치게 놀란 적이 없는가. 가령 친숙한 글자인데 계속 보고 있으려니 거기에서 어떤 낯선 것이 쑥 얼굴을 내민다. 술렁술렁, 으스스, 불안 따위의 묘한 기분이 든다. '낯설게하기'는 그런 술렁거림을 표현하는 말이다. 이 말은 브레히트B. Brecht의 연극 이론에서 나온 조어로 소외Entfremdung와 가깝다. 이 둘다 '낯설다fremd'라는 형용사에서 온 말이다. 브레히트는 연극에서 낯설게하기의 방법을 구사했다. 낯익은 것이 가지는 이질성을 강조하여 놀라는 동시에 깨닫게 하는 방법이다.

낯설게하기 효과의 본질은 익히 알고 있는 것, 바로 눈앞에 있는 것에 주의를 집중시켜 이를 특이하고 눈에 띄는 미지의 것처럼 보이게 함으로써 정말로 아는 것으로 만드는 것이다. (…) 이미 알고 있는 것을 정말로 아는 것으로 만들기 위해서는 알고 있는 것에서 눈에 보이지 않는 특징을 먼저 제거하지 않으면 안 된다.
— 브레히트 『연극론』◆

여기서 브레히트는 낯설게하기가 무엇인지

설명하면서 헤겔의 『정신현상학』[1]을 염두에 두고 있다. 헤겔은 『정신현상학』서문에서 속속들이 알고 있다고 생각하는 것이 사실은 정말 이해하고 있는 것이 아니라고 말한다. 완전히 다 알았다는 느낌을 주는 것들을 정확하게 새로 분석하여, 낯익은 느낌을 주는 것이 사실은 외견에 지나지 않음을 밝히고 그것을 개념으로 파악할 수 있어야 진짜로 이해하는 것이라고 주장한다.

브레히트에게 중요한 것은 일상사를 일부러 이상하게 보이게 하는 것이 아니다. 당연히 알고 있다고 생각한 것에서 숨겨져 있는 미지적 요소를 발견하고 그 순간 느끼게 되는 '불안감'을 경험하게 하는 것이 중요하다.

실제로 무대에서는 어떤 방법을 쓰는 걸까. 예컨대 배우가 연기하는 인물에 감정이입을 하지 않고 무슨 이유에서인지 3인칭으로 말을 건넨다. 혹은 대사 외에 지시문이나 설명 주석을 대사로 읊기도 한다. 관객이 놀라 어리둥절해하면서 배우나 극의 전개에 몰입하는 대신 연극의 의도에 이상함을 느끼게 된다. 그리고 극에서 사건이 묘사되는 것 자체의 부자연스러움을 깨닫게 된다.

브레히트의 극은 다분히 교육용 극의 성격이 있다. 무언가를 우리에게 가르치려 한다. 재미없겠다고? 전혀 그렇지 않다. 그야말로 신선하다. 나는 베를린 앙상블이 연기하는 〈코카서스의 백묵원〉[2]을 아주 좋아한다.

낯설게하기. 잘 알고 있는 것이 이상하게 보인다. 반대이기도 하

---

◆ *Schriften zum Theater*　◆◆ *Phenomenologie des Geistes*
◆◆◆ Der Kaukasische Kreidekreis

다. 이상하게 보이는 것이 사실은 잘 알고 있는 것이었다는 조금 섬뜩한 이야기다. 그런 말을 한 이는 누구일까. 하이데거? 아니, 후설? 아니, 프로이트이다.

그렇다, 신기한 일이란 여러 가지가 있다. 그 중에서 이상하게 느껴지는 것도 있고 아련하고 따뜻한 느낌을 주는 것도 있다. 가령 죽은 사람이 살아 돌아온다면 꺼림칙한 기분이 들지 않겠는가. 하지만 백설공주가 눈을 뜨고 되살아난다고 하면 꺼림칙하지 않다. 놀라기는 하겠지만. 이런 차이는 어디에서 오는 것일까. 프로이트에 따르면 꺼림칙하다고 느끼는 것은 사실은 아주 친근한 것이 느닷없이 나타나기 때문이다.

주체가 억압하여 무의식 영역으로 밀어낸 채 억눌러둔 것이 다시 돌아오는 경우 이를 꺼림칙하게 느낀다고 프로이트는 말한다. 으음. 뭔가 예가 없을까. 가령 도플갱어Doppelganger(분신)를 그린 아쿠타가와 류노스케芥川龍之介의 「두 통의 편지」라는 소설이 있다. 나는 어릴 때 이 작품을 읽고 아주 꺼림칙했던 기억이 있다. 왜 그랬을까 생각해보면 프로이트의 설명이 맞는 것 같다. 거울에 비친 자기 얼굴도 '자신'이라는 가장 익숙한 것이지만 늘 잊고 있는 자신의 분신이 불쑥 눈앞에 나타나면 소리지르고 싶을 만큼 섬뜩하다.

프로이트는 이런 섬뜩함과 비슷한 것이 불안이라고 한다. 불안은 정신을 억압한 결과 생겨난다. 그리고 억압이 필요한 상황이 닥치면 이를 알리는 경보 구실을 하기도 한다. 자신에게 가장 익숙하지만 그것을 눈앞에 보는 것은 두려운 것, 그것이 우리를 불안하게 하고, 그런 꺼림칙함이 의식 가까이에 다가왔을 때 알려주는 것이 불안이라는 것이다. 그래서 프로이트의 불안은 이중적이다. 주체가 무의식적으로 충분히 알고 있으면서 의식에서는 억압하고 '모른다'고 생각하는 것이 불안이다. 그리고 그것을 주체에게 의식시키는 것도 불안이다.

말을 바꾸자. 불안한 것은 사실은 주체가 잘 알고 있으면서 인식하고 싶어하지 않는 것, 무의식에서 멀찍이 밀어낸 것을 의식으로 가져온다는 의미이다. 말하자면 이런 불안은 브레히트가 말하는 낯설게하기 기능과 아주 비슷하다. 불안은 우리 마음에 낯설게하기와 같은 효과가 있다.

그런데 텍스트에도 '낯설게하기'의 예가 있다. 하이데거는 '있다'라는 글자 위에 삭제선을 표시하는(있다) 등 철학 텍스트에 낯설게하기를 도입했다. 그때까지 철학 텍스트는 보편적인 사상을 전하는 투명한 매체로 보이고자 했다. 그런데 하이데거는 텍스트상에 '있다'는 글자를 보여주면서 동시에 '있다'는 것을 부정하는 기교를 보인다. 존재가 나무나 집처럼 표상할 수 있는 것이라고 믿는 것을 제지하려 한다. 이 점도 그때까지 철학 텍스트가 가진 투명성에 대한 환상을 뒤흔들고, 투명성 자체에 의문을 던지기 위해 끌어내는 낯설게하기의 시도로 볼 수 있다.

알튀세르L. Althusser와 미셸 푸코의 '문제구성'이라는 개념도 같은 의미가 있다. 그때까지 문제시되지 않던 개념이 어느 한 시기에 갑자기 '문제'로 제기되는 경우가 있다. 푸코는 그 의미를 분석하는 것이 중요하다고 한다. 어느 한 순간부터 그때까지 익숙했던 개념이 낯설어져 새로운 개념으로 의미를 띠게 된다. 왜 그럴까?

푸코가 『쾌락의 활용』\*에서 다룬 예를 보자. 그리스 시대에 젊은 이들의 사랑이 돌연 '문제'로 등장한 때가 있었다. 그때까지 극히 자연스럽게 여겨온 남성과 남성의 애정이 급속히 정치적 철학적으로 중요한 '문제'로 등장했다. 낯익은 일이 돌연 문제가 된 것은 사람들의 의식 속에 일종의 낯설게하기가 발생했기 때문이다.

푸코의 '문제구성' 방법은 낯설게하기가 발생한 근거나 배경을 분석하고, 이것을 철학적인 문제로 설명하는 것이다. 여기에는 재미있는 점이 있다. 생각해보면 낯설게하기가 일어난 것 자체를 우리가 깨닫지 못하는 경우도 많다. 웬일인지 자연스러운 일이라고 믿어버린다. 하지만 푸코의 '문제구성' 방법에 따르면 우리가 자연스러운 현상이라고 생각한 이면에는 사실 '낯설게하기'가 숨어 있음을 알 수 있다. 푸코의 '문제구성'은 낯설게하기를 다시 낯설게하는 기법이다.

낯설게하기 기법은 현대철학에서도 중요한 레퍼토리가 된다. 철학자가 새로운 개념을 제시할 때 많은 경우 이 낯설게하기 기법을 쓰고 있다. 가령 들뢰즈가 노마드nomade라고 지칭하면서 실제 유목민인 노마드와는 다른 새로운 반향이 생겨났다. 들뢰즈는 노마드란 말에 본디 유목민이라는 뜻에 덧붙여 전통적인 사상의 외곽에서 게릴라적인 공격을 가하는 사상가라는 의미를 추가했다. 이렇게 노마드라는 말은 낯설게하기를 통해 다른 의미와 표정을 얻는다. 어떤 개념이 새로운 의미를 가지게 되는 것은 낯설게하기가 일어난 때이다.

◆ *L'usage des plaisirs*

# 의식
## consciousness, conscience

순수한 의식이야말로
철학의 근본이자 다른 모든
것의 기초가 된다. 이와 같은
확신을 근거로 삼는 철학이
'의식철학'이라 할 수 있다.

의식의 어원은 '함께$^{cum}$ 알다$^{scire}$'라고 하는 라틴어의 동사형이다. '함께'라는 접두어에 주목하기 바란다. 이는 두 가지 뜻을 가지고 있다. 첫째, 의식하는 주체는 세계와 '함께' 세계를 향해 열려 있다(의식은 사물 없이 성립되지 않는다). 둘째, 의식은 자기와 다른 누군가와 '함께' 성립한다(의식은 분열 없이는 그리고 다른 것 없이는 성립하지 않는다). 그렇다. '의식한다'는 것은 세계를 알고, 타자를 알고, 그리고 타자와 함께 자기를 아는 '행위'이다.

중세까지 의식(하는 것)이라는 말은 이렇게 두 가지 의미를 지녔었다. 의식하는 것은 단순히 외부세계의 사물을 의식하는 것만이 아니었다. 사람들과 함께 아는 것, 즉 양심을 의미했다. 지금도 프랑스어에서 '그것은 의식$^{conscience}$의 문제다'라고 하면 양심과 도덕성이 의문시된다는 뜻이다. 의식과 양심이 확실히 나누어진 것은 사유하는 의식으로 코기토$^{Cogito}$에 철학의 기초를 둔 데카르트$^{R. Descartes}$ 이후의 일이다.

의식이라는 말은 명사와 동사의 의미를 동시에 가진다. 이 때문에 혼란을 불러일으키는 듯하다. 의식이란 우선 의식하는 행위이다. 즉 '의식하다'라는 동사이다. 가령 데카르트의 코기토에서는 '의식하다'라는 행위만을 의미한다. 이 단계에서는 이 행위를 유지하는 '실체'는 아직 상정되지 않는다. 코기토 즉 "나는 생각한다, 그러므로 나는 존재한다(Cogito ergo sum)"는 순수한 행위이다.

의식을 명사로 보면 '의식'이란 의식하고 있는 상태이다. 그 경우 의식하는 상태를 유지하는 '실체'가 있어야 하며 의식하는 행위와는 다른 것으로 상정된다. 코기토라는 동사에서는 두 개가 함께하는 행동이 아닌 하나의 실체 안에서 이루어지는 듯이 보인다. 사유하는 행위(생각하다)에서 사유하는 순수한 코기토처럼 실체적인 것(존재하다)이 나온다. 이는 원래 사유라는 행위에서 도출해내기는 충분하지 않다. 하지만 코기토라는 동사에서 생각하는 존재를 도출해낸 데카르트는 하나의 추론에 따라 행위(생각한다)에서 실체(존재한다)로 이행하고 있다.

의식이란 '의식하다'라고 하는 행위이다. 동시에 의식하는 '의식'이다. 데카르트처럼 추론으로 연결하는 방법 외에 이 두 측면을 통합할 수 있는 방법은 없는가. 이러한 생각에서 칸트는 '순수통각 純粹統覺'(객관적, 보편적 인식을 성립시키는 의식의 존재 양상 — 옮긴이)이라는 개념을 만들었다. 순수통각은 의식인 동시에 실체이기도 하다. 칸트는 이것이 바로 인간의 사유와 표상의 근원이 된다고 상정하였다. 순수통각에서는 사유가 그대로 존재로 뒷받침된다.

사고와 존재의 동일성을 보여준 칸트의 순수통각 이론을 더욱 철저하게 굳힌 이는 피히테J.G. Fichte이다. 모든 학문은 의식하는 자아에서 출발해야 한다는 신념에서 그는 철학적 체계를 구축하고자 하였다. 학문에는 확실한 기초가 필요하다. 이런 확실성을 제공할 수 있는 것이 자아의 확실성이라는 것이다. 칸트는 순수통각의 확실성을 주장하면서도 그것을 모든 학문의 기초로 삼지는 않았다. 그러나 피히테는 자아의 확실성, '나는 나이다'라는 동일률에서 철학의 기초를 굳힌 다음, 나아가 다른 모든 학문을 기초화할 수 있다고 생각했다.

이것은 모든 학문의 기초가 '의식하는 자아'라는 근원에 있어야 한다는 신념에서였다. 그러므로 '근원철학'이라고도 한다. 이 방법은 후에 후설E. Husserl의 현상학으로 이어진다. 후설은 의식에 '현상학적 환원'을 실행함으로써 세계를 비추는 장소로 초아론적超我論的 의식을 분리해낼 수 있다고 생각했다. 그리고 이것이 다른 모든 영역의 '근원'이 된다고 생각했다.

> 현상학적인 환원에 따라 초월론적인 의식의 왕국이 어떤 의미에서는 '절대적인' 존재의 왕국으로 나타난다. 이 왕국은 존재 그 자체의 일반적인 카테고리이고 근원적인 영역이다. 그리고 다른 모든 존재 영역은 여기에 뿌리를 내리고 그 본질에 연관되어 있어 본질적으로 여기 의존하고 있는 것이다. ─ 후설 『순수 현상학과 현상학적 철학의 이념들』♦

순수한 의식이야말로 철학의 근본이자 다른 모든 것의 기초가 된다. 이와 같은 확신을 근거로 삼는 철학이 '의식철학'이다. 후설의 현상학은 궁극적으로 의식철학을 벗어나지 않는다. 사실 우리가 무언가를 생각할 때 믿을 수 있는 것은 자신밖에 없지 않은가. 그런 의미에서 후설의 현상학적 방법은 상당히 유효하지만 이것만으로는 원리적으로 고찰할 수 없는 부분이 있다. 리쾨르P. Ricoeur 같은 이는 현상학이 의식만을 근거로 하는 한 무의식적 의미를 고찰할 수 없다고 지적한다.

> 의식이라는 텍스트에는 공백과 누락이 있다. (…) 의식이란 제1의 확실성일뿐 아니라 지각이고, 그 지각은 칸트가 외적 지각에 적용한 것과 같은 비판이 필요하다. ― 리쾨르 『해석에 관하여: 프로이트』◆◆

현대의 많은 철학은 의식을 의심한다. 의식이 정말로 철학의 확실한 거점인지 아닌지 의문스럽기 때문이다. 후설이 의식을 환원하고자 했다면 '의식을 환원'할 필요성 그 자체가(리쾨르) 문제시된다.

여기에는 몇 가지 관점이 있다. 주체, 타자, 몸으로 나누어 생각해 보자. 어느 것이든 데카르트에서 시작된 '코기토와 의식철학'의 문제점을 확대하고 비판하며 계속 이어가려 했다.

첫째로 주체. 의식철학은 주체가 정말로 자기이고 자아일 수 있는 것은 순수한 의식작용이라고 설명한다. 확실히 우리들은 의식이고 주체이다. 그러나 우리가 정말로 순수한 의식이라는 본연의 모습을 하고 있는 걸까. 그리고 후설처럼 '환원'이라는 절차로 순수한 자아에 다다를 수 있을까. 주체란 원래 분열하고 다른 것이 존재하기도 하지 않은가.

그리고 타자의 문제. 의식철학은 주체가 갖는 의식의 명증성明證性

---

◆ *Ideen zu einer reinen Phänomenologie und Phänomenologischen Philosophie*
◆◆ *De l'interprétation: Essai sur Freud*

을 근거로 하기 때문에 타자의 문제를 처리하는 데 미흡하다. 이것을 가장 상징적으로 보여주는 것이 후설의 『데카르트적 성찰』*이다. 의식철학에서 타아他我가 어떻게 문제가 되는지 보여준 중요한 책이다. 후설은 '나'라는 최초의 지점에서 출발한다. 그리고 다른 '나'라는 타아에 도달하는 과정을 거듭 반복한다.

하지만 자신의 의식에서 출발하는 한, 타자는 또 다른 자기 자신일 수밖에 없다. 중요한 것은 주체가 '구축'할 수 없는 타자의 문제가 아니겠는가. 주체에서만 출발하는 철학은 방법론적인 결함이 있지 않을까?

마지막으로 의식 그 자체보다도 의식이 머물고 있는 몸의 중요성에 주목하고 싶다. '초월론적인 의식의 왕국'을 강조하고 그 중요성에 확신을 가진 후설도 후기에는 몸의 의미와 주체를 가능하게 하는 지평의 의미에 대해서 깊이 성찰하였다. 이를 이어받은 메를로퐁티는 인간이 몸을 가지고 있다는 것은 세계에서 살을 부여받은 것이라고 보았다. 이 살을 부여받지 못했다면 인간은 세계에서 살아가는 것도 타자와 교류하는 것도 불가능하다는 것이다.

철학의 근거가 우리 자신의 의식과 사고에 있음은 분명하다. 하지만 지향성志向性으로서의 의식은 이미 철학의 최종적인 장으로서의 지위를 잃어가고 있다. 우리는 의식철학이 실패한 지점에서 다시 시작해야 할 필요가 있다.

---

◆*Cartesianische Meditationen und Pariser Vorträge*

# 이데아
idea

분명히 이데아라는 사고방식은 우리 사고패턴에서도 익숙하다. 오히려 벗어나 생각하기가 어렵다. 이상적 상태와 현실 상태를 비교하는 것은 비판의 중요한 근거가 되기도 한다.

이데아란 무엇인가. 그것은 소크라테스의 '~란 무엇인가'라는 질문에서 생겨났다. 예를 들어 소크라테스는 이렇게 묻는다. '아름다움이란 무엇인가?' 상대는 아름다운 것의 예를 들어 아름다움을 설명하려 한다. 그러면 소크라테스는 다시 묻는다. '개별적인 아름다움이 아니라 아름다움 그 자체는 무엇인가?'

소크라테스의 질문에 플라톤은 이렇게 대답한다. 이데아는 아름다움 그 자체를 가리킨다. 그리고 그것은 무엇인지 확실히 눈에 보인다. 그리고 아름다움 자체나 아름다움의 이데아는 인간 세계와는 별도로 이데아 세계에 실제로 있다. 즉 실재한다. 현실의 사물이 아름다운 것은 무엇 때문인가. 그것은 이데아로부터 아름다움 자체를 나눠 받기 때문에 아름다운 사물로 현실에 존재하는 것이다.

끊임없이 변하는 현실세계 너머 변하지 않는 진실의 세계가 존재한다는 이원론은 여기에서 생겨났다. 그후에 거론되는 갖가지 '이원론'은 언제나 이 이데아론에 근거한다.

이데아라는 말은, 그리스어의 '보다(이데인

idein)'라는 동사에서 파생되었다. '보이는 것' 혹은 '보이는 형식'이라는 의미를 가진다. 플라톤도 '눈에 보이는 무엇인가'를 떠올렸던 듯하다. 재미있는 것은 고전철학에서 또 한 가지 중요한 말, 에이도스 eidos(형상)도 이데아와 같은 말을 어원으로 삼고 있다는 것이다. 영어에서는 모두 form이라고 번역한다. 반대로 우리가 번역어로 쓰는 형상과 이데아에는 '형제관계'가 전혀 느껴지지 않는다. 아리스토텔레스는 에이도스라는 말을 '이데아'와 '형상'이란 의미를 동시에 가지는 것으로 쓰기도 했다.

하지만 이데아를 고안해낸 플라톤과 이데아론을 비판하며 에이도스를 제시한 아리스토텔레스는 같은 어원의 말을 사용하면서도 관점이 각각 달랐다. 이 점에 주의하기 바란다.

아리스토텔레스가 생각한 것은 무엇인가. 그가 말하는 에이도스는 이데아의 성질을 가지면서도 이른바 '인간이 인간인 근거가 되는 것' 『형이상학』♦이다. 이때 에이도스는 인간의 본질과 비슷한 개념으로 보인다. 아리스토텔레스는 이데아를 현실세계에 나눠준다라는 플라톤의 설명을 전혀 인정하지 않는다. 이를테면 어떤 것은 외부에 있는 이데아에 따르지 않고 그 자체가 '본질'로 설명되어야 한다는 것이다.

이데아나 에이도스는 그리스 철학에서 기본 용어에 해당한다. 하지만 이상하게도 이데아라는 말 자체는 철학사에서 그다지 크게 중시되지 않았다. 영어에서도 이데아는 착상(아이디어)이라는 말로 완전히 일상어가 되었다. 다만 근대 독일 관념론에서는 이념이라는 개념으로 이어졌다. 가령 칸트에게 이념Idee은 불완전하고 한계 투성이인 인간이 인간성의 완전한 현실을 목표 삼아 언젠가는 도달해야 할 곳이다. 시간축에서 아주 먼 미래에 있는, 더 이상 보이지 않는 곳, 허초점虛焦点 지점이다.

예를 들면 도덕국가라는 이념이 있다. 현실세계에서 결함이 많은 인간들이 지금 당장 그 나라를 실현할 수는 없다. 하지만 인간들이 서로 인간성을 연마하여 실현해야 할 최고의 상태이다. 칸트는 그러므로 인간은 이 도덕국가라는 이념을 목표 삼아 날마다 스스로 정한 바른 규칙에 따라 목표에 한 발짝씩 다가가야 한다고 말한다.

칸트에게 인간의 유한성은 역으로 이런 이념, 이데아에서 인식된다. 현실의 인간은 아주 먼 허초점, 바로 이데아의 장에서 빛을 부여받는다. 이 때문에 한계가 있는 자신을 인식하게 된다. 여기서 플라톤의 이데아를 이루는 이원론의 잔상이 보인다. "서양철학사란 플라톤의 주석에 지나지 않는다"는 화이트헤드A.N. Whitehead가 『과정과 실재』**에서 한 유명한 말이다. 실제로 서양철학에서는 이원론적 사고를 축으로 한 플라톤의 이데아론적 발상이 형태를 바꿔 계속 등장해왔다. 진리와 허위, 본질과 현상, 주체와 객체, 이론과 실천 등등.

분명히 이데아라는 사고방식은 우리 사고패턴에서도 익숙하다. 오히려 벗어나 생각하기가 어렵다. 이를테면 이상적 상태와 현실 상태를 비교하는 것은 비판의 중요한 근거가 되기도 한다. 하지만 비판의 근거가 되레 함정이 되기도 한다. 그러니 적어도 함정의 여지와 그 실체를 알아둘 필요가 있지 않겠는가.

그렇다면 함정을 잘 발견하는 철학자는 누구일까. 비트겐슈타인

---

◆ *Metaphysics*　　◆◆ *Process and Reality*

은 철학이 몇 가지 함정에 빠져 있다고 생각한다. 아니 스스로 문제를 만들어내고 고통스러워한다. 파리가 파리통에 빠지게 된 입구가 어딘지 알면 죽음에 이르는 그 통에서 빠져나갈 수 있다. 철학이 빠진 함정의 출구를 알면 철학도 거기서 빠져나올 수 있다.

비트겐슈타인은 통의 구조와 출구를 몇 가지 형태로 보여준다. 특히 그때까지 본질이나 정의로 설명하려는 시도들에 대한 비판을 반복한다. 가령 게임이라는 개념의 정의를 생각해보자. 여러 가지 게임을 다루면서 이들의 공통점을 찾아낸다. 하지만 이것도 의외로 어려운 일이다.

요컨대 게임의 본질을 밝힐 만한 적절한 표현이 생각났다고 해도 그것은 게임의 '본질'이라기보다 여러 가지 게임을 연결시키는 가느다란 실에 불과하다. 여러 가지 게임을 연결해보면 모습을 드러내는가 하면 사라지고 마는 하나의 '가족적인' 유사성에 지나지 않는 것이다.

이 유사성의 특징은 '가족적 유사성'이라고 칭할 수 있다. 한 가족의 구성원 간에 있는 여러 가지 유사성, 가령 체격, 얼굴의 특징, 눈 색깔, 걸음걸이, 기질 등도 이처럼 서로 겹치고 교차한다. 그러므로 나는 '게임'이 하나의 가족을 형성하고 있다고 말하고 싶다.

— 비트겐슈타인 『철학적 탐구』

여기서 비트겐슈타인이 말하고자 하는 것은 게임은 정의할 수 없다는 것이 아니다. 정의가 성립하지 않는다는 것도 아니다. '정의'나 '본질' 따위의 철학적인 개념을 맹신하는 게 위험하다는 것이다. 맹신하게 되면 모든 요소에 제각기 숨어 있는 본질이 있을 것이라 믿게 된다.

여기서 많은 철학적인 의문이 생긴다. 비트겐슈타인의 말을 빌리면, 형이상학의 문제는 지성이 만들어낸 '장애물' 같은 것이다.

또 한 가지. 후각이 발달한 하이데거를 보자. 그는 인간에게는 이데아도 본질이라는 것 역시 상정할 수 없다고 말한다. 이것을 묻는 것이 인간이기 때문이다. 인간이 묻지 않는다면 본질 따위 없는 것은 아닌가. 본질이라는 개념을 이데아처럼 실체화하려는 것이 아니라 그 문제를 묻는 현 존재 자체에 주목한 점이 훌륭하다.

이는 초기 하이데거의 기초 존재론의 중요한 관점이다. 하지만 후기에 와서 하이데거는 다시 한번 더 비틀어본다. '본질Wesen'이라는 명사를 동사로 써서 보여준다. 인간은 본질하는 것이라는 말이다. 기본적인 존재론의 관점처럼 인간이라는 존재는 본질이라는 개념을 물을 수 있는 존재다. 그러나 후기 하이데거는 이렇게 특별한 의미를 가진 인간의 실존을 묻는 것이 아니라 인간을 존재의 은신처, 존재에 의해 정착되는 것이라고 보았다. 여기서 본질은 이데아처럼 실체적인 것이 아니라 동사처럼 기능한다. 이것은 플라톤적인 이원론을 피하는 지혜로운 방법이다. 어쩌면 너무 지혜로운 방법으로 보일지 모르지만.

# 이데올로기
## ideology, idéologie, Ideologie

주체는 주체를 형체화한 지평, 자신의 무의식을 어떻게 인식할 수 있단 말인가. 이는 역설적인 문제이다. 자신의 무의식까지 포함한 이데올로기 비판이 가능할까.

이데올로기란 아주 유명한 용어다. 하지만 어떻게 생기고, 유명해졌는지를 보면 꽤나 한심하다. 나폴레옹이 이데올로지 학파(관념학파)를 매도하느라 사용했는데 그것이 점점 퍼져 나가게 된 것이다. 욕설이 유명해지는 예는 의외로 많다. 어딘가 딱 들어맞는 부분이 있으리라.

이 가엾은 이데올로지는 '관념학'이라는 의미로 콩디야크E. B. de Condillac의 뒤를 이어받은 19세기 프랑스 철학자들, 드 트라시A. D. de Tracy나 카바니스P. J. G. Cabanis가 만든 말이다. 이 학문은 인간의 관념(idea)이 어떻게 형태를 만들었는가를 탐구한다. 콩디야크는 돌로 만든 조각에 시각, 청각, 촉각 등의 오감을 하나씩 부여해가는 모델을 이용해서 '인간의 관념 형성'을 연구했다. 뒤를 이은 이데올로지 학파는 인간의 신체를 더 한층 유기적으로 보아, 인간 관념의 형성과 그 '정도'를 고찰하고자 하였다. 나폴레옹의 말을 빌리면 '공론가들'에 불과하지만 말이다.

이 말의 권위자는 역시 마르크스다. 그의

『독일 이데올로기』*가 유명하다. 마르크스에게 이데올로기란 '사회적 존재양식에 따라 규정된 여러 가지 관념의 존재론적 형태'를 의미한다. 조금 복잡하다. 다시 말하면 사람의 의식이 존재를 규정하는 것이 아니라 사람이 사회에서 어떻게 살아가는가에 따라 그 사람의 관념이 규정된다는 것이다. 즉 프랑스 이데올로지 학파의 경험론적 관념론을 사회에 적용해 옮겨놓은 것이다.

마르크스주의의 이데올로기 이론은 이데올로기 비판 이론이라고 보면 오히려 알기 쉽다. 어느 시대든 지배적인 이데올로기는 지배계급의 이데올로기라고 마르크스는 말한다. 그러므로 노동자는 계급의식에 눈을 떠야 하고 지배적인 이데올로기로부터 벗어나야 한다. 여기에서 이데올로기란 비판의 대상이고 각성해야 할 잘못된 생각들이다.

이와 같은 마르크스주의 이데올로기 이론에는 약간 문제가 있다. 계급의식 그 자체가 만들어진 의식이고 하나의 이데올로기가 아닌가 하는 점이다. 이 점을 지적한 것이 만하임K. Mannheim의 『이데올로기와 유토피아』**이다. 만하임은 마르크스주의의 이데올로기 비판 자체가 하나의 이데올로기라고 비판하였다.

마르크스주의 진영에서는 이러한 비판에 대처하기 위한 이데올로기 이론도 미리 준비해두었다. 루카치G. Lukács의 『역사와 계급의식』***이 대표적이다. 그는 이데올로기를 '계급의식'과 '물상화'라는 두 가지 관점에서 바라보았다. 우선 계급의식(여기서 이데올로기는

---

*Die deutsche Ideologie*    **Ideologie und Utopie*
***Geschichte und Klassenbewußtsein*

계급의식이라는 형태를 취한다)을 보자.

　그러므로 계급의식을 추상적·형식적으로 보면 이것은 동시에 자기
자신의 사회적·역사적 경제 상태에 따라 계급적으로 규정된 무의식
으로 이루어진다. (…) 여기에 포함된 '허위적' '가상적'인 것은 결코
자의적 요소가 아니다. 이것은 객관적이고 경제적인 구조를 사상적
으로 표현한 것이다. ― 루카치 『역사와 계급의식』

　다음은 물상화. 자본주의 사회의 일상은 물상화 의식으로 뒤덮여
있다고 루카치는 말한다. 이렇게 일상이 빚어낸 의식은 역사적인 진
리도 물질사회의 진리도 꿰뚫어볼 수 없게 한다. 이것이 이데올로기
의 형태로 사회를 뒤덮고 있다. 어떻게 해야 여기에서 빠져나갈 수
있는가. 루카치는 프롤레타리아트가 스스로 계급의식에 눈을 떠야
물상화된 허위의식을 깨뜨릴 수 있다고 생각하였다.
　루카치의 이데올로기 이론은 이 변증법적(이고 마술 같은) 관계
가 재미있다. 하지만 이데올로기가 어디까지나 부정해야 할 요소라
고 보는 점은 다를 바 없다.
　이데올로기 이론을 근본적으로 뒤집어 다시 살려낸 사람이 알튀
세르이다. 이데올로기는 허위의식이 아닌 사회구성원에게 필연적
인 의식이라고 알튀세르는 말한다. 알튀세르는 어떤 의미에서는 만
하임의 명분을 받아들여 모든 사람들이 이데올로기 속에서 살아가
고 있음을 인정한다. 누구도 시대 바깥으로 뛰쳐나갈 수 없는 일이요
이데올로기를 벗어나는 일도 불가능하다는 것이다.

이데올로기에 근거한 어떠한 의식 형태도 내적인 변증법에 의존해서 자기 바깥으로 나올 수 있는 요건은 구비되어 있지 않다. 엄밀한 의미에서 의식의 변증법은 존재하지 않는다. (…) 의식이 현실에 도달하는 것은 의식의 내적 발전에 의해서가 아니라 자기 자신 이외의 것을 근본적으로 발견함으로써 가능하다. ─ 알튀세르 『마르크스를 위하여』◆

알튀세르가 말하고자 하는 바는 의식은 단독으로 외부에 나올 수 없다는 것이다. 나올 수 없는 것만이 아니다. 주체는 그 시대의 지평, 그 시대의 이데올로기 가운데서만 탄생할 수 있다. 주체가 탄생하기 위해서는 어떤 이데올로기 가운데 불려가서 그 안에서 스스로를 재확인할 필요가 있다.

어떤 주체가 주체가 되기 위해서 이데올로기가 필요하다고 보는 알튀세르의 통찰은 날카롭다. 알튀세르에 따르면 인간은 하나의 주체가 되기 위해서 이데올로기 관점에서 자신을 파악하고 그 이데올로기를 자신의 사고방식으로 인식할 필요가 있다. 주체는 이 이데올로기를 자신의 것으로 체득함으로써 비로소 사고하는 주체가 된다.

주체는 자신이 하나의 관념을 만들어낸 것처럼 생각하지만, 이는 착각이 아닐까. 관념은 주체 안에 무의식 상태로 이미 깊숙이 내재하고 있어서, 주체가 주체이기 위해서는 관념이 불가결한 전제로 일정한 몫을 한다. 하지만 주체 스스로 이를 인식하기는 어렵다. 극히 '자연'스러운 것이라고 생각하기 때문이다.

---

◆*Pour Marx*

그렇다면 주체는 주체를 형체화한 지평, 자신의 무의식을 어떻게 인식할 수 있단 말인가. 이는 역설적인 문제이다. 자신의 무의식까지 포함한 이데올로기 비판이 가능할까. 있다면 어떤 방법이 있을까. 알튀세르에 따르면 '징조'를 통해 읽을 수 있다. 의식은 의식의 내적인 변증법으로는 자신을 가두고 있는 우주에서 외부로 나올 수 없다. 하지만 인간의 이데올로기는 무의식의 담론discourse으로 여기저기 나타나게 되는바, 그 '징조'를 읽어냄으로써 인식할 수 있다는 것이다.

뜻밖의 결론이지만, 이데올로기를 비판하기 위해서는 정신분석적인 방법이 필요하다. 프로이트는 무의식은 타자와의 대화를 통해 드러난다고 말한다. 그렇다면 분명 사회의 '무의식'인 이데올로기는 다른 주체 또는 다른 문화와 대화를 통해서 표출될 수 있을 것이다.

요컨대 알튀세르의 이데올로기 이론은 우리에게 경고한다. 우리 사회가 사회구성원들에게 '자연스럽게' 받아들이도록 만든다. 의심할 바 없이 당연하다고 믿게 만드는 것이다. 하지만 그 자연스러움이야말로 경계할 필요가 있다.

이데올로기가 거쳐온 '운명'은 우리가 아주 자연스럽게 느끼는 문화적인 전제나 철학적인 전제를 의식하는 것과 관계가 있다. 이를테면 우리가 서양철학의 텍스트를 해독할 때 그 문화에 숨어 있는 암묵적인 전제와 부딪칠 수 있다. 동양의 입장에서 서양철학을 읽다 보면 문제점도 보일지 모른다. 그렇다면 그것은 보편성을 추구하는 철학의 중요한 역할임에 틀림없다.

# 인과관계
## causality

사건의 원인에 대한 물음은
철학보다도 오래된 문제다.
인과관계를 파악하려 하는
것은 분명 인간의 근본적인
능력의 하나로 볼 수 있다.

어떤 일이 생기면 누구나 왜, 어째서라고 묻는다. 사건의 원인에 대한 물음은 철학보다도 오래된 문제다. 인과관계를 파악하려 하는 것은 분명 인간의 근본적인 능력의 하나로 볼 수 있다. 원시 주술도 독자적인 논리로 확고한 인과관계를 상정하고 있다. 왜 그 사람이 죽은 거지? 나쁜 혼령의 짓이다. 왜 비가 내리지 않는 거지? 기우제를 지내지 않았기 때문이다. 저마다 이유가 있을 수 있다.

철학의 세계에서도 인과관계는 처음부터 중요한 의미를 지니고 있었다. 아리스토텔레스는 철학의 역사를 '원인의 개념'에 근거하여 분류했을 정도다. 철학의 시작은 어디서부터인가 따위도 포함된다. 흔히 철학사는 탈레스에서 비롯되었다고 한다. 그는 만물의 근본이 물이라고 말하지 않았는가. 여기에서 철학이 시작되었다고 보는 것 자체가 아리스토텔레스의 인과관계 이론에서 나온 것이다. 그럼 원인이란 개념을 보자. 아리스토텔레스는 사물의 원인을 네 개의 요소로 보았다. 예를 들어 책상을 만든다고 하자. 우선 소재가 필요하다. 소재는 원인의 하나이다(질료인質料因). 그리고 책상을 만들기 위해서는 책상이 어떤 쓸모가 있고, 어떤 목적을 위한 것인지 보여주어야 한다(목적인目的因). 책상을 만드는 작업과 기술자도 필요하다(작동인作動因). 게다가 책상의 설계도라든가, 책상이 무엇이라는 것을 보여줄 필요가 있다(형상인形相因). 이 중 어느 하나가 빠져도 책상은 만들어지지 않는다. 물론 아리스토텔레스에 따르면 책상만이 아니라 모든 것에 이 네 가지 원인이 작용한다. 탈레스의 '물'은 질료인의 첫 예라 할 수 있다. 그러므로 다른 관점에서 보면 철학의 조상이 탈레스가 아닐 수 있다. 관점을 달리하여 철학의 조상이 누구인가를 생각해보는 것도 재미있겠다.

하지만 가령 '형상'을 원인으로 삼는 것은 의아스럽다. 책상의 형상인이라고 하면 눈 자체가 시점이 된다. 집이 파괴된 원인이 태풍이 수반된 강풍 때문이라면 충분히 이해가 된다. 그만큼 우리는 평소 그런 객관적 인과관계를 상정하는 데 익숙해져 있는 것이다. 그러나 거기서 반대로 느끼는 것이 있다. 우리들이 '원인'으로 파악하려는 것은 주로 작동인의 시점이다. 이는 근대 자연과학에 근거한 세계관에서 비롯되었을 것이다. 자연과학은 인과관계를 물리적 차원에서 파악한다. 태풍의 목적이라든가, 태풍의 형상이라든가 따위가 들어갈 여지가 없는 영역에서 과학이 성립되었기 때문이다. 이렇게 생각하면 정신이 번쩍 든다.

이와 같은 자연과학의 약속을 인간 오성悟性의 기본으로 생각한 이가 칸트이다. 모든 사물은 같은 인과관계 선상에 있다. 한 사건이 계기가 되어 점점 거슬러 올라가면 그 원인에 이를 수 있다. 이는 또 다른 작동인의 접근방법인 셈이다. 칸트는 뉴턴 역학의 대표적인 객관적 물리법칙을 기본으로 인간의 오성을 이해하려 했다. 그런 만큼 인과관계를 무엇보다 과학적이라 할 만한 작동인에서 파악하려 하였으리라 짐작된다.

옛날 아리스토텔레스는 인과관계의 연쇄적 고리를 거슬러 올라가 모든 운동의 제1원인에 도달했다. 결국 종점이자 기점이기도 한 원인은 신神이다. 칸트도 마찬가지로 인과관계의 연쇄적 고리를 거슬러 올라간다. 하지만 칸트의 사슬고리 끝자락을 잡고 있는 것은 신이 아니다. 칸트는 자연세계의 연쇄적 고리는 무한히 계속된다고 보았다. 인과관계 자체를 물리적인 자연법칙 기준에 따라 거슬러 올라가면 이미 신은 필요 없기 때문이다.

하지만 칸트는 신 대신 다른 어떤 것을 상정했다. 자연법칙의 고리를 새로이 시작할 수 있는 특별한 존재자, 즉 인간이다. 그렇다. 인간은 존재자로서 세계의 물리법칙이라는 연쇄적 인과관계를 이루는 하나의 고리에 지나지 않는다. 하지만 인간은 도덕적 행위에서는 자연의 물리법칙과는 관계없이 스스로 자유롭게 행동할 수 있다. 도덕을 실천하는 인간은 아리스토텔레스의 신에 해당하는 지위에 선다.

한마디로 인과관계는 물리적 자연법칙에 따른다. 칸트는 그것을 인정하면서도 한편으로 이러한 자연법칙도 인간이 스스로 이해한 것을 세계에 투영한 것에 불과하다고 보았다. 바로 칸트의 놀라운 면이다. 인간은 물질이나 자연 세계 그 자체를 완전히 파악할 수는 없다. 인간이 이해하는 자연은 인간 스스로 이해할 수 있는 형태로 인식한 자연현상일 뿐, 자연 그 자체는 아니다.

인과관계는 원래 인간 오성의 많은 카테고리 중 하나에 지나지 않는다. 자연 상태에 객관적 인과관계가 존재하는가 아닌가는 인간의 지<sup>知</sup>를 넘어선 영역이다. 칸트에 따르면 인간에게 이해 가능한 것은 현상으로서의 자연에 한하며, 인간의 오성은 원인과 결과라는 카테고리에서 이해하지 않으면 안 된다.

참 대단하다. 완전히 항복할 수밖에. 하지만 칸트의 설명에(150년쯤 지난 후) 다시 이의를 제기하고 나선 이가 있다. 니체다. 이런 트집잡기는 니체의 주특기이다. 그는 칸트가 인간에게 인정한 의사의 자유를 단호하게 부정한다. 칸트는 인간이 자유로운 의사로 스스로 도덕적 행위를 행함으로써 어떤 일의 원인이 된다고 보았다. 하지만 니체는 그것이야말로 완전한 착오라고 말한다.

원인을 이루는 정신이라는 착오가 실재와 어긋나버렸다. 그리고 그것이 실재의 기준이 되었다. 신이라고 불리기에 이르렀다. — 니체 『우상의 황혼』♦

칸트는 인과관계를 오성의 카테고리라고 생각했다. 그러나 니체는 인과관계란 카테고리 같은 객관적인 것이 아니라 인간이라는 종족에게 고유한 심리적 습관에 지나지 않는다고 말한다. 다만 그 습관이 인간이라는 종족에게는 필수불가결한 것이기 때문에 마치 인간 오성의 고유한 법칙처럼 받아들여진다는 것이다. 니체가 말한 영원회귀 사상은 이러한 인과관계의 고리를 끊는 데 하나의 목적을 두기도 한다. 모든 사물이 영원히 반복된다면 원인과 결과라는 개념은 중요하지 않기

---

♦ *Götzen-Dämmerung*

때문이다.

니체가 인과관계를 심리적 습관이라 생각한 것처럼 훗날의 비트겐 슈타인은 이것을 인간 마음의 기울기와 같은 것이라고 생각했다. 비 트겐슈타인은 인간이 '왜'라는 원인에 대해 계속 질문을 던지는 것이 어떤 맹목을 초래한다고 한다. 어찌하여 원인과 결과를 알면 사물을 이해했다고 생각하는가. 인간 마음의 태만에서 비롯된 게 아닌가.

'왜'라는 질문을 하지 않을 때 비로소 중요한 사실을 깨닫게 되는 경 우가 많다. 그리고 이러한 사실에 대해 탐구를 계속함으로써 해답에 도달하는 것이다. ─ 비트겐슈타인 『철학적 탐구』

우리는 당연히 어떤 원인을 알고 싶어하거나 사태를 정확하게 이 해하고 싶어한다. 하지만 비트겐슈타인은 그것이 당연시되는 것은 인간의 심리학적인 벽, 마음의 기울기에 의지한다고 생각한다. 그리 고 때로 그 기울기라는 잣대를 벗어나 사물을 볼 필요도 있지 않은지 경고한다.

으음. 그렇지만 인과관계는 우리가 인간을 이해하는 데 무엇보다 도 중요하다. 이것 없이는 스스로의 정체성도 유지할 수 없다. 대개 자신의 행위가 어떤 결과를 일으키는지 인식할 수 없다면 어떤 일도 책임지지 못한다. 역사는 인간의 행위를 인과관계로 파악하고 스스 로 납득할 수 있는 이야기로 만들어가면서 이루어진다. 비트겐슈타 인의 경고에도 불구하고 우리는 이런 납득 과정 없이 살아갈 수 없 다. 니체처럼 말한다면 인과관계라는 사고방식은 인간이 그것 없이 살아갈 수 없다는 또 하나의 오진일 수도 있다. 애고 애고.

# 은유
## metaphor

철학에서는 은유적 사고가
암묵적이거나 암시적으로
사용되어왔다.
조심해야 할 것은 은유로
사물을 생각하면 자기도
모르게 사고의 방향이
정해져버린다는 것이다.

수사학이란 온통 복잡하고 기묘한 용어들뿐
이다. 하지만 은유는 비교적 익숙한 용어이
다. 즉 어떤 사물에 빗대어 다른 것을 가리키
는 것을 말한다. 아리스토텔레스는 어떤 말
이 일반적 문맥에서 쓰이는 의미와 다른 의
미로 쓰이면 메타포라 하였다. '은유는 이성
을 유혹한다'고 말하는 철학자가 있을 정도
로 철학과 은유는 깊은 연관이 있다. 은유(메
타포)는 본래 '~을 넘어(메타meta) 운반하다
(페레인perein)'라는 의미이다.

은유와 비슷한 기능을 하는 것 중에 기호가
있다. 다만 기호는 기호 자체가 갖는 의미는
없다. 이를테면 주차금지 표지판은 눈에 띄
어야 하지만 표지판 그 자체에만 눈이 쏠리
게 되면 본래 기능에서 크게 벗어나는 것이
다. 하지만 은유에서는 은유를 담아내는 '그
릇'에 해당하는 기호 자체도 의미를 가진다.
이를테면 '그릇' 자체가 갖는 의미와 기호가
갖는 의미가 서로 겹친다. 여기에 은유의 매
력이 있다. 이처럼 어떤 것을 방편 삼아 말하
고자 하는 바를 표현한다는 점에서는 알레고

리(우의)와 비슷하다.

여러 종류의 은유 중 언어적 은유를 생각해보자. '높고 날카로운 소리는 벌처럼 나의 의식을 쏜다'는 직유이다. 소리와 벌이 아직 각각 두 개의 사항으로 분리, 대비되어 표면화된다. 그러나 '높고 날카로운 소리는 벌이었다' 같이 은유적으로 표현하면 그 구분은 사라지고 소리와 벌의 개념이 서로 겹쳐서 나타난다. 소리에 벌이, 벌에 소리가 연상되어 개념적으로 풍성해져서 우리의 상상력을 자극한다.

철학에서는 은유적 사고가 암묵적이거나 암시적으로 사용되어왔다. 다만 조심해야 할 것은 은유로 사물을 생각하면 자기도 모르게 사고의 방향이 정해져버린다는 것이다. 우리는 논리적으로 사고하기보다 이미지나 은유로 사고하는 경우가 많다. 그 결과 이미지나 은유가 사고의 폭을 제한할 수도 있다.

철학에서 특히 자주 쓰이는 예는 빛과 눈을 사용한 은유적 표현이다. 플라톤이 『국가』*에서 동굴에 비유한 표현은 유명하다. 인간은 동굴 속에 갇혀 벽에 비친 그림자만 보고 있다. 하지만 동굴에서 나와 태양의 빛 속으로 한 걸음 걸어들어가면 백일하에 진리가 낱낱이 드러나 보인다. 그리고 지금까지 보아온 것이 거짓임을 깨닫게 된다. 그럼 진리란 눈에 보이는 것인가. 아니면 진리를 판단할 수 있는 인간의 이성은 '빛'인가. 물론 그렇지는 않다.

진리를 이처럼 빛의 이미지로 파악하려는 것 자체가 어떤 특정 문화에 얽매인 관념이라는 것도 잊지 말자. 이러한 문화적 규정성, 철

---

◆*Politeia*

학적 역사를 배경으로 한 '사연'에 민감해지자. 서양철학의 전통으로 계속 이어져온, 빛을 진리로 보는 형이상학이 진리를 구하는 타당한 접근방법이라고는 이제 아무도 말하지 않는다. 우리는 그것이 무너지는 것을 익히 봐왔다.

한 가지 예를 더 들어보자. 인간의 신체구조에서 나온 은유이다. 우리는 흔히 '머리' '위'라는 표현을 쓰지 않는가. 이에 대비되는 것이 발과 아래이다. 머리는 지배하고 발은 (마지못해) 따른다. 왕을 머리로 보는 '사회유기체론' 등 신체의 이미지를 직접 사용하는 예가 아니더라도 신체는 우리 사고에 밀착되어 있는 은유인 게 분명하다.

우리의 사고방식 속에 암묵적으로 형성되어온 은유의 강력한 힘을 지적한 이가 바타유이다. 「엄지발가락」*이라는 논문에 다음과 같이 재미있는 문장이 있다.

신체 내부는 혈액이 위에서 아래로, 다시 아래에서 위로 같은 양이 돌고 있음에도 불구하고 상승하는 것은 가치가 있고 우월하다고 생각하며 인간생활을 상승에 맞추려 한다. 이 세상을 지하에 있는 지옥과 더러움이 없는 천국으로 나누려는 태도는 이제 영겁 불멸의 사고방식이다. 빛과 하늘은 선의 원리로, 땅과 어둠은 악의 원리로 여긴다. (…) 인간의 생활에는 불결한 것에서 이상적인 것으로, 이상적인 것에서 불결한 것으로 넘나드는 사실에 대한 분노, 발과 같은 저열한 기관에 대한 분노가 담겨 있다. ― 바타유 「엄지발가락」

위와 아래를 은유에 끌어들이는 순간 오해가 생기고 사고가 제한된다. 사실 은유는 과학적 인식에 있어서도 위험한 유혹이다. 첫부분에 소개한 '은유는 이성을 유혹한다'라는 정의는 사실은 바슐라르 G.Bachelard의 말이다.『과학적인 정신의 형성』**

은유에는 사고를 제한하는 소극적인 기능만 있는 것은 아니다. 오히려 니체처럼 은유를 구사하여 사고를 전개한 '수완가'도 있다. 그는 철학자를 거미에, 학문을 상아탑에, 개념체계를 벌집에 비유하였다. 근사하지 않은가.

하지만 니체는 은유를 이용해 단순히 개념을 형상화하고 말만 바꾸려 한 것이 아니다. 그는 은유적 표현으로써 자신의 사고를 발전시킨다. 마치 사고 자체를 은유의 형태로 그대로 실행해 옮기는 듯이 보인다. 니체는 개념은 은유의 '껍데기'에 지나지 않는다고 생각한다. 그리고 은유는 개념의 '모태' 구실을 한다. 니체는 은유처럼 눈에 보이는 형태로 사고를 조직하는 것을 좋아한 모양이다.

다만 이러한 은유는 전통적 논리학으로는 파악할 수 없다. '여성은 태양이다'라고 한 일본의 원로 페미니스트의 표현도, '나는 여자다'라고 비밀을 털어놓은 슈레버D.P.Schreber(프로이트가 피해망상의 대표적 사례로 든 인물 — 옮긴이) 재판관의 표현도 논리학에서는 '예외적인 표현'으로 배제된다. 논리학은 '~은 ~와 같다'라는 직유는 취급한다. 하지만 카테고리적 오류에 해당하는 은유는 그저 팔짱 끼고 지켜볼 뿐이다. 이상한 일이다.

논리학만이 아니다. 체계적인 사고나 형이상학적 사고에서도 은유는 부적절하다고 여긴다. 이 문제를 가장 확실하게 보여주는 예가

---

◆ Le gros orteil    ◆◆ *La Formation de l' esprit scientifique*

데리다와 설J.R. Searle의 논쟁일 것이다. 설은 일상언어학파 학자인 오스틴J. Austin의 사상을 이어받은 인물이다. 그는 철학의 영역에서 은유를 배제하고자 하였다. 은유와 같은 표현은 일상생활에서도 '참되지 못한 것'이며 철학적 고찰에서는 무시해야 마땅하며 무책임하고 진리에 반하는 것이라 생각했다.

하지만 데리다는 여기에 이의를 제기한다. 데리다는 니체와 마찬가지로 은유를 철학체계로 받아들일 수는 없지만 철학적 개념의 바탕을 이루는 것이 아닌가라고 생각했다.

은유는 모든 본질적인 특징으로 이루어진 일종의 고전적인 철학적 재료이고 형이상학적인 개념을 지녀왔다. 그러므로 이것은 철학의 일반적인 은유학의 영역에 포함된다. (…) 철학의 모든 은유적인 가능성을 포괄하여 이를 분류하려고 해도 가장 중요한 은유가 배제되어 체계의 바깥에 남겨질 뿐이다. 도저히 그것 없이는 은유라는 개념이 형성될 수 없는. 결국 연쇄적 과정을 모두 생략하고 표현한다면 은유라는 은유이다. ― 데리다 『철학의 여백』◆

원래 서양철학 이론(테오리아theoria)의 바탕에는 빛과 눈의 은유가 있다. 그리고 개념concept의 밑바탕에는 '잡다'라고 하는 은유가 있다. 즉 개념이나 이론이 생겨난 것은 뿌리에 은유가 숨어 있기 때문이다. 그러므로 철학은 은유와 손을 끊을래야 끊을 수 없다. 떨쳤다고 생각하는 순간 등뒤에서 잡히고 말 것이다.

---

◆ *Marges de la philosophie*

# 연역/귀납
## deduction/induction

논리학적으로는 귀납이
연역보다 '약한' 추론이다.
지금까지 모든 사람이
죽었다고 해도
내일이라도 죽지 않는
사람이 등장할지 모른다.

연역과 귀납. 이 역어 말고 달리 표현할 수 없을까. 디덕션deduction, 인덕션induction이 더 기억하기 쉬울 듯하지만 어쩔 수 없는 일이다. 연역(디덕션)과 귀납(인덕션), 모두 추론의 기본법칙이다. 어원은 둘 다 동사 '이끌다ducere'에 '밖de'과 '안in'이라는 접두어가 붙었다. '밖으로 이끌어내다'가 연역, '안으로 이끌어가다'가 귀납. 이해가 안 될 때는 이렇게 밖과 안을 떠올려보자. (메이지14년에 『철학어휘』를 저술한 이노우에 데쓰지로井上哲次郎에 따르면 귀납歸納의 귀歸는 본래 상태로 '되돌아가다'라는 뜻이고 납納은 內가 있으니까 '안으로 되돌아가다'가 귀납이라고 한다. 이것도 이해하기 쉬운 설명이다.)

연역부터 살펴보자. 하나의 원리로 다수의 구체적인 예를 추론하는 경우이다. 핵심 원리가 '밖으로' 향해 전개되므로 연역이다. 가령 '인간은 죽는다'라는 원리가 참이라고 하면 인간인 '소크라테스는 죽는다'라는 결론이 얻어지면 연역이다. 인간은 누구나 언젠가 죽는다는 결론에 이른다.

다음은 귀납. 다수의 개별적인 예에서 추론하는 경우이다. 흩어져 있는 사례들을 '안으로' 돌돌 말아가면 귀납. 추론의 방향이 연역과는 반대다. 가령 소크라테스도 죽고, 플라톤도 죽는다. 지금까지 모든 사람이 죽었으므로 인간은 죽는다.

논리학적으로는 귀납이 연역보다 '약한' 추론이다. 지금까지 모든 사람이 죽었다고 해도 내일이라도 죽지 않는 사람이 등장할지 모른다('사람'의 정의를 고려하면 충분히 있을 수 있는 일이다. 영화〈블레이드 러너Blade Runner〉의 레플리컨트는 죽지 않을지 모른다).

이에 비해 연역은 전제가 되는 원리가 확실하면 필연적으로 옳은 결론으로 귀결된다고 믿는다. 사람이 반드시 죽는 존재라면 사람인 나는 반드시 죽는다. 개별적 사례에서는 연역의 절차 자체가 '옳은지' 아닌지는 증명하지 못한다. 개별적 사례로 제기되는 반론은 출발점인 최초의 전제를 수정할 것을 요구할 뿐이고 연역 자체의 옳음을 부정하는 것은 아니다.

이쯤에서 문제 삼고 싶은 게 있다. 이런 논리적 추측의 옳음 그 자체를 보증하는 것은 무엇인가 하는 것이다. 답답한 심경인데 여러분도 그런가. 아리스토텔레스는『분석론 전서』*에서 여러 가지 삼단논법을 고찰하고 '옳은' 추론을 선별하여 제시하였다. 이것은 아득한 세월 동안 서양 논리학의 기본이 되어왔다. 그렇다면 '옳음'이란 애초에 어디에서 생겨난 것인가. 그토록 연역이 옳은 것인가. 대답은 그렇게 자명하지 않다.

---

◆*Analytika Protera*

이런 의문을 노골적으로 드러낸 이가 흄D. Hume이었다. 고마운 일이다. 흄은 철학적 논의의 바닥을 헤집는 '점잖지 못함'이 본령인 철학자로 그 점이 바로 장점이기도 하다. 그는 인과관계의 인식 가능성 그 자체에 회의를 품고 말한다. 귀납이나 연역이라는 추론의 원리는 습관에 따라 성립된 것에 불과하다고(이때가 18세기이니 아리스토텔레스 이후 실로 2100년이 지나서이다). 이어서 비트겐슈타인도 귀납의 원리는 심리학적 이유를 근거로 삼는다고 단언한다.

6.363 귀납이라는 절차는 우리가 자신의 경험과 일치하는 가장 단순한 법칙을 상정하는 데서 생겨난다.

6.3631 그런데 이 절차에는 논리적인 이유는 없고 심리적인 이유만 있다. 현실에서 가장 단순한 사례가 발생한다고 생각할 이유가 없는 것은 분명하다.

6.36311 태양이 내일도 떠오를 것이라는 생각은 가설이다. 태양이 떠오를 것인지 아닐지 우리는 알지 못하기 때문이다.

— 비트겐슈타인 『논리철학논고』

비트겐슈타인이 말하길 귀납과 연역이라는 추론 절차는 논리학적 법칙이 아니다. 심리학적 가설에 지나지 않는다. 그러나 논리학은 엄연히 존재한다. 어떻게 가능한 일인가. 비트겐슈타인의 답은 진리표이다.

그렇다. 진리표. 비트겐슈타인에 따르면 세계의 모든 사태는 원자적 명제로 환원할 수 있다. 원자적 명제는 현실에서 참과 거짓으로 확인될 수 있다. 만일 진리표에 근거하여 m이라는 명제가 참이고 또 n이라는 명제도 참이라고 밝혀지면 연역이나 귀납 등의 추론을 이용하지 않고도 m이라는 명제에서 n이라는 명제를 끌어낼 수 있다. 현실과의 관계를 나타내는 진리표를 근거로 삼으면 귀납이나 연역이라는 절차를 밟을 필요가 없다.

포퍼K. Popper는 이러한 문제의식을 발전시켜 과학이론을 고찰하는 데 적용하였다. 그에 따르면 원래 귀납이라는 방법으로 과학적 이론을 증명할 수는 없다. 인간은 확고부동한 지知와 같은 것을 어떤 이론을 진리로 확정할 수 있는 근거도 알 수 없다.

이론은 우리가 생각할 수 있는 한 가장 엄격한 시험에도 견딘다면 받아들여질 것이고, 그렇지 않다면 배척된다. 그러나 이것은 결코 경험적인 증거에서 추론되지 않는다. 심리적인 것도 논리적인 귀납법도 존재하지 않는다. 이론이 잘못되었다는 것만은 경험적인 증거로부터 추론할 수 있다. 다만 이 추론은 순전히 연역적인 것이다. ― 포퍼 『추측과 논박』◆

포퍼는 말한다. 인간은 어떤 이론이 왜 잘못되었는가를 나타내는 반증의 기준만 가지고 있다. 과학자들은 대화를 거듭하여 어떤 합의에 달할 수 있지만 이것이 진리라는 보증은 전혀 없다. 언제라도 반증이 제시되면 그것이 잘못되었음이 '연역적으로' 증명될 수 있다.

상당히 극단적인 이론이 아닌가. 과학의 추론에 관해서는 가장 균형 있는 의견을 퍼스C. S. Pierce가 내놓았으므로 소개해두자. 과학적 이론에 쓰이는 연역이나 귀납에는 합리적 근거가 있고, 이를 부정해서는 안된다고 퍼스는 생각한다. 다만 퍼스도 과학분야의 연역이나 귀납적 추

---

◆Conjectures and Refutations

론에는 의문스러운 점이 그림자처럼 붙어다닌다는 것을 인정한다. 귀납이나 연역적 추론으로 얻어진 법칙은 출발하는 원리나 도착하는 원리가 어떻게 얻어지는지 분명하지 않은 채 과학자가 돌연 제시한 듯이 보이기 때문이다. 흄과 같은 비판이 나오는 것도 원리나 이론이 생성된 메커니즘이 명확하지 않기 때문이며 이러한 메커니즘이 분명히 밝혀지면 연역과 귀납을 부정할 필요가 없다고 생각하는 것이다.

퍼스는 이러한 메커니즘을 가추abduction(가정에 의한 추리)라고 불렀다. 이는 혼돈된 현상세계를 나누어 하나의 패턴으로 읽어내는 행위이다. 그리고 과학자는 이러한 메커니즘으로 가설적인 법칙을 이끌어낸 다음 연역이나 귀납에 근거하여 이것을 증명한다고 생각한다. 추론에 발견론적 관점을 도입한 퍼스의 안목이 날카롭다.

그런데 연역을 확고부동한 추론이라고 여겼기 때문에 적잖은 논란이 있었다. 안타까운 일이다. 독일 관념론의 피히테가 말하길 모든 학문은 철학으로 기초를 세워야 한다. 철학은 절대적으로 확고한 원칙에서 연역이 이루어질 필요가 있다. 확실한 것은 자아라는 존재뿐이기 때문에 철학은 자아에 대한 명제에서 출발하고, 확실한 명제만을 바탕으로 연역이 성립되어야 한다. 하지만 방법 자체가 위태롭다는 느낌이 든다.

어찌 됐든 연역을 통한 기초 구축이 근대철학의 한 주류였다. 그리고 자아나 의식에서 출발하려고 한 의식철학의 중요한 논거가 되었다. 의식의 확실성을 근거로 자연스러운 경향을 극단적으로 원리화하려는 이러한 방법은 의식 속의 '타자他者'를 생각할 가능성을 앗아버릴지도 모른다.

# 엔트로피
**entropy**

라이프니츠의 철학에서는
신이 복잡성을 줄여주며,
엔트로피를 버리기도 한다.
하지만 사회체계에서는
신이 아니라 체계 스스로
복잡성을 줄인다.

우주에서 가장 확실한 법칙은 무엇인가. 열역학 제2법칙. 정말 그렇게 대답하고 싶다. 엔트로피는 어떤 계系(이를테면 태양계)의 거대한 상태를 나타내는 말이지만, 열역학 법칙과 연관지어 생각하면 만유인력의 법칙 이상으로 공포마저 느끼게 된다. 뭔가 우주의 운명을 대하는 것처럼 충격적이다.

이 법칙은 '우주의 엔트로피는 항상 최대치를 향한다'는 공식이다. 이는 무엇을 의미하는가. 우주가 열평형이라는 '죽음'의 상태를 향한다는 말이다. 그리고 여기에 필요한 질서는 에너지를 '소모한다'는 것이다. 가령 깨끗하게 정리된 실내는 항상 어떤 특정의 에너지를 소비할 것을 전제로 한다. 정리하는 데에 에너지를 투여하지 않으면 실내의 지저분한 상태는 극에 달할 것이고 이미 방이라고 할 수 없는 상태에 이른다. 우주도 언젠가는 이런 상태에 도달할 것이다. 뭔가 종말론적 예감이 든다. 엔트로피는 그리스어로 후퇴한다, 내려간다(엔트레페인)라는 동사에서 유래한 개념이다. 아무래도 말세적인 쇠퇴의 모습을 떠올리게 한다.

하지만 쇠퇴는 번영을 전제로 한 것이 아닌가. 엔트로피가 작용하기 위해서는 우선 질서가 필요하다. 원래 물리학이나 화학법칙만으로는 생명이 가득한 지구 같은 별의 탄생은 거의 불가능하다. 생명의 존재를 엔트로피로는 설명할 수 없다. 오히려 생명으로 엔트로피를 설명할 수 있다. 엔트로피 법칙을 파악하려 들수록 오히려 생명의 풍성함이라는 수수께끼에 짓눌려 길을 잃을 수 있다.

생명의 수수께끼를 설명하는 데 처음에는 네거티브 엔트로피[negative entropy]라는 용어가 쓰였다. 하지만 생명이라는 긍정적 대상을 설명하기 위해 부정적 용어를 쓰는 것이 어쩐지 어울리지 않았다. 그래서 신트로피[syntropy]라든가 네겐트로피[negaentropy] 같은 용어가 만들어졌다. 엔트로피에 앞서 생명의 불가사의한 메커니즘을 설명할 수 없을까 고심한 이가 마투라나[H. R. Maturana]와 바렐라[F. J. Varela]이다. 이들은 생명체가 자기를 재생시키는 과정을 오토포이에시스[autopoiesis](자기생산)라는 개념으로 설명했다. 이들의 공저 『인식의 나무』*는 1984년 간행되었다.

오토포이에시스 체계의 가장 놀라운 특성은 그것이 자기 자신의 힘으로 생겨나 자기 자신의 운동으로 환경에서 분리된다는 점이다. (…) 생물의 특징은 이러한 오토포이에시스 조직에 있다.

— 마투라나/바렐라 『인식의 나무』

지구에는 생명이라는 오토포이에시스 체계가 존재하고 있어(마투

---

◆ *Der Baum der Erkenntnis*

라나와 바렐라는 이것을 '태양계에 존재하는 하나의 이정표'라고 칭하
였다) 지금까지 자연환경과 생물의 정밀한 상호작용으로 엔트로피
를 지구 바깥으로 내보낼 수 있었다. 이러한 정교한 체계는 생명을
스스로 생성해나가면서 지구의 환경을 유지해왔다.

　그들은 자기 생성의 생명체가 가진 오토포이에시스라는 불가사의
한 능력이 생명에만 국한된다고 생각한 걸까. 생명과 같이 자기조직
화 작용을 하는 체계는 없는가. 가령 인간사회라는 가장 큰 체계 역
시 이러한 오토포이에시스 체계로 돌아가고 있다는 생각은 하지 않
은 걸까. 사회는 생물이나 지구환경과 같이 자기 생성을 통해 계속
유지해갈 수 있기 때문에 드는 의문이다.

　이 사회체계 개념을 크게 발전시킨 이가 루만N. Luhmann이다. 루만
은 사회라는 체계를 설명하는 데 오토포이에시스 개념을 응용하였
다. 그는 예견이나 기대, 그리고 상호 소통을 통해 사회의 복잡성을
줄일 수 있다고 생각했다. 본래 상호 소통을 위해서는 '이전에 행한
선택 또는 행할 것으로 기대되는 선택을, 선택의 전제로 개개의 선택
에 편입하는 것'「사회체계론」◆이 필요하다는 것이다. 이른바 사회를 구
성하는 인간 상호관계에서 일어날 가능성이 없는 것을 미리 배제함
으로써 엔트로피를 작게 한다는 것이다.

　일찍이 라이프니츠G.W.Leibniz는 우리가 존재하리라 믿는 우주 가운
데서 현실에 존재하고 있는 우주가 최선의 것이라고 설파했다. 신이
현실의 우주를 선택했기 때문이다. 라이프니츠의 철학에서는 신이

───────────

◆ *Soziale Systeme*

복잡성을 줄여주며, 엔트로피를 버리기도 한다. 하지만 사회체계에서는 신이 아니라 체계 스스로 복잡성을 줄인다.

엔트로피와 관련해서 빠트릴 수 없는 것이 엔트로피 처리방법과 경제학의 문제다. 이 문제를 꿰뚫어본 이가 바타유다. 전통적인 경제학에서는 희소성의 원리에 따라 귀한 재화를 어떻게 절약할 것인가를 생각한다('이코노미'는 원래 절약이란 뜻이지 않은가). 반면에 바타유의 경제학은 낭비와 소모의 경제학이다. 바타유는 지구에는 오래전부터 과잉의 재화와 에너지가 넘쳐나고 태양으로부터 받는 잉여 에너지를 잘 버리지 않으면 인간사회에 재앙이 올 거라고 생각했다. 예컨대 전쟁은 이러한 과잉의 부를 버리는 데 실패한 결과라는 것이다.

바타유는 잉여를 '저주받은 부분'이라 부른다. 생물은 엔트로피를 마이너스 방향으로 이끄는 데 성공했지만 인간은 기술적인 수단을 동원하여 지금까지 지구에 축적되어온 에너지를 비약적으로 활용하는 방법을 강구했다. 그 결과 에너지의 방출량은 점점 증대하였다. 이런 맥락에서 지구를 뒤덮은 대기 중에 미립자 형태로 에너지가 축적되면서 지구 온난화가 진행되고 있다는 것도 이해할 수 있겠다. 바타유의 견해는 시사하는 바가 많다.

무지한 우리들은 스스로 감당해야할 발한發汗 작용을 택하지 못하고 있다. 무지로 인해 인간과 그 기획은 파국적인 파괴에 이른다. 만약 우리가 잉여 에너지를 스스로 파괴할 수 없다면 그것을 활용할 수도 없다. 마치 길들이지 않은 야수처럼 그것은 우리 인간을 파괴할 것이다. 우리들은 그 피할 수 없는 폭발의 뒤처리를 스스로 감당하지 않으면 안 된다. ─ 바타유 『저주의 몫』

바타유의 사고가 특이하고 재미있는 것은 잉여 에너지 처리방법을 인간의 에로스 문제와 연결짓는다는 것이다. 프로이트에 따르면 나르시시즘은 자기애가 적당히 타자에 향하지 못하고 자기 안에 축적되는 것으로, 그로 인해 병이 생긴다. 적당한 자기애는 주체가 존속하는 데 꼭 필요하지만 과다하게 축적되면 주체를 파괴시키고 만다. 그러므로 주체는 성적인 충동(리비도libido)을 밖으로 배출하는 방법을 배워야 한다. 프로이트의 나르시시즘이론은 오토포이에시스적인 사고방식과 같아 보이지 않은가.

인간은 리비도를 버릴 때에도 에로스를 느끼는 기묘한 생물이라고 바타유는 말한다. 우리는 매일 필사적으로 생산하고 부를 축적한다. 하지만 반대로 축적된 부나 에너지를 한꺼번에 소모하면서 큰 희열을 느끼는 경우도 많다. 인간은 자기를 파괴할 때 최고의 에로스적 희열을 느끼는 기묘한 존재이다. 바타유는 이러한 소모에 대한 고찰을 '헤테롤로지heterology(이타적 논리)'라고 불렀다. 리비도의 엔트로피 개념이라 할 수 있다.

# 외연/내포
## extension/intension

외연과 내포의 구별이 힘든
예가 고유명사이다.
프레게가 내놓은 '초저녁별'과
'새벽별'이라는 예가 유명하다.

익스텐션과 인텐션, 번역어로는 외연과 내포이다. 어원을 보면 이 한 쌍의 단어는 라틴어의 늘리다<sup>tendere</sup>라는 말에 밖이라는 ex와 안이라는 in이 붙어 만들어졌다. 외연<sup>extension</sup>은 데카르트가 말하는 '연장延長'과 같은 개념으로 밖으로 확장됨을 뜻한다. 내포<sup>intension</sup>는 반대로 안으로 확장되는 것이다. 이런 기본적인 정의 말고 예를 찾아보자.

'외연적인 정의'는 어떤 말을 정의하기 위해 그 말에 알맞은 실례를 모으는 방법이다. 이를테면 우리는 '아름다움이란 무엇인가'라는 질문을 받으면 아름다움을 정의하려 한다. 그러면 '무엇무엇은 아름답다'라고 여러 가지 아름다움을 그러모은다. 여성은 아름답다, 저무는 석양은 아름답다, 자기희생적인 행위는 아름답다 식으로 말이다. 이런 것이 외연적인 정의, 즉 외부로 나아가는 것이다. 이에 반해 '내포적인 정의'는 그 말의 본질적 속성을 생각한다. 아름다움을 정의하려면 '아름다움이란 무엇무엇이다'라고 밝혀야 한다. 아름다움의 실례가 아니라 본질이라는 내부로 파고드는 것이다.

선뜻 와닿지 않을지 모르겠다. 사실 이렇게 생각하는 데는 맹점이 있다. 어쩌면 외연과 내포라는 구별 자체가 갖는 취약점일지도 모른다.

우선 외연에 대해 살펴보자. 어떤 것이 아름답다, 어떤 것이 인간이라는 말은 아름다움이란 무엇인가, 인간이란 무엇인가라는 '개념'이 먼저 서 있다는 얘기이다. 예를 들어 '소크라테스는 인간이다'는 명제는 '인간이란 무엇'이라는 이해가 우선되어야 한다. 하지만 이런 이해가 어디서 비롯되는지 알 수 없다. 문제가 있지 않은가. '우주소년 아톰은 인간이다'라는 명제는 옳은가. 자, 벌써 난감하지 않은가. 인간이라는 개념에 로봇 아톰이 포함되는지 아닌지 판단할 방법이 없다. '우주소년 아톰은 인간이 아니다'도 마찬가지다. 인간이라는 개념의 이해가 없다고 말하는 것은 아니다. 그저 쳇바퀴 돌 듯할 뿐이다.

다음은 내포. '아름다움은 이런이런 것이다'라고 받아들이는 데는 두 가지 요소가 필요하다. 아리스토텔레스 이래 내포적인 정의는 '유사점' '차이점'이라는 두 가지로 규정하고 확정해왔다. 즉 어떤 것이 다른 것과 공통되는 '유사점'을 우선 찾는다. 그리고 그 유사점 가운데 다른 것과 구별되는 '차이점'을 규정한다. 이것이 내포적인 정의의 기본적인 순서이다.

정의의 근거가 되는 명사(예컨대 아름다움)는 다른 명사(숭고함)와 어떤 '유사점'과 '차이점'이 있는가. 이는 낱말 자체의 개념만으로 정해지지는 않는다. 낱말과 대상 사이에는 항상 자의적인 요소가 작용한다(일찍이 플라톤이 『크라튈로스』에서 밝힌 바 있다). 그러므로 분석만으로 낱말을 정의할 수 없다. 어떤 개념의 본질적 속성을 설명하기 위해서는 그 낱말이 적용되는 현실의 사물과 정황을 참고해야 한다. 결국 (사람들이 자의적으로 만들어낸 조어造語를 제외하면) 완전히 내포적인 정의는 불가능한바, 동어반복(토톨로지tautology)에 빠질 위험성이 있다. 낱말을 정의하려면 그 말이 현실에서 어떻게 쓰이는지 되짚어야 한다. 이렇듯 내포와 외연은 불가분의 관계가 있는 것이다.

외연과 내포의 구별이 힘든 예가 고유명사이다. 프레게G. Frege는 기호논리학의 시조 격이다. 그는 기호논리학의 토대를 만드는 과정에서 '하나의 개념이 지니는 의미 내용'과 '그것이 나타내는 대상'을 분명히 나누려 하였다. 프레게가 내놓은 '초저녁별'과 '새벽별'이라는 예가 유명하다. 초저녁별은 해가 진 후에 지평선 근처에서 밝게 빛나는 별을 가리킨다. 새벽별은 해가 뜨기 전 밤이 끝날 무렵 한층 더 밝게 빛나는 별이다. 내포상으로는 전혀 다른 대상을 정의하고 있는 듯이 보인다. 하지만 금성은 천문학적으로 같은 혹성이며 이 두 개념은 외연적으로는 동일하다.

프레게는 내포와 외연의 차이를 의의Shin와 의미Bedeutung로 구분하였다. 그가 굳이 이렇게 구분한 것은 철학이 공허한 개념을 가지고 장난하는 학문이 아니라는 것을 보여주기 위해서였다. 헤겔의 절대자나 하이데거의 무無 같이 '진위를 확정할 수 없는 개념'을 논리학에서 추방하고 싶었던 것이다.

결국 이런 얘기다. '국민의 뜻'이라는 겉만 번지르르한 말이 있다. 의미가 없으면서도 의미있는 말처럼 쓰인다. 이런 것이 '말의 선동적인 악용'이라고 프레게는 말한다. 이런 악용을 막으려면 항상 '진리값을 확인할 수 있는 외연적인 의미'를 되짚어볼 필요가 있다는 것이다.

논리학 저서에서는 표현의 다의성이 논리학적 오류의 원인이 되는 것을 경계하기를 촉구한다. 나는 의미도 없이 겉만 번지르르한 고유명사도 마찬가지로 경계할 필요가 있다고 생각한다.

— 프레게 「의의와 의미에 대해서」♦

프레게는 내포적인 정의는 외연을 가질 것을 조건으로 한다고 생각한다. 그리고 외연을 가지지 못한 내포적인 정의는 무의미하다. 외연을 가지지 못하는 개념은 진리값을 확인할 수 없다. 프레게는 거기에 주목하여 외연이 없는 공허한 개념을 배제하고자 하였다. 그러나 그렇다면 외연과 독립하여 말의 속성을 파악하려는 내포라는 개념 자체가 위태로워지는 것이 아닌가.

프레게에 이어 이 문제를 기호논리학에서 고찰한 이가 러셀B. Russell 이다. 러셀은 프레게와는 반대로 논리학에서 외연과 현실을 분리하는 방법을 생각했다. 러셀이 찾은 방법은 문장을 관계식으로 나타내는 것이다. 현실의 존재를 블랙박스처럼 인식하여 그 명제의 옳음을 확인할 수 있도록 하는 것이다. 예를 들어 '지금 프랑스 국왕은 왼손잡이다'라는 문장은 진리값을 확인하기 어렵다. 우선 현재 프랑스에는 국왕이 존재하지 않기 때문이다. 따라서 이 문장은 틀린 문장이 된다. 하지만 배중률이라는 논리학 기본원리에 따르면 지금 '프랑스 국왕은 오른손잡이다'가 되기 십상이다. 더 이상하지 않은가.

그래서 러셀은 이 문장을 다음과 같이 바꿔 말한다. '만약 지금 프랑스 국왕이 존재하고 왼손잡이라면, 지금의 프랑스 국왕은 왼손잡

---

♦ *Ueber Sinn und Bedeutung*

이다'라고. 그러면 존재하는지 아닌지 알 수 없는 프랑스 국왕에 대해서 판단하지 않아도 되고 무無나 절대자 같은 '이상스러운' 개념을 철학의 세계에서 추방할 수 있다.

비트겐슈타인은 후기에 러셀이나 프레게의 물음을 이어받았다. 그리고 정의에 관한 내포와 외연의 관계를 다시 정립했다. 예컨대 게임이라는 개념에 대해서 외연을 포괄할 만한 내포적인 정의는 있을 수 없다고 생각했다. 사실 게임이라는 말의 외연에 포함되는 여러 가지 게임을 비교해보면 너무 제각각이라 공통적인 특성을 말하기가 어렵다.

비트겐슈타인은 이 개념의 외연 집합에 해당하는 것을 '가족'이라 불렀다. 이 집합에 포함된 요소는 내포적인 정의로 결정된 것이 아니라 가족적인 유사성에 따라 결정될 뿐이다. 내포적인 정의의 경계를 분명하게 하지 않으면서 외연적인 정의로 껴안으려는 절묘한 방법이다.

# 개념
concept, Begriff

**인간은 받아들인 지각 중에서 공통적인 특성을 끄집어내어 어떤 독립적인 단위로 모은다. 인간이 세계를 개념으로 파악하는 것을 보면 인간이 세계를 어떻게 분절하는지 알 수 있다.**

감성으로 받아들인 것을 지성으로 다시 해석한다. 대상을 오른손에서 왼손으로 바꾸어 쥐는 과정에서 '개념'이 생겨난다. 이렇게 말하니 꽤 그럴싸하다. 하지만 인간은 원래 지성으로 세계를 이해할 수 있지 않은가. 그렇다. 개념이라는 말은 바로 이런 근원적인 물음과 관계가 있다.

라틴계의 '개념concept'은 '함께 붙잡다concipere'라는 동사에서 파생된 말이다. 독일어의 '개념Begriff'은 '파악하다, 붙잡다begreifen'라는 동사에서 파생되었다. 둘 다 '붙잡다'가 포함되어 있는 셈이다. 인간은 사물을 지성으로 '붙잡는' 것이고, 인식하는 것이라고 생각하였다. 덧붙여 한자의 개槪는 되로 가루 따위를 담아 잴 때 남은 부분을 긁어내리는 막대를 가리킨다. 이를테면 인식이란 '되'에 맞춰서 지각知覺을 조정한다. 후유.

인간은 받아들인 지각 중에서 공통적인 특성을 끄집어내어 어떤 독립적인 단위로 모은다. 모든 낱말에는 이런 과정이 숨어 있다. 예컨대 어떤 것은 '풀'이라고 부르고 어떤 것은

'나무'라고 부른다. 인간은 사고능력에 따라 갖가지 사물에서 공통 부분을 인식하고 끌어내기 때문이다. 인간이 세계를 개념으로 파악 하는 것을 보면 인간이 세계를 어떻게 분절하고 있는지 알 수 있다.

그렇다면 파악하는 것은 어떻게 가능한가. 간단히 대답할 수는 없 지만 칸트의 생각을 들어보자. 개념은 많은 표상 가운데 공통적인 특 징을 끄집어내어 만들어진다. 우선 직관이 다양한 표상을 받아들이 고 오성이 이것에 하나의 개념을 부여한다. 가령 직관에 따른 여러 가 지 식물에 오성이 '나무'라든가 '풀'이라든가 개념을 나눠 부여하는 것을 말한다.

얼핏 보면 칸트는 단순히 인간이 사물을 명명하는 절차를 설명하 는 것처럼 보이지만, '개념'이야말로 인간의 논리적 사고를 가능하게 하는 요소가 있다고 생각한 데에 칸트의 깊이가 있다. 칸트는 이러한 특별한 요소를 카테고리라고 칭하였다. 인간은 사물을 파악하여 공 통적인 것을 모아 분류할 뿐 아니라 또한 이 분류방법에 인간 사고의 공통성을 자아내는 요소가 포함되어 있다고 생각한다.

모두 '오성의 아프리오리apriori(선천)적 개념'의 카테고리를 사용함 으로써 인간의 사고는 보편적이며 객관적인 것이 된다. 칸트는 『순 수이성비판』◆에서 인간의 파악 능력이 동시에 인간의 보편적인 사고 능력을 만들어낸다고 말한 바 있다.

헤겔은 칸트에서 한 걸음 더 나아갔다. 헤겔은 사물, 특히 생명체 에는 개념이 씨앗으로 존재한다고 생각한다. 가령 가시나무의 씨앗

---

◆ *Kritik der reinen Vernunft*

에는 가시나무가 될 가능성이 포함되어 있다. 가시나무의 씨앗을 뿌리면 성장하여 훌륭한 수목이 되기 때문이다. 이런 잠재적인 본질을 헤겔은 개념이라 생각했다. 인간은 인식이라는 과정을 통해서 개념을 인식한다. 칸트와 마찬가지로 헤겔은 인간은 사물을 하나의 공통된 사항으로 분류할 뿐 아니라 잠재적으로 존재하는 본질을 인식하는 능력도 있다고 생각했다. 객체는 인식됨으로써 객체의 참모습을 드러낸다. 이때의 개념은 단순히 인간의 사고에 객관성을 부여해줄 뿐 아니라 그 자체가 인간의 지고至高의 능력으로도 볼 수 있다.

하지만 인간이 가진 사유의 권능과 인식의 객관성을 보증해주는 이런 행복한 '개념'은 늘 그렇듯이 니체의 비판을 받게 된다. 니체는 서양철학에서 보편적인 것으로 받아들여지는 개념이 진실로 보편적인 것인지 의심한다. 저마다의 문화체계 속에서 '보편성'을 형성하는 것일 뿐, 사실은 고유한 역사성을 띠고 있는 것은 아닌지 묻는다. 니체는 '주어 개념이 가장 발달하지 않은' 일본어(한국어도 주어가 생략되기 쉬운 언어에 속한다 — 옮긴이) 같은 언어 문화와 서양문화는 세계를 바라보는 시각, 개념체계가 다르다고 보았다.

동양의 '철학'은 서양의 철학개념이 번역되어 이뤄진다. 하지만 언어체계가 다르면 개념이나 사고의 보편성은 유지되기 힘들다. 굳이 니체의 지적이 아니더라도 우리는 서양의 형이상학이 가진 역사성과 지방색을 인식해야 한다. 서양철학의 지방색을 따지다 보면 역으로 우리의 사고가 어떤 보편성을 향해 열려 있는지 알 수 있다.

서양 형이상학의 지방색을 날카롭게 지적한 이가 20세기 말의 데리다이다. 데리다는 서양의 형이상학에는 일종의 '로고스 중심주의'

가 존재한다고 보았다. 이는 표음문자의 기호체계를 우선시하고 유럽 민족이 최고의 인간성을 실현하고 있다고 보는 것이다.

로고스 중심 사상이란 표음적인 에크리튀르(문자언어, 가령 알파벳)의 형이상학이다. 이것은 근본적으로는 역사적인 상대주의로 해명될 수 없는 수수께끼처럼 모호하지만 본질적인 이유 때문에 더할 나위 없이 독자적이고 강력한 민족중심주의이다. 오늘날에는 이것이 지구 전체에 압박을 가하고 있는 실정이다.

— 데리다 『그라마톨로지에 관하여』◆

마찬가지로 후설도 『유럽 학문의 위기와 초험적 현상학』◆◆에서 고대 그리스 이래 사고의 기본적인 틀이 형성되었다고 확실히 밝히고 있다. 유럽 철학은 이것을 계속 이어왔다. 거기에 서양철학의 우위가 있다. 우리는 고대 그리스에서 생각해낸 '철학적 요소'를 활용한다. 서양철학의 전통이라는 울타리 안에서 철학을 생각하는 것은 이러한 개념군에 나타난 생각들을 받아들이기 때문이다. 우리 역시 그리스 철학이 개척한 지평에서 사고한다. 우리는 서양철학을 기본 문법으로 하여 생각해야 하는 한계를 지니고 있다.

그럼에도 불구하고 우리는 서양철학이 가지는 '풍토성'을 잊어서는 안 된다. 서양철학의 개념으로 사물을 생각하기 시작하면 니체가 말하는 의미처럼 '체계'와 '문법'의 틀에 고정되어 그 틀 안에서만 사고하게 된다. 일종의 숙명이다. 하지만 철학 자체의 보편성으로 치

---

◆*De la grammatologie*
◆◆*Die Krisis der europäischen Wissenschaft und die transzentale Phänomenologie*

면 서양철학에서 전통적으로 중시되어온 '개념군'만이 옳은 것은 아닐 것이다. 철학의 테두리를 벗어나지 않으면서 새로운 개념, 지금까지와 다른 이질적인 개념을 만들어낼 수 있지 않을까.

바타유는 이러한 이질적인 개념군을 철학에 끌어들여 노골적으로 묘사했다. 바타유는 헤테롤로지 즉 '이타적 논리'라는 개념을 제시한다. 그리고 전통적인 철학개념에 어울리지 않는 개념, 예컨대 웃음, 에로스, 모욕 등을 분석했다.

한편 레비나스는 서양의 형이상학에서 근본을 이루는 그리스 철학의 개념군에 대해 유대사상을 근거로 '타자'의 사상을 대비시킨다. 레비나스는 인식과 개념이라는 말에 모두 '붙잡다'라는 의미가 있다는 데 주목하였다. 서양의 전통적인 형이상학에서는 인간과 자연의 관계를 이어주는 '인식'이라는 개념이 기본을 이룬다. 하지만 이 개념이 인간 사이의 관계를 표현하는 경우에도 적합한 것인지 의심한다. 타자와의 관계에서는 인식과 다른 개념이 필요하지 않는가 하고. 즉 '타자를 붙잡는' 것은 가능하지 않다고 생각했다.

우리는 이 책에서 여러 가지 서양철학의 전통적인 개념군을 끈질기게 분석한다. 하지만 그것은 단지 많이 아는 유식한 사람이 되기 위해서가 아니다. 그 개념들이 안고 있는 과제를 생각할 필요가 있기 때문이다. 예컨대 '이타적 타자'라든가 서양철학의 지방색을 분명히 인식함으로써 사고 자체의 보편적 지평을 확대하기 위해서이다.

# 외부
**dehors**

외부와 내부, 밖과 안이라는
말에도 편견이 있다.
흔히 밖은 이질적인 것이거나
잘 모르는 것, 안은 친근한
것이라 생각한다.

외부는 바깥인데 어떤 바깥을 말하는가? 타당한 질문이다. '외부'라는 말은 하나의 비유이니까. 추상적 개념인 동시에 이미지가 그려진다. 우리는 으레 갖가지 비유나 이미지로써 생각하고, 그렇게 하는 게 생각하기도 쉽다. 하지만 이런 사고는 논리적 사고에서 조금 벗어날 수도 있다. 외부라는 개념도 그런 점에서 흥미롭다. 비유는 자연스러운 듯하지만 또한 그런 자연스러움이 자연스럽지 않은 생각을 일으키기도 한다.

무엇인가를 생각할 때 우리는 자신의 '자연'스러운 감각에 따른다. 그것은 사고의 '기울기', 일종의 편견이라고 할 수 있다. 가령 '순수함'이나 '더러움이 없음'은 좋은 느낌이라든가, '대립'보다 '화해'가 선한 느낌이라든가 하는 것이다. 하지만 왜 좋은지, 그리고 순수하기 위해 치러야 하는 대가 따위는 별로 생각하지 않는다. 외부와 내부, 밖과 안이라는 말에도 편견이 내재해 있다. 흔히 밖은 이질적인 것이거나 잘 모르는 것, 안은 친근한 것이라 생각한다. 밖에는 처음부터 마이너스 부호가, 안에는 플러스 부호가 붙는다.

　원래 사고는 모든 것을 스스로 사고의 대상으로 삼으려 한다. 헤겔은 철학에서 '타자他者'는 없다고 주장할 정도이다. 즉 어떤 일에 관해 그것이 사고의 대상이 되지 못한다고 생각하는 것은 자기의 무력함을 인정하는 것, 스스로 태만을 인정하는 것이라고 보았다.

　분명 헤겔의 자세는 옳다. 사고할 때는 모든 것을 두루 생각하는 것이 중요하다. 그것을 '체계'로 구축하느냐 아니냐는 사고방식의 문제이지만, 여하튼 모든 것에 생각을 여는 자세는 필요하다. 하지만 모든 것을 자기 식으로 흡수하여 내부적인 것, 공동적인 것으로 생각해야 한다는 말은 아니다. 사고는 이질적인 것 그대로를 받아들여 고찰하는 것이 중요하다. 외부라는 개념을 생각할 때도 마찬가지이다.

　자 그럼 외부와 내부는 언제부터 철학의 문제로 다루어졌을까. 외부를 인간의 사고능력 문제로 제기한 이는 칸트이다. 칸트는 오성의 영역과 이성의 영역을 분명히 나눈 사람이 아닌가. 이성의 과제는 무엇인가, 이성이 다루어서는 안 되는 것은 무엇인가 경계를 설정하고 싶어했다.

　하지만 그런 경계는 사실 무너지기 십상이다. 칸트도 인정하는 바이다. 사고는 무엇이든지 생각하기 때문이다. 숙명인 셈이다. 훗날 바타유는 바로 '침범되는 사고', 무너지는 경계 자체를 철학의 과제로 삼는다. 참 이상한 사람이다. 그는 전통 철학의 사고영역에서 벗어난 '비非 개념'을 계속해서 끄집어내어 자신의 과제로 삼았다. 그리고 불가능에 가까운 이것을 '비지非知'라고 불렀다.

　푸코는 바타유의 사유를 '탈선하는' 철학이라고 불렀다. 헤겔의 절대지絶對知(지식의 최고 단계) 가장 바깥부분에 이르면 주체는 자신의 지知가 무의미함을 인식한다. 지가 무의미하게 되는 지점이 있다. 거기서 지는 다시 무엇이 되는가. 이것이 바타유의 물음이다.

여기에서 비지非知는 개개의 지식을 없애버리는 것이 아니라 그것들의 의미를 없앤다. 비지에 달하면 절대적 지식은 이미 수많은 지식 가운데 하나에 불과하다. ─ 바타유 『내적 체험』◆

바타유의 비지非知는 항상 추론의 사슬과 개념의 틀에서 일탈하는 것들 중에서 비로소 체험된다. 가령 웃음이라든가 에로티시즘 등이 그런데, 그런 체험은 철학적인 개념 바깥에 있기 때문이다. 철학은 분명 에로티시즘이나 웃음이나 황홀을 고찰할 수는 있다. 하지만 신체적인 체험 가운데 철학에서 고찰할 수 없는 요소가 있다. 철학적인 절대지도 많은 지 가운데 하나의 지에 지나지 않는다. 여기서는 지의 외부에 있는 것을 사고하는 '비지', 이타적 논리(헤테롤로지)가 지배한다.

바타유는 철학에서의 '외부적 체험'에 대해 이런 방식의 설명을 시도하였다. 이를 발전시켜 철학의 '외부' 자체를 숙고한 이가 레비나스다. 그는 이렇게 비판한다. 헤겔로 대표되는 서양철학은 모든 타자를 자기 동일성 중심에 세우려 한다. 헤겔적인 절대지만이 아니라 현대철학의 지평을 개척했다고 할 수 있는 하이데거의 존재론도 마찬가지다. 타자를 동일성으로 환원하려고 한다.

---

◆*L'expérience intérieure*

서양철학은 대부분 존재론이었다. 존재론이란 중간에 위치하는 중성적인 매개체를 이용하여 다른 것을 같은 것으로 환원하는 것이다. 존재론은 이 매개체로 존재를 이해할 수 있다고 생각한다.

— 레비나스『전체성과 무한』♦

하이데거 존재론의 과제는 존재자가 아니라 존재 자체를 이해하는 것이다. 하지만 존재를 이해하는 것은 타자를 지의 동일성 안으로 끌어들이는 것이라고 레비나스는 생각한다. 이해한다고 하는 행위로 타자는 지의 권능에 포괄되기 때문이다.

그러나 되풀이해서 말하지만 철학은 모든 것을 대상으로 삼는다. 지에 포괄되는 것은 물론이다. 그런데 레비나스가 동일성을 비판하는 까닭은 무엇일까. 타자는 '인식'이라는 행위로 환원할 수 있는 것이 아니라는 것을 확신하였기 때문이다. 우리가 무엇을 생각하는 행위는 세계를 인식하기 위해서만이 아니다. 타자와의 관계를 생각하는 것도 철학의 중요한 역할임이 분명하다. 그러나 존재론에서는 그 역할이 잊히기 쉽다. 서양철학에서는 인식하거나 아는 것 자체를 무조건 선한 것이라고 생각하는 경향이 있다. 레비나스는 이를 지적한 것이다. 그가 '외부'를 생각한 것은 사고과정에서 '타자'의 존재를 항상 의식하기 위해서이다.

가령 프로이트는 '낯선 것'이란 주체의 내부에서 가장 친근하며 그렇기 때문에 또한 억압된 것이라고 했다. 주체는 자신에게 아주 친근

---

♦*Totalité et infini*

한 것에 거부감을 느낀다. 그리고 이 존재를 인정하고 싶지 않기 때문에 억누른다. 이제 억압된 것이 다른 느낌의 낯선 모습으로 자신에게 되돌아온다. 이렇게 안과 밖은 뫼비우스의 띠처럼 연결된다.

이런 사실을 망각하면 외부와 내부는 돌고 도는 순환의 함정에 빠져들고 만다. 가령 우리가 볼 때 서양은 지리적으로는 밖에 있지만 외부는 아닐 수 있다. 우리는 적어도 철학적인 면에서는 서양적 사고를 하려고 하기 때문이다. 반대로 공간적으로 내부이든 외부이든 사고는 내부적이며 공동적으로 여기는 경향이 있다. 즉 철학의 세계에서도 '외부'라는 개념이 때로 '안'의 용어로 쓰이기도 한다. '외부'라는 말이 표어같이 되어 외부를 생각한다고 주장하는 것이 마치 '한패'의 증표가 되는 것이다.

하지만 외부의 사고란 가장 도전적인 시도여야 하지 않을까. 이제껏 익숙한 내부적인 사고, 공동적인 사고를 전복하고 자신에게 이질적인 것을 사고하려고 노력해야 하는 것이 아닐까. 분명 그것은 결코 쉬운 일이 아니다.

# 거울
## mirror, Spiegel

**철학의 역사에는 몇 가지
거울이 묻혀 있다.
철학 자체도 우리에게
거울이다.**

거울 앞에 서 있을 때 뒤에서 뭔가가 들여다
보고 있는 것처럼 느껴질 때가 없는가. 『거
울나라의 앨리스』*에서 앨리스는 거울나라
에 떨어져 원래 세계로 돌아오지 못한다. 장
콕토의 영화 〈오르페〉에서도 주인공은 거울
을 통해서 다른 세계로 떠난다. 거울 뒤에 다
른 세계가 펼쳐져 있는 듯한 기분이 든다. 옛
날에는 거울을 덮개로 가려두었다. 거울은
불길한 것, 죽음이나 광기나 저승과 연결된
것으로 여겼다. 사실 고대 그리스 때부터 거
울은 마술에 쓰여왔다. 점술사는 거울을 보
고 사람의 과거나 미래를 점치고, 마술사는
거울을 이용하여 마력을 휘둘렀다.

그렇다. 거울에는 마가 끼어 있다. 철학에 나
타나는 최초의 거울은 무엇인가. 아마 나르
키소스의 거울일 것이다. 이것 역시 불길하
다. 나르키소스는 수면을 거울삼아 자신의
얼굴을 들여다보고 수면에 비친 얼굴을 미친
듯이 사랑하게 된다. 거울을 바라봄으로써
자기에 대한 사랑에 빠져든다. 나르시시즘
은 주체를 자기에 대한 욕망 속에 유폐시킨

다. 나르시시즘의 주체는 자기에 대한 욕망을 통하지 않으면 타자와 관계를 맺을 수 없다. 거울은 자기나 타자를 비추는 것이 아니라 자기의 욕망을 과장하여 비춘다. 거기에는 결코 자기에 대한 '인식'이라 할 만한 것이 없다. 다만 비대화된 욕망의 얼굴만 비쳐질 뿐이다.

주체는 자기에 대한 사랑을 바깥으로 돌려 타자를 사랑하는 법을 배워야만 살아갈 수 있다. 그것이 안 되면 병이 된다고 프로이트는 말한다. 쉬워 보이지만 꽤나 어려운 일이다. 프로이트의 설명처럼 나르시시즘은 인간에게 근원적인 것이다. 타자와의 애정관계가 사실은 나르시시즘의 반복인 경우도 많다.

재미있는 것은 거울은 반대로 나르시시즘에서 해방되는 길도 보여준다는 것이다. 라캉J.Lacan의 거울단계 이론에 따르면 아이는 자기 몸을 일정한 상으로 인식하는 데 일종의 거울을 필요로 한다. 갓난아기는 자신의 욕망세계에 매몰되어 제 몸과 어머니의 신체를 구별하지 못한다. 제 다리보다 어머니의 가슴이 자기 몸이라 여기기도 한다. 그것 참.

하지만 언어를 습득할 무렵 아이는 자기 신체를 외부에서 보는 경험을 한다. 여기에 도움을 주는 것이 '거울'이다. 아이는 거울 속에서 자기 신체를 본다. 하지만 그것이 자기라는 것을 이해할 수 없다. 아버지나 다른 사람을 본 적은 있어도 자기를 본 적은 없기 때문이다. 거울을 통해서 아이는 처음으로 자기 신체를 타자의 눈으로 본다.

자유롭게 움직이지도 못하고 영양섭취도 남에게 의지하며 말도 못 하는 작은 아이가 거울에 비친 자기 모습을 즐겁게 바라보며 인식한다.

---

◆*Through the Looking-Glass and What Alice Found There*

이것은 '나'라는 것이 원초적인 형태로 급전환하는 상징적이고 원초적인 상황을 이상적으로 보여준다. 이 단계가 지나면 처음으로 '나'는 타자와 동일화의 변증법을 통해서 자신을 객관화한다. 그리고 언어활동을 통해서 '나'는 보편성 내에 주체적인 기능을 가질 수 있게 된다.

— 라캉 『에크리』◆

 거울단계 이론은 라캉의 이론을 구성하는 데 필요하여 만들어진 것이라고 보는 편이 옳다. 거울을 보지 않은 아이는 자신의 신체를 파악할 수 없는가. 그렇지 않다. 하지만 거울의 은유로 표현되는 단계가 필요하다는 이론에는 설득력이 있다. 사람은 타인이 자신을 보듯이 자신의 몸을 봄으로써 처음으로 나와 내 신체를 동일시할 수 있다. 자신을 타자의 눈으로 본다. 타자는 자기의 거울이고 자기는 타자의 거울이다.

 저런 저런. 타자가 거울이라면 주체는 타자를 통해서만 자기를 인식할 수 있다는 게 아닌가. 그런 생각을 하면 움찔하게 된다. 끔찍하지 않은가. 자기 눈으로 자기를 볼 수 없다. 실제로 구조가 그렇게 되어 있지 않은가. 타자를 통해서만 자기를 볼 수 있다. 여기에 인간이라는 주체의 크나큰 역설적 의미가 들어 있다. 자연의 사물도 타자도 자신을 보는 거울이며, 자기는 반대로 자연의 사물과 타자를 비추는 거울인 것이다.

 잠깐 정리해보자. 우선 거울은 주체를 자기 자신으로 유폐시키는 막다른 골목으로 유도한다. 하지만 동시에 타자와 자기를 인식하는

---

◆*Écrits*

길도 비춰준다. 사실은 독일어의 사변적spekulativ이라는 말은 라틴어의 거울speculum이라는 말에서 유래했다. 그리고 사변은 반성(반사reflection)이라는 의미도 포함한다. 철학에서 거울은 사고思考의 성질 자체를 나타내는 비유로 볼 수도 있다. 사고의 모델인 셈이다.

헤겔은 자신의 철학을 사변철학이라고 부른다. 인간의 시각은 사물을 눈으로 포착한다. 포착한 것을 눈 속이 아니라 물건이 있어야 할 곳에 분배한다. 본다고 하는 메커니즘을 통하여 인간의 눈이 사물에게 거울이 된다. 사물과 인간의 눈동자 사이에 성립하는 이런 불가사의한 관계가 헤겔의 사변철학의 뿌리에도 존재한다.

헤겔은, 인간은 자연 속에서 자신의 의식이 '사물'이 되어 있는 것을 인식한다고 생각했다. 의식은 의식 자체로는 의식이 아니다. 의식이 외부 사물과 일체화함으로써 의식은 처음으로 어떤 의식이 될 수 있다. 그러나 의식이 사물로 머물러서는 자기를 인식할 수 없다. 의식은 자연의 사물이라는 '거울'에 반사될 때 비로소 반짝이면서 자기인식에 도달한다.

또 거울에는 분신分身이라는 의미도 있다. 중세에는 인간은 신의 분신이었다. 사람은 신의 분신으로 자신을 인식했다. 인간은 이른바 세계의 거울이다. 이것을 철학개념으로 나타낸 것이 라이프니츠의 모나드monade 이론이다. 그는 모나드가 세계를 보여주는 거울이라고 생각했다. 같은 거리 풍경도 보는 각도에 따라 달라 보이듯이 개개인은 모두 다른 세계의 상을 보여준다. 세계는 하나이다. 하지만 그것을 보는 개개인의 관점이 다르듯 인간마다 차이를 낳는다. 그러므로 세계와 개인은 서로에게 거울과 같다는 것이다. 나는 세계를 비추고 세계는 나를 비춘다.

세계를 비추는 거울이라는 라이프니츠의 관점을 니체가 훗날 한층 더 날카롭게 가다듬는다. 인간의 의식이나 이론도 눈이라는 거울의 상에 지나지 않는다는 결론에 이른다.

우리의 눈은 무의식 상태에 있는 한 시인인 동시에 논리학자이기도 하다. 현재와 모든 사물이 평면이 아니라 물체로 나타나는 거울이다. 여러 가지 사물이 존재, 지속하는 것으로, 우리에게 속하지 않는 무연無緣으로, 우리의 권력과 대등한 권력으로 그 존재 위에 나타나는 거울이다. ― 니체 『생성의 무구함』

벌써 눈치챘는지 모르겠지만 니체는 거울의 비유로 주체라는 개념을 붕괴시킨다. 눈은 거울처럼 세계의 사물을 비춰준다. 우리는 세계를 보고 있는 것이 아니다. 세계를 비추고 있을 뿐이다. 모두가 세계의 거울에 지나지 않는다. 비추는 방법에 따라 자기 정체(아이덴티티)가 만들어진다는 것이다. 비명이라도 지르고 싶다.

철학의 역사에는 몇 가지 거울이 묻혀 있다. 철학 자체도 우리에게 거울이다. 눈이 스스로를 볼 수 없는 것처럼 자신에게 자연스러운 문화의 형태인 '타자라는 거울'을 통해서만 인식할 수 있다. 서양철학의 텍스트도 우리의 나르시시즘과 자만심을 비춰주는 거울 역할을 한다.

그렇다면 우리는 거울의 구조를 알아야 하지 않겠는가. 서양철학이 어떤 구조로 빛을 반사하고 왜곡시키는지, 사각지대가 있는 것은 아닌지 등등. 이렇듯 자신을 비추는 거울의 속성을 아는 것은 매우 중요한 일이다. 다른 거울을 만들기 위해서도.

# 과잉
## excess, excès

**바타유에게 욕망은 공허함을 메우는 무엇이 아니다. 신체와 정신에서 생겨나는 어떤 과잉이다. 하지만 바로 이런 과잉 때문에 인간이 인간일 수 있다.**

과잉이라는 말은 흔하게 쓰인다. 예컨대 관념의 과잉이란 말도 그렇다. 예로부터 과잉은 부정적 이미지였다. 규범에서 넘어선 것이고 재앙을 가져온다는 인상을 준다. 아리스토텔레스의 도덕론 이래 계속 그래 왔다. 철학자들도 늘 어딘지 과잉에 홀린 자들로 여겨졌다. 철학자 탈레스는 별을 보고 걷다가 웅덩이에 빠졌다. 우주의 이치를 탐구하면서 자신의 발밑에 무엇이 있는지도 모르는 그의 모습을 보고 트라키아인 하녀가 비웃었다고 한다. 희화화하긴 했지만 유명한 이야기다.

그렇다. 철학자들은 과잉을 비판하면서도 항상 과잉 행동을 한다. 일찍이 소크라테스가 그랬다. 『국가』에 나오는 이야기로 소크라테스는 선의 이데아가 존재(우시아)의 저편에 있다고 주장한다. 그러자 대화 상대인 글라우콘은 소크라테스의 '과잉' 논의에 감탄하며 이렇게 말한다.

"아폴론의 신이여, 이 얼마나 놀라운 초월인가"
"자네 때문일세" 하고 나(소크라테스)는 말한다.

"'선'에 대한 내 생각을 억지로 말하도록 한 이는 자네가 아닌가.
— 플라톤 『국가』

여기에서 초월이라고 번역되는 단어는 hyperbole(과장)이다. 서구 수사학에서는 과장법이라는 용어로 쓰인다. 하이퍼라는 접두어는 통상의 범위를 넘어 과하다는 의미이지 않은가. 과장도 일종의 관념의 과잉이다. 원래 과잉exceoss이란 말은 '밖으로 나가다excedere'는 말이다. 극단extreme이라는 말은 라틴어 '바깥의exterus'라는 말의 최상급에서 만들어진 말이다.

과잉 증상은 그리스 철학만이 아니라 근대철학의 뿌리에도 있다. 데카르트는 회의가 끝까지 이어지면 신의 힘과 선의지善意志까지 의심하는 과잉 의심doute hyperbolique으로 연결된다고 말한다.

'과잉'은 분명하게 판명된 지각知覺의 확실성에 의해 제거될 수 있다. 하지만 철학사에서는 역으로 데카르트도 따르는 (근대철학적인) 그러한 확실성이 주장될 때마다 과잉 의심이 되살아나고 만다. 데카르트가 말한 '악령'도 과잉에서 연유한다. 데카르트는 모든 것을 의심하려 한다. 자신의 이성적 판단조차도 악령에 조종되고 있지 않은지 의심했을 정도다. 데카르트는 신의 선의善意를 철학의 밑바탕에 두었기 때문에 신이 그런 사악한 조작을 한다고는 생각하지 않았다. 하지만 사악한 영혼은 신이 죽은 다음에도 살아남아서 때때로 우리를 위협한다.

한편 반대로 '관념의 과잉'을 철학 방법으로 삼은 철학자도 있다. 바타유와 레비나스이다. 한때 일본의 사상계에서 이 개념이 유행한 것은 바타유 때문일 것이다. 그의 철학은 '너머'의 철학(푸코)이라고 불리었다. 이성의 한계로 여겼던 지점을 넘어서 생각하려 했기 때문이다.

그런데 바타유에게 욕망은 공허함을 메우는 무엇이 아니다. 신체와 정신에서 생겨나는 어떤 과잉이다. 하지만 바로 이런 과잉 때문에 인간이 인간일 수 있다. 물고기는 물속에서 과부족 없이 살지만 사람은 과잉으로 인해 타자와 접촉하여 에로스적인 관계를 맺는다. 에로티시즘이란 이런 과잉이 한순간 해소되어 무無나 죽음을 맛볼 때 얻을 수 있는 해방감이라고 바타유는 생각했다.

바로 여기서 인간의 욕망 자체에 대한 깊은 통찰이 이뤄진다. 인간은 자신 속의 억제할 수 없는 욕망에 따라 움직이며 타자와 관계를 맺는다. 욕망은 결여된 무엇인가를 단순히 메워 나가는 것이 아니다. 내적인 힘에 자극되어 바깥으로 분출한다. 과잉에 이를 때까지.

바타유는 또 이렇게 말한다. 인간은 노동을 통해 부를 축적하면서도 동시에 이를 파괴하려고 한다. 다른 동물과 다르게 과잉을 피곤해하는 생물이다.

계획은 확실히 노예의 일이다. 그것은 노동이다. 게다가 성과를 향유하지 못하는 인간이 수행하는 노동이다. 예술분야에서는 인간은 끊임없이 지고성至高性으로 (욕망의 결제를 받아) 되돌아간다. 처음에는 욕망을 폐기하려는 욕망이었을지라도 그 목적을 달성함과 동시에 바로 욕망에 불을 붙이는 욕망이 된다. ─ 바타유 『내적 체험』

바타유는 노동과 생산에 기초한 독특한 경제학이 아니라 과잉된 욕망과 소모의 경제학을 구축한다. 그것은 인간 욕망의 성격, '욕망에 불을 붙이는' 성격의 통찰을 바탕으로 한다.

이렇게 넘쳐나는 과잉된 욕망을 '형이상학적 욕망'이라고 부르는 이가 레비나스이다. 그는 데카르트의 무한의 관념을 인간의 욕망으로는 결코 채워지지 않는 성격의 욕망이라고 보았다.

　허기와 갈증이 채워지고 정욕이 가라앉은 울타리 바깥에서 형이상학은 그런 것들의 충족을 뛰어넘는 '다른 것'을 욕망한다.
　— 레비나스 『전체성과 무한』

　자신에게서 나오는 왕성하고 넘쳐나는 욕망에 따라 이제 타자와의 관계가 이뤄진다. 그리고 윤리도 생긴다는 것이 레비나스의 생각이다. 이는 서양철학의 영역에서 일탈하여 과다하게 넘쳐나는 관념의 양상이다. 서구 형이상학은 '과잉' 문제는 회피해왔다. 그래서 독창적인 레비나스의 생각이 더욱 주목할 만하다.

　레비나스는 후기에 와서는 이런 관념의 과잉을 욕망의 측면에서 고려하지 않는다. 대신 과잉을 하나의 방법론 즉 과장법으로 끌어올린다. 데카르트의 방법론을 응용하여 하나의 개념을 극한점에서 사고하려는 방법이다. 관념의 과잉 자체를 철학의 방법으로 단련시켜낸 것이다.

　가령 책임이라는 개념은 극한점에서 어떠한 형태를 취하게 될까. 책임은 타자를 대신하는 것으로, 보통 타인에 대한 책임은 사회적인 한계가 있다. 누군가를 위해 책임을 진다고 해도 그를 위해 죽음까지 생각하지는 않는다. 하지만 레비나스에 따르면 책임이라는 것을 극한에서 생각하면 자신이 책임을 느끼는 타인을 대신해서 죽을 수도 있다. 물론 심한 과장법이다. 레비나스는 이렇게 극한을 생각하려

한다. 왜 그럴까.

레비나스는 원래 인간의 사고 근저에 '과장법, 최고급, 탁월한 의미' 따위들이 있다고 말한다. 그리고 바로 거기서 인간이 타자를 초월하는 원초적인 힘이 생겨난다는 것이다. 헤겔에 근거한 전통적인 부정의 변증법이 아니라, 항상 일탈하고 초월하려는 과잉된 관념에 사로잡힌 인간은 타자를 향한다. 레비나스의 타자의 사상은 우리에게 많은 것을 생각하게 한다.

영혼은 내 속의 타자이다. 심적 작용은 '타자를 위한 어떤 것'이고, 이것은 신들린 상태나 심적 장애를 일으키기도 한다. 영혼은 이미 광기의 파편인 것이다. ─ 레비나스 『존재의 타자인가 아니면 본질의 저편인가』◆

---

◆*Autrement qu'être ou au-delà de l'essence*

# 카타르시스
## catharsis

카타르시스는 '정화하다'라는 의미의 카타이레인kathairein이라는 그리스어에서 왔다. 그리스어가 철학개념으로 그대로 쓰이는 드문 경우이다. 몸에서 나쁜 것을 배설하는 것도, 폴리스의 공동체에서 이단자를 추방하는 것도 카타르시스이다. '목욕 재계'라는 말과도 상통한다. 즉 죄를 범하여 더럽혀진 사람은 카타르시스 의식을 치러야 공동체로 복귀할 수 있었다.

그리스에서는 원래 공동체 전체의 재앙은 동물이나 사람을 희생제물로 바쳐야 풀 수 있다고 생각했다. 아테네에서는 특정 죄인을 처형하지 않고 미루다가 필요할 때 희생제물(파르마콘pharmakon)로 신에게 바쳤다. 인간을 희생시킴으로써 공동체의 카타르시스가 이루어진다고 생각한 것이다. 카타르시스란 카타르마(악한 것)을 배제함으로써 공동체를 정화하는 행동을 가리키는 말이지만, 20세기 사상가 지라르R. Girard에 따르면 이 말은 파르마코스(희생을 치름)의 다른 말로 인신공희人身供犧의 의미로도 쓰였다고 한다.

지라르는 이러한 형태로 공동체 내부에 존재하는 인신공희가 공동체를 성립시키고 유지하는 중요한 역할을 수행한다고 보았다. 원초적 폭력을 속죄하기 위해 다른 형태의 폭력이 필요하다, 그러므로 공동체는 희생을 치르면서 카타르시스를 실현한다. '인신공희를 통한 카타르시스는 폭력의 무질서한 만연을 막을 수 있다'. 카타르시스는 질서로 인정되는 폭력이며 '무제한적 폭력을 막는 폭력'으로 작용했다.

인신공희의 위기, 즉 희생양의 퇴조는 오염된 폭력과 카타르시스 폭력의 차이가 소멸한 것을 의미한다. 이 차이가 없어졌을 때 이미 실현 가능한 카타르시스는 존재하지 않고 오염된 전염성과 같은 폭력, 즉 상호 폭력만이 공동체 안에 퍼져 있다. — 지라르 『폭력과 성스러움』◆

그리스 철학에서 카타르시스의 개념은 두 가지 중요한 의미로 쓰였다. 하나는 플라톤이 생각한 의미이다. 철학은 카타르시스 작업이며 대화는 상대를 정화하는 카타르시스적 행위라고 생각했다. 여기서 철학자는 영혼의 의사에 해당하며 정신적 배설을 도와주는 하제 下劑 같은 역할을 수행한다. 정신은 잘못된 생각을 외부로 배출함으로써 정화된다. 철학이란 '누군가가 반박하면 반박을 당하는 쪽은 부끄럽게 생각하고 학문에 저해되는 오류를 없애고 정화하여 정말 알고 있는 사항만을 안다고 생각하고 그 이상 생각하지 않도록' 플라톤 『소피스테스』하는 행위이다.

또 한 가지는 아리스토텔레스가 『시학』에서 보여주는 의미이다.

---

◆ *Je vois Satan tomber comme l'elair*

그는 비극에서 얻어지는 정념이 '정화'라고 생각했다. 카타르시스의 치유적 효과가 중시되었기 때문이다. 다만 주의할 점은 카타르시스에는 확실히 '하제'와 같은 의미도 있지만 아리스토텔레스의 카타르시스는 이런 의미로 생각해서는 안 된다. 비극을 관람하는 관객은 배우와 일체가 되어 자기 존재를 잊고 등장인물에 동화됨으로써 카타르시스 효과를 기대할 수 있다. 그러므로 하제처럼 신체나 정신에서 부정한 것을 배설하는 것과는 다르다. 카타르시스는 자신과 다른 대상과의 일체화를 통해 이루어지는 것이다. 그러므로 등장인물에 완전히 동화되지 못한 사람은 같은 곳에서 연극을 보았어도 카타르시스를 느끼지 못한다.

19세기 니체는 『비극의 탄생』*에서 아리스토텔레스의 전통을 계승하면서 카타르시스를 좀더 깊은 근원적 체험으로 다루었다. 니체는 그리스 비극의 코로스(합창대)를 '이상적인 관객'이라 여겼다. 코로스들은 디오니소스적인 비극의 모태이고 숨은 주역이라고 보았다.

그리스 비극은 디오니소스적인 코로스로 이해해야 한다. (…) 비극을 자아내는 코로스들의 합창이 대화를 구성하는 모태가 된다. 이는 무대라는 세계, 연극의 모태에 해당한다. 코로스는 계속 폭발할 듯 합창한다. 합창을 통해 비극의 근원이 연극이 아닌가 하는 환상을 내뿜는다. 이는 꿈속 현상을 나타내는 서사시적 성격이 강하지만 디오니소스적인 상태를 객관적으로 보여주는 것이기도 하다. 그러므로 외관상으로는 아폴론적인 구제를 불러오는 것이 아니라 오히려 개체의 파괴, 그리고 개체와 근원적인 존재가 일체화하는 모습을 보여준다.

— 니체 『비극의 탄생』

이상적 관객인 코로스는 비극의 근원이 되어 원초적인 존재와 일체를 이루며 카타르시스에 도달하게 된다. 우리가 현대식 비극을 보며 느낄 수 있는 카타르시스도 이러한 원초적인 존재의 일체성이 멀리서 메아리치고 있기 때문인지도 모른다.

카타르시스는 정화를 도와주는 하제라기보다 어떤 근원적인 존재와 일체를 이루는 경험의 여운이라 할 수 있다. 가다머H. G. Gadamer가 지적했듯이 카타르시스는 '존재하는 것과 자기 사이를 떼어놓는 모든 것에서의 해방'을 의미하는 근원적 체험이다.『진리와 방법』◆◆

이런 의미에서 카타르시스는 에로티시즘의 경험과 서로 통한다고 할 수 있다. 둘 다 개체라는 틀을 단숨에 넘어 존재와의 동일성을 엿보게 하는 체험이기 때문이다. 바타유는 다음과 같이 밝힌다.

에로티시즘의 내부에서는 이미 조직되어 있는 형태를 해체하려는 힘이 항상 작용하고 있다. 즉 모든 개인은 불연속적 질서를 형성하는 존재이고 규칙을 지키며 올바른 사회생활을 수행해 나가지만 에로티즘은 이것을 해체하는 것이다. — 바타유 『에로티즘』◆◆◆

바타유는 말한다. 인간은 누구나 각각의 개체로 고독하게 존재하며 고독하게 죽어간다. 두 개체 사이에는 뛰어넘을 수 없는 심연이 있고 비연속성이 보인다. 그렇기 때문에 에로티시즘 체험은 불연속성을 한꺼번에 없애주고 연속성 즉 죽음을 엿보게 한다. 이것이 개체에게 허용된 최고의 카타르시스이다.

---

◆*Die Geburt der Trag Udie*   ◆◆*Wahrheit und Methode*
◆◆◆*L'Érotisme*

우리는 누구나 불연속적이고 고독한 삶을 산다. 정신질환은 이러한 사회에 살아가는 개체의 카타르시스 결핍으로 발생하는 병이라고 할 수 있다. 이와 관련된 대표적인 예가 초기 정신분석 시대에 프로이트와 브로이어J. Breuer가 채용한 '카타르시스 요법'이다. 그들은 환자 자신이 마음속에 감추어진 울적한 부분을 언어화하여 밖으로 내보냄으로써 증상이 경감되는 데 주목하여 카타르시스 요법이라 불렀다.

이 개념은 그리스 전통을 그대로 이어받았다. 프로이트는 억압된 바를 말로 표현하는 것은 좋지 못한 마음상태를 치유하는 수단이 된다고 했다. 현재 정신요법 분야에서 쓰이는 카타르시스 효과는 유희나 약물을 통해 얻을 수 있다. 다만 프로이트는 자기인식과 치유가 연관된다는 점을 중시하였다. 마음을 치유하는 것은 생리학적인 효과가 아니라 언어를 사용한 자기인식이라는 것이다.

환자는 자기 언어로 스스로 억압하고 있는 기억을 말한다. 그렇게 함으로써 억압에서 벗어나 신체에 나타나는 병적 증상에서도 해방된다. 이처럼 정신분석에서는 자기인식이 항상 타자와의 대화를 통해서 실현된다. 플라톤은 철학자란 영혼의 의사이며 타인의 카타르시스를 위해 존재한다고 보았는데, 프로이트도 거의 비슷한 생각을 했다. 플라톤의 카타르시스적 의미가 프로이트에게 계승되었다고 볼 수 있다.

# 가치
## value

가치는 실체로서 존재하는 것도 무엇으로 환원할 수 있는 것도 아니다. 늘 교환이라는 행위 속에서 형태가 만들어지고 또 창조된다.

당신에게 가치란 무엇인가라는 물음에 선뜻 답할 수 있는 사람은 별로 없을 것이다. 가장 소중한 것은 무엇인가라는 질문도 마찬가지다. '소중함'도 결국 가치의 문제로 되돌아오기 때문이다. 가치라는 개념을 설명하는 데 '가치'라는 말을 쓰지 않을 수가 없으므로 결국 그 자리에서 맴돌고 만다. 꽤나 어려운 문제다.

철학의 근본 개념과 관련하여 자주 부딪치는 난감한 경우이다. 진리나 선도 마찬가지 예이다. 진리를 설명하기 위해서는 '참된 것'이 무엇인지 전제되어야 하며 선의 경우 '선한 것'에 대한 이해를 전제로 해야 한다. 이러한 개념은 다른 개념을 가져와서 정의하기 어렵다. 이를테면 '자기언급적인 성격'을 지닌다.

더욱이 이러한 개념은 서로 순환적인 성질이 있다. 선에 대해서 말하려면 가치에 대해 언급하지 않을 수 없고 진리에 대해 언급할 때도 역시 가치 측면을 떼어 논할 수 없다. 그리고 가치에 대해서도 선을 갖추고 있는지 여부를 문제삼는다. 어떤 것이 가치가 있다는 것은 선할 때 가능하고, 또한 어떤 것이 선하다는 것은 그것이 가치가 있는 것이라 할 수 있다. 이렇게 철학의 근본적인 개념들이 서로 손을 맞잡고 회전목마처럼 빙빙 돈다.

우선 어원으로 거슬러 올라가보자. 가치value는 라틴어에서 valor. 이것은 동사 valere에서 왔다. 이 동사는 '값어치가 있다'라는 뜻 외에 '능력이 있다'(어떤 단어가 무엇을) 의미하다'라는 뜻이 있다. 한편 형용사의 validus에는 '강한'이라는 뜻과 '유효한' '타당한'이라는 뜻이 있다. 영어의 valid에 해당한다. 즉 가치라는 말에는 그 자체가 가진 '본원적인 힘'이라는 뜻과 그것이 다른 사람들에게 '타당하다'라는 이중적인 의미를 가진다.

'가치'의 두 가지 의미에 관해 상품을 예로 들어 둘의 차이를 쉽게 설명해준 이가 마르크스이다. 이 부분은 그의 『자본론』 중에서도 유명한 대목이다. 두 가지 측면은 '사용가치'와 '교환가치'로 제시된다. 사용가치란 상품 자체의 유용성을 말한다. 교환가치는 상품 자체가 아니라 다른 상품과의 관계에서 오는 '상대적인 가치'를 말한다. 이 가치들은 바뀔 수 있으며, 그래야 상품 판매가 가능하다. 생산자에게 상품은 교환가치를 지니는 것인 반면 구매자에게는 사용가치가 충족되어야 한다. 두 가지 측면이 늘 바뀔 수 없으면 상품은 존재할 수 없다. 마르크스는 이것을 '상품 B의 신체가 상품 A의 가치의 거울이 된다' 『자본론』 라고 표현했다.

상품 판매는 아주 일상적인 일이지만 사실은 큰 수수께끼를 안고 있다. 이를 설명한 마르크스는 아주 지대한 공헌을 한 셈이다. 가치가 있다는 것은 판매 행위로 분명히 드러나는가 하면, 또한 판매되기 위해서는 가치가 있어야 하는 것이다. 『자본론』은 매매라는 아주 당연해 보이는 거래의 수수께끼를 해명한 걸작 추리소설로 불려질 만한 책이다.

마르크스는 상품의 상대적인 가치를 결국 인간의 노동력이라는 근본적인 힘과 결부시키려 했다. 노동력을 제공하는 노동자의 가치는 재생산을 위해 필요한 물질이나 상황의 가치에 따라 결정된다. 그러므로 마르크스에게 가치 문제는 궁극적으로 '인간의 재생산'이라는 자연과정으로 귀결된다. 아렌트H. Arendt는 『인간의 조건』*에서 여기에 큰 문제가 있다는 것을 보여준다.

철학사를 보면 본래 가치라는 개념의 양의성은 플라톤에서 비롯된다. 그의 『크라튈로스』에 이런 물음이 나온다. 언어 개개의 단어는 그 자체로 가치가 있는가. 아니면 단어는 빌려 쓰는 의상이나 기호와 같은 것인가. 가령 돌을 돌이라고 부르는 것은 돌 자체가 가진 성격 때문인가, 아니면 그 사회에서 일반적으로 통용되기 때문인가. 플라톤은 명확한 답을 주지 못하지만 훗날 확실하게 설명을 한 사람이 있다. 바로 소쉬르F. de Saussure이다.

소쉬르가 체스에 비유한 표현은 유명하다. 체스에 쓰이는 말 중 기사를 잃어버렸다면 가까이 있는 다른 물건을 대용할 수 있지 않은가. 기사는 말馬의 상반신 모양이지만 체스판 위에 올릴 수 있으면 아무것이나 상관없다. 구분만 되면 다른 말에 은종이를 씌워 사용해도 된다.

---

*The human condition*

개별 단어도 마찬가지다. 단어는 다른 단어와의 차이에서만 의미를 가진다. 소쉬르는 이것을 '가치'라는 개념으로 표현한다. 단어는 가리키는 사물의 성격을 반영하는 것이 아니라 다른 단어와의 관계망 위치에 따라 그 의미를 획득한다. 그의 『일반언어학 강의』*에서 그 부분을 읽어보자.

> 게임 한 판 한 판의 상태는 각 언어 상태에 대응한다. 개개 말의 가치는 체스판 위의 위치에 따라 결정된다. 언어도 이와 마찬가지로 개개 단어의 가치는 다른 단어와의 대립관계에 따라 정해진다.
>
> — 소쉬르 『일반언어학 강의』

재미있는 해석이지 않은가. 즉 가치는 그 단어가 본래 가진 힘에서가 아니라 어떤 언어체계 안에서 생기는 것으로 생각했다. 확실히 체스게임에서 기사는 독자적인 힘을 가진다. 하지만 이 힘은 다른 말과의 관계에 불과하다.

체스의 갖가지 말은 하나하나 독자적인 힘을 가짐으로써 게임의 체계가 만들어진다. 결국 말과 말 간의 역할분담이 의미가 없다면 게임은 성립하지 않는다.

요컨대 이런 것이다. 소쉬르는 가치를 사물의 본원적인 힘에서 비롯한다고 보지 않았다. 그는 가치를 체계와 요소 간의 관계로 파악하였다. 개개의 요소가 모여 하나의 체계가 성립한다. 이 체계는 체계를 이루는 요소 없이는 존재할 수 없으며 반대로 요소들 역시 체계가 존재하지 않으면 가치를 가지지 못한다. 가치는 그 자체의 본원적인 힘이라는 측면과 다른 개체와의 차이라는 측면을 통합하지 않으면 성립할 수 없는 불가사의이다.

인간의 욕망이라는 관점에서 이 문제를 다룬 이가『화폐의 철학』**
을 쓴 짐멜G. Simmel이다. 그는 가치는 인간이 그것을 욕망하고 동시에
손쉽게 손에 들어오지 않을 때에 생겨난다고 생각했다. 가령 물水은
귀중한 물질이고 물이 없으면 생존할 수 없다. 하지만 평소 쉽게 얻
을 수 있으므로 물의 '가치'는 매겨지지 않는다. 만약 질 좋은 물이 부
족하여 구하기 힘들게 되면 비로소 물의 가치가 인식된다. 이렇게 대
상과의 간격이 가치를 만들어낸다고 짐멜은 지적한다.

간격과 근접은 실제로 서로 교환되는 개념이다. 서로 다른 쪽을 상정
하고 어느 쪽이든 사물과의 관계에서 양 측면을 구성한다. 사물과의
관계에서 주체적인 측면은 욕구라 부르며 객체적인 측면은 가치라
부른다. ― 짐멜 『화폐의 철학』

마르크스는 가치를 궁극적으로 인간의 생산력으로 환원했다. 하
지만 짐멜은 다르다. 멀어지기도 하고 가까워지기도 하는 메커니즘
속에서 가치를 찾아낸다. 이른바 가치는 실체로서 존재하는 것도 무
엇으로 환원할 수 있는 것도 아니다. 늘 교환이라는 행위 속에서 형
태가 만들어지고 또 창조된다. 가치를 인간이 가진 욕망의 변증법적
표현이라고 본 짐멜의 통찰력이 놀라울 따름이다.

◆ *The human condition*    ◆◆ *Philosophie des Geldes*

# 화폐
## money, Geld

돈을 벌지 않아도 살 수 있는
세계는 분명 유토피아일
것이다. 하지만 그런 세상은
오히려 유토피아와는
정반대 세상이며 우리의
자유가 사라질지 모른다.

화폐는 오래됐지만 새롭다. 그리고 상당히 재미있는 주제이다. 그리스에서 화폐는 노미스마nomisma, 법률은 노모스nomos라 불렸다. 두 단어는 그만큼 가까운 관계였다. 화폐와 법은 중개인을 두고 있는데 노미스마는 '노모스에 따라 인정된 것'이라는 의미를 가진다. 이렇게 불린 것은 자연 즉 피시스physis와는 달리 화폐는 사람이 정한 것이고 폴리스마다 다르다는 점이 법률과 비슷하기 때문으로 보인다.

천천히 살펴보자. 우선 법률을 의미하는 노모스는 양면성을 지니고 있다. 사람이 정한 것이지만 지극히 자연스러운 것처럼 통용된다. 화폐도 그렇다. 사람이 정한 것이지만 인위적인 성격을 (적어도 외견상으로는) 숨기고 매우 자연스럽게 통용되는 듯한 인상을 준다. 뭔가 닮지 않았는가.

화폐의 양면성은 언어에서도 보인다. 언어는 사회마다 다르고 각각의 사회에서 만들어진 인위적인 것이다. 하지만 언어는 사회 속에 스며들어 사람들에게 자연스럽게 활용된다. 언어는 이런 양면성을 지니기 때문에 화폐의 유통과 똑같은 비유가 쓰이기도 한다. 언어학자 소쉬르도 언어를 화폐에 비유했다. 분명히 언어는 사회에서 마치 화폐처럼 주고받는 대상이다. 반대로 화폐도 사회에서 언어처럼 통용된다. 독일어로 화폐는 명사 Geld이지만, 동사 gelten는 '통용하다' 형용사 gültig는 '타당한, 통용되는'이라는 뜻으로 같은 부류에 속한다. 매우 시사적이다.

화폐가 아주 자연스럽게 통용되는 수수께끼 같은 현상에 도전한 이가 마르크스이다. 마르크스는 화폐를 물신화物神化 측면에서 생각했다. 화폐는 사회에서 매겨진 가격의 매체에 불과하지만 자율적으로 통용되는 성질에 따라 다른 모든 가격을 '결정'하는 신비한 성질을 가진다. '화폐는 모든 상품의 전화된 모습, 또는 그것들의 일반적인 거래의 산물이므로 절대적으로 양도될 수 있는 상품이다'『자본론』. 마르크스에 따르면 생산과정에서 인간의 노동은 착취당하고 이를 통해 잉여가치가 발생한다. 동시에 절대적인 상품인 화폐가 자본으로 전환된다. 화폐는 피로 물들고 자본은 '피와 기름을 방울방울 떨어뜨린다'. 마르크스는 착취 없는 사회를 만들기 위해서는 자본주의 생산양식을 바꿔야 한다고 강조한다.

레닌V. I. Lenin은 화폐의 지위 역전을 상징적으로 보여주기 위해 변기를 금으로 만들 생각까지 했다고 한다. 하지만 이러한 공산주의 실험 이래로 현대사는 화폐를 없애려는 시도가 사회적 재앙을 초래할 수 있다고 가르치고 있다. 우리는 화폐가 지닌 기묘한 힘을 좀더 깊게 생각하지 않으면 안 된다.

이제 곧 전자화폐가 도입되면 우리 눈앞에서 지폐도 동전도 사라질지 모른다. 지역통화가 보급되어 여러 종류의 통화를 동시에 사용할 수 있을지도 모른다. 하지만 자신이 일을 해서 획득해야 하고 무엇인가를 구입할 때 그 단위가 '화폐 같은 것'이라는 것만은 그대로 계속될 것이다. 돈을 벌지 않아도 살 수 있는 세계는 분명 유토피아일 것이다. 하지만 그런 세상은 오히려 유토피아와는 정반대 세상이며 우리의 자유가 사라질지 모른다. 물신物神에 불과해 보이는 화폐가 인간의 자유와 인격을 지켜준다는 사실은 매우 역설적이다.

헤겔은 화폐를 '위대한 발명'이라고 했다. 그는 '모든 욕망이 집약된' 화폐의 이중성을 일찍부터 꿰뚫어보았다. 불가사의한 인물이다.

> 가치는 자자한 명성을 지니는 돈으로 존재한다. 여기에 이성의 형식적인 원리가 있다. 그러나 모든 욕망의 대상이 되는 이런 화폐도 그것 자체로는 직접적인 '물건'에 불과하다. 화폐는 개개인의 모든 특수성과 성질, 그리고 재주를 무시한다. ─ 헤겔『예나 체계 기획 Ⅲ』◆

이런 양의성을 인정하며 화폐의 긍정적인 의의를 지적한 이가 『화폐의 철학』을 쓴 짐멜이다. 화폐라는 교환형식은 인간의 자유 확대와 더불어 발전해왔다는 점에서 화폐의 장점에 주목하였다. 그는 화폐를 이용한 상업적 발달과 인간의 문화와 자유의 발달이 함께 보조를 맞추어 나아가는 것이라고 생각했다. 일찍이 헤겔은 인간의 정신적 영위도 어떤 외적 형식을 취할 필요가 있다고 했다. 짐멜은 화폐야말로 외적인 형식의 최고의 영위라고 보았다.

---

◆*Jenaer Systementwürfe Ⅲ*

이렇게 단순한 관계를 특수한 형상에 투영하는 것이 정신의 위대한 업적 중 하나이다. 정신은 이런 형상 과정에서 하나의 물질로서 드러난다. 그러나 이는 물질적인 적을 정신적인 것의 '그릇'으로 삼기 위함이며 그럼으로써 정신적인 것을 한층 완전하고 활발하게 움직이게 하려는 것이다. 이러한 형성 능력은 화폐에 이르러 그 절정에 달한다. — 짐멜 『화폐의 철학』

가치는 인간의 욕망에 따라 변증법적으로 성립한다고 짐멜은 생각한다. 그리고 화폐는 이런 가치를 나타내는 수단이다. 그러므로 교환의 매체일 뿐만 아니라 교환 자체를 가능하게 하는 존재이다.

공동체가 성립한다는 것은 다른 공동체와 교환이 이루어지는 것이 아닌가. 이때 무엇이든 교환의 매개가 필요함은 물론이다. 레비스트로스는 공동체 사이에 여성을 교환하는 일이 공동체를 성립시킨다고 말한다. 이 말 때문에 여러 사람의 빈축을 샀지만, 여성이 공동체 사이에서 교환되는 '재화'로서 기능할 수도 있다는 지적일 뿐 실제로 공동체 사이에 여성 매매가 이루어지고 있다는 의미는 아니다. 어떤 공동체가 성립하기 위해서는 다른 공동체와 무언가가 교환될 필요가 있다는 것, 그리고 원시공동체에서는 그것이 여성이었다는 것이다. 이같은 공동체 사이의 교환에서 여성은 '화폐'의 위치에 놓인다. 그런 점에서 여성과 화폐가 공통점이 있다고 본 논리적 근거는 타당할 수 있다.

화폐의 양의적 의미를 더욱 발전시켜 화폐의 중요성을 밝힌 이가 레비나스이다. 그는 화폐를 더러운 것이 아니라 정의와 법 질서 같은 것으로 보았다. 레비나스에 따르면 화폐를 사용하는 것은 그 주체가 자신이 속한 사회를 신뢰하는 행위이다. 사람들은 매일 화폐를 사용함으로써 자신이 사회의 일원인 동시에 그 사회에서 매매되는 노동력에 지나지 않음을 고백하고 용인하는 것이다.

화폐는 주체가 자유와 시간을 구입하는 수단인 동시에 사회에 불가역적으로 편입되는 과정이기도 하다. 주체는 상품이 넘쳐나는 질서에 편입되어 스스로도 하나의 상품으로 기능한다(극단적 상황에서 화폐가 인간을 매매하는 수단이 되기도 한다). 하지만 이런 화폐를 통해서 인간 사이에 법과 정의가 도입된다고 레비나스는 생각했다.

인간을 구제하는 정의는 고도로 발달된 경제형태, 즉 인간 전체의 고도의 발전 상태임을 부인할 수 없다. 그리고 여기서 화폐가 (경제적인 형태일지라도) 그 범주 안에 속하는 인간 사이의 공통된 척도로 등장한다. 인간을 계량화하는 가운데 정의의 본질적인 조건을 따지는 것은 예의를 넘어선 것이다. 하지만 수치도 보상도 없는 정의 따위를 상상할 수 있겠는가. — 레비나스 「자아와 전체성」◆

정의의 여신상은 손에 저울을 들고 있다. 그리스 때부터 정의는 수량적인 척도에 따라 재분배되는 것으로 여겨졌다. 레비나스는 그 수량적인 척도가 될 만한 것은 화폐밖에 없다고 보았다. 샤일록 같은 인물의 예에서 보듯이 화폐를 저속한 것으로 여기는 관습은 어디에나 있다. 수전노는 어느 문화에서나 비난받는 게 사실이지만 화폐가 자유와 정의를 지킨다는 측면을 외면할 수는 없다.

---

◆Le moi et la Totalité

# 신
**god, dieu, Gott**

'우리' 중 '나'와 같은 자격을
가진 다른 '나'가 아니라
절대적인 타자. 그리고 '나'가
'얼굴'을 가진 타자에게
한 사람의 이방인으로서
대면할 때 '신'이 나타난다.

신神이라는 한자에 고대의 일본인은 '가미'라는 일본 고유어 음을 달았다. 모토오리 노리나가本居宣長는 『고사기전古事記傳』에서 '가미'란 보통이 아닌 것, 두려운 것, 뛰어난 힘을 지닌 것을 가리킨다고 했다. 이는 서양식 개념으로는 오토R. Otto가 정의한 '성스러운 것Das Heilige'에 가깝다. 자연 속에 내재하는 신비스러운 힘을 일본에서는 신이라 불렀던 것이다.

유대교나 기독교를 중심으로 하는 서양의 신은 무無에서 모든 것을 만들어낸 창조적인 인격신이다. 그리스 철학에서도 신은 플라톤의 데미우르고스 같은 창조신, 아리스토텔레스의 제1의 운동 같은 최초의 운동을 만들어내는 신이다.

모두 사물을 창조하는 신을 의미한다. 서양 철학에서는 창조의 신, 무에서 모든 것을 만들어내는 신 개념이 전통적으로 강하다. 그래서 신은 인간을 초월한 존재, 인간의 능력이 미치지 못하는 존재로 여겼다. 역설적인 것은 신을 정의하려는 생각이 신의 위대함을 깎아내린다고 여겼다는 점이다. 어떤 개념으로 신을 생각하는 자체가 신의 지위를 끌어내릴 위험이 있다고 생각한 것이다. 필자는 신이 선하다는 말에 모순을 느낀다. 인간은 선인이나 악인이 있을 수 있지만 신은 선악을 초월한 존재가 아닌가.

아리스토텔레스는 신을 인간보다 월등하고 초월적인 존재로 그리고 있다. 아리스토텔레스의 신은 인간 같은 열등한 존재는 염두에 두지 않는다. 즉 신 자신과 사고에 대한 것이 아니면 사고하지 않는다. 확실히 논리적으로 따져보면 그렇다. 신에게 개념을 부여하기 꺼려하는 이러한 사고방식은 중세에 이르러 부정신학否定神學으로 방법론화되었다. 가령 신은 유한하지 않은 것, 악하지 않은 것 등등 '~가 아닌 것' 같은 부정의 표현 방법이다.

현대철학에서 절대적인 초월자로서의 신의 개념은 힘을 잃었지만 부정신학의 방법론은 널리 쓰이고 있다. 창조하는 인격신의 이미지와는 다르지만 인간을 넘어선 '신과 같은' 초월적인 무엇인가를 찾으려 할 때, 이 방법이 매력적일지 모른다. 왜 '신'이 아니면 안 되는가 하는 의문은 남지만 신이라 하지 않을 수 없는 신을 찾는 시도, 신의 위치에서 신이 아닌 신(非神)을 찾으려는 시도가 계속되고 있기 때문이다.

그 중 하나가 하이데거의 사상이다. 그의 존재론적인 차이 사상에 이러한 생각이 담겨 있다. 그는 세계의 여러 존재자를 다루는 것이 아니라 '존재' 개념 자체를 검토하여 주체와 객체의 대립 개념을 비판하였다. 하지만 존재라는 개념은 어떤 서술어로도 표현하기 어렵다. 서술어가 어울리는 것은 존재자이다. 존재자에게 어울리는 개념으로 존재 자체를 표현하는 것은 불가능하다. 하이데거가 말하는 존재는 기독교적인 신의 개념과는 다르지만 부정신학적인 방법에 의지할 수밖에 없다. 이렇게 생각하면 이것은 다른 이름의 '신'이고, 서양철학의 유파와는 다른 신이라고도 할 수 있다.

하이데거 스스로 인정하는 바, 그는 서양의 전통적인 사고방법을 포기하지 않는 한 신을 만나지 못할 것이라고 했다. 그리고 후기에는 동양철학에 선망의 눈길을 보내면서 서양의 형이상학을 비판했다. 그가 보기에 서양식 사고방식의 뿌리에는 대상을 표상으로 '세우려는' 경향이 있다. 하지만 인간이 세계에 대해 '세우다' '정립하다'는 식의 인위적인 자세를 버리지 않는 한 '신적인 존재로 이르는 길'로 나아가지 못한다는 것이다. 이와 같이 탈속적인 사상은 동양의 선禪사상에 가까운 듯하면서도 또 다른 이미지로 그려져 도무지 선명하지가 않다.

신이 살아 있는지 죽었는지는 인간의 종교성에 따라 결정되는 것이 아니며 철학과 자연과학의 신학적 염원 따위로 결정되는 것도 아니다. 신이 신인가 아닌가는 존재의 구도 자체에서 생겨난다. 무엇이 존재하는지 사유만 계속하고 경험을 하지 않는다면 존재 그 자체를 받아들일 수 없다. ─ 하이데거 『전회』◆

이에 대해 부정신학의 방법에 의하지 않고 주체와 객체의 대립이 성립되기 이전으로, 즉 근대적인 주체 개념을 넘어서려는 시도가 있

─────────

◆ *Kehre*

었다. 스피노자B. Spinoza 이래 전통에 근거하여 자연 속에서 신을 찾는 시도이다. 메를로퐁티는 인간이 주체이기만 한 것이 아니라 육체를 가진 자연이기도 하다며 초월적인 존재의 가능성을 생각했다.

메를로퐁티에 따르면 이 초월적인 존재는 자연에서 벗어나 존재하는 것이 아니다. 인간의 신체와 다른 신체, 인간의 정신과 다른 정신, 인간의 신체와 자연의 그것이 교류하는 장 내에 있다. 그는 이것을 '몸'이라 하고, 교류 현상을 '키아즘chiasm'이라고 칭했다.

앞에서 우리가 '몸'이라 일컬은 것은 사실은 '보이는 것' '느낄 수 있는 것' 자체의 보편성이며, '우리' 자신에게 생래적으로 갖추어진 익명적인 것에 불과하다. — 메를로퐁티 『보이는 것과 보이지 않는 것』◆

하이데거의 '존재'에는 아직 신학적인 울림이 있지만 메를로퐁티의 '몸' 개념에는 신학적 요소가 없다. 즉 메를로퐁티가 '몸' 개념을 통해 시도한 것은 근대철학의 지병과도 같은 독아론적인 시점을 신체라는 이치에서 깨뜨리는 방법이다. 그리고 그 때문에 여러 주체를 일관되게 성립시키는 어떤 무인칭無人稱의 존재를 상정하고자 했다. 즉 주체를 그 주관성에 이르기 전 단계에서 초월하려는 것이다.

또 한 가지. 인간의 신체적인 존재를 축으로 보면서도 그 신체적인 존재의 인간성을 확인하듯이 타자와의 만남에서 '신적인 것'을 보고자 하는 시도가 있다. 레비나스가 그렇다. 인간은 신체적인 존재로 '얼굴'을 가진다. 레비나스는 신체의 일부분인 '얼굴'을 통해 사람은

---

◆ *Le visible et l' invisible: suivi de notes de travail*

'신'과 대면한다고 생각했다. 이웃한 인간도 '얼굴'을 가진 존재이며 '나'를 초월하는 자격을 가진 인간으로서 등장한다.

타자는 '얼굴'을 가진 존재로서 '나'에게는 손이 닿지 않는 이방인으로서의 위격位格을 갖춘다. '우리' 중 '나'와 같은 자격을 가진 다른 '나'가 아니라 절대적인 타자, 그리고 '나'가 '얼굴'을 가진 타자에게 한 사람의 이방인으로서 대면할 때 '신'이 나타난다.

초월자를 이방인이며 가난한 자로 정립하는 것, 이는 신과의 형이상학적인 관계가 인간이나 사물을 무시한 채 형성되지 못하게 하려는 것이다. 신적인 차원은 인간의 얼굴에 기초하여 열린다.

— 레비나스 『전체성과 무한』

타자의 '얼굴'에서 신의 차원이 열린다는 것은 무슨 뜻인가. 그것은 이미 신을 유일신, 인격신으로는 생각하지 않는다는 것이다. 신적인 것은 타자와의 관계에서만 존재한다고 레비나스는 생각했다. 레비나스와 메를로퐁티가 대조되는 대목이다. 레비나스는 초월적인 것을 주체의 차원 이전 단계가 아니라 주체 차원 너머 저편에 두고자 했다.

유대인 레비나스의 사상은 유대교라는 종교적 차원을 완전히 벗어나 철학으로서의 신의 개념을 세우고자 한 탁월한 시도라고 할 수 있다. 그의 '신'은 성서에 씌어진 신이 아니다. 레비나스는 인간과 인간관계에 나타나는 윤리성을 '신'이라 불렀다. 이신론理神論과도 다르며 새로운 견지에서 신과 인간에 대해 생각한 철학이다.

# 환원
## reduction

후설의 현상학적 환원은
이제껏 철학에서 사용되어온
환원 방법과는 조금 다르다.
복잡한 것을 단순한 무엇으로
환원하는 것도 아니고,
환원 후 대상이 다른 무엇으로
바뀌는 것도 아니다.

환원, 리덕션reduction. '데리고 돌아오다, 어떤 상태로 바꾸다'라는 라틴어 동사 redeucere 에서 유래한 말이다. 리덕션의 접두어 re는 '되돌리다'라는 의미다. 즉 '이전 상태로 되돌아가도록 이끌다'라는 방향성이 있다.

어떤 사물이 있다. 그것을 바꾼다. 이전으로 되돌린다. '이전'에는 두 가지가 있다. 하나는 변화하기 전 상태로 돌리는 것이다. 물론 보는 시각에 따라 다를 수 있다. 또 한 가지는 형태가 만들어지기 훨씬 이전, 낱낱의 요소로 존재하던 단계로 '되돌리는 것'이다. 이때는 형태 자체가 없어져 버린다.

우선 첫 번째 환원부터 생각해보자. 가령 인간을 동물로 환원한다. 물론 개념상의 조작이다. 인간은 넓은 의미의 동물이다. 그러나 인간에게는 다른 동물과는 크게 다른 요소, 인간을 인간으로 만드는 결정적인 요소가 있지 않은가. 그 요소를 깎아내면 인간은 동물로 '환원'된다. 인간은 인간다움을 잃고, 동물 부분이 남는다.

그렇다. 이렇게 되면 인간을 인간으로 볼 때

는 보이지 않는 부분을 끄집어낼 수 있다. 인간도 동물의 한 종으로 행동하는 부분이 있고 이 부분을 생각하는 데는 인간으로서의 요소는 필요 없다.

하지만 이런 방법에는 장단점이 있다. 가령 지금까지 인간 안에 모호하게 감추고 있던 동물적 요소가 확실히 드러난다. 반면에 인간을 인간이게 하는 요소는 무시된다. 예를 들어 인간의 이성애異性愛를 동물들의 종족 보존 본능이라 생각해보자. 인간의 애정이 지닌 생물학적인 면을 부각시키는 장점이 있기는 하지만 이성애라는 인간 특유의 성격은 잃게 된다.

자, 그럼 두 번째 환원은? 이는 관념적 조작이 아니다. 어떤 물질이나 현상을 구성요소로 분해하는 것이다. 예를 들어 화학적으로 환원시킨 물질은 더 이상 원래의 화학상태로는 돌아가지 못한다. 물을 산소와 수소로 나누면 이제 물은 없어진다. 물질이나 현상을 구성요소로 환원하면 더 이상 본래 것들이 아니다.

철학에서는 주로 첫 번째 '깎아내리는' 환원이 쓰인다. 물론 두 번째 '구성요소로의 분해'도 사고작용 실험에 응용되는 경우가 많다. 예컨대 그리스 사상가 탈레스는 세계는 물이다라고 말했다. 이것은 세계의 구성원리에 물이라는 이름을 적용하면 '세계를 물로 환원한다'라는 의미이기도 하다. 즉 '구성요소로 분해'되는 것에 해당한다.

18세기 흄은 인간의 자아는 지각의 다발에 지나지 않는다고 말하였다. 인간이 무엇을 인식하기 위해서 사용하는 요소를 '깎아내림'으로써 인간의 인식을 지각으로 환원하고자 한 것이다.

모두 의미 있는 시도라 할 수 있지만 환원이라는 조작을 철학적으로 가장 깊게 탐구한 이는 역시 후설이다. 두 번째 환원에 해당하며 '현상학적 환원'과 '초월론적 환원'이 있다. 후설의 현상학적 환원은 이제껏 철학에서 사용되어온 환원방법과는 조금 다르다. 복잡한 것을 단순한 무엇으로 환원하는 것도 아니고, 환원 후 대상이 다른 무엇으로 바뀌는 것도 아니다. 인간의 인식에 현상학적인 환원을 가한 다음에도 인간의 인식은 여전히 인식으로 존재한다.

후설이 현상학적 환원의 대상으로 삼은 것은 무엇일까. 그것은 인간이 세계를 인식할 때 소박하게 전제해온 세계에 대한 관점, 세계관 등을 배제하는 것이다. 그런데 후설이 굳이 '환원'이라고 칭하는 이유는 무엇인가. 그는 세계관의 근저에는 어떤 순수한 인식기구가 존재하고 있을 것이라고 믿었다. 환원이라는 조작에 따라 사회적인 차이를 초월하여 모든 사람에게 공통된 순수한 인식기구를 의식의 '핵'에서 끄집어낼 수 있다고 보았다.

후설은 현상학적 환원의 절차에 따라 그것을 끄집어내어 주체가 세계를 구성하는 데 어떤 역할을 완수해왔는지 해명하려 했다.

[환원으로] 우리는 모든 것을 잃는다. 반대로 환원으로 절대적인 존재의 모든 것을 획득한다. 절대적인 존재는 세계적이자 초월적 요소를 내재하고 있는바, 그것을 자기 내부에 '구성'해야 하는 것이다.

— 후설 『순수 현상학과 현상학적 철학의 이념들』

환원에서는 세계에 대한 판단을 유보하며 이를 에포케epoche라고 부른다. 이 에포케에 따라 끄집어낸 '핵'은 세계의 존재나 세계에 대해 소박한 사고방식을 차단하지만 아직 심리적인 자아로서의 요소를 갖추고 있다. 이 자아에 또 한번 환원과정을 실시하여 세계를 구성하는 초월론적인 주관성을 끄집어내는 것이 초월론적인 환원이다.

왜 두 번의 환원이 필요한가. 현상학적 환원을 베풀 주체는 분명 세계에 대한 자기의 소박한 자연관을 배제했다. 그러나 아직 세계는 주체에게 객체로 존재하고 있는 듯 보인다. 주체에 초월론적 환원을 가함으로써 순수하게 초월론적인 주관성을 끄집어내어 순수한 자아가 세계를 어떻게 구성하고 있는지 해명할 수 있게 된다. 또 이 과정에서 객관적으로 존재 가능하다고 보이는 세계가 사실은 주체의 몇 가지 조작과 지향에 따라 형성된 것임을 밝힐 수 있다. 두 가지 환원에 대해 후설의 설명이 때로는 뒤엉켜 있지만 요컨대 이러한 환원 절차로 세계를 구성하는 인간 인식의 역할과, 인식에 필요한 중요한 조건들이 밝혀진다.

인간의 인식을 가능하게 해주는 조건으로서 만년의 후설이 고찰한 몇 가지 개념이 있다. 지평, 수동적인 종합, 키네스테제kinesthese, 타자인식, 시간성 따위이다. 이것들을 포함하여 이후 프랑스 현상학의 새로운 시도들은 이 초월론적 환원이 개척한 분야이다. 후설의 환원은 철학에서 중요한 영역을 개척하였다고 할 수 있다.

다만 환원이라는 절차에는 환원 다음에도 여전히 무엇인가가 남아 있을 것이라는 추궁을 당하기 쉽다. 『순수 현상학과 현상학적 철학의 이념들』 제1권에서 후설은 환원 다음에 순수한 자아가 남아 있어 이것이 초월론적인 자아로서 현상학을 수행하는 근거가 된다고 밝히고 있다. 이렇게 쉽게 상정하기 쉬운 점이 환원이라는 과정의 함정이다.

이를 재빨리 지적한 이가 만년의 메를로퐁티이다. 그는 환원이 세계나 신념을 '고정'시키는 형태로 행해지는 것을 비판한다. 환원을 행할 때 어떤 방법으로도 잘라낼 수 없는 것이 있을 것이고 또 환원 그 자체의 가능성을 제공하는 요소가 따로 있는 것은 아닌지 문제를 제기하였다. 이는 인간 이해의 토대가 되는 '야생'적인 영역이고 언어적인 것이라고 생각했다. 메를로퐁티는 후설이 환원을 실행할 때 인간 가운데 주관적 영역인 '언어'를 충분히 고려하지 않았다고 지적한다. 주체와 타자를 묶는 언어의 역할을 무시하고 순수한 의식의 '핵'을 끄집어낼 수 있다고 생각하는 것은 무리가 있다는 것이다.

# 관념
## idea/notion, idée, Vorstellung

로크에서 시작하여 흄에 이르는
경험론의 전통에서는 인간의
마음속은 백지와 같다며
생득 관념의 사유를 부정했다.
인간의 관념은 모두 경험에 의해
만들어진다고 생각한 것이다.

관념이란 단어 표기는 네 종류나 된다. 줄일 수가 없다. 여러 문화의 전통에서 제각기 쓰이는 말이기 때문이다. 철학은 언어의 차이를 넘어서 보편을 추구해야 하지만 관념이라는 개념처럼 언어적 연관성, 문화적 배경의 차이가 강하게 작용하는 것도 없다.

영어나 프랑스어에서 관념은 아이디어idea나 이데idée로서, 플라톤의 이데아를 계승하였다. 독일어권은 18세기 독일 관념론 이후 Vorstellung를 선호한다. Idee라는 말도 있지만 칸트 이후 Idee는 '이념'이라는 다른 의미로 쓰인다. 물론 Idee도 플라톤의 이데아와 비슷한 중요한 단어이다. 헤겔은 영국 경험론에서 이데아라는 말이 '아이디어'처럼 가벼운 문맥에서 쓰이는 것을 한탄했다고 한다.

독일어 Vorstellung는 이 책에 나오는 '표상'이라는 개념에 주로 쓰인다. 독일어권의 관념은 개개의 주체가 떠올리는 표상에 지나지 않다는 것을 알 수 있게 한다. 플라톤의 이데아에서는 하나하나가 주체로부터 독립된 것이다. 관념을 idea로 칭하면 어쩐지 이데아가 먼저 떠오르지만 관념은 어디까지나 주체가 안고 있는 표상에 지나지 않는다. notion 쪽이 더 어울릴지 모른다.

이는 근대철학의 기초를 마련한 데카르트에서 좀더 분명해진다. 데카르트는 사유하는 의식을 근거로 더 이상 회의할 필요가 없을 정도로 하나의 근거를 확립하였다. 그것이 '나는 생각하다'(코기토 Cogito)이다. 즉 분명하게 판단한 관념에 근거하여 사유를 전개하면 확실한 진리에 도달한다고 여겼다. 여기서 관념은 '사물의 상'과 같은 것, 즉 표상이다.

데카르트는 이와 같은 관념을 '생득적인 관념' '바깥에서 받아들인 관념' '자신이 만들어낸 관념'으로 분류한다. 그러나 어떤 것이든 주체에게는 표상으로 포착된다. 데카르트는 거기서 출발하여 신이라는 무한하고 완전한 관념을 도출하기 위해 더 한층 나아간다. 신의 존재가 인간의 표상과 대상을 일체화해줄 것이라고 믿는다. 반면에 만일 신을 관념의 근거로 두지 않는다면 이러한 관념(표상)과 사물 일체는 큰 난관에 부딪치게 된다.

이 문제를 둘러싸고 철학의 전통은 두 가지 방향으로 나아간다. 로크에서 시작하여 흄에 이르는 경험론의 전통에서는 인간의 마음속은 백지와 같다며 생득 관념의 사유를 부정하였다. 인간의 관념은 모두 경험에 의해 만들어진다고 생각한 것이다. 이에 대해 관념론의 전통에서는 외계의 사물은 인간의 관념에 의해서 형태를 갖추어나가는 데 지나지 않는다고 생각했다.

하지만 이 두 입장은 사실상 관념의 기원이 외계外界에 있는가 외계의 기원이 관념에 있는가 하는 관점의 차이일 뿐이다. 관념의 기원이 외계에 있다고 보는 경우에는 인간의 마음은 백지이고 외계와의 접촉이라는 경험에 의해서 인간의 관념이 형성된다고 생각한다. 또 외계의 기원이 관념에 있다고 생각하는 경우는 외계 세계도 인간의 관념이 투영된 것에 지나지 않는다고 생각한다. 이 경험론과 관념론은 매우 대조적인 관점이지만 칸트도 말했듯이 동전 하나를 두고 어느 쪽부터 보는가 하는 차이에 지나지 않는다. 두 관점은 모두 사물의 상과 인간의 사유가 직접 대응한다고 믿는 사고이다.

한편 독일 관념론이라고 불리는 입장은 데카르트까지 거슬러 올라가 이 문제를 재검토하였다. 데카르트는 사물의 상과 인간의 사유를 그냥 '관념'이라고 불렀다. 하지만 칸트 이후의 독일 관념론에서는 사물의 상은 '표상'이라 부르고 인간의 사유를 형성하는 것은 '오성'이라 구별했다.

칸트도 인식의 기초가 표상에 있음을 인정하고 있다. 하지만 오성 가운데 개념이 존재하지 않으면 표상은 맹목이라고 생각했다. 데카르트는 신의 선의에 기초하여 표상과 대상은 일치하는 것이라고 상정하였지만 칸트는 이러한 일치를 인간의 입장에서 철학적 기초로 만들 필요가 있다고 여겼다.

그 때문에 칸트는 인간의 표상과 실재의 사물과의 일치를 증명하는 것을 포기하는 대신 인간의 표상 그 자체의 구조를 분석하는 방법을 택하였다. 인간은 인식할 때 오성의 능력을 쓴다. 칸트는 이 능력의 구조는 모든 사람에게 동일하다고 생각했다. '인식에서 기본적인 관념의 일치'에 따라 표상의 객관성이 확보된다고 본 것이다.

이렇듯 칸트 이래로 독일 관념론은 관념과 개념을 구별한다. 이로써 관념을 표상과 같은 것으로 생각한 데카르트의 철학이 처음부터 지닌 문제를 해결하려 했다. 관념은 개개의 주체가 짊어지는 표상의 성격을 가진다. 표상은 어쩌면 주체의 환상일지도 모른다. 그러나 개념은 개개의 주체가 아니라 인간이 사회에서 공통적으로 쓰는 '언어'로 정해진다. 개개의 주체는 말을 사용함으로써 모든 사람들에게 공통되는 관념을 파악할 수 있다.

하지만 독일 관념론은 개념 분석까지 다루었지만 언어 자체의 분석까지 나아가지는 않았다. 인간의 사고와 언어가 분리할 수 없는 불가분의 관계에 있음을 명백히 한 것은 20세기 이른바 언어론적인 전환 이후의 일이다. 그것에 앞서 독일 관념론은 어디까지나 사고의 주체인 인간의 정신적 힘을 믿었다. 의식철학으로서의 성격을 데카르트보다 더 한층 강화시켰기 때문이다.

이와 같은 '주체의 의식철학'에 철학적인 비판을 전개한 것이 '생의 철학'이다. 삶이라든가 체험이라는 개념에는 표상이나 관념을 인간의 그 어떤 것보다 중요한 측면이라고 보는 생각에 대한 불신이 깔려 있다. 대신 생의 철학에서는 이렇게 생각했다. 관념이나 사고가 삶의 기초를 부여하는 것은 불가능하다. 반대로 삶이야말로 관념이나 사고의 기초가 된다. 삶은 그 뒤로 더 이상 거슬러 올라갈 수 없는 지평인 것이다.

'생의 철학자'라고 불리는 베르그송은 사물을 관념으로 환원하는 것은 생성生成을 분석하고 고정시켜 버리는 것이라고 비판한다.

사물을 관념으로 환원하는 것은 생성을 중요한 순간에 분해하는 것이다. 더욱이 매순간은 시간의 법칙을 적용받지 않는다고 상정하여 이른바 영원 속에서 포착한 것이다. 하지만 실재를 분석하기 위해 지성의 영화촬영술 같은 기계론을 적용하면 관념철학에 도달하게 된다.

— 베르그송 『창조적 진화』♦

　　베르그송의 관념 비판은 근대철학의 중심인 의식철학을 비판하는 역할을 완수하였다. 다만 관념 대신 생성이라는 개념을 무비판적으로 들여온 점이 있다. 한편 메를로퐁티는 언어를 철학의 문제로 고찰하면서 관념철학을 비판하였다. 언어의 외부에 관념 같은 것이 존재하고 말〔言〕은 그것을 전달한다는 사고방식에 대해 이렇게 비판한다.

　　보통 말은 사고를 고정하는 수단에 지나지 않는다든가 또는 말은 사고의 껍데기며 의상이라고 종종 일컬어지지만 이러한 것은 인정할 수 없다. (…) 단어는 사고의 의상이 아니라 그 상징(엔블렘emblem)이고 그 신체가 아니면 안 된다. — 메를로퐁티 『지각의 현상학』

　　메를로퐁티는 코기토가 아니라 언어를 근거로 삼는 철학이 필요하다고 생각한다. 거기서부터 언어론적인 전환으로 연결되는 길이 펼쳐진다.

---

♦ *L'évolution créatrice*

# 환유
## metonymy

프로이트는 환유를
만드는 것은 억압이라고
여겼다. 무언가 직면하고
싶지 않을 때 의식은
표상과 이름을 억누른다.
그리고 주체는 그것을 다른
표현으로 받아들인다.

"주전자가 끓는다!"라고 우리는 무심코 말한다. 물론 주전자가 끓는 것이 아니라 물이 끓는다. 이런 것이 환유이다. 어떤 것을 말하는데 인과적으로 혹은 경험적, 논리적으로 가까운 이미지를 가져온다. 비유의 하나로 아무렇지 않게 자주 쓴다. 예컨대 신을 하늘이라 말하는 따위이다. 다시 말해 환유는 '가까운 것으로 바꿔 말하다' 또는 '바꿔 말한 예'라고 할 수 있다.

좀더 찬찬히 생각해보면, 이것은 추론과는 다른 요소들이 도입된다. 논리학에서 비유는 어색하다. 주전자는 끓는 액체가 아니기 때문이다. 하지만 사람들에게는 아주 자연스럽게 받아들여져 특별히 의식되지 않는다. 니체의 말처럼 원래 인간의 판단에는 비유가 깔려 있는지 모른다.

종합판단은 하나의 사물을 어떤 결과에 따라서 기술한다. 이는 본질과 결과를 같은 것으로 보는 것이다. 다른 말로 하면 하나의 환유에 불과하다. 그러므로 종합판단의 본질 속에는 환유가 존재한다. 요컨대 이런 판단은 하나의 잘못된 동등화이다. 즉 종합적인 추론은 비논리적이다. 우리는 종합적인 추론을 내릴 때 통속적인 형이상학, 결과를 원인으로 간주하는 형이상학을 전제로 한다. ― 니체 『생성의 무구함』

'연필은 길다'라고 하면 '연필'이라는 개념과 연필이라는 '사물'이 혼동된다고 니체는 말한다. 하지만 종합적인 판단은 인간의 경험적인 인식 자체이기 때문에 니체는 우리의 인식이 근본적으로 환유와 오류 추리로 이루어진다고 주장하는 셈이다. 인식의 기본적인 특질을 공격하는 과격한 비판이지만 재미있는 주장이다.

또 다른 예를 들어보자. '이것은 나무다'라고 말한다. 그 순간 개념과 사물 사이에 '환유'가 일어난다. 나무는 인간의 인식이 사용하는 분절방법이고, 그것이 자연의 상태와 동일하다는 근거가 없기 때문이다. 가령 마당에 심어둔 '어떤 것'에 나무라는 이름을 붙이면 자연에 대해 인간의 분절방식을 적용하는 것이다. 이것 자체가 환유적인 표현이다.

하지만 사실 이것은 칸트의 도식론에 이미 포함된 것이다. 인간이 지각에 의한 카테고리적 인식을 하기 전에 어떤 도식 같은 것이 '감성에 따른 인식 준비'를 한다고 칸트는 말한다. 그는 도식의 정체에 관해 확실히 밝히지 않지만 도식이 니체의 언급처럼 환유 같은 역할을 하지 않으면 인식이 성립하지 않는다고 생각했다.

인식에서 언어보다 앞서 비유나 상징이 작용한다는 것은 카시러E.

---

◆*Die Philosophie der symbolischen Formen*

Cassirer도 『상징형식의 철학』*에서 말한 바 있다. 지각은 단순히 받아들이는 쪽이 사물을 지각하는 것이 아니라 이미 사물에 의미를 주는 작용으로 실현된다는 것이다. '언어가 처음 의미작용을 전달받아, 그것을 전면적으로 전개하고, 완성하는 것일 뿐'이라면 지각은 상징에 의해 인식한 것 중에서 이미 의미와 판단이 형성되어가고 있는 것이 된다.

그러면 언어의 역할은 무엇인가. 낱말은 의미를 환유로 치환하는 것인가. 앞서 나무의 예를 들면, 사람이 '어떤 것'을 나무라고 표현하기 전에 환유의 프로세스가 작동하고 있었다는 얘기가 된다. 즉 자연의 풍경에 분절방식을 적용한 단계가 그것을 아직 나무로서 확연히 인식하지 않은 상태, 낱말로 표현하기 이전에 이미 시작된 것이다. 하지만 도대체 어떻게 시작되었는가는, 언어가 있기 전의 인간의 인식은 알 수 없는 수수께끼다. 카시러도 말했듯이 형이상학의 비밀은 여기에 숨어 있는지도 모른다.

프로이트는 『꿈의 해석』에서 꿈에서 일어나는 압축과 치환의 메커니즘을 자세히 분석하였다. 그리고 이 메커니즘은 언어에 앞서 인간의 정신적 행위와 깊이 연결되어 있다고 하였다. 꿈속에서 우리는 은유와 환유로 장면을 전환한다. 꿈 이야기에서는 은유가 무대를 만든다. 그리고 무대에서 상연되는 이야기에서는 환유가 펼쳐진다. 다른 것에 에둘러 하고 싶은 말을 하는 '알레고리' 기법과 더불어 꿈은 환유로 짜인 옷감이라고 할 수 있다.

프로이트는 정신병을 치환형태로 분류할 수 있다고 생각했다. 흥미로운 발상이다. 히스테리는 연합에 의한 치환, 강박신경증은 개념적인 유사성에 의한 치환, 파라노이아paranoia는 인과관계에 의한 치환으로 생긴 병 등 정신병의 메커니즘은 잘못된 비유의 병인 셈이다.

프로이트가 보여주는 무의식의 메커니즘을 언어학적으로 분석하는 것은 불가능할까. 언어학에서는 소쉬르가 신타그마(통합)와 파라디그마(연합)라는 두 가지 메커니즘을 구별한다. 문장의 선형적인 구조가 신타그마, 문장에 쓰인 말의 배경이면서 그 문장에서 쓰이지 않은 말의 세계가 파라디그마이다.

이런 구별에 기초하여 야콥슨R.Jakobson은 통합은 환유작용이며, 연합은 은유작용이라고 말한다. 말을 하는 것은 그 순간에 이미 은유와 환유의 상호적 관계 영역에 발을 들여놓는 것이다. 인간이 말하는 문장은 은유로 펼쳐지는 언어의 풍부한 세계 속을 환유에 의한 치환의 힘으로 나아간다고 할 수 있다. 프로이트가 정신병은 잘못된 치환에서 발생한다고 본 것에 대해 야콥슨은 인간 언어의 뿌리에 은유와 환유의 힘이 작용한다고 생각한다. 은유와 환유는 생각해볼 여지가 많은 한 쌍의 개념이다.

한편 라캉은 프로이트의 통찰을 이어나갔다. 그리고 더 나아가 욕망론을 펼쳤다. 그는 꿈의 메커니즘에서 치환은 환유로, 압축은 은유로 일어난다고 생각했다.

압축, 이는 기호표현의 축적 구조로 이 가운데 은유가 자신의 영역을 차지하게 된다. (…) 치환, 이는 독일어의 의미에 가깝고, 환유가 나타내는 의미작용의 기능이다. 프로이트의 발견 이후 검열의 허를 찌르는 최적의 방법으로 무의식이 제시되어왔다. — 라캉 『에크리』

프로이트는 환유를 만드는 것은 억압이라고 여겼다. 무언가 직면하고 싶지 않을 때 의식은 표상과 그 이름을 억누른다. 그리고 주체는 그것을 다른 표현으로 받아들인다. 주체는 스스로를 속이기 위해서 환유, 즉 '치환'을 이용한다. 하지만 라캉은 환유를 단순히 의식의 검열을 속이기 위한 메커니즘이라고는 생각하지 않았다.

라캉은 환유를 만드는 것은 억압이라기보다 욕망의 힘이라고 말한다. 주체는 무언가에 직면하는 것을 피하는 것이 아니다. 알지 못하는 욕망의 힘에 이끌려 정체가 알 수 없는 것을 욕망하고 그에 도달하고자 한다. 다만 욕망의 대상이 없기 때문에 환유에 의지하지 않을 수 없다.

정신적 메커니즘에서 환유는 욕망이라는 성질을 매우 잘 표현하는 듯하다. 우리는 자신의 욕망이 어떤 것인지 제대로 인식하지 못하는 경우가 많다. 욕망은 어두운 힘처럼 우리가 내심 바라는 방향으로 우리를 끌어당긴다. 우리가 바라는 게 무엇인지 시간이 지난 후에야 깨닫는 경우도 있다. 아니 나중에 인식한 게 아니라 그때서야 알게 되는지도 모른다. 우리는 어쩌면 논리로 사고하기보다는 먼저 환유로써 사물을 생각하고 욕망을 품는 게 아닐까.

# 기계
## machine

---

인간이 동물과 어떻게
다른가 하는 문제는
인간이 기계와 어떻게 다른가
하는 문제와 마찬가지다.

"이 애니메이션은 메카(메커니즘, 기계장치)
에 공을 많이 들였네"라고 말한다. 기계는
그리스어의 '메카네mechane'에서 온 말이다.
메카네는 고안된 장치를 가리킨다. 특히 그
리스 비극의 마지막 장면에서 아폴론 등이
지붕 위로 등장할 때 쓰이는 무대장치 기법
'데우스 엑스 마키나deus ex machina'를 말한다.
극중의 긴박한 상황을 해결하기 위해 신이
강림하는 장치이다. 무대의 대도구처럼 커
다란 '속임수'이다.

다시 말하자면 기계는 인간이 자연을 대상
으로 작동하는 단순한 도구와는 다른 복합
적인 '장치'이다. 발명품과 같은 의미도 있
었을 것이다. 트로이의 목마도 대규모 장치
였기 때문에 트로이 사람들이 호기심을 가
졌을 것이다.

하지만 그리스에서 기계는 인간 노동의 보조
수단에 불과했다. '방직기가 스스로 옷감을
짜고 거문고가 스스로 연주한다면'아리스토텔레
스『정치학』노동자도 노예도 필요 없을 테지만
기계가 자동으로 움직이지는 않았다. 인간

이 '생명이 있는 도구'가 되어 노예로 일해야 하는 것이다. 또 그리스에서는 노동력의 대가가 낮아 실용기계의 발전을 저해하는 면도 있었다. 결국 '마키나'는 기계가 아니라 '장치'로서 취급되었을 것이다.

기계의 자동화가 이루어진 것은 언제인가. 물론 근대 산업혁명 이후이다. 증기기관으로 에너지를 풍부하게 이용할 수 있고 마침내 '스스로 옷감을 짜고 스스로 연주하는' 기계가 등장한다. 이제 기계는 노동자에게서 일을 빼앗는 존재로 여겨진다. 기계에 나막신을 집어 던져 기계를 멈추게 하려는 러다이트운동Luddite Movement(기계파괴운동)이 일어난다. 채플린의 영화처럼 인간이 오히려 기계의 '생명 있는 도구'로 전락하기도 한다. 마르크스도 확신하지 않았던가. 기계 메커니즘에서 인간은 부분노동을 가하는 기계부품에 지나지 않는다며 다음과 같이 말한다.

> 각종 작업에 투여된 노동자, 예를 들어 공장제 양털 수공업에서는 털 깎는 사람, 소모공(빗질을 하는 사람), 방모공 등의 특수한 인간 도구가 지금은 특수한 작업기계 도구로 전화하여 이러한 작업기계의 하나하나는 거대한 도구장치 체계 속에서 각기 다른 기능을 담당하는 부품으로 전락한다. — 마르크스 『자본론』

다만 마르크스는 러다이트운동처럼 기계에 적의를 품지는 않았다. 기계와 인간의 관계는 인간과 인간의 관계로 바꾸어 생각할 필요가 있다고 했다. 나아가 노동자의 비참한 상황을 근본적으로 바꾸려고 하였다.

하지만 철학에서 기계라는 '발명품'에 대한 찬탄과 발명가에 대한 존경심이 없어진 것은 아니다. 데카르트가 좋은 예이다. 동물은 영혼이 없는 기계장치와 같다고 하면서도 기계장치 자체에 대한 찬탄도 아끼지 않았다. 신은 우주를 시계라는 복잡한 장치로 고안했다고 한 그의 말은 시계라는 기계의 정교함에 대한 극찬이 아닌가.

데카르트의 기계론은 단순하지 않다. 동물이 기계라면 동물인 인간도 기계가 아닐 이유가 없지 않은가. 이러한 생각을 한 걸음 발전시킨 라메트리J. O. de La Mettrie는 『인간기계론』♦에서 데카르트를 높이 평가하면서도 정신과 연장延長이라는 데카르트의 이실체론二實體論에 대해서는 근거가 없다며 비판한다. 인간은 '태엽의 집합체'이고 '직립 보행하는 기계'에 지나지 않는다고도 했다. 거참 냉소적인 인간이다.

라메트리의 유물론은 대단히 어려운 철학적 문제 두 가지를 제기한다. 현재까지도 충분히 해결되지 않은 문제이다. 하나는 인간과 동물의 차이에 관해서, 그리고 또 한 가지는 인간의 신체를 기계론적으로 파악하는 문제와 그에 따른 논란에 관해서이다.

우선 인간과 동물의 차이. 라메트리는 인간을 기계장치에 지나지 않는다고 주장했다. 즉 인간이라는 생명체와 기계라는 무기물의 대립을 해소시켰다. 하지만 이는 인간을 신의 닮은꼴로 생각하는 기독교 전통과는 정면으로 부딪친다. 기독교의 우주론에서 지구는 인간, 동물, 식물, 광물 순의 계층구조로 이뤄져 있다. 여기서 상위 존재는 하위 존재보다 우월하다. 즉 동물이나 식물보다도 존엄한 존재인 인간은 동물이나 식물을 먹이로 삼는다. 이 질서에 따르면 동물은

---

♦ *L' Homme machine*

인간에게 먹히기 위해 존재한다.

하지만 라메트리는 이런 계층구조가 근거가 없다고 주장한다. 인간도 다른 동물이나 식물과 마찬가지로 하나의 큰 기계장치에 불과하다. 동물도 어떤 계기가 있으면 인간과 마찬가지로 말할 수 있을 것이고 인간처럼 감정을 느끼지 않는다는 증거도 없다고 역설한다(쇼펜하우어는 이런 논리의 연장선상에서 동물 보호를 주장한다).

음, 인간은 동물과 어떻게 다른가. 이것은 현대 인간학에서도 중요한 주제이다. 인간학에서는 인간이 어디서부터 인간이고 어떻게 동물과 다른가 하는 차이를 중시한다. 하지만 이러한 차이를 생각하는 자체가 기독교 휴머니즘적인 발상인지도 모른다. 결국 인간이 동물과 어떻게 다른가 하는 문제는 인간이 기계와 어떻게 다른가 하는 문제와 마찬가지이다.

또 한 가지는 '인간의 신체를 기계론적으로 파악하는 문제'이다. 인간의 신체가 기계의 집합체라고 보면 신체는 부품의 결합체일 것이다(덧붙이자면 라메트리는 의사였다). 『인간기계론』에서는 '신체는 시계'라고 한다. 그 이상 쓰여 있지는 않지만 시계라면 고장난 부품을 교환할 수도 있다. 우리도 알고 있듯이 현대의학도 이러한 방향으로 나아가고 있다. 인간의 정신과 신체의 대립이라는 낡은 문제는 극도로 첨예화되어 있다. 데카르트 철학에 포함되어 있는 심신 이원론의 철학적 귀결도 마찬가지이다.

하지만 말이다. 인간과 동물을 대립시키지 않는 생각, 정신과 신체를 대립시키지 않는 철학은 없는가. 신체와 정신의 이원론을 받아들이면서도 이를 관철시킬 수는 없는가. 이런 점에 주목하여 더욱 풍부한 사고를 이끌어낸 이가 메를로퐁티이다. 그는 인간은 불가사의 한 신체적 존재라는 관점에서 철학을 전개해나간다. 인간은 닫힌 모 나드(더 이상 나눌 수 없는 궁극적인 실체)처럼 고립되어 있는 것이 아니 라 세계라는 큰 옷감의 한 땀에 해당한다고 생각한다. 그리고 세계라 는 큰 생물의 한 '기관器官'에 해당하는 것이 아닌가 묻는다.

이어서 들뢰즈는 인간은 개체가 아니라 여러 욕망의 다발로서 존 재한다고 생각하였다. 욕망과 욕망의 대상은 실재하는 관계이다. 인 간은 주체로서 '욕망하는 기계'로 존재한다. 그리고 인간이 구성하는 사회도 하나의 거대한 기계이다.

> 자연은 인간을 생산함과 동시에 인간에 의해서 생산된다. 이런 점에 서 보면 인간은 만물의 왕이 아니라 오히려 여러 형태, 여러 종류의 생명과 서로 깊이 연관되어 있고 별과 동물과 연관되어 있는 인간이 며, '기관器官-기계'를 '전원電源-기계'에 연결하려고 애쓰는 인간이 다. ─ 들뢰즈/가타리 『안티오이디푸스』◆

근대가 기계와 인간의 차이를 중시했다면, 탈근대를 표방하는 들 뢰즈가 그 차이를 강조한 인간학의 업적을 애써 무시하려 한 것은 이 상한 일이다. 현대사회는 환경의 대부분이 인공물로 만들어져 있다. 이런 환경에서 인간은 기계와 공존하고 도구나 기계와 함께 하나의 큰 메커니즘을 이루고 있다. 인간과 기계의 차이, 인간과 동물의 차 이라는 본질론적 관점에 매여 있던 인간학에서 벗어나게 된 것이다.

◆ *L' anti-Oedipe*

# 규범
## norm

규범을 내재화하는 과정은
단순히 정신적이고
심적인 측면의 훈육뿐만
아니라 신체의 숙련이
따른다. 푸코는 이것을
신체의 정치학이라고 부른다.

우리는 노멀(정상)인가. 음. 어려운 질문이다. 하여튼 규범norm에 부합하면 노멀이다. 규범 즉 norm은 '잣대'에서 나온 말이다. 고대 그리스 시대 목수들의 잣대는 그노몬gnomon이었다. 어떤 사물이나 상태를 판단할 때 정확한 잣대가 있으면 기준에 적합한지 아닌지 판단할 수 있다. 그런데 그 잣대가 '정확하다'는 근거는 무엇인가.

처음에는 규범이 인간의 '본질'에만 있는 것이라는 발상이 지배적이었다. 이것은 '정상'이라는 개념과 연결된다. 어떤 것이 인간에게 자연스럽고 정상적인 것이면 하나의 규범이 된다. 그리고 그것에 따르는 사람은 정상적이고 규범적이라고 여긴다. 가령 이성간의 사랑이 정상적이고 자연스럽다고 한다면 이것이 하나의 규범이 된다. 그리고 여기에서 일탈하면 비정상적이다.

하지만 그리스 시대에 동성애는 성인 남성의 정상적인 행위라고 여겼었다. '본질'로 보는 규범은 이렇게 문화적인 차이를 고려할 수 없으므로 불충분하다. 인간에게 '불이 타오르듯'(아리스토텔레스) 자연스러운 규범이란 있을 수 없다.

그렇다면 규범은 하나의 제도라고 볼 수 있다. 피시스(자연)와 비교하여 노모스(법)는 인위적인 것이라는 뜻이며 규범도 인위적인 것이다. 흠, 그런데 인위적인 것이 어떻게 해서 사람들에게 규범이 되었을까.

이 문제를 사회학적인 관점에서 생각한 이가 뒤르켐É. Durkheim이다. 그는 사회의 여러 사실들을 통계학적으로 파악하여 대다수 패턴에 일치하는 행위가 정상이고 패턴에서 일탈하면 비정상이라고 생각하였다. 여기에서 정상은 인간의 '본질'이 아니라 통계학적인 다수가 근거가 된다.

이런 잣대는 '인간의 본질'처럼 이데아적인 것이 아니라 사회 내부에서 자연적으로 생겨나는 것이라고 생각했다. 사람들이 공동체 내부에서 자연발생적으로 형성시켜온 존재양식이 하나의 규범이 된다. 뒤르켐은 '어떤 사회든 심리학적으로 이상한 개인이 존재하는 것이 사회적으로는 정상적인 사회이다'라는 재미있는 결론을 내놓는다.『정상으로서의 범죄』◆ 그렇다면 사회에서는 '이상한 사람'이 반드시 존재하는가. 그렇다. 이상한 사람이 없는 사회는 비정상적인 사회이다. 정신이 번쩍 나는 역설이다.

다만 사회에서 자생적으로 생겨난 규범이라고 보는 사고방식에는 몇 가지 복잡한 문제가 숨어 있다. 규범이라는 개념에는 '당위'의 측면이 포함되어 있다. 하지만 사람의 내부에서 생겨난 자연적인 규범

◆ *On the Normality of Crime*

은 어디까지나 '사실'로서의 규범이다. 지금 그렇다는 것일뿐 따라야만 하는 것은 아니다. 가령 실제로 많은 사람들이 따르고 있다고 해서 모든 사람이 다 따라야 할 필요는 없지 않은가. '당위성'은 없다.

음, 규범에 딸려 있는 '따라야 하는 것'을 통계적 사실이나 인간의 '본질' 같은 데 의지하지 않고 끌어낼 방법은 없을까. 부르디외P. Bourdieu는 아비투스habitus라는 개념을 만들어냈다. 아비투스는 한 개인이 사회에서 살아가면서 익히게 되는 거의 무의식적 습관이다. 가령 젓가락을 쥐는 형식과 인사하는 법, 사람과 대화를 나누는 형식, 웃는 모양에 이르기까지 자신이 속한 사회의 신체적 표현 모두를 규정하며, 이것을 가능하게 하는 것이다.

아비투스는 유아가 어머니와의 관계를 통해서 처음으로 사고하고, 판단하고, 말하는 것을 배우는 과정에서 시작된다. 성장과정에서 배울 수 있는 '암묵적인 지식', 몸으로 터득한 지식이다. 과학적인 지식처럼 추상적인 지식과는 달리 '인격과 일체가 된 것'이다.

아비투스란 제각기 동일한 역사가 신체에 새겨진 법, 내재적인 법과 다를 바 없다. 그것은 사람들의 여러 행동이 서로 어우러지기 위한 조건 자체이다. 실제로 당사자가 의식적으로 맞추는 것은 서로 어떤 공통적인 코드를 습득하고 있는 것을 전제로 한다. ─ 부르디외 『실천감각』◆

아비투스는 개체의 성장 과정에서 그 신체와 정신의 행위를 규정해간다. 사회풍습이나 관례에 가깝고 고대 그리스의 에티케(윤리)와도 비슷하다. 그리고 아비투스는 윤리적으로 '따라야 하는 것'과 연결된다. 이것은 개체의 성장과정에서 자연스럽게 이식되기 때문에 개체는 스스로 규범으로 끌어낼 수 있다.

　규범이 이렇게 자생적인 것이라면 이를 비판하기는 어려워 보인
다. 하지만 비판적 관점은 분명 존재한다. 규범은 사회 안에서 자연
스럽게 만들어지는 것이 아니라 인위적으로 만들어가는 것이 아닌
가. 바로 푸코가 말하는 규범화ⁿᵒʳᵐᵃˡⁱˢᵃᵗⁱᵒⁿ이다. 그는 사회에서 규범
은 신체적인 차원에서 주체에게 이식된다고 말한다.

　규범을 내재화하는 과정은 단순히 정신적이고 심적인 측면의 훈
육뿐만 아니라 신체의 숙련이 수반된다. 푸코는 이것을 신체의 정치
학이라고 부른다. 푸코에 따르면 근대 사회는 학교나 병원, 군대 등
의 장치를 통해서 신체의 측면에서 근대적인 주체를 만들어내는 정
밀한 메커니즘 위에 성립된다. 여기서 규범은 주체를 형성하는 힘을
가지며 또 동시에 주체를 지배하고 훈련시키는 역할을 수행하는 양
의적인 힘이다. 근대는 주체의 내부에 규범을 옮겨 심는다. 그리고
옮겨 심어진 규범을 스스로 도덕으로 추구하는 단계까지 이른 극히
효율적인 주체를 형성하는 데 성공했다.

　규범화는 감시와 마찬가지로, 그리고 감시와 함께 고전주의 시대 말
기에 이르자 권력의 위대한 여러 도구 중 하나가 된다. (…) 어떤 의
미에서는 규범화를 도모하는 권력은 사람들을 모두 똑같이 다루지
만 다른 측면에서는 개인을 개별화한다. 그리고 그 때문에 일탈을 측
정하고, 수준을 규정하며, 특성을 정하거나, 차이를 조정해 나가면
서 서로 이익을 얻을 수 있는 수단을 제공한다. — 푸코 『감시와 처벌』**

---

♦ *Le sens pratique*　　♦♦ *Surveiller et punir*

사고의 용어사전 | **149**

현대사회에서 살아가는 우리 모두 이와 같은 '신체의 정치학'으로 만들어져 있다고 보아야 할 것인가. 푸코의 이론을 읽으면 상당히 비극적인 결론으로 기울어진다. 하지만 프랑수아 에발트F. Ewald처럼 긍정적인 관점을 찾으려는 이도 있다. 그는 푸코의 문제의식을 이어받아 규범 문제를 전개해나갔다. 이를테면 근대사회가 이러한 규범을 필요로 한다 하더라도 여기에서 새로운 가능성이 생겨날 여지는 없는지를 물었다. 에발트는 우선 현대사회는 이미 사회계약 모델로는 설명할 수 없다고 지적한다. 복수의 주체 사이에서 이루어진 다수의 규범이 '사실'에서 '법'을 만들어낸다.

규범은 '법'과 '사실'을 화해시키려는 시도이다. 규범을 틀로 하여 '법'을 생각하면 '사실'을 법적인 것으로 바꿀 수 있다. (…) 이는 민법상의 권리와 같은 추상적, 법적 카테고리가 아니라 구체적 특징을 가진 사물에 근거하여 생각해야 한다. 이른바 '사실'에서 '법'을 끌어내는 것이다. 법의 주체 대신 샐러리맨, 소비자, 전문가가 등장한다. 사회계약이라는 개념은 여러 종류의 계약이라는 개념으로 작렬한다. — 에발트『복지국가』◆

그는 이러한 복수 계약과 규범들 사이의 역동성에서 사람들의 연대와 새로운 정체성이 생겨나는 것이 아닐까 기대한다. 또한 규범의 부정적 기능을 긍정적으로 전환하는 길을 모색한다. 지금의 이 사회에서 출발하는 수밖에 달리 방법이 없지 않는가 하면서.

---

◆ L' État providence

# 기분
## stimmung

기분의 일부분인 '불안'에서
시작하여 기분이라는
개념 자체가 철학세계에
처음 등장한 것은 20세기
하이데거에 의해서이다.

기분은 신체의 문제인가, 마음의 문제인가. 잘 모르겠다. 철학은 이런 모호한 문제를 싫어한다. 그래서 오랫동안 기분과 철학은 서먹서먹한 사이였다. 가령 그리스 철학에서도 개인의 기분은 철학과 인연이 없었다. 신체적으로도 정신적으로도 어울리지 않는 모호한 '기분'이라는 개념은 플라톤의 이데아론에서도 아리스토텔레스의 영혼론에서도 빠져나간다. 그리고 후에 데카르트의 정념론情念論의 전통에서도 따돌림 당한다. 헤겔에서도 기분은 스스로의 자유를 충분히 인식하지 못하는 주관적인 정신이 빠져 있는 '희미한' 상태일 뿐이다. 『정신철학』◆

기분 자체는 아니지만 불안이라는 기분의 일부가 철학에 등장한 것은 한참 후인 19세기 키에르케고르에 이르러서이다. 키에르케고르에게 불안은 '자유의 현기증', 인간이 자기 가능성의 바닥을 들여다볼 때 느끼는 현기증이다.

불안을 느끼는 인간은 스스로 자유로운 결단 가능성을 믿으면서도 저 깊은 곳에서 허무를 예감적으로 느낀다고 키에르케고르는 말한다. 불안이라는 기분이 어렵사리 근사한 철학적 개념으로서 태어난 것이다. 기분에 좌우되거나 자기의 유한성에 직면할 수 있는 주체가 드디어 철학의 중심으로 등장한 것이다. 헤겔의 절대정신과는 거리가 멀다.

기분의 일부분인 '불안'에서 시작하여 기분이라는 개념 자체가 철학세계에 처음 등장한 것은 20세기 하이데거에 의해서이다. 이즈음 후설의 현상학은 세계를 환원하는 주체를 상정하여 내세웠다. 잠시 설명하면 이것은 지향성의 작용으로 세계를 구성하는, 능동적인 주체이다. 즉 현상학적인 환원에서 세계를 환원할 수 있는 주체를 말한다.

하이데거는 현상학의 방법을 근거로 삼으면서도 세계를 환원하는 권능을 가진 주체가 아니라 세계에 규정된, 세계 안에서 생겨난 주체로서 현존재를 생각했다. 존재하는 것의 사실성을 중시하였기 때문이다.

하이데거는 『존재와 시간』**에서 현존재는 정서적 상태(느끼기 쉬운 정도)라는 본모습으로 존재한다고 지적했다. 그리고 세계 속의 존재인 현존재는 기분에 따라 사는 존재라는 것을 분명히 보여준다. 인간은 우선 세계 속에서 살아가는 존재이다. 이 '현존재'는 사물과 사람들의 관계 한가운데 내던져진 본연의 모습으로 존재한다. 우리는 사물처럼 존재하는 것이 아니라 실존한다. 실존하는 것은 자유롭기도 하고 외부에서 규정되는 수동적 존재라는 양면성을 지닌다.

현존재는 늘 정서적 상태에서 자신을 직면하며, 이미 자기를 발견하였다고 하지만 지각하고 자기 눈앞에서 발견하는 것이 아니라 기분에 따른 정서적 상태 속의 자기를 발견한다. — 하이데거 『존재와 시간』

하이데거가 여기에서 '지각하고 자기 눈앞에서 발견하는 것'이란 후설의 현상학적 주체를 상정한 것이다. 하지만 하이데거 자신이 말하는, 세계 속에서 존재하는 현존재의 모습은 그런 능동적인 주체가 아니다. 신체를 가지고 세계 속에서 살며 부여받은 신체의 기분을 느끼고 사는 존재자이다. 그렇다면 우리는 기분에 따라서 자신이 세계 속에 존재한다는 것을 발견하는 셈이다.

하이데거는 말한다. 여러 가지 기분 중에서 현존재에게 특히 크게 작용하는 기분이 있다. 불안이다. 불안은 현존재가 자기와 세계의 근거가 없다는 사실을 직감하는 기분이다. 실존하는 현존재는 불안에 사로잡혀 자기의 무無, 즉 죽음의 심원을 들여다본다. 즉 자신의 죽음을 예감적으로 들여다보게 된다. 이와 같은 죽음에 대한 선험적인 인식에 따라 현존재는 애초의 본연의 자기로 되돌아갈 가능성을 손에 넣는다. 인간이 자유롭다는 것이 어떠한 것인지 생각해본 적이 있는가. 하이데거에 따르면 이는 본래의 자기로 되돌아갈 가능성을 손에 넣는 것이다.

그후에 사르트르도 하이데거의 이론에 기초하여 실존을 생각했다. 인간은 불안을 계기로 자신의 자유를 인식할 수 있다. 『구토』\*\*\* 의 주인공이 존재의 무의미함을 실감할 때 덮쳐오는 '구토'는 하나의 기분이다. 그리고 『존재와 무』\*\*\*\*에서 몰래 들여다보고 있는 주체가 타자에게 보여졌을 때 느끼는 '수치심'도 기분이다. 사르트르는 '의식은 근본적으로 기분과 뒤섞여 있다'「존재와 무」고 말한다. 인간은 자유

---

◆Enzyklopadie der phylosophischen Wissenschaften Ⅲ　◆◆Sein und Zeit
◆◆◆Le Nausee　◆◆◆◆L' Etre et le neant

로운 존재이면서도 동시에 부자유스러운 신체를 가진 존재이다.

불안이라는 개념을 정신적 메커니즘으로 분석한 이가 프로이트이다. 그는 불안을 독일어의 '두려움'이라는 말로 분석했다. 그리고 주체가 인식하지 못하는 사실, 무의식이 억압하고 있는 것이 의식으로 떠오르려 할 때 주체는 불안을 느낀다고 생각했다. 주체가 억압하고 있는 정도에 따라 불안으로 되돌아온다는 사고방식은 설득력이 있지 않은가. 불안의 개념은 키에르케고르가 자유와 무에 대한 현기증이라고 느낀 것과 상당히 비슷하다. 재미있는 점이다. 불안에 사로잡히는 것은 자신이 억압하고 있는 것, 숨기고 있는 것, 자신이 눈을 감고 있는 것이 드러나는 일이다. 무서운 일이다.

프로이트의 불안의 개념을 이어받은 크리스테바J. Kristeva는 아브젝시옹abjection(버려지는 두려움)이라는 말을 파헤친다. 그녀는 프로이트의 공포증 분석에 기초하여 언어를 사용하는 인간에게는 불안이 근원적인 의미를 가진다고 본다. 주체와 객체 사이가 흐릿하여 아이덴티티가 불분명해지면 주체는 두려움에 사로잡힌다. 불안이나 정신분열증 등은 이런 기분이 기초가 된다.

버려지는 두려움은 (…) 주체가 주체로 되는 과정에서 처음으로 품은 참된 감정이다. 이 두려움 없이는 주체는 자기에게 다가가지 못하고 자기라는 요새에 갇혀버리고 만다. — 크리스테바 『공포의 권력』◆

크리스테바는 주체가 자기나 어머니 등에게 두려움을 품지 않는

---

◆ *Powers of Horror*

다면 주체는 주체가 되지 못하고 타자와 관계를 맺는 것도 불가능하다고 말한다. 그러므로 이 기분은 인간이 인간이 되기 위한 필수적 단계다. 크리스테바는 다신교, 유대교, 기독교라는 여러 가지 종교적인 체계는 이런 두려움을 처리하기 위해서 고안된 것이라고 보고, 문학 등의 여러 예술도 이 기분과의 격투 끝에 나타나는 것이라고 생각했다.

라캉이라면 아이덴티티의 경계가 희미한 부분을 실재계實在界라고 했을 것이다. 그는 정신분석의 이론을 구축하지만 문명론으로까지 발전시키지는 않는다. 하지만 크리스테바는 '아브젝시옹'의 개념에 기초하여 시나 소설 등 여러 문학작품을 분석하였다. 지라르의 이론을 받아들여 크리스테바는 기분 이론에서 서양의 문명비판으로 이어진 길을 찾았다.

기분이나 불안, 공포 등의 개념은 철학의 세계에서는 상당히 다루기 어려웠다. 본래의 이론을 거부할 것이라고 여겼기 때문이다. 그러나 철학이 지금까지 다루지 않았던 이런 영역은 현대철학 분야로 자리잡게 되었고 이제부터 기대할 수 있는 분야라 여겨진다. 노곤함이라는 기분의 현상학을 전개한 레비나스도 있는바 이 분야에서는 현상학적인 방법도 괜찮다고 생각하지 않는가.

# 광기
**folie, aliénation, Wahnsinn**

**20세기 푸코는 근대를 되돌아보며 말한다. 광기 역시 훌륭한 문화적 현상이며 무엇이 광기이고 무엇이 광기가 아닌가는 그 사회의 역사와 전통에 따라 크게 달라진다고.**

일찍이 광기는 신성한 것이었다는 사실을 아는가. 적어도 플라톤 시대에 광기는 양의적이었다. 광기는 이성을 잃고 실추한 인간의 모습이며 신적神的인 것으로 이어주는 통로이기도 했다. 그래서 신적인 이성理性이라는 특별한 지위를 인정받았다. 플라톤에게 시인은 보통 사람에게 주어지지 않은 통로를 통해 신과 교류하는 자이고 일종의 광인에 가까운 존재였다. 그후 줄곧 중세까지 '광기'는 양의적 의미를 유지해오다가 근대 초부터 다른 움직임이 나타난다. 그때부터 인간은 이성 쪽으로 기운다. 이성의 위격은 날로 높아가고 반면에 광기는 점차 특권적 지위에서 떨어져 마침내 신성성을 잃게 되었다.

광인은 이성적인 판단을 행사할 수 없다는 것이 17세기 데카르트의 생각이었다. 그가 볼 때 광기는 이성적인 사고와 대립한다(이성이란 광기가 아닌 것을 가리킨다). 여기에서 광기는 이미 신적인 이성이 아니라 분명 이성의 부재, 이성적이지 않음을 의미한다. 사유思惟를 철학의 바탕에 둔다면 사유를 뒤흔드는 광기는 이성의 반대편에 위치하는 것이 당연하지 않겠는가.

하지만 20세기 푸코는 근대를 되돌아보며 말한다. 광기 역시 훌륭한 문화적 현상이며 무엇이 광기이고 무엇이 광기가 아닌가는 그 사회의 역사와 전통에 따라 크게 달라진다고. 어떤 사회에서 미치광이로 여겨지는 행동이 다른 사회에서는 예언자나 지도자적 자질로 추앙받을 수 있다.

그렇군. 그러면 서양 역사에서 광기와 이성의 구별은 원래 어떻게 이루어졌는가. 푸코는 미치광이를 수용해온 역사를 고찰한다. 거기서 밝혀낸 것이 서양사회에서 광기는 도덕이나 자유와 관련하여 같은 선상에서 다루어졌다는 점이다.

> 수용시설이라는 새로운 세계는 벌을 주는 도덕적인 세계이고 이곳에서 광기는 본질적으로 인간의 영혼, 책임성, 자유와 관련이 있는 하나의 사실이 되었다. 여기에서 광기는 내면성의 차원에 새겨진다. 그리고 서양세계에서 처음으로 광기는 심리학적 지위와 구조, 의미를 얻게 된다. — 푸코 『정신병과 심리학』◆

푸코에 따르면 서양 근대철학은 비이성적인 것을 배제함으로써 이성의 왕국을 세우려고 했다. 그렇게 함으로써 광기는 이성의 타자로서 '심리학적 지위'를 차지했다. 푸코는 연구를 더욱 심화시켰다. 광기에 중점을 둔 푸코의 시선은 어디까지 미치며, 그 너머에서 밝혀낸 것은 무엇인가. 서양철학에서 보편적으로 여겨온 절대적인 이성

---

◆*Maladie mentale et psychologie*

같은 것은 없다는 것이다. 그것은 역사성의 기초 위에 지역적인 구분의 결과로 생겨난 것일 뿐이다.

이에 대한 데리다의 비판은 날카롭다. 이성의 테두리 밖에서 이성을 비판하고자 하면 이성 전체를 비판하지 않을 수 없다. 그렇게 되면 이성을 비판할 근거를 찾을 수 없다. 분명 푸코는 『광기의 역사』◆에서 이성을 벗어난 입장에서 이성을 비판하는 자세를 보였다.

데리다에 따르면 이성을 비판하는 푸코의 시선은 광기가 아님에도 불구하고 이성 바깥에 있는 듯하다. 하지만 스스로는 비판이 미치지 않는 곳에 있다. '누가, 누구의 이름으로 비판할 수 있겠는가'. 데리다는 끝까지 추적한다. 이성은 이성 안에서 이성의 논리를 극한까지 몰아감으로써 비로소 비판할 수 있는 게 아닌가.

이와 같은 데리다의 방법은 바타유가 사용한 '비지非知'의 방법에 가깝다. 바타유는 이성과 광기의 관계를 푸코와는 몇 가지 다른 관점에서 구분하였다. 그는 말한다. 이성이 사고하기 위해서는 자신의 외부로 벗어나지 않을 수 없다. 하지만 그것을 광기라고 볼 수는 없다. 바타유가 볼 때 미치광이는 이성적인 존재이다. 즉 나쁜 의미에서 이성적이다. 왜냐하면 미치광이는 이성적인 인간과 마찬가지로 추론을 한다. 추론의 중요성 자체는 의심할 바가 없다. 다만 올바른 추론을 할 수 없을 뿐이다.

'광기' 역시 '이성'의 웃음을 날려버릴 수 없다. 미치광이는 이성적이다. 박자를 맞추지 못한 채 이성적인 상태를 유지한다. (…) '이성'만이 배가 아플 정도의 웃음에 도달한다. 웃음은 '이성'이 우리 안에 들어올 수 있으면 사라져버리고 말 것이다. ― 바타유 『순연한 행복』◆◆

이성이 이성이기 위해서 배제해야 하는 것은 광기가 아니라 이성의 타자라고 바타유는 말한다. 이성의 타자란 눈물이나 에로스적인 체험 등 이성의 손아귀에는 없는 체험, 이성이 따라잡지 못하는 상황이다. 음, 재미있을 것 같지만 어떻게 해서 그런 것을 파악할 수 있다는 것인가. 바타유가 말하길 이성은 광기로부터 몸을 지키면서 생각할 수 없는 것을 생각하는 '비지非知' 행위에 맹렬히 전진할 필요가 있다. 푸코는 이른바 '미치광이의 존재론'에서 비이성적인 것이 무엇인지 생각했다. 하지만 바타유는 '미치광이의 이성적인 행위 바깥'에서 비이성의 문제를 밝히려고 한 것이다.

어떤 의미에서 광기는 이성의 타자보다는 이성 자체에 '정착하고' 있는지도 모른다. 프로이트도 우리 모두 어느 정도는 정신병과 도착 증세를 안고 있다고 말한다. 인간은 발달의 각 단계에서 여러 가지 성도착 단계를 거친다. 유아는 도착증상의 집합체이다. 그런데도 도착에 빠지지 않고 '정상적인 성인'이 탄생하는 것 자체가 사실은 큰 미스테리가 아닌가. 프로이트의 관점은 이성이 무너짐으로써 광기가 어떻게 발생하는지 보는 것이 아니다. 오히려 사람은 왜 '미치광이'로 발전하지 않는지, 어떻게 '성숙한 어른'이 되는 것인지, 그 수수께끼를 좇는다.

프로이트의 탐구는 일상생활 구석구석에 미친다. 우리가 이성적인 주체로 행동한다고는 도저히 생각할 수 없는 장면이 높다랗게 쌓여 있다. 자그마한 말실수나 깜박하는 건망증 모두 '이성적인' 제어

---

◆*L'Histoire de la folie à l'âge classique*　◆◆*Le pur bonheur*

가 미치지 못하는 어둠의 영역이 있다는 것을 시사한다. 우리는 얼마나 이성적인 존재라고 할 수 있는가. 그것을 어떻게 믿을 수 있는가. 광기는 정말로 이성 바깥으로 퍼져나가는 어둠인가. 사실은 이성이 망망대해에 떠 있는 작은 섬에 불과한 것은 아닌가.

우리가 정신분열적인 모습을 보이는 것은 분열적인 사회에 살고 있기 때문이라고 푸코는 말한 적이 있다. 그럴지도 모른다. 사회의 분열적인 본연의 모습을 철학적인 개념으로서 끄집어낸 이가 들뢰즈이다. 현대인은 분열증적이다. 광기는 문학을 '완성'한다. 그리고 이성과 광기라는 이원적인 틀을 넘어선 지점으로 우리를 끌어들이려 한다. '프로세스적인 분열증은 우리 자신에게 있는 우리의 병이다'라고. 그는 정신분열증을 병이라고 보기보다는 인간이 사는 방식의 한 패턴으로 여긴다. 그리고 광기에 관한 환상을 그리기보다 자기 욕망의 역설에 충실한 데 역점을 두고 호소한다.

분열증적 프로세스는 그것이 아무리 불안하고 위험하다고 하더라도 하나의 '돌파구'이다. 이는 병이나 '붕괴'가 아니다. 욕망하는 생산을 격리하는 벽이나 경계선을 뛰어넘는 것이고 욕망의 여러 가지 흐름을 통과하는 것이다. ― 들뢰즈/가타리 『안티오이디푸스』

들뢰즈는 프로이트의 유산을 계승하면서도 따끔하게 비판한다. 정신분석 이론은 주체의 욕망을 삼켜서 사회적인 질서로 수렴한다는 것이다. 광기를 이성과 분리하여 억제하려는 시도와 인간의 욕망을 부정하고 진리와 정의의 극단으로 받아들이려는 시도는 역으로 파시즘과 같은 큰 광기를 초래한다고 생각한 것이다. 대단한 통찰력이다.

# 공생
## symbiosis

공생은 타자와의 차이를
인정하면서 그 차이의
연결을 모색하는 시도이다.
단독자로 존재하면서도
타자와의 관계성을 중시한다.

공생이란 무엇인가. 거꾸로 생각해보자. 공생이란 무엇이 아닌가. 바람직하지 않은 방법일지도 모른다. 사실 공생이란 이런저런 실패를 거듭한 끝에 만들어진 개념이다. 그러므로 여러 가지 과거의 잔해를 부정형으로 몰고 다닌다. 예컨대 공생은 공동성이 없다. 공생은 실존이 아니다. 그리고 … 끝이 없지만 시작해보자. 모기향처럼 허공을 빙빙 도는 이야기가 될 듯하다.

우선 공동성을 생각해보자. 공동성이란 무엇인가. 이것도 여러 가지 의미로 해석될 수 있지만 공동성(과 공동체)은 어떤 전체성으로 포괄된다. 전체성은 가령 생활이나 풍토의 공동성일 수 있고 하나의 공통 목적을 가진 공동성일 수도 있다. 어떤 국가에서 생활하는 국민은 그 사회 내의 문자화되지 않은 규범이나 풍습의 집합 '아비투스habitus'에 따라 생활한다. 즉 하나의 역사적·문화적 공동성 아래 국가 내에서의 행복을 공통 목적으로 생활하는 경우가 많을 것이다.

사람은 항상 타자와 공동적인 존재라는 존재

양태의 지배를 받는다. 이것은 하이데거의 『존재와 시간』에도 등장하는 말이다. 여기서 공동체는 대외적으로 하나로 단결하여 자신들의 이익을 지키기 위해 '전쟁'도 불사하는 집단이다. 구체적으로는 가령 민족이라든가 대지에 뿌리를 내린 집합체라고 할 수 있다.

프로이트는 원래 인간 자아의 근원에는 이러한 집합적인 자아가 존재하는 것으로 생각했다. 집단적인 자아는 인간사회를 만드는 원리가 된다. 즉 개별적 자아에도 이 원리가 각인되어 있다. 공동체적인 자아가 개별적 자아의 기초가 된다. 이렇게 생각하면 인간은 공동성 안에서만 존재할 수 있다는 느낌이 든다. 인간은 사회적인 존재로 개인의 자아도 사회라는 공동성으로 인해 비로소 가능해지는 것이 아닌. 다른 말로 하면 '나'가 존재할 수 있는 것은 '우리'가 먼저 존재하고 있다는 사실이 전제가 되는 것은 아닌가.

인간사회의 전제라고 할 수 있는 공동성의 원리에 대해 공생은 대립적이다. 왜냐하면 공동성은 자신들의 공동체의 존속만을 목표로 삼기 때문이다. 하지만 그것만으로 충분한가. 우리뿐 아니라 다른 집단과 더불어 사는 원리를 찾아낼 수 없다면 현대세계를 어떻게 살아갈 수 있겠는가. 그런 발상에서 공생이라는 개념이 생겨난 것이다.

공생은 또한 고독하고 고독한 실존과도 대립한다. 하이데거의 현존재는 죽음에 대한 선험을 통해 '사람'의 모든 공공성을 부정하고 실존의 핵에서 스스로의 단독성을 인식하는 것이었다. 키에르케고르의 실존도 신 앞에서의 고독을 인식하면서부터 가능하다. 이러한 실존하는 주체는 어디까지나 개별적 자아로서 스스로 실존을 획득하고 계속 지켜나간다. 하지만 공생은 고독한 실존으로 회귀하지 않는다.

자신의 죽음을 직시하는 실존에게도, 신 앞에서 스스로의 죄를 인정하는 고독한 실존에게도 얼굴을 돌리지 않는다. 그럼 어떻게 하는가. 공생은 인간들 사이를 묶어주는 중요한 어떤 것에서 시작된다.

조금 정리해보자. 공생은 타자와의 차이를 인정하면서 그 차이의 연결을 모색하는 시도이다. 단독자로 존재하면서도 타자와의 관계성을 중시한다. 거기다 국가와 같은 공동성에 미치는 것은 아니지만 관계성 자체를 모색한다. 그것이 공생이라는 개념이다.

상당히 이율배반적이지 않은가. 근대 역사는 공동성과는 다른 새로운 관계가 필요하지 않은지 묻는, 어정쩡한 태도를 보여온 게 사실이다. 하지만 철학 분야에서도 '새로운 관계'를 목표로 공생의 개념을 제시한다. 레비나스나 한나 아렌트 등이 그렇다.

레비나스는 '나'에서 '우리'로 이어주는 전류회로에 타자를 배제하는 원리가 포함되어 있는 게 아닌지 의문을 가졌다. 그리고 타자를 배제하는 가운데 공동체원리가 잉태되는 것이 아닌가 하고 의심한다. 가령 내가 어떤 사람과 친밀한 관계를 맺는 것은 '두 사람의 친밀한 관계'에서 제3자를 배제하는 것이다. 즉 친밀한 사람과의 관계에 따라 제3자에게 원시적인 '폭력'까지 행사하게 되는 것이다. 이와 마찬가지로 '우리'라는 공동성 구축에는 제3자 배제가 따르게 마련이다. 결국 제3자에게 해를 가하는 것을 의미한다. 하지만 불가피한 일이라고 받아들일 수밖에 없는가. 이것이 레비나스의 물음이다. 정의에 대한 무거운 질문이다.

서로 책임을 짊어진 개인 사이에는 정의라는 질서가 생겨나지만 자아와 타자의 상호성을 회복하기 위해서는 아니다. 나에게 타자인 상대 곁에는 제3자가 있다. 그리고 다른 타자인 이 제3자를 위해 정의라는 질서가 생겨나는 것이다.

— 레비나스 『우리들 사이에서 — 타자에 대한 사유에 관한 에세이』◆

국가나 사회가 존재하지 않으면 애초에 인간도 존재할 수 없다는 사실은 레비나스도 잘 알고 있다. 우리가 존재하기 위한 필요조건이라는 것이다. 하지만 그때 버려지고 배제된 존재도 생각하지 않으면 안 된다. 배제라는 폭력을 당한 타자에 대해 줄곧 외면하게 되면 그로 인해 결국 공동체 자체가 위협당할 것이 분명하다. 이른바 공동성의 질을 떨어뜨리지 않기 위해서도 우리는 늘 배제된 자에 대해 '책임'을 지고 살아갈 필요가 있다. 레비나스는 공동성 내에 있으면서 공동성을 넘는 공생적 삶의 방식을 찾으려 한 것이다.

한나 아렌트는 그리스의 폴리스를 표본으로 삼는다. 그리고 사람들이 모이는 공간 안에서 하나의 공공영역을 형성해가는 것이 중요하다고 말한다. 이 공공의 공간은 이미 사회나 국가로서 존재하고 있는 공동성과는 다른 성격의 공간이다. 그리고 이 영역은 방치하면 이내 파괴되고 마는 허무한 공간이며 이것을 유지하기 위해서는 끊임없는 노력이 필요하다.

인간이 살아가는 것은 단순히 자기 생존을 위해 노동에 종사하는 것만이 아니라고 아렌트는 강조한다. 그는 마르크스주의가 인간의

---

◆ *Entre nous. Essais sur le penser-à-l'autre*

본질이 노동에 있다고 주장한 이래로 인간의 모든 행위가 노동으로 환원된다고 여기게 된 사실을 지적한다. 아렌트에 따르면 인간은 노동만으로 생존하는 것이 아니라 창의성을 가지고 타자와 함께 나누는 공간을 만들어내고 거기서 자기의 명예를 걸고 창조적인 행위를 하는 것이 무엇보다 중요하다.

사회나 국가의 목적은 인간의 생존이다. 그리고 그 때문에 살육도 서슴지 않는다. 사회를 유지하기 위해서 어떤 인종의 절멸을 도모하는 일도 있다. 마르크스주의의 원리를 이어받은 구 소련의 스탈리니즘은 생명의 유지를 기본원리로 삼으면서도 사람들을 학살하는 사회를 탄생시키고 말았다. 생존과 생명만을 중시하는 사회가 인간의 활동이나 공공적인 행위를 무시하게 되었기 때문이 아닌가.

오히려 노동이야말로 반정치적인 생활양식이다. 왜냐하면 인간은 노동이라는 활동에서는 세계나 타인과 공생하지 않고 단지 자신의 육체와 더불어 존재하며 자기 자신의 생존을 위한 필요와 대면하기 때문이다. 물론 '노동하는 동물'도 타인의 존재, 타인과의 공동의 관계 속에서 살아간다. 그러나 이러한 공동성에는 참된 다양성의 원리가 전혀 없다. ─ 아렌트 『인간의 조건』

노동을 근거로 하는 사회 공동성과는 다른 공공영역에서 인간의 본질적인 활동이 이루어져야 한다는 것이 아렌트의 생각이다. 현대 정치철학으로서 귀중한 관점이라 여겨진다. 우리는 그러한 공공영역에서 각자의 다양성을 존중하면서 공동성이라는 별개의 방법으로 타자와의 관계를 구축할 수 있을지 모른다.

# 공동체
## community

원래 억압의 원리에 의한
공동체가 아니라 인간들의
연대적 원리로 이루어진
공동성은 정녕 없는가.

공동체 커뮤니티community의 어원은 라틴어 커뮤니타스communitas이다. '가치 있는 무언가를 함께 하는 것'이다. 하지만 가치란 어떤 가치를 말하는가. 쉽게 떠올릴 수 있다. 가령 대기라든가, 자연환경도 좋다. 우리는 지구라는 공동체에 살고 있다. 사람은 여러 공동체 속에서 살아간다. 국가라는 공동체, 가족이라는 공동체. 그리고 친구들과의 정신적인 공동체. 좋은 이야기다. 요컨대 인간에게 공동체는 '생존을 위한 불가결한 공간'이다. 없으면 살아갈 수 없다.

다만 철학에서 공동체라는 문제는 좀더 여러 면에서 다루어진다. 사람들이 더불어 생활하고 있다는 사실, 사람이 타자와 더불어 함께 하지 않으면 생활할 수 없다는 사실, 그리고 그 사실과 인간 실존의 의미가 어떤 관련을 갖는가, 그런 것을 알고자 한다. 여기에는 여러 가지 접근법이 있다.

우선 하이데거와 레비나스, 두 사람의 관점에서 공동체를 생각해보자. 하이데거는 '현존재로서의 인간은 우선 공동 존재Mitdasein라는 형태를 취한다'고 말한다. 도구의 연쇄로 완성된 듯한 세계 속에서, 인간은 타자의 존재를 전제로 살아간다. 고독한 주체이기 앞서 우선 공동체적인 존재이다.

다만 하이데거의 관점에서 공동 존재는 일상생활 속에서는 '사람'이라는 퇴락한 존재의 모습으로 나타난다. 주의해야 할 게 있다. 여기서 사람은 타자와 어울리는 가운데 자기를 상실하고 참된 자기를 잃고 산다. 하이데거에게 공동성은 항상 마이너스 요소가 따르는 것이다. 주체는 공동성을 부정할 때만이 '본래의 자기'로 돌아갈 수 있다. 즉 개인으로서의 자기는 공동성과 정반대 관계에 있다.

그럼 하이데거의 관점을 이어받은 레비나스는 어떤가. 레비나스는 단독의 개인이 '사람' 세계에서 퇴락하고 있다고 보는 데서 출발하는 것이 아니라 '개인은 처음부터 어떻게 타자와 더불어 존재할 수 있는가'를 먼저 생각하고자 했다. 맨몸의 개인이 이 세계에서 살아가기 위해서는 우선 '집'이 필요하다고 레비나스는 말한다. 집은 세계의 거친 힘으로부터 개인을 지켜준다. 그러한 집에서 개인은 여성적인 요소의 힘에 의해서 보호된다. '여성적인 요소'라는 것은 문맥상 어머니, 에로스를 의미한다. 거주할 은신처가 주어진 개인은 이제 노동을 통해 자연에 작용한다. 그리고 사고나 판단, 표상 능력을 획득한다. 세계와의 관계나 타자와의 공동성은 거주에 따라 개인이 세계로부터 분리될 때 비로소 가능하게 된다. 이것이 레비나스의 생각이다.

이는 헤겔의 인간학적 사고를 거의 뒤집은 내용이다. 헤겔에 따르면 한 개인이 노동으로써 세계 및 타자와 관계를 맺는다. 하지만 레비나스는 인간이 노동이나 정신적인 행위를 실현하기 위해서는 우선 먼저 공동적인 것이 존재할 필요가 있다고 말한다. 레비나스의 생각은 정신분석 분야의 결론과도 일치하는 내용이다.

하지만 레비나스는 공동적인 것이 초래하는 부정적 면도 간과하지 않았다. 이를테면 민족이나 국가라는 공동성은 그것 자체가 하나의 전체로서 타자를 배제한 닫힌 구조를 가진다. 조금 난해하지만, 레비나스는 전체성을 근거로 한 공동성의 원리를 전쟁과 억압의 원리라고 본다. 공동체 내부에는 항상 모순이 존재한다는 것이다. 이러한 모순을 어떻게 해소할 수 있을까. 방법이 없지는 않다. 공동체 내부의 이질적인 분자를 억압하거나 다른 공동체와 전쟁을 한다. 하지만 그것은 일시적인 것일 뿐 근본적으로 해결되었다고 볼 수 없지 않은가.

레비나스는 공동성에 담긴 이러한 양의성을 그대로 존중한다. 인간이 공동적인 존재로서만 있을 수 없다는 점을 부정하지 않는다. 한편 공동체에서 전쟁의 원리를(비록 사고의 영역이지만) 거부하고자 한다면 어떻게 해야 하는가를 깊이 생각한다. 레비나스의 뛰어난 점은 공동성의 모순을 부정하지 않았다는 점, 그것을 사상으로 구축하여 '살아가고자 했다'는 점에 있다. 어려운 사상이지만 진정 가치있는 연구로 보인다.

레비나스는 법과 국가에는 공동체가 가지는 보편적인 요소가 있다고 인정한다. 하지만 이 보편성은 다른 공동체의 보편성과 대립되는 경우 바로 전쟁의 원리로 전화해버린다. 그러므로 개인은 공동체 안에서 계속 삶을 유지하면서, 나아가 전쟁의 원리를 부정하는 길을 줄곧 모색하지 않으면 안 된다. 그것이 레비나스의 기본적인 정치철학이다. 그는 공동성 자체에 관해 양의적인 자세를 유지한다.

하지만 원래 억압의 원리에 의한 공동체가 아니라 인간들의 연대적 원리로 이루어진 공동성은 정녕 없는가. 어떻게 하면 그것을 확보할 수 있는가. 한나 아렌트와 바타유는 이 점을 추구하였다. 아렌트는 하이데거가 공공성을 부정적으로만 받아들인다고 강하게 비판한다. 아렌트에게 공공성은 '개인이 스스로 창의성을 발휘하고 빛내기 위한 귀중한 공간'이다. 이것이 없으면 인간은 자기 생존을 위해 오로지 노동만 해야 하는 존재로 전락하고 만다.

아렌트는 덧붙여 억압이나 전쟁의 원리로 전화하지 않는 공동성의 원리를 모색하였다. 한 사람 한 사람 인간은 신체를 가진 개인으로서 인류라는 공동세계에 태어난다. 그녀는 우선 그 점에 주목한다. 그것은 '창조된 존재'이다. 아렌트는 이것을 리얼리티(현실)라고 부른다. 사람은 오직 한 번뿐인 역사적인 존재, 타자와 바꿀 수 없는 개인으로서 탄생한다. 이 사실 때문에 개인은 원리적으로 다양성이 갖추어져 있다. 어쩐지 따뜻한 느낌이 드는 의견이다.

다양성은 보통 의미에서의 공동성과는 다르다. 확실히 '일하는 사람들의 공동성'처럼 '기본적으로 동일한 개체가 집합하여 만들어지는' 공동성은 존재한다. 하지만 다양성을 원리로 하는 사람들이 그리는 공동성은 '다른 사람들 사이에서 만들어지는 평등한 공동성'이다. 이것은 자유롭게, 용기를 가지고 공공의 문제에 자신의 목숨을 내건 사람들의 공동성이다.

용기를 가진 자만이 그 내용과 목적이 정치적인 공동체에 받아들여

졌다. 이런 공동체가 정치적이라고 말하는 이유는 그것이 생활의 필
요라는 명목으로 노예, 외국인, 그리스인을 포함하여 만인에게 강요
된 공동의 삶을 넘어서기 때문이다. ― 아렌트 『인간의 조건』

바타유는 사람들의 공동성은 본래의 공동적인 삶을 끊는 곳에서
만 성립할 수 있다고 생각했다. 그는 개인의 탄생과 더불어 성립한
공동성을 버리고, 이를 오직 우애로만 이뤄진 공동성으로 전환하고
자 한다. 이를 위해 바타유가 생각한 것은 '비밀 결사'라는 조직이다.
이러한 결사는 인간의 자유의지에 근거하고 나아가 사람들이 신체
적인 존재로서 타자와 비밀을 공유함으로써 성립한다.
　결사라는 개념은 아소시아시옹 association이라는 푸리에 J. B. J. Fourier
이래의 개념을 이어받은 것이다. 공동체는 어떤 목적을 가지고 설립
된다. 그러나 바타유는 공동체의 목적이 아니라 결사원리를 중시했
다. 대가 없는 우애만을 근거로 하는 공동체가 끊임없이 만들어져야
만 한다는 것이다. 그렇지 않으면 국가나 종교, 민족이라는 본래의
공동성에 존재하는 전쟁의 원리가, 세계를 계속해서 지배할 것이기
때문이다. 공동성이 가진 역설을 반대로 이용하여 억압하지 않는 공
동성을 만들어가려고 한 사고방식이 매력적이다.

# 공간
## space

칸트는 절대적인 공간이
인간의 외부에 추상적으로
존재하고 있는지 의문을
가졌다. 시간이 존재하지
않으면 사물을 지각하는 것도
불가능하지 않은가.

또 난감한 개념이다. 공간이 공간이지, 무엇을 더 생각해야 한단 말인가. 하지만 생각할 거리가 있다. 그리스 철학 시대부터 공간에 대한 생각은 상당히 복잡하게 얽혀 왔다. 이후 철학의 공간 개념도 큰 영향을 받았다. 현대에서 공간이라고 하면 비교적 추상적으로 균일한 과학적 공간을 생각하게 마련이지만 사실은 상당히 새로운 관념에 해당한다.

우선 그리스 철학 두 가지부터 보자. 첫 번째는 데모크리토스의 사상. 데모크리토스는 원자론과 함께 공간의 개념을 제시한 이다. 그의 원자론은 근대과학의 물질이론으로 발전하지만, 한편 공간에 대한 생각도 매우 특이하다. 데모크리토스는 근대과학처럼 물질이 존재하는 장소로 공간을 파악하지 않는다. 원자운동이 가능하도록 하기 위한 조건으로 '공백'을 생각한다. 원자는 빽빽하므로 원자가 움직일 수 있는 빽빽하지 않은 '빈' 곳이 존재할 것이다. 그렇게 생각한 것이다.

두 번째는 플라톤. 그는 사물이 존재할 수 있는 모태와 같은 개념으로 공간을 상상했다.

『티마이오스』에 나오는 얘기로, 우주창조자가 이데아를 바라보면서 이 이데아에 근거한 물질을 만들어낸다. 그때 만들어낼 장소가 필요했다. 이 장소가 플라톤이 생각한 공간인데 '코라khora'라고 한다. 객관적인 개념으로서의 공간이 아니라 사물을 위한 특별한 의미를 가지는 '장소'로서의 공간이다. 덧붙여 시간에도 크로노스cronos라는 추상적인 시간과 카이로스kairos라는 '순간'과 호기好機와 같은 특별한 시간이 있다.

두 가지 공간 개념이 철학의 역사에서는 두 가지 경향으로 나타난다. 예컨대 칸트는 뉴턴의 물리학을 철학에 끌어들였지만 공간 개념에 있어서는 상당히 대조적이었다. 뉴턴은 절대적인 시간과 공간이 존재한다고 보고 절대적인 시공간 속의 운동을 설명하는 것이 물리법칙이라고 했다. 이에 대해서 칸트는 이러한 절대적인 공간이 인간의 외부에 추상적으로 존재하고 있는지 의문을 가졌다. 시간이 존재하지 않으면 사물을 지각하는 것도 불가능하지 않은가. 하지만 그것이 공간의 존재를 증명하는 것이 아니다. 공간은 인간이 외부의 사물을 인식하기 위한 필요조건이라고 칸트는 말한다(원자가 움직이기 위한 조건으로 공백이 필요한 것처럼). 이러한 발상은 그리스 철학, 데모크리토스를 연상시킨다.

칸트는 공간과 함께 시간도 이러한 조건으로 생각했다. 즉 공간과 시간은 모든 경험에 앞서 인간의 경험 자체를 가능하게 한다는 의미에서 아프리오리(선험적)라 부른다.

물론 개도 지각할 때에는 어떤 범위 같은 것을 인식할 것이다. 꿀벌이 춤으로 꽃의 소재를 전한다는 사실도 잘 알려져 있다. 동물들에게도 이런 공간과 같은 것이 있는지도 모른다.

그래도 역시 인간의 공간과 꿀벌의 공간에는 차이가 있을 것이다. 베르그송도 말했듯이 동물에게 공간은 물질에서 분리할 수 없는 것이라 한다. 하지만 인간은 추상적인 공간을 생각할 수 있다. 그리고 과학은 그러한 추상적인 공간 개념에 의해서 비로소 가능해진다.

그러므로 정신은 스스로를 지성으로 규정하고 명백한 여러 개념으로 규정한다. 그리고 그와 동시에 정신은 물질을 서로 외적인 대상으로 세분화한다. 의식이 지성화되면 될수록 물질은 점점 공간화된다.
— 베르그송 『창조적 진화』

베르그송은 칸트의 생각에서 한 발 더 나아간다. 칸트의 경우, 공간은 인간 인식의 조건이었다. 그런데 베르그송에 따르면 공간으로 물질을 인식하는 운동은 개념으로 사물을 생각하는 운동과 마찬가지다. 인간이 언어를 사용하여 추상적으로 판단할 수 있는 능력은 공간에서 물질을 파악하고 물질에서 공간을 인식하기 위한 조건이라고 하였다.

베르그송은 공간 개념과 정신의 개념적인 사고는 분리할 수 없다고 생각했다. 다만 베르그송은 이러한 공간의 인식이나 개념적인 사고도 인간의 삶의 순수한 흐름을 추상화하고 언어화한 것에 지나지 않는다고 생각한 것 같다. 공간이나 개념의 인식보다는 좀더 활기찬 삶 자체 같은 것이 있을 것이라고. 베르그송은 이것을 순수지속純粹持續이라고 부른다.

이러한 순수지속이 베르그송에게 시간이라면 메를로퐁티는 이를 신체에 비유하여 생각하였다. 메를로퐁티는 베르그송과 마찬가지로 인식에 앞서 사람들의 인식의 '근거'가 되는 어떤 공통의 매개체 같은 것이 있다고 상정한다. 이것이 세계의 '몸'이다. 베르그송의 순수지속은 제각기 개인이 경험으로 알 수 있는 것이며, 언어로 타자에게 전달하는 것이 좀처럼 어려운 '약동'과 같은 것이라 여겨졌다. 이에 대해 메를로퐁티는 여러 개인을 포괄하는 존재로 '커다란 신체' 같은 것으로 상정한다.

> 보이는 존재로서 나의 신체는 큰 풍경 속에 둘러싸여 있다. 그러나 보는 존재로서 나의 신체는 보이는 신체를 떠받치고 그와 함께 보이는 모든 것을 떠받치고 있다. 서로서로 엉겨붙고 서로서로 끼어들어 이루어진다. 평면과 원근법으로 사물을 생각하는 것은 그만두자.
> — 메를로퐁티 『보이는 것과 보이지 않는 것』

'몸'이라는 사고방식에는 플라톤이 생각한 코라가 메아리치는 듯하다. 사물의 인식을 가능케 하는 어떤 공통의 매트릭스(모형) 같은 것이 요구된다. 사람들이 서로 이해하게 되는 것도 이 '몸'으로 서로 간파하고 있기 때문이다.

짐멜의 '다리와 문\*'이라는 문장이 있다. 칸트의 공간 인식을 기초로 하여 이를 반대로 이용한 방법으로 특이하다. 인간의 공간 인식은 인간이 공간에서 살아가는 방법과 시점에 따라 분절되어 있다고 말한다.

처음에 길을 만든 사람, 그리고 처음으로 집을 지은 사람은 자연에 독특한 인간적인 능력을 발휘한 사람들이다. 이러한 사람들은 연속체인 무한 공간의 한 구역을 잘라내어 이 공간에 하나의 의미를 부여하여 특수한 통일체로 구성했다. (…) 문은 인간의 공간과 그 외부에 있는 모든 것 사이에 이른바 관문을 달아 내부와 외부의 구분을 없애버린다. ―짐멜 『다리와 문』◆

하이데거도 『존재와 시간』에서 밝히고 있지만 인간은 세계 속에서 살아갈 때 공간을 독특한 형태로 분절한다. 공간 속에서 살아가면서 모든 사물에 의미를 붙인다. 과학적인 추상 공간 속에서 살고 있는 것이 아니다.

하지만 이것은 물론 마술과 같은 차원으로 되돌아가는 것도 아니다. 베르그송이 말했듯이 지성에 기초한 과학적인 추상 공간 개념도 있다. 하지만 사실 인간이 살고 있는 공간은 훨씬 활기찬 '장소'로 느껴진다. 우리는 꿀벌들처럼 이 공간에서 살아가고 있다.

이것을 시학詩學으로 제시한 것이 바슐라르의 『공간의 시학』◆◆이다. 그는 여러 문학작품을 예로 들어 사람들이 공간에서 어떻게 살아가고 있는지를 훌륭하게 그려내고 있다. 공간이라는 개념이 마치 숨쉬고 있는 것처럼 느껴져 재미있다.

---

◆*Brücke und Tür*   ◆◆*La poétique de l'espace*

# 군중
## mass

**군중은 개인으로서는 생각할 수 없었던 역동성을 만들어낸다. 집단은 개인으로서는 실현 불가능한 것을 가능하게 한다.**

중세 도시에 군중은 없었다. 사람이 적었던 것이 아니냐고? 아니 그렇지 않다. 하지만 중세에 도시 주민이 되기 위해서는 원칙적으로 신원이 확실해야 했다. 도시의 규칙을 받아들이고 얼굴을 가진 개인이 되는 것이다. 그것은 군중이 아니다.

자, 군중이란 무엇인가. 근대 도시에는 농촌 공동체를 이탈한 사람들이 줄지어 유입된다. 이때 처음으로 군중이 탄생한다. 도시에서의 생활은 농촌 공동체에서처럼 확정된 신분으로 사는 것이 아니었다. 무명의, 익명의 인간으로서 살아갈 가능성과 자유를 의미하는 것이다. 이즈음의 근대는 큰 변화의 시기였다. 예를 들어 19세기 프랑스 도시에는 선거인 명부 따위는 없었다. 도시에 누가 살고 있는지 통치자조차 파악할 수 없었다. 믿어지는가. 지금 프랑스에서는 모든 국민에게 신분증명서를 휴대하는 게 의무화되어 있다. 소지하지 않은 경우 경찰서까지 '동행'을 요구할 수도 있다. 하지만 19세기에 신분증명서 따위를 소지한 사람은 극히 일부로, 대개 가

정의 고용인이나 노동자뿐이었다. 벤야민도 말했듯이 탐정소설은 이러한 군중들이 들끓는 도시에서 처음으로 탄생하였다.

군중의 익명성은 통치자에게는 매우 위험한 것이었다. 파리 코뮌이라는 '폭동'이 이를 역력히 보여주지 않는가. 사태를 깨달은 파리 당국은 그후 도시에 대규모의 개혁을 단행한다. 대중 폭동을 진압하기 쉽게 호적부나 사진, 신분측정을 통해 개인의 신원을 확인하는 기술이 발달한다. 이 시기에 생겨난 '군중심리'라는 말에도 통치자의 공포가 엿보인다.

일찍이 군중을 이러한 각도에서 분석한 것이 르봉G. Le Bon의 군중론이다. 그의 『군중심리』*가 1895년에 발행되었는데 아직 파리 코뮌의 기억이 생생하게 남아 있을 때였다. 군중의 한 사람인 개인이 얼마나 선동되기 쉽고 책임 있는 이성적 주체와는 다른 행동을 보일 수 있는지 씌어 있다.

프로이트는 1921년의 『집단심리학과 자아분석』**에서 르봉이 그려낸 군중의 세 가지 성질에 대해서 의견을 제시한다. 익명성에 따른 책임감의 결여, 전염성, 선동되기 쉬움. 하지만 이것은 군중에게만 보이는 특이한 요소가 아니라고 그는 말한다. 원시적인 사회나 유아, 나아가 정신병 환자 등에서도 나타난다고 덧붙인다.

음, 그렇다면 도대체 군중이란 무엇인가. 사람들이 집단 속에서 르봉이 말한 특성을 보인다면 왜 그런가. '동일 대상을 자아 이상理想으로 여기고 이를 위해 서로의 자아를 동일시하는 개인들의 모임'『집

---

◆*Psychologie des foules*　　◆◆*Massenpsychologie und Ich-Analyse*

「단심리학과 자아분석」이기 때문이라고 프로이트는 말한다. 그러므로 군대나 교회 등의 집단에서는 개인들이 나르시시즘과는 방향을 바꾸어 지도자 아래에서 '자기의 자아 이상을 통일시킨다'고 한다. 즉 사람들은 군중으로서 이질적 존재가 되는 것을 거부한다. 다만 원초적인 마음의 프로세스를 발휘하기 쉬운 상태에 놓일 뿐이라고 한다. 그렇다면 군중은 이른바 사회 성립 당시의 형태로 돌아가는 셈이 아닌가.

나중에 르네 지라르는 집단심리의 문제를 폭력이라는 관점에서 파악하였다. 집단에 작용하는 심리 메커니즘은 프로이트와 통하는 부분이 있다. 지라르는 역사적인 사건을 조사한다. 가령 유럽에서 흑사병이 유행했을 때 군중들이 유대인을 학살하였다. 그는 전통적인 제도가 힘을 잃을 때 군중 폭력이 맹위를 떨치게 된다고 말한다.

> 우리가 관심을 가질 정도의 박해가 전개되는 것은 통상의 제도가 약해지고 군중들이 생겨나기 쉬운 사회적인 위기의 시기다. 자연발생적인 민중의 집합체인 군중은 쇠약한 사회제도를 대신하여 등장하거나 이것에 결정적인 압력을 가할 수 있다. ― 지라르 「희생양」◆

긴 역사를 가진 공동체에서는 집단폭력이 문학이나 신화 등에 여러 형태로 남아 있다. 지라르는 그 점에 관심을 보인다. 재미있는 관점이다.

한편 오르테가J. Ortega는 군중이란 실체가 아니라 '모두'라고 생각한다. 그는 '자기 안에서 보편적인 유형을 반복'하는 것이 군중이라고 말한다. 그리스 비극에 견주면 현대는 주역이 없는 코로스의 시대라고 할 수 있다.「대중의 반역」◆◆

결국 군중이란 누구를 막론하고 '모든 사람'을 일컫는 것이 된다. 게다가 '모든 사람'이 사실 전원이라는 집단을 형성하는 것은 아니다. 어디에도 없고 아무개가 아닌 불특정 다수를 '모두'라고 부른다. 군중이란 이 '모두'를 가리킨다. 이에 대한 멋진 분석이 하이데거의 『존재와 시간』에 있다.

우리는 모두가 즐기고 싶은 대로 즐긴다. 문학작품이나 예술을 읽거나 보고 판단하거나 할 때도 모두가 보거나 판단하는 대로 한다. (…) '사람'은 어떠한 특정한 사람이 아니며 설령 모두 합한 숫자가 아니더라도 모든 사람들을 가리키며, 이렇듯 세상 사람이 일상생활의 존재양식을 결정한다. ― 하이데거 『존재와 시간』

그러므로 '모두'는 우리들이기도 하다. 우리는 현대사회에서 상당한 시간을 '대중'으로 생활하고 있다. 즉 얼굴이 없는 누군가로서. 이러한 무명성과 익명성으로 군중을 그려낸 것이 하이데거의 애제자였던 한나 아렌트의 『전체주의의 기원』***이다.

아렌트에 따르면 후기 자본주의 현대사회의 특징은 계급사회가 붕괴된 후에 등장한 군중이라고 한다. 이 군중은 하이데거가 말하는 '대중'처럼 고립화된 사회에서 설 위치를 잃고, 고향을 상실한 향수에 방황하다가 전체주의 프로파간다(선전)에 현혹된다. '대중'과 마찬가지로 얼굴을 갖지 못하고, 타자와 공유하는 세계도 갖지 못하며, 타자에 대한 관심도 가지지 못한다.

---

◆*Le bouc émissaire*　◆◆*La rebelión de las masas*
◆◆◆*The Origins of Totalitarianism*

현대 국가의 사회보장에 따라 군중의 물질적인 빈곤은 상당히 완화
되었지만 군중은 이미 공동세계와의 결속성을 잃었으며, 회복되지
도 않는다. 공동세계를 잃은 군중 속의 개인은 일체의 불안과 걱정의
원천을 잃었다. — 아렌트 『전체주의의 기원』

아렌트는 하이데거의 존재론적인 분석을 이어받아 이런 식으로 생
각했다. 전체주의 운동은 세계에 대한 관심을 잃은 현대사회의 군중
들을 조직하려는 시도이다. 그리고 전체주의는 제2차세계대전에서
종식된 것이 아니다. 현대사회의 주역이 군중이므로 어디서든 생겨
날 수 있다. 아렌트는 군중의 무질서에서 빠져나오기 위해서는 타자
와 함께 공동세계를 구축하는 것, 타자와 자기를 배려하는 것이 중요
하다고 강조한다.

하지만 군중을 언제나 '대중'처럼 부정적인 개념으로 생각해서는
안 된다. 군중은 개인으로서는 생각할 수 없는 역동성을 만들어낸
다. 지금까지도 집단과 개인의 차이가 논해지곤 하는데, 예컨대 집
단은 개인으로서는 실현 불가능한 것을 가능하게 한다. 현대의 혁명
에서는 닫힌 집단이 아니라 변동하고 끓어오르는 군중이 '우리'로서
하나의 자신들을 형성하여 새로운 비약을 이루기도 한다. 주목할 만
한 점이다. 트로츠키L. Trotsky는 『러시아 혁명사』에서 이러한 집단의
힘을 그려내고 있지만 '집단적인 경험의 중요성'은 여전히 철학에서
많이 다루어지지 않고 있다.

# 경험
## experience, Erfahrung, Erlebnis

**니체 이후 현대철학에서는 주체와 객체를 기반으로 하는 근대철학의 설정을 넘어 경험 개념이 새롭게 다시 다루어지게 되었다.**

경험은 라틴계 언어에서는 엑스페리언스 experience이다. 하지만 독일어에서는 두 방향의 계통이 있다. 에어파렁크Erfahrung와 에어레프니스Erlebnis로, 이 둘은 어감이 다르다. 에어파렁크는 '들어서 알다', 즉 지각적인 경험의 의미가 강하고 에어레프니스는 '체험하다'이다. 우리는 인생을 통해 체험하고 경험을 쌓는다. 경험에는 지각의 경험과 인생 체험, 양쪽 다 포함되어 있다.

철학에서도 경험은 이와 같은 두 가지 의미로 쓰인다. 인생의 체험이라는 의미에서 쓰일 때에는 실제 살았다는 사실이 중시된다. 경험이 어떤 시간적인 연결, 즉 역사성 안에서 다루어진다. 이런 의미의 경험을 다룬 것이 헤겔의 『정신현상학』으로서, 부제가 '의미의 경험학'이다. 이 책에서 정신은 아주 소박한 자기인식에서 출발하여 여러 단계를 경험한다. 그리고 자기에 대해 절대적인 인식을 가진 절대지絶對知에 도달한다.

헤겔에게 경험은 의식이 대상에 직면하여 스스로 부정되어 새로운 관점을 손에 넣는 과정이다. 그후 하이데거는 헤겔의 경험에 대해 '경험이란 자연적인 의식과 절대적인 지식과의 대화이다'라고 말한다. 『헤겔의 경험개념』♦. 정신은 대상 또는 타자와 대화를 쌓아가면서 자기와 타자에 대한 인식을 연마해간다.

해석학에서도 경험을 중요시한다. 하지만 여러 흐름이 혼재되어 있어 상당히 난해하다. 현대 해석학의 기초를 세운 가다머는 경험이 '가장 어두운 개념'이라고 말할 정도였다. 가다머는 헤겔의 경험이 절대지로 나아가는 미리 계획된 과정이라고 비판한다. 그에 따르면 경험이 풍부한 사람이란 모든 것을 알고 있는 게 아니라 새로운 경험에 의해서 항상 스스로 자신의 지식이 부정될 수 있으며, 그리고 그것을 받아들일 준비가 되어 있는 사람이다.

경험이 있는 인물은 새로운 경험에 대해 항상 열려 있는 자세를 유지한다. 이는 경험이라는 과정의 모든 단계의 특징으로 이러한 특징이 완전한 경험이라는 이념에 부합한다는 점은 분명하다.

— 가다머 『진리와 방법』

한편 경험을 단순한 지각 경험으로 다루는 흐름도 있다. '에어파렁크' 계통이다. 여기서는 인간이 외부의 사물을 지각하는 것을 경험이라고 부른다. 주체는 경험에 따라서 스스로 변화하거나 지혜로워지는 일은 없다. 인간은 아무것도 씌어 있지 않은 백지 같은 상태에서 시작한다고 생각한다. 그리고 살아가면서 여러 가지 지각이나 인식

---

♦ *Hegels Begriff der Erfahung von Heidegger*

을 쌓아간다. 백지 상태에 인식의 내용이 기록되어 가는 것을 경험이라고 부른다. 영국 경험론에서는 경험이라는 용어로 이 의미를 중시한다. 체험을 중시하는 '에어레프니스'의 계통처럼 경험의 주체가 자기의 지식을 뛰어넘거나 절대지에 도달하거나 하는 것이 아니라 경험을 지식으로 축적해가는 프로세스를 중시한다.

하지만 니체 이후 현대철학에서는 주체와 객체를 기반으로 하는 근대철학의 설정을 넘어 경험 개념이 새롭게 다시 다루어지게 되었다. 전통적인 철학이념에 기대지 않고 자신의 머리로 철학적 의문을 재정립하려고 할 때 경험이라는 장으로 회귀하는 것이 가장 쉬운 길이다.

19세기 후반 제임스<sup>W. James</sup>는 데카르트의 철학에 나타난 근대철학의 문제설정보다 그 이전의 '근원적인 경험'에 눈을 돌렸다. 현대철학에서 말하는 경험의 대부분의 근원이기도 하다. 제임스 이래 경험 개념은 주체와 객체의 대립 이전의 순수하고 근원적인 것을 상정함으로써 근대철학이 설정한 한계를 극복할 수 있었다. '경험의 장'에서는 개념과 실재가 구별되지 않는다. 모든 구별은 바로 근원에서 생겨난다.

제임스의 착상을 근거로 경험의 개념을 여러 가지로 펼친 이가 베르그송이다. 베르그송은 내적인 자아의 약동을 내면에서 체험하면 거기에서 공간적인 분절 이전의 '순수지속'이 도출된다고 생각했다. 인간의 여러 가지 경험은 이 순수지속이 바깥에서 제공받는 여러 계기에 따라 다양하게 전개되는 것이다.

베르그송의 지적은 이렇다. 철학적 사고는 인간이 경험에 따라 받아들인 약동을 개념의 형태로 파악하고 그것을 타자에게 전달하려고 한다. 하지만 그것은 '이완'에 지나지 않는다. 중요한 것은 이러한 약동, 순수지속을 지성으로 손상시키지 않으며 살아가는 것이다. 베르그송의 철학이 생의 철학이라고 불리는 이유가 바로 여기에 있다. 다만 순수지속의 개념은 베르그송의 정의인바 본래 개념화할 수 없는 '체험'이나 직관의 형태로 체험하는 '순수한 경험'을 개념화하고 있다. 이런 개념화는 무모한 면이 있어 항상 모순에 시달리는 숙명에 처해 있다. 하지만 특이한 생각이지 않은가.

경험 개념을 독자적으로 전개한 철학자 중에는 일본의 니시다 기타로西田幾多郎도 잊어서는 안 된다. 니시다는 『선善의 연구』에서 제임스를 근거로 순수경험의 개념을 가다듬었다. 순수경험이란 아직 사유에 의해 가공되기 전의 순수한 경험이다. 가령 음악을 듣거나 그림을 보고 판단을 내리기 이전 단계에서 순간적으로 일어나는 그 자체의 경험, 말로 떠올리기 전에 나타나는 이런 경험에 니시다는 참된 실재, 참된 자기가 있다고 생각했다. 사유에 가공을 가하지 않는 직접적 실재이다.

우리가 사유에 아직 가공을 가하지 않은 직접적 실재란 어떠한 것인가. 즉 진실로 순수경험의 사실이라는 것은 어떤 것인가. 이때에는 아직 주체의 대립 없이, 세 가지 지·정·의知情意 분리 없이 단순히 독립된 자아의 순수 활동이 있을 뿐이다. — 니시다 기타로 『선의 연구』

이러한 경험은 언어화되기 이전의 순수한 것이기 때문에 당연히 언어와 개념을 싫어한다. 하지만 니시다는 이것을 언어로 파악하고자 한다. 꼭 성공했다고 볼 수는 없지만 니시다의 철학이 경험철학에 있어서 중요한 시도를 보여준 것은 사실이다.

순수한 경험이 타자와 소통을 가능하게 한다고 생각한 이는 메를로퐁티이다. 우리는 같은 석양을 보는 순간 석양을 본다는 경험을 공유하게 되고 이를 계기로 서로 이해의 네트워크가 이뤄진다. 석양에 감동하는 타자의 경험은 나의 경험과 서로 교류한다. 거기서 세계의 '몸' 같은 것이 우리를 이어준다. 자아와 타자는 경험이라는 장에서 하나의 큰 세계의 '기관'처럼 자연스럽게 이어진다고 생각하는 것이다. 이는 의식에서 출발하는 철학이 안고 있는 문제인 '타아他俄 문제'를 '몸'이라는 개념으로 일거에 해소하고자 한 시도이다.

내가 바라보는 곳에 있는 어떤 초원에 나만의 푸른빛이 내 시각의 초점에 들어온다. 그리고 동시에 상대의 시각에 들어간다. (…) 여기서는 타아의 문제가 존재하지 않는다. 보고 있는 것은 나도 그도 아니기 때문이며 나와 그에게는 익명의 가시성可視性, 시각 일반이라고 할 수 있는 것이 밀착되어 있기 때문이다. 일반적인 시각이라는 원시적인 특성은 '몸'에 속하는 것이고 지금 여기 있는 것이면서 보편이기도 한 것이다. — 메를로퐁티 『보이는 것과 보이지 않는 것』

이와 같은 '몸'의 개념으로 타아의 문제가 원만히 해결된다고 할 수는 없다. 문제는 그대로 남는다. 다만 문제를 어디서 발견하느냐는 철학적 입장의 차이를 깨달을 수 있을 뿐이다.

# 계보학
## genealogy

'계보학'은 철학적 비판의
방법론이라고 할 수 있다.
하나는 개념의 계보를 거슬러
올라가면서 그 개념에 묻은
오점을 찾아내는 것이다.

나의 뿌리는 어디인가. 나는 어디에서 왔는가. 이럴 경우 보통 계보(족보)를 찾아보지 않는가. 계보학은 출생(게노스)의 학문(로고스)을 뜻한다. 조상까지 거슬러 올라가 계통을 찾는 학문이다. 철학의 계보학을 살펴보자. 사유의 '조상'을 찾아내는 일이지만 거기에는 나름의 철학과 묘안이 필요하다. 계보를 이용하려고 하는 의지 자체가 드러나는 시도이기 때문이다. 사상의 근원을 살핌으로써 과거의 경위를 알게 된다. 덧붙여 경위에 대한 의구심, 이면에 숨겨진 것, 그리고 무엇보다 믿음의 근거까지도 밝히려는 것이다. 저런저런. 이런 불순한 발상을 한 이가 누구인가.

물론 니체이다. 그는 철학에서 계보학이라는 방법을 처음 도입하였다. '도덕의 계보'를 찾는 니체는 그리스도교가 도덕의 가치 기준과 관련하여 범한 오류들을 꼬집는다. 그리스도교 이전 고대의 도덕에서 '선함'이란 인간의 소박한 욕망을 긍정하고 인간의 힘을 강하게 하는 것이었다. 고귀한 존재가 자기의 욕망을 실현하는 것을 '선함'으로 간주하였다.

하지만 그리스도교는 다르다. 이 가르침은 세속세계에서 자기의 욕망을 실현할 수 없는 사람들, 피안의 세계에서밖에 자기 욕망을 실현할 수 없는 '약한' 사람들을 위해 책임을 떠맡게 되었다고 니체는 생각한다. 약자측이 강자에게 대항하기 위해서 '선함'이 역전된다. 고귀한 존재는 '악'이 된다. 열등한 존재가 '선'이 된다.

선과 악이라는 도덕 개념의 배경에 있는 것은 강자에 대한 약자의 원한, '르상티망'이다. 그것을 만들어낸 것이 그리스도교의 역사라고 니체는 말한다. 그는 깨끗한 개념에 숨겨진 피비린내 나는 고문의 냄새를 탐지해낸다. 예의바른 형이상학의 배후에 숨겨진 힘의 대립, 폭력의 역사를 끄집어내려고 한다. 그것이 니체의 '도덕의 계보학'이다.

도덕적 세계의 발단은 이 세상의 모든 위대한 것의 발단과 마찬가지로 철저하게 또 오랜 기간에 걸쳐 피로 씻겨지고 있다. 그리고 도덕의 세계는 결국 피와 고문의 씨앗 냄새를 완전히 씻어내지는 못한다.

— 니체 『도덕의 계보학』◆

'계보학'은 철학적 비판의 방법론이라고 할 수 있다. 두 가지 사용법이 있다. 하나는 개념의 계보를 거슬러 올라가면서 그 개념에 묻은 오점을 찾아내는 것이다. 그리스도교의 도덕 개념의 배후에서 피비린내 나는 폭력을 찾아낸 니체는 그리스도교의 도덕 개념을 이어받은 근대사회 자체를 비판하는 논거를 손에 넣게 된다. 이것은 현대사회에 사는 우리에게도 적용된다. 당연하다고 보이는 사실을 새로운

---

◆*Zur Genealogie der Moral*

관점에서 검토하기 위한 방법이다.

또 다른 하나는 현대에서 당연시되는 개념과 다른 관점을 찾아내는 것이다. 그 중 하나가 선함과 악함에 대한 니체의 해석이다. 그의 처녀작인 『비극의 탄생』에서도 비극이나 코로스 개념에 대해 방법론적으로 비슷한 시도가 보인다. 이것도 꽤 재미있다. 요즈음의 비극이 아니라 아직 본 적이 없는 새로운 양상의 비극을 보여준다.

이러한 계보학의 방법을 이어받은 이가 20세기 후반의 미셸 푸코이다. 계보학이 단순히 기원 찾기에 그치지 않도록 그는 니체의 역사론을 원용하여 '기원'과 '유래'를 신중하게 구별한다.

기원을 찾는 시도에 큰 함정이 있다고 푸코는 생각했다. 어떤 일이 아직 역사에 의해서 더럽혀지지 않은 채 본질적인 모습을 유지하고 있는 곳, 특권적이고 원초적인 탄생의 장이 있을 것이라고 생각하며 위험 요소를 추적한다. 기원을 찾기 위해 일의 본래의 '목적'을 우선 상정한다. 그리고 현재라는 순간에서 항상 과거로 거슬러 올라가 목적한 바를 찾아내고자 한다. 하지만 시간을 거슬러 올라가 본래의 목적을 반대로 투영하다 보면 '과거의 상'을 만들어내게 된다.

푸코의 '유래'는 거슬러 올라가는 과정이다. 현재에서 기원을 향해서 역사를 거슬러 올라가며 그 경위를 찾는다. 여기서는 무엇의 본질이나 목적을 찾아내려고 하지 않는다. 역사에 단절이 있으면 그것을 충실하게 보여준다. 유래를 찾으려는 시도 자체가 사실은 계보학인 것이다. 기원으로 회귀하려는 염원을 오히려 역사성 개념에 의해 부정하려고 하는 듯하다. '역사는 이러한 회귀 이데올로기로부터 우리들을 지켜준다' 「공간·지리학·권력」◆. 나아가 푸코는 여러 개념을 고찰하는 주체 자체에도 계보학을 적용한다. 유래에 관심을 끄는 주체 측의 역사를 거슬러 올라가 주체가 구성되는 과정을 찾아내려고 한다.

바꿔 말하면 주체가 어떻게 해서 구성되는가를 역사적인 틀에서 분명히 밝힐 수 있는 분석이 필요하다. 그것이 계보학이다.

— 푸코 「진리와 권력」◆◆

20세기 서양사회는 그리스도교 도덕이 여전히 지배적이었다. 만년의 푸코는 이것을 비판하는 하나의 논거로 그리스도교 이전의 고대 도덕 개념을 제시했다. 고대의 도덕을 높이 사려는 게 아니라 서양 사회에서 당연시하는 도덕과는 다른 도덕 개념을 찾아내어 그리스도교의 도덕을 비판, 검토하기 위해서이다. 그리고 새로운 도덕성을 모색하기 위한 단서를 찾으려고 했다. 즉 계보학의 방법을 쓰는 것이다.

기원을 의심, 검토하는 시각은 현대 사상가 데리다도 마찬가지다. 그는 언어의 기원을 고찰한 루소의 텍스트를 분석하였다. 기원이나 원초라는 개념에는 원래 형이상학적인 '함정'이 들어 있다. 무엇의 '기원'을 찾을 수 있다는 생각은 '본래의 모습'이라는 것을 상정하는 것이다. 즉 기원은 '있어야 할 것의 최종적인 형태'를 과거로 거슬러 올라가 그려낸 것인바 기원은 늘 상정된 본질의 '뒤집기'로 나타난다.

형이상학은 항상 원초적인 기원으로 소급하는 일을 반복한다고 데리다는 말한다. 정말로 기원이란 존재하는가. 발견된 것이 자기 얼굴에 지나지 않는 것이 아닌가. 데리다의 입장은 이런 쪽이었다. 그의

---

◆Questions à Michel Foucault sur la Géographie
◆◆Entretien avec Michel Foucault

시도는 엄밀하게 말하면 형이상학의 비판이지 계보학이 아니다. 하지만 기원이라는 개념이 가진 위험성을 지적했다는 점에서 계보학적인 의미를 가진다.

계보학적인 사고방법이란 어떤 개념의 역사성을 해명하고 동시에 그 역사성을 묻는 주체의 위치를 생각하는 것이다. 가다머의 해석학이 이에 가깝다. 과거의 문제에 대해 역사적인 유래를 생각하면서 동시에 그 유래를 문제로 삼는 주체에 대해 고찰하기 때문이다. 해석학 Hermeneutik은 '헤르메스Hermes의 기술'이라는 의미이다. 예쁜 이름이지 않은가. 헤르메스는 신의 사자이고 매개자이다. 즉 해석은 잊혀진 신의 말을 밝히려는 것이었다. 해석학은 최초로, 역사를 거슬러 올라가 잊혀진 기원을 해명하는 학문으로 탄생했다.

하지만 가다머에 따르면 해석하는 주체가 그대로 기원에 도달할 수 있다고 생각하는 것은 잘못이다. 해석자의 지평과 텍스트의 지평, 두 가지 지평이 융합하는 일이 필요한바 원시의 순수 텍스트를 읽어낼 수 있다는 생각은 무리라는 것이다. 다만 해석학은 해석자의 지평에 관해서 물을 뿐, 주체의 권능에 대해서는 의심하지 않는다. 계보학은 그런 중립적인 주체를 두지 않는다. 본디 과거의 사상은 현재의 시점에서 공중에 매달려 있는 것이고 현재의 시점은 과거의 역사성에 의해 규정되어 있다고 본다.

과거의 사상을 문제 삼으며 동시에 현재 주체의 위치와 권능을 묻는다. 계보학은 과거를 해석하기보다 늘 시선을 현재로 돌리는 매우 현실적인 검토작업이다.

# 계몽
## Aufklärung, Lumières, enlightenment

**베버는 불길한 예감에 사로잡힌다. 계몽의 귀결이라고 생각한 합리성의 관철은 인간의 정신적인 모든 것을 파괴하는 것은 아닌가.**

계몽은 근대의 결정체다. 단어를 나열해보면 Aufklärung, Lumières, enlightenment 등 전부 '빛'의 비유이다. 봉건제와 그리스도교의 지배를 받은 중세는 어둠이요, 인간을 그 어둠에서 구해낸 것이 계몽의 빛, 이성의 빛이고 근대의 빛이다. 인간에게 평등하게 주어진 이성이라는 '자연의 빛'(데카르트)이 인간에게 본원적인 권리를 부여한다. 태양과도 같이. 종교적인 권위나 기존의 정치체제가 아니라 만인에게 주어진 이성이 빛을 발하여 최선의 선택을 하도록 한다. 그것이 계몽의 이념이다.

계몽啓蒙이라는 한자는 그야말로 어둠(蒙)을 연다(啓)는 의미로 위에서 아래로 내려다보며 가르치는 듯한 위압적인 이미지가 거부감을 주기도 한다. 하지만 원래 계몽사상은 이성 개념에 따라 정치적인 개혁과 인간 자체의 변혁을 목표로 하는 것이었다. 얼마나 근대다운 빛나는 이념인가.

여러 가지 계몽이 있다. 우선 정치적 계몽은 전제정치를 비판하고 이성적 존재인 인간에게 어울리는 정치 형태를 요구한다. 종교적 계몽은 그리스도교에 대한 맹종을 물리치고 이성에 거스르지 않는 신의 개념을 모색하거나 신의 존재를 부정하며 그때까지와는 다른 이성적인 인간 확립을 목표로 한다.

이러한 원리를 철학에서 확실히 보여준 것은 칸트이다. 인간은 지금까지 부모, 교회, 국가에 의해서 보호받는 아이와 같은 존재였다. 칸트는 '이성의 유년상태'에서 탈출하는 것이 철학의 과제라고 보았다. 계몽의 원칙은 종교적인 미신이나 정치적 선입관에 얽매이지 않고 '스스로 생각'하는 데 있다고 역설했다.

물론 스스로 생각한다는 것은 철학(과 모든 것)의 기본적인 조건이기는 하다. 분명한 사실이지만 계몽은 '합리성'을 논리적 근거로 삼는다. 자, 여기에서 몇 가지 어려운 문제가 발생한다. 원래 우리 인간이 그처럼 합리적인 존재인가. 뜨끔하다. 이것부터 큰 의문이다. 인간이 가지고 있는 여러 문제를 합리성의 원리로 해결하고자 할 때 역시 삐걱거리게 된다.

합리성과 근대화의 관계를 날카롭게 파악한 이가 베버이다. 그는 근대 자본주의를 지탱하는 정신(베버는 이것을 에토스라고 부른다)의 역사를 고찰하고 이렇게 말한다. 전통적인 가치관을 극복하고 자본주의가 개화하는 데 종교개혁을 거친 프로테스탄티즘이 큰 역할을 하였다. 프로테스탄트의 윤리적 배경에 있는 금욕주의적인 에토스가 자본주의의 무절제한 생산 확대의 기반을 이룬다. 이 자본주의 사회에서 생겨난 합리성은 놀이를 억압하고 생산물을 신에 바치려고 하는 마음에서 생겨난 것이다.

금욕은 수도원에서 직업생활로 이동한다. 그리고 이것이 세속적 도덕을 지배하기 시작하자 이제 기계제 생산의 기술적·경제적인 조건에 구속된 근대의 경제질서라는 강력한 '코스모스'를 형성하는 데 공헌하였다. 그러나 이 질서는 압도적인 힘을 가지고 직접 경제활동에 종사하지 않는 사람들까지 포함하여 그 톱니바퀴의 장치 속으로 뛰어든 모든 사람들의 생활을 결정짓는다. 그리고 미래에도 화석연료의 마지막 한 조각이 다 탈 때까지 그 역할을 담당해나갈 것이다.

— 베버 『프로테스탄티즘의 윤리와 자본주의 정신』

베버는 불길한 예감에 사로잡힌다. 계몽의 귀결이라고 생각한 합리성의 관철이 인간의 정신적인 것을 모두 파괴하는 것은 아닌가. 합리화의 진전은 누구도 막을 수 없고 인간성의 마지막 단계까지 몰아가는 것은 아닌가. 계몽정신이 극한에 달하여 사람들의 정신과 생활을 '강철로 된 감옥' 속에 가두어버리고 마는 것은 아닌가.

베버의 예감이 정말 실현되었다고는 말할 수 없지만 계몽사상이 '합리성'을 표방하고 인간이 안고 있는 문제를 해결할 수 있을 것이라고 믿는 생각에 심각한 문제가 있음이 드러난 것은 사실이다. 계몽의 빛은 인간이 가지고 있는 어둠을 더욱 깊게 하는 것은 아닌가. 호호호.

계몽이 가진 문제에 초점을 맞춘 이가 아도르노L.W. Adorno와 호르크하이머M. Horkheimer의 『계몽의 변증법』◆이다. 여기서 계몽이라는 말은

---

◆ *Dialektik der Aufklärung*

18세기 프랑스혁명의 이념과 칸트의 원리를 넘어 '합리성'이라는 원리 자체로 간주되었다. 이 원리는 인간이 자연을 대할 때 취하는 기본 자세라고 그들은 말한다. 서양의 역사는 애초부터 합리성의 원리가 일관된 역사로 인간이 외부의 자연과 내부의 자연을 합리성 원리에 따라서 지배하는 역사라고 말한다.

인간이 자연에서 배우고자 하는 것은 단지 자연과 인간을 완전히 지배하기 위해 자연을 이용하고 싶어서이다. 그것 이외에는 아무것도 문제되지 않는다. 자신이 어떻게 되는지 돌아볼 겨를도 없이 계몽은 자기의식의 마지막 잔재까지 태워 없애고 만다. 이렇게 자기 자신에게 폭력을 휘두르는 사고는 여러 신화를 파괴하는 강고한 힘을 갖는다. ── 아도르노/호르크하이머 『계몽의 변증법』

20세기 중반 파시즘의 폭풍우 속에서 아도르노와 호르크하이머는 이 책을 썼다. 그들은 여기서 '서양의 이성이 초래한 파시즘'이라는 하나의 귀결을 앞에 내세우고 계몽의 합리성과 자연 지배를 그 원인으로 끌어내고 있다. 분명 날카로운 비판이다. 하이데거는 서양철학의 뿌리에서 자연에 길항하는 기술적인 자세와 도구의 원리를 끌어내고 있는바 비슷한 면이 있다. 근대성을 비판하는 데 큰 역할을 할 수 있다.

다만 호르크하이머 등의 방법론에는 서양철학이 가진 비판성의 요소만 남아 있다. 그밖의 요소까지 파시즘과 함께 부정한다면 뭔가 잘못된 것이 아닌가. 계몽이라는 개념이 여기서는 너무 광범위하다. 서구 형이상학이 가진 문제점을 파악하기가 힘들다고 해야 할지, 원래 '이성의 원리'가 '계몽의 원리'라면 그 계몽의 원리를 비판하는 이성은 어디에서 가지고 와야 하는지, 그런 문제가 남는다.

하버마스J. Habermas는 이처럼 너무 넓은 계몽 개념을 비판한다. 아도르노와 호르크하이머의 이성 개념은 지나치게 단순화되어 있다고 생각했다. 하버마스의 이성은 지금 진실의 영역, 정의의 영역, 도덕의 영역에서 각각 다른 기준에 기초한 '타당성'을 판단하는 기능을 갖는다. 계몽이라는 한마디로 이성을 비판하는 것은 무리가 있다. 호르크하이머나 아도르노의 계몽 비판은 비판과 이론, 계몽과 근거 형성이 뒤섞여 있다. 모든 비판적 이론의 가능성을 부정해버린다. 중요한 것은 연구자들의 '대화공동체'를 통해 다양한 타당성의 영역으로 구별해가면서 내면적으로 강제할 수 있는 차원의 대화를 이어나가는 것이다. 이런 결론 속에서 하버마스는 계몽을 속행할 것을 제안하고 있다.

> 비판과 이론, 계몽과 근거 형성은 항상 결합된다. (…) 이것을 인정하는 논의만이 신화적인 사고의 속박에서 벗어날 수 있다. 나아가 신화 속에 보존되어 있는 의미의 잠재력이 빛을 잃지 않고 속박에서 풀려나는 방법이기도 하다. — 하버마스 『현대성 철학적 담론』◆

하버마스가 제안하는 이상적인 대화 공동체로 '계몽의 미완성 프로젝트'가 실현될 수 있는지 여부는 접어두더라도 그가 말하는 '이성의 분절'은 중요하다. 계몽을 근대의 합리화 과정과 일치시켜 이

---

◆ *Der philosophische Diskurs der Moderne*

성을 계몽의 도구로 간주해버리면 이성 비판의 논거는 발판을 잃게
되기 때문이다.

  '이성의 분절' 수단에 대해서는 이성의 계보학적인 분석이 도움이
되리라 본다. 서양식 이성의 고유한 역사성을 고찰하는 방법이다.
푸코의 『전체적인 것과 개별적인 것』*를 참고하기 바란다. 근대 계몽
이 가진 가능성을 가볍게 보지 않기 위해서도 이성 비판은 신중하고
도 지속적으로 거론할 필요가 있다.

---

◆ *Omnes et Singulatim: Vers une Critique de la Raison Politique*

# 계약
**covenant, testament, contract**

유대교에서 그리스도교로
이어져온 '계약'이라는
개념은 근대에 들어 중요한
정치적 원리로 등장한다.

옛날이야기를 좋아하는가. 계약의 이야기다. 옛날 옛날 인격신인 유대의 신은 백성들에게 구원을 약속했다. 그리고 신과 백성들은 '계약'을 체결했다. 그리고 그 증표로 모세에게 십계명이라는 계약서를 건넸다. 여기에 쓰인 내용은 당시 민중들의 도덕적인 신념을 나타내는 것이겠지만 신과의 '계약'이라는 형태를 취했다는 점이 눈길을 끈다. 유대교는 '계약의 종교'이다. 하지만 생각해 보면 유대교만이 아니다. 그리스도교의 『신약新約』성서도 제목에서 '새로운 계약'이라는 성격이 분명히 나타나 있다.

신과의 계약을 의미할 때는 covenant나 testament라는 특별한 단어가 쓰이지만 철학에서는 contract라는 말이 일반적이다. '서로'라는 접두사 con에 '끌어당기다'라는 동사 trahere가 붙어 contrahere라는 라틴어 동사가 된다. '서로 끌어당기다'. 이것이 계약의 기원이다. 이 말에는 법률적인 계약 훨씬 이전부터 '사람들이 모여서 약속을 나누는' 모습이 그려진다.

유대교에서 그리스도교로 이어져온 '계약'이라는 개념은 근대에 들어 중요한 정치적 원리로 등장한다. 인간이 사회를 형성하는 데 각각의 구성원이 이성적인 주체가 되어 서로 계약을 체결한다고 생각했기 때문이다. 이것이 바로 사회계약론이다. 계몽의 정치적 원리로 작용하여 프랑스혁명, 근대 시민사회 원리의 하나로 정착하였다.

그런데 사회계약론에서는 개인이 자기의 소유와 안전을 보호받기 위해 사회를 형성한다고 생각한다. 물론 이념일 뿐 실제로 계약이 이뤄진 것은 아니다. 현실 역사에서 이러한 계약이 (형식적이나마) 이뤄진 것은 미국 건국 당시 일부 공동체뿐이었다. 하지만 중요한 것은 사회 형성 원리로서 이러한 인위적인 '계약'이 상정되었다는 점이다.

분명 이러한 원리는 몇 가지 중요한 결론에 이른다. 예를 두 가지만 들어보자. 하나는 '계약은 상호적인 것'이라는 생각이다. 확실하게 계약이 준수될 수 없는 상황이라면 계약은 파기된다. 프랑스혁명의 원리가 그렇다. 소유와 안전이 보호되지 않는다면 계약을 파기하고 새로운 계약을 체결하자! 사회 형성 원리로서 타당하지 않는가? 분명한 원리다.

이것은 법률에서 처벌 원리로도 기능을 발휘하였다. 이성적인 주체라면 사회계약을 위반하였을 때 스스로 처벌을 받아들일 자세가 되어 있다. 시민을 벌하는 근거는 시민이 사회 속에서 살아가는 데 받아들인 (것으로 상정되는) 계약이 있기 때문이다.

그리고 또 한 가지 중요한 것은 계약을 맺을 수 있는 주체의 조건이 정해져 있다는 점이다. 즉 계약을 체결할 수 있는 것은 이성적인 주체뿐이라고 상정한다. 조건에 미달하여 계약을 맺을 수 없는 주체는 사회 형성의 당사자가 될 자격을 상실한다. 예컨대 성인이 아닌 주체나 이성적인 능력이 손상된 주체는 사회계약 대상이 되지 못한다. 때로는 여성도 해당되었다. 프랑스혁명은 '인간'의 권리를 주창하면서도 여성의 능력은 부정하였다.

근대 형법이론은 이와 같은 계약에 관한 두 가지 문제에 대처하며 발전해왔다고 할 수 있다. 법률에서 처벌 대상은 책임이 있는 이성적인 주체뿐이다. 이성을 상실한 자는 처벌 대상에서 제외된다. 그리고 이성적인 주체는 자기 행위에 책임질 것이 요구된다. 하지만 한 가지 주의해야 할 점이 있다. 전통적인 형법이론에서 처벌 대상은 행위의 주체가 아니다. 행위 그 자체이다. 주체에게는 이성적인 주체로서 행위에 대한 책임만 요구될 뿐이다.

다만 그후 등장한 새로운 형법이론은 주체의 원리를 부정하는 방향으로 진행되어간다. 사회는 계약으로 성립하는 것이 아니라 구성원 전체의 이익을 위해서 성립한다. 온전히 하나의 유기체라고 보는 사고방식이 유력해졌기 때문이다. 사회이론에서는 확실히 계약 개념에서 빠진 여러 주체도 사회 속에서 일정한 위치를 차지할 수 있게 된다. 여성도 미성년자도 이성을 상실한 자도 사회 전체의 복리를 위해 충분한 배려를 부여받을 권리가 인정된다. 이것이 복지사회의 원리이다.

하지만 여기에도 문제점은 있다. 사회의 목적이 구성원의 복지보다 사회 존속 그 자체를 목표로 하고 있다는 점이다. 사회가 하나의 큰 유기체 형태로 존재한다면 사회 전체의 존속에 위험하다고 판단되는 구성원은 다른 구성원의 복지를 위해서라는 명분으로 배제될 수 있다.

현대 형법이론에서 상당히 두드러지는 부분이다. 처벌 대상이 법률에 반하는 행위라기보다 주체 자체가 된다. 어떤 주체가 위험하다고 판단될 경우 그 주체가 어떤 위반행위를 저지르지 않았더라도 '배제되어야 할 위험한 개인'으로 간주될 가능성이 있다. 이러한 치안 위주의 사고는 한 걸음 더 나아가면 강한 예방적 처벌로 발전한다. 우생학이 좋은 예이다. 위험한 개인이 사회에 탄생할 모든 가능성을 배제한다. 사회의 위험성을 가능한 한 완전히 제거하겠다는 생각이다.

현대 유전자공학이 핵심 수단이 될 가능성이 있다. 유전자 수준의 조작으로 유전적으로 열등한 (그렇기 때문에 사회에 위험한) 개인이 태어나지 않도록 하는 기법이다. 이것이 보급되는 경우 사회는 선의를 명분으로 사회에서 '위험한 개인'을 배제할 수 있게 된다.

이와 같은 치료적인 사회가 우리의 미래사회가 될 가능성은 상당히 높다. 감시도 처벌도 필요하지 않은 '유토피아'가 등장할지도 모른다. '선인'만 태어나는 사회, 정신도 신체도 '건강한' 개인만 탄생하는 사회의 도래 말이다.

숨이 막혀온다. 이런 사회적 분위기 속에서 다시 계약에 대해서 생각해보는 것은 현대철학으로서도 중요한 의미를 가진다. 사회에서 '공정성'이란 도대체 무엇인가. 잠시 롤스 J. Rawls의 『정의론』*을 읽어보자.

---

◆ *A Theory of Justice*

1971년에 나온 책으로 근대사회의 형성 원리로 작용한 사회계약론을 다시 현대사회에 부활시켰다고 할 만한 작품이다. 롤스의 정의 개념에는 첫째 계약을 맺는 주체 사이에서, 둘째 사람들이 자기의 행복을 가능한 한 손상시키지 않으면서, 셋째 사회 전체가 누릴 수 있는 최대의 행복을 실현하기 위해서 어떻게 하면 좋은지 고민한다.

　　초기 상태 사람들이 두 가지 상당히 다른 원칙을 선택한다고 가정하자. 제1원칙은 기본적인 권리와 의무의 평등한 배분을 요구한다. 그리고 제2원칙은 부와 권위 등 사회적·경제적 불평등이 정당하다고 인정된다면, 그것은 모든 사람의 이익을 보정하는 경우, 특히 가장 불리한 입장에 놓인 사람들의 이익을 보정하는 경우에만 제한적으로 행해질 것을 요구한다. ― 롤스 『정의론』

　　이러한 정의의 원칙이 사회에 적용되기 위해 계약이라는 개념이 필요하다고 롤스는 생각한다. 사회를 형성하여, 여러 가지 가치관을 가진 사람들이 합의할 수 있는 사항만 사회정의의 원칙으로서 인정하려고 한다. 구성원을 보호하는 복지사회라도 계약 원리에서 연역할 수 없으면 정의사회가 아니라는 것이다.

　　롤스의 계약이론은 복지국가가 '치료적인 사회'가 되지 않도록 하기 위한 하나의 길을 보여준다. 아이를 보살피는 보모처럼 과잉 관리로 흐르지 않기 위해서 근대사회의 근본원리인 '계약'을 새롭게 생각해볼 필요가 있다.

# 게임
## game

인간의 관계를 생각하는
게임 이론에서는 인간은
원자와 같은 작은 모나드로
간주되며 모나드로서
행동할 것을 요구한다.

게임은 규칙에 의해 이뤄진다. 게임이라고 하면 여러 명이 참가하는 모습이 그려진다. 하지만 혼자서도 규칙이 있으면 게임은 이뤄진다. 가령 벽에 볼을 부딪쳐서 튀어나온 볼을 잡는다. 처음에는 게임이 아닐 수 있다. 하지만 차츰 약간의 규칙을 고안하게 된다. 튀어오는 볼을 20회 연이어 잡으면 집에 가서 간식을 먹는다든가 하는 규칙이 만들어진다. 스포츠는 그렇게 해서 만들어진 것이 많은 것 같다. 인간의 행동에 늘 붙어다니는지도 모른다. 규칙이 없으면 게임은 분명 이뤄지지 못한다. 비트겐슈타인도 말했듯이 게임 도중에 규칙이 변하기도 하며, 또한 규칙은 외부에서 주어진, 외재적인 것이 아니다. 생각하기 시작하면 끝이 없다. 규칙은 어떻게 만들어지는가. 규칙은 어떻게 해서 바뀌는가. 규칙이 규칙으로서 승인 받기 위해서는 어떤 과정을 거치는가. 더욱이 법률, 권력, 정치 같은 게임을 두고 생각하기 시작하면 점점 더 깊이 빠져든다.

경제학의 게임이론을 보자. 우선 어떤 상황

을 모델로 상정한다. 다음에 그 상황에 참가하는 선수는 제각기 자기의 이익을 최대한으로 추구하여 행동한다고 상정한다. 그리고 여러 가지 행동 패턴을 검토한다. 구체적으로 어떻게? 그렇다, 죄수의 딜레마라는 유명한 예가 있지 않은가. 우선 두 명의 공범 용의자가 있다고 하자. 둘은 서로 뜻을 전달할 수 없는 상황이고, 자백을 할 것인지 묵비권을 행사할 것인지, 각자 자신에게 가장 유리한 방법을 비교, 검토한다. 그리고 다른 용의자가 어떻게 행동할 것인가를 예측하면서 자신에게 최선이라고 여겨지는 행동을 취하려 할 것이다. 그러면 어떤 결과가 나올까.

그런 종류는 게임이 아니라고? 음, 아니 게임이다. 주체가 행동해야 할 규칙이 결정되어 있고, 그 안에서 주체가 어떻게 행동할 것인지 모델화되기 때문이다. 사실 게임이론은 경제학에서 특히 유효하게 작용할 수 있다. 시장에서 인간은 경제인(호모 이코노믹스)로서 행동한다고 상정하는 게 간단하기 때문이다. 경제인의 행동은 인간 활동의 극히 일면에 불과하지만 어디까지나 시장과의 관계를 고찰하고자 하기 때문에 인간의 다른 면은 일체 염두에 두지 않기로 하며, 또 그렇게 생각해야만 한다.

법률은 어떤가. 사회에서는 법적인 규범으로 간주되는 것이 있다. 그것은 원래 어떻게 해서 규범으로서 승인된 것인가. 법률로 인정할 것인가 말 것인가 하는 문제이다. 게임과 규칙의 이론으로 충분히 전개할 수 있다.

사회계약론이란 것이 있다. 근대사회의 형성 원리로 크게 기여한 이론이지만 이것 역시 게임과 상당히 유사한 점이 있다. 어떤 추상적인 관계를 모델로 인간이 어떻게 행동하는가를 생각하기 때문이다. 이 이론에서 인간은 노동하고 재산을 소유하고 또 자신의 욕망 때문에 타자에게 폭력을 휘두를 수 있는 존재로 제시된다. 인간의 다른 측면은 제쳐두고 우선 계약이라는 게임에 따르도록 상정한다. 즉 사회의 성립 자체가 일종의 게임으로 고찰된다.

최근의 이론에서 찾으면 정의에 대해 고찰한 롤스를 들 수 있다. 주체는 다른 주체에 대해 알지 못하는 쪽이 공평하다고 하는 '무지의 베일'을 제창하였다. 그런 규칙의 토대에서 행동할 것이 요청되기 때문에 현대사회 정의도 게임의 사고방식으로 충분히 다룰 수 있다(롤스의 기본 구상은 인간은 여러 가지 특성과 재산, 성적인 차이 등을 무시하면 추상적인 인격으로 등장한다).

인간관계를 생각하는 게임이론에서는 인간은 원자와 같은 작은 모나드(더 이상 나눌 수 없는 궁극적인 실체)로 간주되며 모나드로서 행동할 것을 요구한다. 게임의 사고에서는 규칙과 규칙에 따르는 추상적인 인격만 필요하며, 그 관점에서만 생각한다. 이 때문에 현실의 인간이 가진 여러 가지 특성은 제외된다. 물론 불만스럽겠지만 충분히 이해할 만하다. 이러한 한계에도 불구하고 게임이론 자체를 부정할 필요는 없다고 생각한다.

가령 커다란 케이크를 잘라서 나눈다고 하자. 자기가 맨 마지막에 집어야 한다면 케이크를 많이 먹고 싶은 사람이나 조금만 먹고 싶은 사람이나 이런저런 생각 끝에 결국 가능한 한 케이크를 똑같이 자르려고 하지 않겠는가. 케이크가 잘라진 부위마다 다르지만 그 점은 무시하고 크기가 같은가만 생각한다. 게임이론은 바로 그런 점에 주목한다.

철학 분야의 게임이론은 비트겐슈타인의 언어놀이가 유명하다. 이 이론은 정치, 경제 분야의 게임 방식과는 상당히 다르다. 매우 독창적이다. 그는 인간의 행동 규칙을 결정하거나 그 규칙만이 적용되는 공간에서 인간의 행동을 고찰하지 않는다. 물론 게임이기 때문에 규칙에 주목하지만 그가 주목하는 것은 다른 부분이다. 인간생활은 여러 가지 형태로 모델화되어 언어놀이 자체로 나타난다. 즉 인간 생활의 여러 측면은 다층적인 언어놀이로 고찰할 수 있다고 본다.

'언어놀이'에서 언어를 말하는 것은 하나의 활동이며, 의사를 표현하는 생활양식의 일부라는 점을 명시해야 한다. 언어놀이의 다양성을 다음과 같은 여러 예와 또 그밖의 예에서 그려낸 것이라고 하자. 명령하고, 명령에 따라 행동한다. 어떤 대상을 주시하고 때로 계량한 대로 기술한다. ― 비트겐슈타인 『철학적 탐구』

비트겐슈타인은 한때 초등학교 교사였다. 수업시간에 학생들과 자주 언어를 이용한 놀이를 했다고 한다. 몇 가지 단어와 규칙을 이용하여 어떻게 의사를 전달할 수 있는가, 어떤 규칙을 쓰면 의사가 전달될 가능성이 얼마나 높아지는가 등등. 실제 놀이를 통해서 언어의 성격을 탐구하였다.

비트겐슈타인이 깨달은 것은 언어놀이는 여러 장면에 따라 다양한 특성을 가진다는 점이었다. 실제 생활의 장에서 언어놀이의 다양성을 관찰한 것은 그가 처음이었고, 이어서 일상 언어분석이나 오스틴의 언어행동론의 발상이 나오게 된다.

다음은 루만의 사회체계론을 살펴보자. 사회 안에서 많은 사람들이 행동하여도 혼란이 발생하지 않는 이유는 무엇인가. 사회 내에 암묵적인 규칙이 존재하고 있기 때문이다. 이렇게 규칙을 익힌 사람들은 타자 역시 어떻게 행동하리라 예견한다. 반대로 암묵적인 규칙에 반하여 행동하는 자에게는 비난을 가한다. 이런 암묵적인 규칙은 법률 이전의 것이다. 가령 올바른 행동이나 예의 같은 것이다. 타자가 어떤 상황에서 어떤 행동을 취할 것인가 상호 예견 가능한 구조와 암묵적 규칙에 따라 사회는 단순화된다.

자아는 타인이 자아에게 예견하는 일을 스스로에게 기대할 수 있어야 한다. 그렇지 않으면 자아에 대한 서로의 기대에 자아 자신의 기대나 행동을 조정할 수 없게 된다. 기대의 재귀성再歸性이 확실히 행해질 경우에만 이러한 기대의 재귀성을 기준으로 한 사회적 영역의 자기제어가 이루어진다고 할 수 있다. ― 루만 『사회체계론』

루만은 이러한 암묵적인 기대에 기초한 상호관계에서 더 나아가 화폐나 법, 언어 같은 여러 체계가 사회 안에서 어떻게 기능하는지 주목한다. 이러한 부분 체계는 모두 스스로 살아 움직이는 라이프 게임에 가깝다.

# 언어
## language, Sprache

말한다는 것은 관념을
밖으로 드러내는 것이 아니다.
말의 의미는 살아가는
것이라고 메를로퐁티는 말한다.

언어는 로고스이다. '언어'와 '논리'는 둘 다 같은 단어인 로고스이다. 물론 철학은 언어 없이는 이루어질 수 없다. 철학의 모체, 철학이 가능한 장소, 모태이다. 그래서 논리학만 '로고스의 학문'이라고 일컫는 것은 뭔가 문제가 있다고 생각한다.

하지만 언어가 본격적으로 철학의 문제로 다루어지게 된 것은 최근의 일이다. 그때까지 언어는 철학에서 (필수이기는 하지만) 철학적인 사고를 타자에게 전하는 도구 정도로 여겨왔다. 생각은 정신 내에서 사고를 형성하는 것이며, 언어는 사고를 타자에게 전하는 것이라고. 그리고 언어는 '사고의 정확성을 손상시키며 전하는' 수단으로 여겼다.

'손상'시킨다는 것은 결국 무엇인가. 언어는 사고思考에 대해 베일과 같은 존재로 보는 시각이 있었다. 우리들은 사고를 타자에 직접 전할 수 없기 때문에 어쩔 수 없이 언어라는 도구를 사용한다. 그리고 사고 자체에 오류가 없어도 언어로 사고를 전하는 과정에서 오류가 발생할 수 있다고 여겼다. 언제부터 그렇게 생각했을까. 이미 플라톤에서 기미가 보인다.

언어는 신호라는 사고가 바뀐 것은 언제인가. 언어를 공공적인 것으로 인식한 것은 독일의 관념론, 특히 헤겔에 와서이다. 헤겔은 말은 자기를 외화外化하고, 형식을 갖추게 하는 계기라고 생각했다. 사회에서 형성된 언어를 사용하는 것, 그것은 주체에게는 자신만의 비밀스런 언어 사용을 포기하게 하는 것이다.

이렇게 언어는 베일과 같은 역할이 아니라 인간사회에서 공공적으로 쓰이는 기호로 인정받게 되었다. 하지만 아직 철학의 중심 테마는 '의식'에 있었다. 독일 관념론이나 뒤이은 현상학적 관점이 그렇다. 의식철학이라고 할까, 풀어야 할 비밀은 의식 속에 있다고 여겼기 때문에 의식에 관심이 집중되었다. 20세기 초기 무렵이다.

현상학의 후설은 이렇게 말한다. '타자란 자아가 의식의 명증성明證性에 근거하여 연역해야 하는 것'이다. 현상학은 '자아'를 '허약한 독아론적 자아'로 파악하였다. 철학의 출발점은 여전히 의식이었다.

이러한 생각이 바뀐 것은 1960년대 무렵부터이다. 마침내 철학의 중심 테마가 의식에서 언어로 전환하기 시작한다. 메를로퐁티는 언어와 사고의 관계에 대해서 잘 설명하고 있다. 언어는 관념의 베일과 같은 것이 아니라 인간의 사고 자체를 가능하게 하는 매체라고 말한다.

말하는 이는 말하기 전에 생각하지 않으며 말하는 사이에 생각하는 것도 아니다. 말하는 이의 말이 사고 그 자체이다. (…) 말은 나의 언어적인 세계라는 하나의 특정한 장이며, 나의 도구의 일부이다. 내가 그것을 표상하려면 하나의 방법밖에 없다. 그것을 발음하는 것이다.

— 메를로퐁티 『지각의 현상학』

말한다는 것은 관념을 밖으로 드러내는 것이 아니다. 말의 의미는 살아가는 것이라고 메를로퐁티는 말한다. 말이 창조해낸 세계 속에서 주체로서 존재하는 것이다. 말을 사용하며 타자와 교류한다. 그에 따라 스스로 존재를 변형시키는 것이다. 언어는 우리 사고의 '신체'에 해당한다.

다음은 비트겐슈타인. 메를로퐁티보다 조금 앞서지만, 언어놀이라는 사고방식을 내세웠다. 언어야말로 일차적인 것이고 철학의 문제는 항상 일상어의 사용법으로 되돌아가서 생각해야만 하며 그곳이 '고향'이라고 했다. 좋은 이야기다.

철학자들이 말, 즉 지식, 존재, 대상, 자아, 명제, 이름 등을 사용하여 사물의 본질을 파악하고자 할 때 항상 다음과 같이 물을 필요가 있다. 도대체 이 말은 그 고향인 언어 속에서 실제로 그렇게 쓰이고 있는가? 이러한 말들을 그 형이상학적인 용법에서 일상적인 용법으로 다시 되돌리자. ─ 비트겐슈타인 『철학적 탐구』

비트겐슈타인의 사상에서 언어는 불가사의한 위치를 차지한다. 언어는 인간의 사고에서 세계와의 경계를 설정하는 것이다. 외부는 아니다. 가령 철학을 논하는 데 또 하나의 다른 철학이 필요하지는 않다. 이른바 이중구조의 철학은 필요없다. 마찬가지로 언어를 파악하는 데에 이중구조의 언어는 필요없다. 언어 바깥에 사고와 표상이 존재하는 것이 아니라, 모두 언어를 통해서 비로소 실현된다.

하이데거는 인간을 '세계내 존재'라고 칭했다. 인간은 세계 안에서만 살 수 있다는 뜻이다. 후에 가다머가 한층 발전시킨다. 세계 내

존재란 인간이 언어 안에서 존재한다는 의미이다. 언어는 단순한 도구가 아니다. 인간은 이른바 '언어내 존재'와 같다. 사람이 살아간다는 것은 언어를 통해서 '타자'와 '다른 텍스트'를 해석하는 것이다. 그리고 그것에 따라 스스로 변화한다. 살아가는 것은 일련의 과정일 뿐이다.

> 언어는 인간세계의 많은 소유물 중의 하나가 아니다. 인간이 세계를 갖는 것은 언어에 따르고 있기 때문이다. 인간에게 세계는 다른 생명체가 세계를 경험하는 것과 완전히 다른 형태로 존재한다. 이 세계는 언어적인 성격의 것이다. ─ 가다머 『진리와 방법』

철학자의 통찰과는 달리 언어가 가진 힘을 분석함으로써 철학의 어려운 문제를 해소하고자 한 시도도 있다. 프레게로 대표되는 논리학의 흐름과 영국의 일상언어학파 등이 그렇다.

우선 러셀과 프레게. 일상언어는 항상 불완전한 언어이고 이것을 개량하여 이상적인 언어를 만들어내야 한다고 여겼다(비트겐슈타인과 상당히 다르다). 철학의 사고와 개념은 일상언어를 사용함으로써 오류와 패러독스가 생겨난다. 투명하고 오류를 포함하지 않으며 논리조작이 가능한 언어가 있다면 철학의 어려운 문제는 해결된다는 생각이다. 기호논리학도 이를 위한 하나의 수단으로 보인다.

또 한 가지 보자. 영국의 오스틴의 언어행동론과 이를 이어받은 설의 오용론이다. 비트겐슈타인의 언어관을 이어받은 이들은 언어를 분석함으로써 형이상학의 '병'을 치유하고자 한다. 언어행위론에서는 언어의 의미를 말의 내부에 있는 의미만이 아니라고 생각한다. 즉 말은 쓰이는 현장에 따라 여러 가지 다른 의미를 가진다. 일상언어에서 보이는 여러 사용법으로 되돌아옴으로써 철학의 형이상학적인 물음도 해소할 수 있다고 생각한다.

이러한 두 흐름에는 공통점이 있다. 헤겔과 하이데거로 상징되는 (듯이 그들은 말하지만) 철학의 '공허한' 개념—비트겐슈타인의 표현을 빌리면 철학의 혹—은 언어에 대한 오해에서 발생한다고 본다. 그리고 첫째 명쾌하고 투명한 논리구조를 지니고, 둘째 상세한 일상언어를 분석하면, 셋째 이러한 문제는 없어질 것이라고 생각하였다.

철학에서 언어의 역할을 중시하는 의견은 분명 현대철학의 큰 흐름이다. 하지만 이것으로 철학의 문제를 '해소'할 수 있다고 여긴다면 다른 곳에서 철학의 '혹'이 불거져 나올 것이라는 생각이 든다. 언어분석적 측면에서 하이데거 사상이 '무의식적이고 공허'하다는 결론을 내린다고 해도 문제가 해결되는 것이 아니기 때문이다. 오히려 하이데거가 제기한 문제에서 눈을 돌리는 결과가 되지 않겠는가.

# 현상
## phenomenon

**인간이 지각하는 것은 현상에 지나지 않는다. 그렇다면 현상이야말로 인간이 고찰해야 할 대상이 아닌가라고 생각한 사람들이 있다.**

어딘가에 물건이 있다. 우리가 보고 있는 것은 '겉모습'에 지나지 않는다. 플라톤은 그렇게 생각한다. 불변하는 참된 실재, 즉 이데아에 대해서 현실 세계의 '겉모습'은 계속 바뀐다. 겉모습, 즉 현상이다. 그리스어의 '나타나다' 파이노phaino는 드물게 그대로 남아 있는 철학 개념 중 하나이다. 존재론에서 현상은 이데아보다 뒤떨어진 것으로 본다. 왜냐하면 어딘가에 진짜가 있을 것이기 때문이다. 이러한 생각은 철학에 그림자처럼 붙어다니는 고질병인지도 모른다.

물론 플라톤도 겉모습을 헛된 것으로 보지는 않았다. 겉모습을 통해서 이데아가 발현되기 때문이다. 현상은 참된 실재의 '겉모습'에 불과하지만 참된 것은 거기에 '나타난다'. 오히려 사람들은 그 '겉모습'을 근거로 삼을 수밖에 없다. 이것은 현상의 근본적인 문제점이다. 그리스 시대에 벌써 이 정도라니 대단하지 않은가.

인간이 지각하는 것은 현상에 지나지 않는다. 그렇다면 현상이야말로 인간이 고찰해야 할 대상이 아닌가라고 생각한 사람들이 있다. 17세기 영국의 경험론자들이다. 로크는 우선 다음과 같이 구별한다. 물질 고유의 본질인 제1성질. 인간이 지각할 뿐이며 물질에 본래 갖추어져 있지 않은 제2성질. 하지만 버클리는 그 구별이 무의미하다고 말한다. 인간은 원래 겉모습인 제2성질밖에 지각할 수 없다. 존재는 이러한 겉모습의 지각일 뿐이다. 조금 충격적인 얘기이다. 현상이 결국 모든 것이라는 뜻이기 때문이다. 이보다 조금 앞선 스피노자와 라이프니츠였다면 '사물의 질서와 관념의 질서는 정확히 대응한다'고 믿었을 것이다. 지나치게 소박하다면 그럴지도 모르지만.

그런데 버클리에게는 여전히 겉모습과 존재의 동일성을 보증해주는 신이라는 존재가 있었다. 하지만 이것을 거부하고 겉모습 문제를 철저하게 추구한 인물이 있다. 칸트이다. 그는 인간의 '현상'(페노메논phenomenon) 세계에 '물자체物自體(사물 자체)'의 세계를 대비시켜 누메논noumenon(인식된 것)이라고 했다. 그리고 이렇게 말했다. 인간은 물자체를 인식할 수는 없다. 현상을 단서로 자연세계를 그대로 이해할 뿐이다.

인간이 물자체를 이해할 수 없다는 점은 오히려 인간의 지식과 진리의 장을 확보하게 해준다. 이 점이 칸트 이론이 돋보이는 점이자 재미있는 부분이다. 가령 우리가 자연을 과학의 대상으로 삼지만 거기서 발견하는 법칙이 옳다는 근거는 무엇인가. 칸트는 이에 또 하나의 답을 내놓는다.

현상세계는 물자체에서 독립되어 있다. 그런데 인간이 이해하는 현상세계에서 자연과학의 법칙이 어떻게 타당한가. 그것은 인간의 지각과 인식의 구조가 같기 때문이다. 과연 칸트다. 하지만 인간은 현상밖에 파악할 수 없다는 점은 버클리의 생각을 이어받은 것이다.

어떤 사람들은 반대로 현상과 물자체의 이원론을 극복하려고 애썼다. 피히테 이후의 독일 관념론자들이다. 하지만 그후 19세기에 접어들면 니체의 원근법적 perspectives 이론이 등장한다. 니체는 물자체의 존재를 부정하고 칸트의 현상론을 철학방법론으로 삼는다.

여기에는 라이프니츠의 의견도 조금 반영되었다. 세계는 개인의 시각에 따라 달라진다는 의견이 포함되기 때문이다. 이는 일찍이 라이프니츠가 내놓은 관점이었다(그가 모나드 이론을 연구할 무렵이다). 하지만 라이프니츠는 아직 '참된 사물의 질서'가 존재한다고 상정했다.

하지만 니체에 따르면 그런 것은 없다. 현상과는 별도로 물자체가 존재한다는 생각은 애초에 인간세계와 떨어진 어딘가에 참된 세계가 실재한다고 상정하였기 때문이다. 이는 형이상학적인 오류로 보고 제외시켰다.

니체는 진리에 대해서 갖가지 비판을 내놓지만 특히 두 가지 비판에 집중한다. 철학이 '참된 실재세계'를 믿는 것. 그리고 그 '참된 세계'와 '인간이 표상하는 현상세계'가 대응한다고 믿는 것. 하지만 조금 주의할 필요가 있다. 여기서는 단순히 진리란 상대적임을 말하려는 것이 아니다. 결국 원근법적 접근이 중요하다는 말이다. 즉 인간이 사물을 보는 시각이다.

원근법적 이해는 니체의 근본적인 방법론의 하나이다. 그는 『즐거운 지식』에서 원근법적인 이해야말로 '모든 삶의 근본 조건'이라고 말한다. 과연 그런가. 세계에는 수많은 시각이 작용하지만 인간에게는

인간의 시각밖에 주어져 있지 않다. 자기의 시각을 분석하는 데도 그
것을 사용해야 한다.

　이런 분석을 할 때 인간의 지성은 자기 자신을 자신의 원근법적인
형식틀에서만 보며, 게다가 그 형식틀에서 보는 것 외에 다른 방법
이 없다. ― 니체 『즐거운 지식』♦

　니체는 인간은 현상밖에 파악할 수 없다고 말한 칸트의 사고방식
을 철학적 인식조건으로 재조직하여 보여준다.
　이것을 사고의 도구로 삼은 것이 후설의 현상학이다. 주체는 의식
에 의한 소여所與(사유에 의해 가공되지 않은 직접적인 인식 ― 옮긴이)로
얻어진 현상에서 출발한다. 그리고 의식에 내재하지 못한 것을 하나
씩 '환원'하여 지워간다. 이러한 후설의 방식은 헤겔이 기초가 된다.
헤겔은 『정신현상학』♦♦에서 '주체는 의식에 주어진 현상 이외에는
단서로 삼을 수 없다'라고 하는 방법론을 확립하였다. 『현상학의 이
념』♦♦♦에서 후설은 이를 한층 더 정밀하게 발전시켰다.

　심리학적 통각, 객관화된 심리학적 현상은 사실 절대적 소여성所與性
이 아니다. 다만 순수현상, 즉 환원된 현상만이 절대적 소여성이다.
체험하는 자아, 세계 시간에 존재하는 인간이라는 객관, 여러 사물
중의 하나로 존재하는 사물은 절대적인 소여가 아니며, 따라서 자아
체험으로서의 체험도 아니다. ― 후설 『현상학의 이념』

---

　　♦ *Die Fröhliche Wissenschaft*　　♦♦ *Phänomenologie des Geistes*
　　　　　　　　　　　　　　　　　♦♦♦ *Die Idee der Phänomenologie*

후설은 우선 의식이 자연에 대해 갖고 있는 여러 선입관과 가정을 공중에 내건다(이를 '환원'이라고 한다). 이로써 의식이 현상을 받아들이기 위해 최소한 필요한 요소와 그 구조만 빼낼 수 있다. 이렇게 준비작업이 갖추어지면 '순수한 인식 현상'과 인식의 객관과의 관계를 고찰한다. 이런 식으로 주체의 입장에서 세계의 의미를 생각하고자 한다.

이와 같이 주체는 의식과 순수에 주어진 소여를 분석하여 세계와 자아를 고찰할 수 있다. 현상학은 의식에서 현상을 최고 과제로 삼는다. 하지만 결과적으로 (여기가 역설적이지만) 현상학은 의식에 관한 '다른' 큰 문제를 만들고 만다. 의식에 내재한 바를 고찰하여도 현상 전체를 해명할 수 없다는 사실을 깨달은 것이다.

후설도 이 문제에 관해 일찍이 간파하고 있었다. 세계의 의미는 의식에 내재적으로 주어지지만 이 의미 자체는 '의식의 외부'에서만 찾아온다. 만년의 후설은 생활세계라는 개념을 집중 고찰한다. 생활세계는 의식에 들어왔다가도 항상 지평처럼 빠져나가고 만다. 게다가 이러한 '분석하는 의식'의 가능성을 제공한다. 의식에 대해 현상을 부여하는 기반, 의식이 항상 전제하지 않으면 안 되는 것, 즉 외부이다.

메를로퐁티는 외부의 문제를 이어간다. 그리고 의식의 외부이면서 의식과 밀접한 관계를 가지는 신체성의 문제를 전개한다. 그는 현상학에는 아직 의식으로서의 주체와 현상으로서 나타나는 객체의 이원론이 남아 있다고 생각했다. 그렇다면 이원론 이전에 존재하며, 이원론을 만들어내는 것은 무엇인가. 메를로퐁티의 『보이는 것과 보이지 않는 것』은 그것을 묻는 책이다.

# 권력
**power**

우리는 이미 권력 게임에
참가하고 있다.
권력 게임의 장은 도망쳐야 할
장이 아니라 우리 모두
진정한 의미에서 자발적으로
행동할 수 있는 장이다.

권력에는 직장상사의 권력에서 국가권력까지 여러 가지가 있다. 하지만 어떤 권력이든 하나의 공통 요소가 있다. 권력은 실체라기보다 사람들과의 관계에서 전해져 오는 것이다. 이 점에서 폭력이 지닌 강제력과 구별된다.

나는 너보다 우월한 부분이 있어 어떤 종류의 권력을 너에게 행사한다. 낚시를 내가 잘하고 네가 초보라면 너는 나의 권력의 기반이 된다. 너도 나보다 우월한 부분이 있어 나에게 권력을 행사한다. 기업에서 네가 사장이고 나는 평사원이라면 나는 너의 권력의 기반이 된다는 식이다.

다만 근대국가가 등장한 이후, 특히 마르크스주의에 의해 권력이라는 개념은 매우 협소해졌다. 마르크스주의에서 권력은 즉 국가권력이다. 지배계급이 강제적 장치로써 국민에게 행사한다. 지배계급의 이러한 강제적 장치에 대해 프롤레타리아트의 독재라는 다른 강제적 장치로 싸우는 것이다. 하지만 그 때문에 이 두 가지 강제적 장치는 쌍둥이처럼 같은 권력개념을 가지고 있다.

『국가와 혁명』에서 레닌은 폭력적인 권력으로 자본주의의 권력을 넘어서는 꿈을 꾼다. 그리고 권력도 폭력도 없는 유토피아를 그린다. 국가는 사멸해야 한다는 것이 그의 꿈이었다. 하지만 실제로 사회주의에서 국가는 점점 강대해지고 인민은 무력해졌다. 왜 그렇게 되었는가. 소련이나 동유럽의 역사적인 사정도 무시할 수 없지만 분명 권력에 대한 이론적인 결함이 중요한 이유 중 하나이다.

마르크스주의의 권력관은 자본주의식 사고의 일부를 과장한 것에 불과하다. 인간사회의 훨씬 광범위한 권력관계를 잘 파악하지 못하고 있다. 국가권력만이 권력이 아니기 때문이다. 권력관계는 우리가 서로 관계해야만 하는 장에서 생긴다. 우리들 사이에 연결된 그물코처럼 '미세 권력'이 우리들을 둘러싸고 있다. 과연 '미세 권력'은 어떤 구조이며 어떤 기능을 하는가.

여러 사람이 이 문제를 다루었다. 모두 대단한 인물들인만큼 한 사람씩 소개하려 한다. 우선 막스 베버. 권력은 자기 의지를 타자에게 강요할 가능성이라고 보았다. 그리고 권력은 '따르는 것'이다. 사람이 권력에 따르게 되는 이유를 찾아, 권력을 정당성이라는 관점에서 파악하였다. 예컨대 지배에 관해서 카리스마적인 지배와 전통적인 지배 권력이 있는바, 사람들이 어떤 마음으로 복종하는가를 연구하였다.

베버는 지배라는 관점에서 권력을 다루었기 때문에 전통적인 권력 개념에서 벗어나지 못한 점이 있다. 하지만 권력의 내재된 힘에 관심을 기울인 점은 주목할 만하다. 『프로테스탄티즘의 윤리와 자본주의 정신』도 그렇다. 사회에 사는 사람들의 일상적인 도덕심이 어떻게 그에 부응하는 권력을 형성해가는가를 이러한 관점에서 고찰한 것이다.

미셸 푸코는 권력론의 새로운 지평을 열었다. 두 사람의 인간이 마주하는 곳에서는 항상 미세 권력관계가 성립한다고 보았다. 하지만 그 권력은 고정적인 것이 아니고 변하며 위치에 따라서 역전하는 불안정한 권력관계이다. 이러한 미세한 권력관계는 중첩적으로 이뤄지며 주체와 타자의 행위에 내재되어 있다.

그의 관점이 참신한 것은 우선 권력이 외부에서 실체적인 것으로 강제되는 것이 아니라 주체와 주체의 관계에서 존재한다고 파악한 점이다. 이런 방식으로 주체들 사이의 권력관계가 성립하는 이유와 근거, 프로세스를 고찰할 수 있게 된다.

푸코에 따르면 근대사회에서는 주체가 주체로 서는 과정에서 자기를 '권력적 주체'로 형성해갈 것이 요구된다. 주체라는 것은 권력관계의 장으로 들어갈 가능성을 손에 넣는 것이다. 철학의 중요한 역할은 이러한 권력관계를 묻는 것이다.

> 즉 철학은 권력의 문제를 선악과 같은 도덕적인 문제나 법률적인 관점에서 제안하는 것이 아니라 아주 소박한 물음으로서 제안하는 것, 즉 권력관계가 어떤 것인지 다루는 것이다. ─ 푸코 「정치의 분석철학」◆

권력을 이런 식으로 생각하면 몇 가지 분명해지는 게 있다. 우선 국가만이 권력을 독점한다고 생각하지 않아도 된다. 그러므로 스탈린이즘이나 파시즘의 문제를 자기 관점에서 해석할 수 있게 된다. 즉 권력은 모두가(우리도) 이미 참가한 게임이다. 섬뜩하다. 우리도 권

---

◆La philosophie analytique de la politique

력의 문제를 자신과 가까운 문제로 느끼게 된다.

더욱이 권력을 '강제 장치'가 아닌 자신과 타자가 구성하는 '장'의 한 특성이라고 생각할 수 있다. 즉 좀더 내적으로 분석할 수 있게 된다. 권력이 작용하는 장과 그 메커니즘에 관해 바깥에서만 관찰하는 것은 아니기 때문이다. 권력은 생활 가운데에서 항상 생겨나는 부산물이다. 그리고 그 영향을 자신도 타인도 빠져나갈 수 없다. 위험한 부산물이다.

권력을 타자와의 관계성으로서 보는 눈은 한나 아렌트에게서도 찾을 수 있다. 그는 개인이 가진 자연적인 힘이나 폭력과 대립되는 권력에 주목한다.

〔권력은〕 단순히 활동하는 것이 아니라, 공동으로 활동하는 인간의 능력에 대응한다. 권력은 개인이 소유하는 것이 아니다. 그것은 집단에 속하며 그 집단이 집단으로서 존속하는 한 있어야만 한다.
— 아렌트 『인간의 조건』

아렌트는 다양성이라는 '인간의 조건'을 생각한 사상가이다. 그녀는 이 중에서 정치의 근본적인 가능성으로 권력을 다루고 있다. 권력을 강제하는 힘이라고 생각한 마르크스주의와 대조적이다. 그리고 아렌트의 권력개념으로는 인간이 서로 권력을 행사하는 것이 정치적으로 볼 때 중요한 활동이다. 부정적인 것이 아니다. 놀랍지 않은가.

그렇다. 아렌트는 인간이 인간답게 살기 위해서는 이러한 공적인 공간, 사람이 개성을 가진 존재로 사는 영역이 필요하다고 생각했다. 그리고 이 영역은 우리들이 필사적으로 구축하고 지키지 않으면 금방이라도 붕괴해버릴 수 있다고 했다. 파시즘을 겪은 결과이다. 아렌트에게 권력은 공적인 공간을 유지하기 위한 것이다. 즉 사람들의 관계를 구축해 나가기 위한 중요한 수단이다. 권력이 존재함으로써 공적인 장이 가능하게 되며 사람들의 공동행위가 의미를 지닌다고 여겼다. 굉장히 신선하지 않은가.

권력을 부정적으로 생각하지 않고 자신과 관련된 필수적인 것으로 생각한다는 것이 중요하다. 그렇지 않으면 우리는 권력은 항상 외부에서 행사하는 것일 뿐이라 여길 것이다. 그런 생각으로는 자신이 행사하는 권력에 대해 확실히 자각할 수 없다. 그리고 자신이 살아가야 할 공간을 구축하는 일에 태만하기 쉽다. 거듭 말하길 우리는 이미 권력 게임에 참가하고 있다. 그리고 권력 게임의 장은 도망쳐야 할 장이 아니라 우리 모두 진정한 의미에서 자발적으로 행동할 수 있는 장이다.

# 광학
## optics

우리는 모두 하나의 광학,

하나의 원근법밖에

가지고 있지 않다. 그것으로

세계를 볼 수밖에 없다.

이른바 인간의 조건이다.

광학. 빛의 학문. 그리고 사물을 '보는' 학문. 그리스어의 옵티코스(보이다)에서 만들어진 말이다. 태양 빛 아래서 허위나 허망은 소멸하고 진리가 역력히 나타난다. 이같은 그리스적 사고방식이 뿌리를 내리고 있어 진리를 빛에 견주며 태양 빛에 비추어진 존재를 '참된 존재'라고 생각하는 전통이 생겨났다(하이데거도 『플라톤의 진리론』*에서 진지하게 고찰한다).

플라톤만이 아니다. 아리스토텔레스도 철학 자체를 '보다'라는 관점에서 접근하였다. 철학의 역할은 테오리아(관상觀想)에 있다고 말할 정도였다. 테오리아는 나중에 '이론'이라는 말로 승격된다. 인간의 감각 중에서도 듣는 것, 만지는 것, 냄새를 맡는 것 따위는 신체적 영향이 강하므로 거짓이 포함될 가능성이 많다고 여겨왔다. 하지만 시각만은 달리 취급되었다.

이런 이유로 '본다'는 진리와 사고의 중요한 기준이었다. 철학에서 눈은 특권적인 기관이고 '시각'에도 중요한 역할이 주어진다. 직관이나 관점이라는 한자어에도 '觀(보다)'이 포함되어 있다. 우리는 이 비유에서 좀처럼 빠져나갈 수 없다.

데카르트는 17세기, 코기토(나는 생각한다. 그러므로 나는 존재한다)로 '생각하는 것'을 통해서 근대철학의 기초를 세웠다. 돌파구 역할을 한 그도 인간의 이성이 빛처럼 자연스럽게 부여받은 것이라는 발상은 의심하지 않았다. 인간에게 주어진 자연적인 이성에 따르는 것이 진리에 도달하는 길이라고 생각하였다. 그는 '이성의 생득성'에 근거하여 신의 존재를 증명하려 하였지만 우리가 보기에는 '자연의 빛'인 이성과 그리스도교 신학이 얼마나 밀착되어 있는지 더 여실히 보여주는 듯하다.

빛이라는 은유에는 물론 함정이 있다. 보는 것은 확실히 다른 감각에 비해 추상성이 높지만 사물과 거리를 두고 사물 자체를 인식한다. 시각을 통해서 사물을 이해하는 만큼 시각에 따른 문제도 있다. 예컨대 눈의 위치가 바뀌면 보이는 것도 바뀐다. 이는 인간의 신체적 구조에서 오는 문제이기는 하지만, 어쨌든 그런 이유로 서양 형이상학은 진리와 '보인다'를 둘러싼 여러 가지 오해와 오류, 그리고 오류 수정의 역사로 가득 차 있는 듯한 느낌을 준다. 하지만 오히려 이런 점을 이용하여 이론을 구축하는 용사가 등장한다. 굉장하지 않은가.

바로 라이프니츠이다. 그는 인식이란 어느 한 지점에서 사물을 보는 것이라고 한다. 누구나가 한정된 지점에서 사물을 볼 수밖에 없다. 라이프니츠는 이를 반대로 이용하여 거기에 모나드의 고유성을

---

◆ *Platons Lehre von der Wahrheit*

끌어내었다. 모나드는 세계를 비추는 거울과 같다. 거기 비치는 세계는 동일한 세계이지만 보는 관점에 따라 다르다. 하나이지만 같은 것은 없다.

이어 니체는 이를 원근법perspective라는 개념으로 표현한다. 원근법을 벗어나 사물을 볼 수 있는 것은 세계를 내려다보는 신뿐이다. 우리는 모두 자신의 위치에서만 사물을 본다. '어디에도 없는 곳'에서 사물을 보는 것은 불가능하다. 그러므로 인간적인 광학의 '궁극적인 귀결'에 관해 진지해야 한다고 니체는 경고한다.

> 철학자 제군, 지금부터는 '순수하고, 의지가 없으며, 고통이 없고, 시간도 없는 인식 주관'을 상정하려는 옛날식의 위험한 개념 이야기에는 특히 주의해야 하지 않겠는가. '순수이성'이니 '절대정신'이니 '인식 자체'니 하는 모순된 개념의 촉수에 붙잡히지 않도록 주의해야 하지 않겠는가. 왜냐하면 이런 것을 언급할 때마다 도저히 상상할 수 없는 눈을 생각하도록 강요하기 때문이다. ─ 니체 『도덕의 계보학』

우리는 모두 하나의 광학, 하나의 원근법밖에 가지고 있지 않다. 그것으로 세계를 볼 수밖에 없다. 이른바 인간의 조건이다. 니체는 인간의 이러한 조건이 여러 가지 오류를 가져왔다고 보며, 이 사실을 잊고 투명한 시각으로 인간이나 세계를 보려고 해서는 안 된다고 했다. 니체는 광학이나 원근법의 은유를 강조하면서도 동시에 그 특권을 부정하고자 했다. 음식을 맛보는 미각, 소리를 듣는 청각, 냄새의 속성을 맡는 후각 등도 시각과 마찬가지로 중요성을 띠고 있다고 여긴 것이다. 참 마음에 드는 균형감각이다.

니체에 심취한 하이데거도 재미있다. 그는 보는 것이 아니라 듣는 것의 중요성을 강조했다. 그 점에 주목해보자. 하이데거에 따르면 존재 자체를 '보는' 것은 불가능하다. 인간은 존재를 언어로 '알아들을' 수밖에 없다.

'어디에도 없는 장소'에서 보는 것을 부정한 니체에 이어 이것을 방법론적 근거로 삼은 이가 메를로퐁티이다. 그는 신체를 통해서 인식하는 인간에게 위에서 내려다보는 '조감적 시각' 같은 것은 있을 수 없다고 강조한다. 그리고 사물을 순수하고 추상적으로 보는 시각의 위험성에 대해 묻는다.

나는 원초적인 의미에서 보는 능력이고, 사물을 정해진 시간과 장소에 고정시키고, 본질을 볼 수 없는 하늘에 고정시킨 순수한 시각인가. 어디에서도 발하지 않는 지식의 광선인가.
— 메를로퐁티 『보이는 것과 보이지 않는 것』

물론 메를로퐁티는 우리가 그런 존재가 아니라는 말을 하고 싶은 것이다. 즉 인간은 신체를 가진 존재로서 본다는 '경험'을 하는 것이고 '순수한 시각'으로서는 존재할 수 없다. 사람은 조감적인 시각을 갖지 않은 신체적인 존재이다. 그렇기 때문에 세계 속에서 자신만의 존재로서 살아가며 타자와 교류할 수 있다. 의식은 '본다'라는 경험의 특이성을 모른다. 하지만 보이는 것은 보이지 않을 수도 있으므로 비로소 살아갈 수 있는 것이다. 매우 정밀한 사고인 듯하다.

시각의 유일성은 초기의 비트겐슈타인을 상기시킨다. '자신의 눈'은 세계에 대한 나만의 자세이기 때문에 조감적으로 세계를 내려다볼 수 없다. 나는 나의 눈으로 세계를 보지만 나는 타자처럼 나의 눈을 볼 수 없다. 비트겐슈타인은 조감적인 시각을 부정했지만, 그것은 눈의 결함 때문이 아니고 세계의 구조 그 자체 때문이다.

이는 라이프니츠의 모나드와도 비슷한 듯 보이지만 분명히 다르다. 라이프니츠의 모나드는 제각각 개인의 세계를 비추는 거울과 같은 것이다. 하지만 비트겐슈타인의 주체는 세계를 비추는 것이 아니다. 이 주체는 세계를 자신만의 시점으로 보면서 살아가는 수밖에 없는 존재이다. 각각의 주체는 세계의 한계를 확인하면서 산다(그리고 이 눈은 자신을 보는 것이 불가능하다). 눈은 세계를 세계로서 그 외부에서 파악할 수는 없다. 눈이 보는 것은 세계이다.

비트겐슈타인의 생각은 자신뿐이라는 독아론에 가까운지 모른다. 하지만 그런 요소를 가지고 세계를 '보는' 의미를 되물으려고 했다. 몇 번이고 되새겨 생각할 만한 가치있는 사고의 번뜩임이 숨겨져 있는 듯하다. 실제로 우리는 거듭 설득당한다.

반복해보자. 나는 나의 눈으로만 세계를 본다. 그것이 주체의 구조이고, 누구나 자신만의 시각으로 살아간다.

# 교환
## exchange

공동체가 성립하기 위해서는
다른 공동체와의
교환관계가 존재하고
또 전제되는 것이 아닐까.

기원전 4세기, 플라톤은 교환이라는 관행을 경계하였다. 왜 그랬을까. 하나의 공동체가 커져 자체에서 다 소비할 수 없을 만큼 부를 생산하게 되면 교환이 이뤄진다. 그런데 그런 여분의 부가 생겨도 좋은가. 물론 아니다. 그런 상황은 플라톤의 '자족하는 공동체'라는 이념에서 일탈하기 때문이다. 교환한다는 것은 이미 과잉의 부가 존재하는 상황을 뜻하는 바 이는 국가의 건전한 상태에 위배된다는 것이 플라톤의 생각이다.

하지만 정말로 그런가. 공동체가 독자적으로 성립하여 거기서 부가 축적되어 교환이 일어나는 걸까. 뒤에서 다루겠지만, 문화인류학의 레비스트로스라면 공동체는 복수의 공동체 상호간의 교환관계 속에서 동시에 생겨난다고 할 것이다. 분명히 한 국가나 공동체가 단독으로 성립하는 경우는 없다.

사회와 공동체 성립에서 단독 공동체만을 생각하면 (사고 실험으로는 소중하지만) 중요한 문제를 놓칠 수 있다. 20세기 초기 프로이트는 아버지를 죽임으로써 공동체가 성립한다고 생각했다. 17세기 사회계약론에서도 공동체 구성원 간의 계약에 의해 하나의 사회가 성립한다고 했다. 둘 다 다른 공동체와의 관계를 무시한 공동체 성립을 염두에 두고 있다. 하지만 앞서 말했듯이 공동체가 성립하기 위해서는 다른 공동체와의 교환관계가 존재하고 또 전제되는 것이 아닐까. 그런 점에서 아버지를 죽이는 의식이나 사회계약은 다른 공동체와 관계를 유지하면서 공동체가 성립해가는 하나의 계기를 독립적인 '이야기'로 들려준 것이라 할 수 있다.

공동체와 교환의 문제를 자세하게 고찰한 사람들은 문화인류학자이다. 레비스트로스는 『친족의 기본구조』◆에서 복수의 공동체에서 여성을 교환하는 관습을 다루고 있는데, 이 관습에 따라 공동체 자체가 성립할 수 있었다. 하나의 공동체만으로 폐쇄되지 않는다는 것이 공동체 성립조건으로서, 여성은 한 공동체와 다른 공동체와의 '연대감'이며 교환의 '화폐'였다.

> 이런 규칙은 모두 사회집단 내에서 여성의 순환을 확보하기 위한 수단, 즉 생물학적 기원의 혈족관계 체계를 인척이라는 사회학적 체계로 대체하기 위한 수단이다. ── 레비스트로스 『구조인류학』

배타적 공동체 안에 형제나 자매가 섞여 있는 경우 다른 공동체와 교류할 필요를 못 느낀다. 여성은 공동체 내에서 소비되기 때문이다. 그렇게 되지 않도록 다른 공동체에게 여성을 제공하고 제공받는 법칙을 만들었다는 것이 중요하다. 바로 근친상간을 금지하는

---

◆ *Les structures élémentaires de la parenté*

법Incest Taboo이다. 다만 '근친자'란 누구인가라는 범위는 공동체에 따라 다르다. 어떤 사회에서는 친어머니와의 근친상간은 눈살을 찌푸리는 정도인 데 비해 숙모와 관계를 맺는 것은 사회에서 추방될 정도로 엄격한 금기로 다스린다. 여기에서 '근친'은 생물학적 관계라기보다 사회가 결정하는 관계이다.

교환되는 것은 여성만이 아니다. 말리노프스키B.K.Malinowski가 연구한 내용인데 보물이나 '추상적인 위신' 따위도 교환된다. 위신의 교환은 재미있는 개념이다. 가령 뉴기니아 섬들에서는 쿠라라고 불리는 선물교환 의식이 있다. 이 의식에서 교환되는 선물은 각 공동체의 물물교환의 상징이자 공동체 구성원의 위엄과 명예의 징표이다. 위엄이나 명예의 교환이 이루어지고 나서야 재물의 교환이 이뤄진다.

드문 경우이지만 이런 '위신의 교환'에는 마이너스 재화의 교환도 있었다는 프랑스의 사회학자 모스M.Mauss의 연구보고가 있어 주목을 끌었다. 북아메리카의 인디언에게 자주 보이는 풍습으로 포트라치라고 하는데, 재화를 파괴함으로써 위신을 교환한다. 부족장이 다른 부족장을 초대하여 연회를 베푼다. 초대된 부족장에게서 선물을 받으면 자신의 귀중한 물건을 파괴하는 것으로 답한다. 이제 초대된 부족장은 더 가치 있는 것을 파괴하여 이에 보답한다. 보답할 수 없게 되면 그 부족장은 위신을 잃는다. 이것은 화폐와 같은 플러스 재화가 아니라 마이너스 재화를 교환하는 행위라고 할 수 있다.

이런 풍습이 교환으로 보이지 않는 것은 우리가 '교환'을 경제학적인 화폐의 이미지로만 보고 있는 탓일 것이다. 자본주의 사회에서는 교환을 화폐의 관점에서 생각한다. 하지만 생산한 재화나 서

비스를 화폐로 교환하는 행동이 사회의 기본적인 활동이라고 당연시해서는 안 된다.

이것은 경제인류학을 조사해보면 안다. 근대 자본주의와 함께 탄생한 경제학은 자연과학처럼 객관적인 학문이 되어야 했다. 그래서 보편적인 척도 즉 화폐에 근거한 교환만 다루기로 진로를 정한 것이다. 하지만 되풀이해서 말하자면 교환에는 화폐를 사용한 경제적인 교환만 있는 것이 아니다.

노예무역으로 유명한 아프리카의 다호메 왕국을 연구한 폴라니K. Polanyi는 다음과 같이 말한다.

실제로 전근대 세계의 경제조직에는 교환과는 다른 형태가 있었다. 원시공동체에서는 기부가 경제의 결정적인 요인으로서 등장하고, 고대 경제에서는 중앙으로부터의 재분배가 폭넓게 이루어진다. 규모는 작지만 농민 가족의 생활패턴은 가족경제이다. 근대에는 교환이 광범위하게 이루어지고 있기 때문에 근대인은 교환으로 환원할 수 있는 것만을 경제적인 현상이라 생각한다. 그러므로 이러한 기부나 가족경제를 관찰하는 것이 불가능했던 것이다. — 폴라니 『경제와 문명』

폴라니가 지적한 대로 많은 원시사회에서는 재화는 화폐와 같은 매개체에 의존하지 않는다. 부족장을 통해서 유통되고 배분된다. 남미 인디오 사회 부족장에게는 위신과 더불어 이 의무가 따른다. 부족장은 집단 구성원에게 재화를 분배하는 것을 자신의 의무라고 여기고, 구성원은 그것이 제대로 이루어지지 않으면 부족장을 비난할 수 있다. 음, 부족장도 꽤나 힘들 듯하다.

이런 집단은 재화를 다른 공동체와 교환하고 그것을 내부에서 분배하는 체계를 확립하고 있다. 그 때문에 화폐가 필요하지 않는 경우가 많고, 자본주의적 시장도 거의 존재하지 않는다. 언뜻 보기에는 소박한 장치로 보이지만 사실은 매우 정밀한 균형감각과 지혜가 바탕이 된다.

남미의 인디오 사회를 연구한 클라스트르P. Clastres가 쓴 『국가에 대항하는 사회』◆에 따르면 이러한 사회는 시장을 형성하지 않는다. 성문화된 법을 만들지 않으며, 국가를 구축하지 않는다. 탁월한 메커니즘이 있어 부의 축적을 막을 수 있다. 부가 과잉, 축적되면 법과 국가가 필요해지기 때문에 미연에 방지한다.

여기서 다시 앞에서 말한 플라톤을 떠올리게 된다. 인디오의 세계는 노동하지 않는 세계, 축적하지 않는 세계다. 내부의 억압을 딴 데로 돌리기 쉬운 사회가 만들어진 것이다. 교환의 귀결을 잘 알고 있는 사람들은 플라톤과 똑같은 지혜를 가지고 있었는지도 모르겠다.

생산활동이 초기의 목적에서 일탈하고, 자신만을 위해서 생산하던 미개인이 교환도 기부도 없이 타자를 위한 생산만 할 때 모든 것이 전도된다. 교환의 평등성 원리가 더 이상 그 사회의 '국민법'이 아니고, 생산활동이 타자의 필요를 충족시키는 방향으로 나아갈 때, 교환의 규칙 대신 부채의 공포가 생겨날 때, 그곳에 노동이 발생한다.

— 클라스트르 『국가에 대항하는 사회』

◆*La société contre l'État*

# 고고학
## archaeology

고고학은 우리 문화에 있는
암묵적인 지식을 분석하고
이성을 생각하기 위한 것이다.

고고학이란 말을 들으면 무엇이 생각나는가. 슐리만 J. L. Schliemann(미케네 문명과 트로이 문명의 발견자—옮긴이) 하면 웃음거리가 되려나. 하지만 어렸을 때 그의 발굴담을 흥분하며 읽었던 기억이 생생하다. 진짜로 고대도시가 발견되다니. 19세기 후반에 누가 상상이나 했겠는가. 그것도 『일리아드 Iliad』에서 노래한 트로이의 유적일지 모른다니. 문헌이 아니라 현존 유물에 근거하여 고대를 고찰하려는 방법은 18세기의 빙켈만 J. J. Winckelmann의 『고대미술사』*에서 비롯된 것으로 보인다. 하지만 실제 발굴로 고대 그리스사의 이미지를 새롭게 한 것은 역시 슐리만이었다.

고고학은 어디서 온 말일까. 어원은 그리스어의 아르카이올로기아 arkhaiologia이다. 아르카이오스 arkhaios(고대, 기원)과 로고스 logos(학문). 하지만 도대체 고대 그리스 사람들이 무엇을 '고대의 학문'으로 삼았다는 말인가. 이렇게 생각하면 뭔가 이상하다. 단순한 말의 기원은 접어두고 실제 학문으로 성립한 것은 근대에 이르러서이다. 그리고 이

232

개념의 탄생과 거의 같은 시대에 칸트가 이미 철학 분야에서 '자연의 고고학'과 '이성의 고고학'을 구상했다. 역시 칸트다!

칸트는 우선 『판단력 비판』**에서 자연의 고고학이라는 구상을 보인다. 유적을 바탕으로 인간의 역사를 재구성할 수 있다면 화석 등으로 자연의 역사도 재구성할 수 있을 것이라고 생각했다. 이것은 사실 (어느 정도까지) 생물학 분야에서 진화론으로 열매를 맺게 된다.

나아가 칸트는 「형이상학의 진보」라는 아카데미 현상 논문에서 이성의 고고학도 가능할 것이라고 밝혔다. 인간 이성의 '자연'에서 이성의 구조를 재구축하는 학문을 구상한 것이다. 즉 철학의 텍스트를 역사적으로 고찰함으로써 인간의 '이성의 지층'을 깊이 파고들 수 있을 것이라고 생각했다. 너무 독창적이어서 그저 감탄스러울 뿐이다.

인간의 정신이라는 '텍스트'에 고고학적 방법을 적용할 수 있을 것이라는 칸트의 착상은 150년 뒤 프로이트가 실현한다. 프로이트는 슐리만을 염두에 두고 인간의 마음은 고대적인 심성과 유아기의 기억이 퇴적된 고대도시와 같다고 했다. 즉 정신분석이란 대화를 통해 정신의 오래된 퇴적층을 발굴하는 작업이다. 이것 또한 감동적이다.

고고학이라는 용어를 철학에 도입하여 사고의 기본 도구로 응용한 인물이 있다. 미셸 푸코다. 『말과 사물』*** 『지식의 고고학』**** 등 초기의 많은 저술에서 푸코는 자기 자신을 지혜와 '담화(디스코스 discourse)'의 고고학자라고 부른다. 주의할 것은 푸코의 고고학은 어디까지나 '현재의 학문'이라는 것이다. 철학의 지면을 파헤쳐 과거의

---

◆*Geschichte der Kunst des Alterthums*　◆◆*Kritik der Urteilskraft*
◆◆◆*Les mots et les choses*　◆◆◆◆*L'Archéologie du savoir*

번영을 그리워하자는 것이 아니다. 그가 고고학을 '현대의 진단' 도구로 새로 재구축했다고 생각해주길 바란다.

푸코의 철학 과제는 현대를 진단하는 것이다. 우리가 지금 서 있는 사회의 발밑을 발굴하고 오늘날 당연시하고 있는 여러 가지 제도나 습관, 담화의 배후에 숨겨진 역사적인 조건을 해명하는 것, 그것이 푸코의 고고학적 과제였다. 지극히 현실적이다. 그것은 우리 사회와 문화가 암묵적으로 전제하는 가치나 의미를 파헤쳐 백일하에 드러내고자 하는 고고학이다.

> 어느 사회에서나 지식, 철학 관념, 일상적인 의견만이 아니라 제도, 상업행위나 경찰력 행사, 습관 등 모두 그 사회의 고유한 하나의 암묵적 지식으로 소급되는 것이다. 이 지식은 과학서, 철학이론, 종교적인 설명 등에서 보이는 지식과는 현저하게 다르다. 이것은 어느 시대에 하나의 이론, 의견, 실천이 등장할 수 있었던 조건을 밝히는 지혜이다. (…) 〔고고학으로〕 지식, 제도, 실천 가능성의 조건인 이러한 암묵적 지식을 탐구하고 싶다. ─ 푸코 「『말과 사물』에 대해서」

암묵적 지식, 말로 정하지 않은 약속들은 우리가 자각하기 어렵다. 공기와 같이 아주 자연스럽고 그러면서도 필수 요소들이다. 프로이트 식으로 말하면 그것은 사회와 문화에 대한 우리의 '무의식'이다. 어떻게 하면 이 무의식을 자각할 수 있는가. 이러한 암묵적인 지식은 어떤 책에도 씌어 있지 않다. 이것을 끌어내는 방법론으로 푸코가 채용한 것이 담화분석론이다. 『지식의 고고학』은 담화분석의 방법을 고찰한 책이라 할 수 있다. 혹시 읽다가 좌절한 적은 없는

234

가. 조금만 요약해보자.

여기서 보여준 고고학의 방법론은 대개 다음과 같다. 우선 한 시대의 특정한 주제를 다룬다. 그리고 그 주제에 대해 실제로 언급된 것과 언급되지 않은 것을 분류한다. 그리고 언급된 것에 대해 왜 그런 표현이 가능한지 역사적 조건을 분석한다. 어떤 문장이 성립하기 위해서는 그 문장이 의미를 가질 수 있도록 하는 지평이 필요하기 때문이라는 발상이다.

이러한 지식의 지평을 푸코는 '에피스테메epistemе'(무의식적으로 작용하는 인식의 틀)라고 부른다. 하지만 이것은 미리 하나의 에피스테메를 전제로 하고 있다는 의미가 아니다. 실제로 언급된 여러 가지 문장에서 하나의 에피스테메를 부각시켜 나간다는 원대한 방법을 취하였다(이 방법을 서양의 고전주의 시대와 근대에 적용시킨 것이 『말과 사물』이라는 책이다).

그리고 반대로 언급되지 않은 것도 분석한다. 담화의 지평에 등장하지 못한 것, 즉 담화에서 배제된 것이다. 이는 억압된 것이라기보다 그 지평에 드러날 만한 조건이 되지 않아 문장으로 성립되지 못한 것이라 보았다. 역사적으로 필요한 전제조건이 채워지지 않으면 문장은 담화 속에서 등장할 수 없다.

푸코가 에피스테메의 예로 자주 거론하는 사례를 보자. 생물학에서 라마르크J. B. Lamarck의 '획득형질 유전'은 진화론의 선구적인 이론으로 손꼽힌다. 사용하는 기관은 발달하고 사용하지 않는 기관은 쇠퇴한다는 용부용설用不用說로 진화론적인 관점을 제시했다고 평가된다.

하지만 푸코에 따르면 라마르크는 아리스토텔레스적인 종種의 연속성이라는 지식의 틀을 근거로 생각했다. 진화론으로 보이는 표현이 있지만 사실은 근대 생물학의 진화론과는 전혀 다른 틀에서 생각하는 것이다. 이를 현대 생물학적 측면에서 보고 '의미'가 있다고 생각하는 것은 우리들의 '착각'이다. 즉 에피스테메라는 보이지 않는 틀을 고려하지 않고 단순히 외견적인 유사성에 근거하여 이론을 평가하고 고찰하는 것은 위험하다는 것이다.

다시 정리해보자. 고고학은 우리 문화에 있는 암묵적인 지식을 분석하고 이성을 생각하기 위한 것이다. 이러한 방법론으로 푸코는 담화를 사용했다. 그는 이를 강조하여 고고학은 고대, 즉 아르카이오스의 학문이 아니라 아카이브archive의 학문이라는 표현을 했다. 자주 고문서나 고문서관으로 번역되는 말이다. 그의 정의에 따르면 아카이브는 어느 시대에 실제로 언급된 담화의 총체다. 고고학을 현대의 담화분석론으로 정의하려는 의도에서 어원을 만든 것이다.

또한 푸코의 고고학은 '기원으로서의 아르카이오스'를 탐구하는 학문이 아니라는 것이다. 언급되지 않은 감추어진 기원이 있다면 언급된 사실보다 진정한 기원을 찾고 싶어진다. 하지만 그것은 언급된 것의 의미를 그 기원과의 관계, 기원이 가지는 가치에 따라 결정하려는 것이 아닌가. 푸코는 어떤 사실이 언급된 자체를 중시하였다. 일회성의 '사건'으로서 저마다의 고유성에 따라 분석해야 한다고 강조한다. 그것이 오늘날 진단 자격을 갖는 고고학의 규칙이다.

# 구조
## structure

구조 개념이 다양한 방면으로 번져나가 과거의 방법론은 여기저기서 요새가 허물어지고 소리를 내면서 무너져갔다. 중요한 것은 주체가 아니라 텍스트라고 생각하는 쪽으로 몰렸다.

구조주의를 기억하는가. 프랑스의 구조주의 말이다. 꽤 오래된 얘기라고? 조금은. 제2차 대전 후 한때 크게 유행했다는 점에서는 비틀즈와 비슷하다. 요즘 그들의 음악을 들으면 뭔가 조금 부족하다 싶을지 모르지만 많은 이들에게 영향을 주었다. 구조주의도 그랬다. 이후의 흐름에 상당한 영향을 주었다. 매력적이었기 때문에 많은 사람들이 매혹되었을 것이다. 뭐니뭐니 해도 신선했다.

자 질문. 처음으로 구조주의라는 말을 쓴 사람은? 로만 야콥슨R. Jakopson? 맞다. 프라하 언어학파의 언어학자인 그가 음운론 분야에서 그 말을 사용했다. 언어가 '변별적 가치를 가진 기호체계'라고 한 이는 소쉬르였다. 야콥슨은 이것을 음성학 분야에 적용하여 음운론의 기초를 마련하였다. 그는 음운을 '음소의 차이 체계'로 파악한다. 음운은 음소로 구성되어 있지만 음소는 그것 하나만으로는 의미를 가지지 못한다. 다른 음소와의 차이로 비로소 존재를 알 수 있고 의미를 가진다. 중요한 것은 하나하나가 각각의 요소가 아니라 전체 체계, 구조라는 것이다. 거기서 개개의 요소가 형성된다. 구조라는 개념은 어떤 전체성 속에서 관계의 동일성을 모색하는 방향으로 이해하는 게 좋다. 모쪼록 이해가 되었길 바란다.

여기까지 '구조'는 아직 음운론이다. 하지만 야콥슨에게서 이를 가져와 타민족의 결혼규칙에 적용한 인물이 있다. 그렇다, 레비스트로스이다. 이른바 '미개사회'를 분석한 그는 친족관계에 거의 수학적으로 분석할 수 있는 구조가 숨겨져 있다고 보았다. 그 친족의 구조는 다른 공동체와 여성을 교환한다는 규칙에 기초하였다. 하지만 그 사회에 사는 사람들은 그러한 규칙을 규칙으로서 인식하지 못한다. 이 점이 중요하다. '관찰하는 주체나 행동하는 주체로부터 독립한 사회구조'가 있다는 것. 레비스트로스의 눈으로 보면 한 사회의 구성원 누구도 이 구조를 의식하지 못하고 산다.

이렇게 해서 구조인류학이 등장했다. 한마디로 사회의 무의식을 구조 개념으로 해석하고자 한 학문이다. 놀라울 정도로 독창적인 관점이다. 당시 프랑스 사상계는 실존주의가 주류를 이루고 있었다. 실존주의에 대한 강한 비판이 들어있는 레비스트로스의 이론은 커다란 논쟁거리가 되었다. 실존주의는 인간 실존의 일회성을 자각하면서 인간의 주체적인 결단을 중시한다. 하지만 이런 휴머니즘적인 인간학의 발상에 대해 구조주의는 '무의식적인 구조'라는 완전히 이질적인 발상을 내놓은 것이다. 당연히 논쟁이 될 수밖에 없었다.

구조주의는 커다란 반향을 일으켰다. 1960년대에 구조라는 개념은 여러 가지 사상 분야에서 쓰이기 시작했다.

우선 문학과 기호학 분야에서 롤랑 바르트 R. Barthes 가 텍스트의 구조분석이라는 방법을 제시했다. 그는 발자크 등 여러 텍스트를 분석하며 중요한 것은 텍스트에 나타나 있는 구조라고 하였다. 이즈음 바르트는 '작가의 죽음'이라는 말을 썼다. 텍스트에서 언급된 것은 구조이고 작가가 아니라는 주장이다.

다음은 루이 알튀세르. 사회적인 현상은 여러 층의 중층적인 규정을 받으며 '구조적인 인과관계'가 작용한다고 생각했다. 그리고 인과관계 속에 사는 주체도 또한 중층적인 규정을 받는다고 했다. 좀더 자세하게 설명하고 싶지만, 알튀세르의 구조는 레비스트로스의 구조와 조금 다른 문맥으로 쓰인다는 점만은 유의해주기 바란다. 레비스트로스의 구조는 이른바 사회의 배후에 있는 '고정된 구조'인 반면에 알튀세르의 구조는 인과관계라는 동적 프로세스에서 나타나는 '관계의 구조'라고 할 수 있다. 『자본론을 읽는다』*를 보면 도움이 될 것이다.

이어 철학 분야에서 구조 개념을 활용한 대표적 인물이 미셸 푸코이다. 유명한 에피스테메라는 발상을 도입하였다. 에피스테메는 한 시대의 지식을 가능하게 하는 기반과 같은 것이다. 흔히 '지식의 틀'이라고 하는 말은 여기서 비롯된 것이다. 중요한 것은 담화의 주체가 아니라 담화를 가능하게 하는 기반, 에피스테메라고 지적하였다. 구조주의다운 발상이다. 푸코는 만년에 들어 구조라는 개념은 거의 쓰지 않았으며, 자신은 구조주의자가 아니라는 선언까지 하였다. 하지만 그의 중기 대표작 『말과 사물』에서는 구조주의가 중요

---

◆ *Lire le Capital*

한 역할을 하고 있다.

그 다음은 자크 라캉. 이번에는 정신분석이다. 인간의 무의식도 언어와 마찬가지로 구조화되어 있다고 생각했다. 주체라는 개념은 무시했다고 봐도 좋을 듯하다. 각각의 개인의 심적인 본모습은 그 주체의 특수성에 있는 것이 아니라, 모친과 부친의 위치관계에서 오는 구조로 정해진 것이다. 인간의 마음구조를 언어구조로 해독하고자 하는 시각이 날카롭다.

이와 같이 1960년대 프랑스의 사상가들은 너나없이 구조 개념을 활용하였다. 그때까지 방법론들은 인간학적이거나, 마르크스주의적인 역사주의이거나, 아니면 초월론적 주체라는 개념을 근거로 한 현상학 등이었다. 적어도 인간이라는 주체의 중요성을 믿고 있었다.

구조 개념이 다양한 방면으로 번져나가 과거의 방법론은 여기저기서 요새가 허물어지고 소리를 내면서 무너져갔다. 중요한 것은 주체가 아니라 텍스트라고 생각하는 쪽으로 몰렸다. 크리스테바의 '상호텍스트성'의 개념과 '모든 것은 텍스트'라고 말한 데리다 역시 구조주의의 기본 발상을 이어받았다고 할 수 있다.

물론 이른바 탈구조주의시대에 들어와 크리스테바와 데리다는 구조주의에 대한 비판적인 시각으로 돌아선다. 레비스트로스의 문화인류학은 신화의 구조를 끄집어냈기 때문에 시간이라는 요소가 배제되어 역사성을 밝힐 수가 없었다. 존재를 눈앞의 존재로 규정하는 서양 형이상학의 요청에 따르고 있기 때문이라는 것이 데리다의 지적이다.

데리다의 비판은 상당히 극단적이지만, 구조 개념의 약점을 찌른 것은 확실하다. 구조 개념은 정적인 것이 되기 쉽다. 언어학은 공시적共時的인 요소만 고찰한다고 말한 소쉬르의 방법론을 이어받았기 때문에(레비스트로스는 역사주의의 비판에서 시작되었다고 했을 정도이다), 역사를 제대로 파악할 수 없다. 구조의 모든 요소는 시간적으로 고정된 형태로 다루어진다.

또한 구조주의는 과학적인 객관성을 지향한다. 구조인류학에서도 객관적인 과학을 지향한 점은 상징적이다. 레비스트로스의 『친족의 기본구조』에는 부록으로 혼인 규칙을 수학적으로 분석할 수 있다고 설명한 앙드레 베유 A. Weil의 논문이 실려 있을 정도였다.

나아가 구조주의는 담화의 의미를 경시하는 경향이 있다. 이것은 구조주의가 주체의 의미를 중시하는 인간학을 비판하면서 출발했기 때문에 오는 제약이다. 이에 대한 하버마스의 지적이 정확하다고 생각한다.

구조주의는 익명의 언어형식을 초월론적인 레벨로 떠받들면서 주체와 그 담화를 부차적인 것으로 만들어버렸다. 주체가 어떻게 말하고 무엇을 하든 배경에 있는 규칙 체계로 설명할 수 있다고 생각하였다.

── 하버마스 『탈형이상학적 사유』◆

---

◆*Nachmetaphysisches Denken*

# 행복
## bonheur

---

**결여한 부분이 있어야**
**행복을 채울 수 있다면**
**결여된 바가 없으면**
**행복해지지 않는단 말인가.**
**행복해지려면 먼저**
**불행해지지 않으면**
**안 된다는 것인가.**

행복이란 무엇인가. 영원한 테마이다. 고대 그리스 시대부터 줄곧 이어져온 물음이다. 그리스인의 지혜를 빌리자면 인간은 관 뚜껑을 덮을 때까지 행복한지 아닌지 알 수 없다. 일생의 대부분을 풍요롭게 산 사람도 마지막에 재해로 모든 것을 잃고 죽을 수도 있으니까. 인간사 우여곡절을 생각하면 어쩌면 태어나지 않는 것이 가장 행복한 것인지도 모른다.

하지만 우리는 살아 있다. 살아 있는 인간에게 행복이란 무엇일까. 아리스토텔레스라면 인간의 최고 목적이라고 말했을 것이다. 그는 인간의 첫째 목적이 행복해지는 것이라고 생각했다. 우리의 모든 행위에는 목적이 있다. 그리고 모두의 궁극적인 목적은 하나다. 인간은 모두 행복을 지향한다.

아리스토텔레스는 이것을 최고선最高善이라 부른다. 인간은 자신이 행복해지기 위해 살아야 하고 그것이 윤리적 삶의 목적이다. 아리스토텔레스의 『니코마코스 윤리학』◆은 그런 내용이 씌어 있다. 쓸데없는 설교를 늘어놓은 책이 아니다. 폴리스라는 공동체에서 인간이 행복해지기 위한 조건을 찾아내는 책이다. 언젠가 읽어보기 바란다.

하지만 지금은 앞으로 나아가자. 아리스토텔레스 이래 행복을 최고선이라고 여기는 생각은 철학의 전통이 되었다. 아무도 부정하지 않았고, 마침내 18세기 칸트에 이른다. 칸트는 양면가치적<sub>ambivalent</sub>인 모순된 입장을 취한다. 그는 도덕을 정언적명제定言的命題에서 구한바, 도덕과 행복이 연관되기는 어려운 방식이다. 정언명제는 그것 자체를 목적으로 해야 하고 다른 목적을 가져서는 안 되기 때문이다. 예컨대 '너는 모든 사람이 지켜야 할 계율에 따라 행동해라'처럼 주체적이고 형식적인 원리이다. 그러므로 행복을 목적으로 하는 행동은 설령 타자의 행복을 목적으로 하는 것이라도 도덕과 관련이 없다.

칸트도 최고선인 행복이라는 개념을 버린 것은 아니다. 인간의 목적이 스스로의 행복에 있다는 점을 부정하지도 않았다. 도덕적으로 살아가는 것과 행복해지는 것을 어떻게든 연결짓고 싶었던 그는 신학에 접근한다. 신의 존재를 통해 인간의 궁극적인 행복을 보장받으려 한 것이다. 하지만 속임수를 쓰면 복잡해진다. 인간은 행복을 목적으로 하지 않으면서 도덕적으로 살지 않으면 안 된다. 도덕적으로 사는 인간은 이 세계에서는 분명 행복해지기 힘들다. 하지만 정언명제에 따르는 인간은 행복해질 가치가 있는 인격이다. 신은 도덕적 인격을 내세에서 행복해지도록 할 것이고, 이상적인 인간의 공민적 질서가 도래하면 도덕적인 자는 행복해질 수 있을 것이다.

물론 이러한 도덕과 행복의 일치는 신만이 실현할 수 있다. 여기

---

◆ *Nicomachean Ethics*

서 칸트는 행복을 위해 이성의 범위에서 배제한 신학을 도입한 것이다. 1세기가 지난 뒤 니체가 칸트의 '속임수'를 날카롭게 공격한다. 니체의 생각에 행복은 최고선이 아니라 힘이라는 의지에 수반되는 감정이다. 행복은 삶의 목적일 수 없다. 심리적 상태로서, 힘의 의지에 따라오는 감정에 지나지 않는다고 니체는 잘라 말한다.

저런저런. 아리스토텔레스에서 칸트에 이르기까지 계속되었던 행복이 아무래도 파산하고 마나 보다. 다른 실마리를 찾아서 다시 한번 그리스로 거슬러 올라가보자.

행복이란 무엇인가. 플라톤이라면 부족한 것이 채워지는 것이라고 말할 것이다. 그는 에로스에 대해서 생각하길, 아름다움을 추구하는 에로스는 아름다움이 없기 때문에 아름다움을 추구하는 것이다. 욕망은 결여된 부분을 채우려고 한다. 그리고 획득함으로써 행복해진다. 하지만 그러한 행복은 쉽지 않다. 결여된 부분이 있어야 행복을 채울 수 있다면 결여된 바가 없으면 행복해지지 못한단 말인가. 행복해지려면 먼저 불행해지지 않으면 안 된다는 것인가. 그리고 채워지면 정말 행복해지는 걸까.

결여된 것이 충분하게 채워지면 그 순간 바로 행복은 사라질지 모른다. 손에 닿는 것이 모두 금으로 변하여 먹을 것도 없는 미다스왕처럼 말이다. 이러한 행복의 불행을 날카롭게 간파한 이가 쇼펜하우어이다. 의지만이 선한 것이라고 생각한 칸트를 비판하면서 쇼펜하우어는 말한다. 행복해지려는 생각이 행복을 가져다주는 것은 아니다. 왜냐하면 의지는 항상 새로운 불만을 만들기 때문이다. 쇼펜하우어가 생각하는 최고의 선은 행복이 아니라 그럴 의사가 생겨나지 않는 상태이다.

조금 피곤해진다. 이렇듯 행복의 역설에 빠지지 않는 행복이란 없을까. 욕망을 뭔가가 부족한 쪽이 아니라 덧붙이는 쪽으로 돌릴 수는 없는가. 프랑스어로 행복은 보누르bonheur이다. '좋은 시간'이다. 즐거운 때를 보내는 것이 행복이다라는 따위의 행복 정의는 없는가.

기쁨의 감정을 넓히는 것이 선이라고 생각한 철학자가 있다. 스피노자이다. 기쁨을 늘리는 것이 선, 줄어들면 악. 그는 선은 존재자에게 긍정적인 척도에 지나지 않는다고 생각했다. 행복은 궁극적인 목적이나 최고선에 휘말리지 않아도 된다.

스케이트 연습을 생각해보자. 일상생활에서는 스케이트를 탈 줄 몰라도 된다. 못하는 것은 결여가 아니다. 하지만 어느 날 스케이트를 배우자고 계획한다 치자. 처음에는 얼음판에서 엉덩방아를 찧는다. 그러나 차츰 능숙해지며 뒤로도 달릴 수 있다. 점프까지 할 수 있을지 모른다. 어디든 휙휙 미끄러져 달린다. 이제 연습하는 과정 자체가 즐거워진다.

그렇다, 능력 하나를 익혀서 능숙해지는 것만으로도 사람은 행복해질 수 있다. 배고픔이나 갈증과 무관하다. 자신의 능력을 소박하게 긍정하고 그것을 누림으로써 행복을 발견한다. 물론 스케이트는 작은 예이지만 말이다. 그렇다면 스피노자는 무엇을 가장 행복하다고 생각한 것일까. 스피노자는 최고의 행복은 인간이 지성에 의해 신을 인식할 수 있는 것이라고 말한다. 신을 인식하는 행위에서 인간은 최고도로 완성될 수 있다고 생각한 것이다. 그는 아마 행복한 사상가였을 것이다.

행복이란 무엇인가. 마지막으로 이제 반대로 생각해보자. 불행이란 무엇인가. 여기서 아무래도 시몬 베유S. Weil를 불러보게 된다. 불행한 사상가. 확실히 시대도 나빴다. 제1차대전에서 제2차대전에 걸친 불행한 역사를 유대인으로 맞았다. 더욱이 공장이나 전쟁통의 병원 등 그야말로 불행의 집합 같은 힘든 장소에 자청하여 들어가는 (필연으로 만드는), 그런 사상적인 체질을 갖추었다고 할 수 있을 정도다. 하지만 베유 역시 불행을 매우 싫어했다. 그래서 오히려 불행이 인간에게 주는 무게에 눈을 돌릴 수가 없었던 것이다. 베유에게 들어보자. 불행이란 어떤 것인가.

불행은 한동안 신의 부재를 만들어낸다. 죽은 사람보다도 없는 존재로 느껴지고 캄캄한 독방의 빛보다도 느끼기 힘들다. 일종의 공포가 영혼에 침투한다. 이 부재의 시간 동안 사랑해야 할 것은 없다. 무서운 것은 사랑해야 할 것이 없는 이 어둠 속에서 영혼이 사랑하는 것을 포기하면 신의 부재가 결정적이 된다. 설령 영혼의 아주 작은 부분이라도 덧없이 사랑하는 것, 또는 사랑하려는 욕망을 멈추어서는 안 된다. (…) 영혼이 사랑하는 일을 그만두면 세상에 있어도 지옥에 떨어진 것이나 다름없다. — 베유 『신을 기다리다』 ◆

그녀는 '불행의 사자'가 아니다. 이 불행한 사상가는 행복한 사상가와는 또 다른 깊은 매력이 있다. 우리 시대가 행복과 불행의 기묘한 얼룩무늬를 띠고 있어서일까.

---

◆ *Attente de Dieu*

# 목소리/음소
## voice/phoneme

음소라는 개념은 문화인류학,
기호학, 문학 등 여러 방면에
널리 영향을 끼쳤다.
문화인류학에서는
레비스트로스, 기호학에서는
바르트, 문학에서는
토도로프 등이 응용했다.

목소리는 두 가지 측면을 가지고 있다. 발성된 목소리와 들리는 목소리이다. 즉 인간이 실제로 발성하는 소리는 음성분석기를 사용하여 과학적으로 분석할 수 있다(이 소리voice는 음소phoneme로 분석된다). 한편 귀에 들리는 목소리도 있다. 이것은 보이는 것에 대립된다. 그리고 들리는 목소리는 현재 눈앞에서 일어나는 '현전現前의 목소리'이기도 하다. 그러므로 '과거의 목소리'를 적어둔 문자와는 대립된다.

조금 복잡해지는데, 좀더 들여다보자. 음소를 연구하는 학문은 과학이지만 철학과도 가깝다. 철학과 언어가 가깝기 때문이다. 음소를 분석하는 학문은 포놀로지phonology, 즉 음운론이다. 폰phone의 로고스, 목소리의 학문이다. 언어에 쓰인 소리를 분석하고, 언어의 구조와 기능을 탐구하는 학문이다. 러시아의 프라하 언어학파 트루베츠코이N. S. Trubetskoy와 야콥슨에 의해 확립되었다. 인간이 내는 목소리에 관한 학문이므로 인간의 목과 혀, 입천장의 구조도 탐구했다. 그리고 인간의 목소리는 아주 적은 음소로 기록할 수 있고, 이러한 기호의 대비관계를 이용하여 음운구조를 분석할 수 있다고 생각했다.

같은 소리의 말이라도 언어가 다르면 완전히 다른 의미가 된다. 가령 '아세'라는 소리는 일본어에서는 '땀'이지만 프랑스어라면 '충분히'이다. 하나의 언어에서 음이 의미에 어떻게 대응하는지 과학적으로는 분석할 수 없다. 그것은 언어(랑게)에 주어진 '사실'이기 때문이다. 다만 이 말을 구성하는 '아'와 '세'라는 소리는 거의 모든 언어가 공통적으로 가지고 있는 음이다. 다른 음성과는 설령 닮은 음이라도 기계를 사용하면 확실히 분별할 수 있다. 이처럼 야콥슨은 음운론과 음성학이 다른 점을 강조하는데, 음운론은 '과학'이 될 수 있다.

이렇게 야콥슨은 인간의 음성을 '음소'로 분류했다. 그리고 하나의 언어에서 어떤 음소가 결정되는 것은 비슷한 다른 음소와의 '차이'에서 비롯된다고 보았다. 이에 대해서는 이미 소쉬르가 어휘 분야에서 그 체계를 '차이의 체계'로 정의하였으며 구조언어학이라는 유명한 이론을 정립하였다. 다만 이 이론은 언어체계를 과학적으로 분석하는 수단을 지니지 못하였다. 야콥슨 등이 주장한 음운론은 음소라는 과학적 개념을 제시한 것이다. 음소가 존재하는 이유는 음소 자체에 있는 것이 아니라 다른 음소와의 차이에 있다는 생각을 펼쳐 소쉬르의 구조언어학을 이어갔다.

음소라는 개념은 문화인류학, 기호학, 문학 등 여러 방면에 널리 영향을 끼쳤다. 문화인류학에서는 레비스트로스, 기호학에서는 바르트, 문학에서는 토도로프T. Todorov 등이 응용했다. 모두 각 학문 분야에서 음소에 상당하는 요소를 끄집어내어 그 요소간 구조적인 관계를 분석하는 방법을 고안해냈다. 찬찬히 살펴보면 상당히 재미있는 내용이므로 언제 한번 맛보기 바란다.

지금은 레비스트로스만 살펴보자. 그는 야콥슨에게서 음운론을 배우고 소쉬르에게서는 구조언어학적 사고를 배웠다. 그리고 음운론에 근거하여 '구조인류학'을 확립했다. 그때까지 문화인류학은 주로 이른바 '미개사회'가 서양사회나 문화와 비교하여 얼마나 다른가라는 관점에서 생각했다. 레비스트로스는 여러 사회 또는 신화 등을 대상으로 그것을 구성하고 있는 요소를 끄집어내고 그 요소간의 관계를 분석하여 하나의 구조를 찾아내고자 했다. 음소간 차이의 체계라는 음운론에서 착상한 것이다.

오늘날에는 온갖 사회현상 중에서 과학적 연구 대상이 될 만한 것은 언어뿐이다. 언어학은 대상이 어떻게 구성되어 있는가, 미래는 어떻게 변화할 것인가, 어느 정도는 예측할 수 있기 때문이다. 언어학이 과학을 도입한 것은 음운론 덕분이다. 음운론은 표면적인 의식이나 역사적 현상에 대해 그 언어 배후의 객관적인 현실을 발견했기 때문이다. 이 객관적인 현실은 정신과 무의식 활동에서 생긴 관계의 체계이다. — 레비스트로스 『구조인류학』

그리스 신화나 북아메리카 인디언의 신화 등을 비교해본 레비스트로스는 신화를 구성하는 기본적인 '신화적 요소'가 있다고 생각하게 되었다. 그에 따르면 어떤 신화에도 대립관계, 즉 이 세상과 피안의 세계, 문화와 자연, 하늘과 땅, 위와 아래, 날 것과 조리한 것들이 있다. 등장인물이나 사건은 이런 대립관계의 그물코 안에 있다. 그리고 위치나 관계에 따라서 예컨대 등장인물이 꿀을 찾는 행위는 다른 신화에서는 성적인 교접에 몰두하는 내용으로 나타나며 이 둘은 의미상으로는 마찬가지라고 생각했다. 여기에서 중요한 것은 하나하나의 행위가 아니라 신화의 체계 속에서의 위치이다. 그것이 의미를 결정짓는다.

이러한 해석 방법은 매우 재미있고 마치 추리소설을 읽는 것 같은 즐거움도 있다. 하지만 이 구조주의적 방법은 신화에서 시간적 요소나 이야기 요소들을 없애버리는 측면도 있다. 또한 레비스트로스는 수학적인 방법으로 친족 분석을 처리할 수 있을 것이라고 생각했다. 음소는 과학적으로 처리할 수 있으며, 음소의 원리에 근거하고 있는 친족의 기본구조도 수학적으로 처리할 수 있을 것이라고 여겼다.

원래 전체를 요소로 분해하고 요소 간의 관계를 고찰하는 방법은 사실 서양의 전통적인 사고방법이다. 이런 사고방식을 철학에서 확실히 보여준 이가 데카르트이다. 그는 사물을 구성요소로 나누어 분석하고 그것을 종합하는 방법으로 확실한 진리에 도달할 수 있다고 생각한다. 음운론과 그 영향을 받은 학문은 이런 사고의 후계자로서 서양철학에 무의식적으로 포함된 과학적 지향을 은밀히 품고 있는 듯하다.

음성의 또 한 가지 측면인 문자와 대립되는 '목소리'에 대해서 생각해보자. 서양의 철학적 전통의 중심은 빛의 형이상학이다. 그리고 문자로 남은 텍스트를 신앙처럼 받든다. 그리고 철학은 위대한 텍스트에 담긴 뜻을 해석하며 발전해왔다. 하지만 동시에 문자는 이차적인 것이며, 목소리의 직접성과 비교하면 뒤떨어진다고 보는 생각이 깊게 박혀 있다. 목소리가 좀더 가깝다는 발상이다.

플라톤은 『파이드로스』*에서 언급된 것과 씌어진 것을 대비시키고 있다. 그리고 씌어진 것은 융통성이 발휘될 수 없다고 했다. 예컨대 의사는 환자의 증세에 맞는 적절한 처방을 지시할 수 있다. 하지만 처방전에서는 환자의 증세가 달라지면 대처할 수 없다. 누구나 언제든지 읽을 수 있는 서적이나 문서가 아니라 일대일로 상대에게 직접 밝히는 쪽에 진리가 깃든다는 것이 플라톤의 신념이었다. 그리스도교의 전통에서도 그렇다. 신은 보이지 않지만 마음속 목소리로 들리며, 양심은 '내면의 목소리'로 들린다고 했다. 빛의 형이상학과 모순되는 목소리의 직접성에 대한 신앙은 이런 곳에 숨어 있다. 상당히 철학적인 뿌리가 느껴지는 부분이다.

'목소리의 직접성'에 대한 신앙을 폭로한 이가 데리다이다. 데리다는 후설의 현상학을 비판하고 서양의 형이상학, 철학 전반에 깔린 음성 중심주의를 밝혔다. 데리다는 '목소리의 학문에 대한 접근성'을 '현전성의 특권'이라며 날카롭게 비판하였다.

현전現前의 영역에서 존재의 의미를 한정하는 서양 형이상학은 어떤 언어학적 형식의 지배하에 만들어졌다. 이 지배의 근원은 (…) 우리의 역사를 구성하는 요소에, 초월성을 만들어내는 요소에 물어야 한다.

— 데리다 『그라마톨로지에 관하여』

---

◆ *Phaidros*

'자신에게 들리는 목소리의 현전성'이 서양 역사와 철학에서 거의 무의식적이지만 방법론으로 수용되고 있다고 데리다는 『그라마톨로지에 관하여』에서 말한다. 소리의 두 측면, 즉 과학을 향한 신앙과 현전하는 것에 대한 신앙이 무의식중에 서양 형이상학이 예상하지 못한 데서 손을 맞잡고 있는 듯하다.

# 차이
## difference

라이프니츠가 문제로
삼는 것은 '각 존재자들의
차이가 개별성의 근거'가
된다는 점이다.
아주 의미 깊은 통찰로서,
나중에 니체도 받아들인다.

차이라는 말은 아무래도 신경이 쓰인다. 차이에 대해서 먼저 여러 생각을 한 사람은 누구일까. 우선 라이프니츠를 들 수 있다. 라이프니츠는 사고유형의 바탕을 이루는 원천에 대해 여러 가지를 생각했다. 예컨대 '모나드는 우주의 거울이다'도 그런 경우이다. 차이의 원리가 그 배경이 된다. 많은 사람이 같은 장소에서 같은 나무를 바라본다고 하자. 하지만 각자 서 있는 위치에 따라 '보이는' 모습은 조금씩 다르다. 위치의 차이만으로도 개체간의 차이가 생기는 것이다. 더욱이 나무를 바라보기까지 거쳐온 개체의 과거, 이후 미래의 변화 등을 생각하면 동일 개체는 도저히 존재할 수 없다.

그러므로 개체가 개체로서 존재한다는 것은 이미 차이 개념을 포함하게 된다. '카이사르라는 이름에는 카이사르의 과거에서 미래까지 모든 것이 포함되어 있다'라는 말은 현대 분석철학의 가능세계론이나 고유명사 이론에도 많은 영향을 주었다.

차이 개념을 훨씬 넓게 생각하면 현재의 세

계가 유일한 것이 아니며 수많은 차이만큼 많은 세계가 존재할 수 있다는 생각에 이른다. 지금 존재하는 세계는 많은 세계 중에 하나에 불과할지 모른다. 하지만 라이프니츠에 따르면 이 세계가 최고의 세계다. 신이 모든 가능성 가운데 최선의 것을 선택하였기 때문이다. 바로 '라이프니츠의 옵티미즘optimism'이다. 즉 예정조화적豫定調和的 사고이다(그가 의도한 것은 사실은 조금 다른 것이지만).

어쨌든 차이라는 기본적인 사실이 개체를 만들어낸다고 하는 데까지는 이해가 되었는지 모르겠다. 라이프니츠가 문제 삼는 것은 '각 존재자들의 차이가 개별성의 근거'가 된다는 점이다. 아주 의미 깊은 통찰로서, 나중에 니체도 받아들인다. 바로 긍정성으로서의 차이이다. 어떤 전체성 내부에 부정성否定性으로 개별성이 생기는 것이 아니다. 개별로 존재하는 것이 모나드처럼 그 자체로 가치를 가진다. 여기서 니체의 차이에 대한 생각이 나오는데, 그는 이를 '다신교多神敎'라고 표현했다. 그리스도교와 같은 일신교가 아니라 갖가지 차이를 그대로 긍정하는 다신교의 세계라면 복수의 기준을 긍정적으로 받아들일 수 있다고 생각한 것이다. 니체의 『즐거운 지식』을 읽어보자.

한 신의 존재가 다른 신의 존재를 부인해도 이제 모독이 아니게 되었다. 비로소 사람들은 복수 개체를 용인하고, 각 개체의 권리를 존중하게 된다. (…) 사람들은 특정 신이 누렸던 자유를 다른 신들에게 부여하며, 최종적으로는 법률과 관습과 이웃, 그리고 자기 자신에게도 나누어준다. — 니체 『즐거운 지식』

물론 니체가 말하는 '다신교'는 차이에 대한 비유이다. 그는 '넘치

는 풍요와 충만함에서 생겨난 최고로 긍정적인 방식' 『이 사람을 보라』◆만
이 진실된 사고의 힘이라고 말한다. 그는 일신교인 그리스도교의
도덕은 깊은 원한(르상티망)과 부정성의 사상으로 일관하고 있으
며 그런 부정의 힘이 서양 형이상학의 바탕을 관통하고 있다고 확신
한다. 그리고 궁극적으로는 '모든 사물의 존재에 차이가 있기 때문
에 긍정한다'에 이른다. 이것이 유명한 영원회귀 사상이다.

그렇다. 영원회귀 사상은 라이프니츠의 사상에 들어 있는 옵티미
즘의 싹을 다른 형식으로 되살린 것이다. 보편성과의 관계에서가
아니라 개별자만의 독자적인 가치가 있다는 것을 인정한다. 이는
강한 긍정성에 따른 차이에 대한 사상으로 매우 중요하다.

니체가 유일하게 '차이'로 긍정성의 사상을 제시한 것은 아니다.
20세기 후반에 들뢰즈도 확실하게 보여준다. 니체의 『도덕의 계보
학』과 마찬가지로 들뢰즈는 서양철학의 뿌리에 어떤 도덕적인 전
제가 깔려 있다고 말한다. 일찍이 플라톤은 이데아를 중시하고 현
상으로서의 세계는 이데아를 '본뜬 것'이라고 생각했다. 들뢰즈는
바로 '참된 것' '순수한 것' '동일성'을 중시하는 것 자체가 사상적인
편향성을 보여준다고 말한다. '참된 것'을 운운하는 우리도 뜨끔하
지 않은가.

사고하는 주체는 개념으로 기억, 재인식, 자기의식 같은 것을 형성
해가지만 사실은 자기의 주관에 덧붙이는 것에 불과하다. 그리고 이
주관적인 동일성은 보편적인 본성으로서의 사고, 즉 공통 감각으로

---

◆*Ecce homo*

서 긍정되는 것이다. 하지만 거기에 정착하고 있는 것, 거기서 생각하는 것은 도덕적인 세계관이다. 사고하는 주체가 차이를 개념의 동일성에 종속시킬 때 (…) 사고의 차이 자체가 사라진다. — 들뢰즈 『차이와 반복』

분명히 철학에는 그런 경향이 있다. 현실은 항상 겉보기뿐이고 더 순수하고 본질적인 것이 어딘가에 숨어 있다고 생각한다. 그리고 순수한 것과 비교할 때 현실은 복잡하고, 거짓이고, 속임수라고 비판하기도 한다. 하지만 매처럼 날카로운 눈을 가진 들뢰즈는 그것이 이른바 기원과 진실을 지향하는 '신학'에서 현실의 다양성을 부정하는 생각이라고 말한다. 들뢰즈다운 조용히 비꼬는 말투로 말이다.

들뢰즈는 인간의 욕망을 긍정한다. 하지만 욕망이 파시즘처럼 왜곡된 방향으로 향하지 않는 길을 모색한다. 실제로 그의 철학은 많은 독자를 끌어당기며, 나도 그 중 한 사람이다. 현대철학의 정점 중 하나는 자기를 긍정하는 사상에 있다고 생각하기 때문이다.

차이에 대해서는 한나 아렌트의 사고도 독특하다. 차이를 인간의 다양성과 타자의 사상과 관련하여 통찰한다. 많은 인간들이 존재하고 많은 목소리가 있다. 인간은 서로 평등하면서도 서로 다른, 차이가 있는 존재이다. 사람은 이런 차이를 자신이 갖는 고유한 특성으로 인식한다. 그리고 타자를 자기와의 차이를 기준으로 인식한다. 이런 차이에 대한 인식에서 비로소 자기 자신에 대해 둘도 없는 소중함을 느끼게 된다. 『인간의 조건』을 조금 읽어보자.

인간이 활동할 수 있는 것은 인간 하나하나가 유일한 존재이기 때문이고 그리고 한 사람 한 사람이 태어날 때마다 무언가 새롭고 독특한 것이 세계에 날아든다. (…) 언급하는 것은 차이의 실재에 대응한다. 이것은 다양성이라는 인간의 조건을 실현한 것이고 인간은 동등자 사이에서 차이가 있는 유일한 존재로서 살아간다.

— 아렌트 『인간의 조건』

인간의 '탄생(성)'을 아렌트는 출생(률)natality이라는 개념으로 설명한다. 그리고 개체의 차이로 인해 공적인 공간이 이뤄진다고 지적한다. 지적만 했을 뿐 방법을 제시하지 않았다. 동화같이 느껴지기도 하는 아렌트의 이론을 읽으면 즐겁고 놀랍다.

마지막으로 아렌트의 스승이었던 하이데거의 '차이'에 대해서 조금만 더 살펴보자. 그에 따르면 존재와 존재자 사이에는 도저히 뛰어넘을 수 없는 차이, '존재론적 차이'가 있다. 존재에는 존재자에게 적용되는 개념을 적용시킬 수 없다. 개념이 적용되는 것은 존재자뿐이다. 존재는 항상 존재자와는 다른 것으로 여겨야 한다는 것이다.

무언가와 비슷하지 않은가. 신에게 개념을 적용하는 것을 부정하는 부정신학 말이다. 차이를 신과 같은 동일성으로 환원시키고 마는 것도 그렇다. 들뢰즈가 지적한 바 있다. 하이데거 자신은 부정하지만 그의 존재론에는 신학과 통하는 데가 있다. 바로 '존재론적인 차이'라는 부정신학의 방법이다.

# 시간
## time

우리가 시간적인 존재이기 때문에 시간이라는 수수께끼가 생긴 것이다. 아리스토텔레스는 인간이 존재하지 않으면 운동은 있어도 시간은 없다고 생각했다.

'지금'이라고 말한다. 하지만 말한 순간 지금은 지금이 아니고 과거가 된다. 그리고 미래가 지금이 된다. 지금은 있되 지금은 없다. 시간은 불가사의한 자기모순에 빠진다. 아리스토텔레스는 이것을 시간의 아포리아<sup>aporia</sup>라고 불렀다. 대체 시간의 앞 시간이란 어떤 것인가. 시간의 다음 시간이란 어떤 것인가. 알 수 없다. 시간은 외부에서 파악하려 해도 그 전체상은 보이지 않기 때문이다. 시간을 생각하는 것은 수수께끼 같은 체험이다. 바로 이 순간 우리 자신까지 포함해서 말이다.

헤라클레이토스는 사람은 같은 강물에 발을 두 번 담글 수는 없다고 말했다고 한다. 흐르는 물이 같을 수는 없으니까. 그렇다. 그는 시간의 불가사의를 설파한 철학자이다. 시간 그 자체가 있는 것은 아니다. 우리가 시간적인 존재이기 때문에 시간이라는 수수께끼가 생긴 것이다.

아리스토텔레스는 인간이 존재하지 않으면 운동은 있어도 시간은 없다고 생각했다. 인간과 떼어내면 시간은 존재하지 않는다. 이른바 시간의 인간학적인 개념이다. 근대과학에서 시간을 생각하는 것과는 약간 대립되는 듯이 보이지만 사실 그렇지도 않다. 현대과학도 시간은 이를 관찰하는 인간과 분리해서는 이해할 수 없다는 것을 가르쳐준다. 시간 속에서 살아가는 존재로부터 독립된 시간은 없다. 시간 속에서 살아가는 존재에게만 시간이 있다.

18세기 칸트의 말이다. '시간은 직관의 형식이고 모든 인식의 전제조건이다' '시간은 순수통각이라는 의식의 자기인식이고, 의식의 가능성을 나타내는 조건 그 자체이다.' 저런저런, 칸트는 정말 어렵군. 하지만 주체와 시간의 관계는 철학에서 매우 중요한 주제이므로 조금 더 생각해보자. 데카르트에게 주체가 주체일 수 있는 것은 자기가 사고한다는 사실을 사고하는 경우이다(나는 생각한다, 그러므로 존재한다는 코기토이다). 하지만 이 코기토는 어디까지나 자기 언급적인 사유에 지나지 않는다. 데카르트에게 시간은 주체에게 별 의미가 없다. 극단적으로 말하면, 데카르트는 신이 매순간 새로운 세계를 창조한다고 생각했다.

이에 비해 칸트는 의식이 내감內感이라는 시간의 형식을 취한다고 보았다. 지각에는 '주체가 자기 외부 대상을 인식하는 경우'와 '자기 자체를 인식하는 경우'가 있다. 주체의 인식에서 중요한 것은 느끼는 주체로서, 자기가 느끼는 객체로서의 자기를 지각하는 내감이라고 생각했다. 칸트의 시간론에 대해 하이데거가 『칸트와 형이상학의 문제』*에서 자세히 설명하고 있으므로 시간이 있으면

---

◆*Kant und das Problem der Metaphysik*

읽어보길 바란다.

칸트가 볼 때 시간과 공간은 감성에 의한 직관 형식이다. 시간은 공간보다 내적이며 공간화하지 않으면 이해할 수 없다. 공간과 시간은 서로 의존적인 형태로 인간의 감성을 구축한다. 칸트에게 공간보다 시간이 더 근본적인 의미가 있었다는 것은 하이데거가 자세히 설명하고 있지만 19세기말의 베르그송은 이것을 한층 더 발전시켜 공간을 시간의 파생태派生態에 불과하다고 생각했다. 베르그송에게 생명이란 지속하는 것이며, '참된 시간을 사는'『창조적 진화』 존재이다. 두 번 다시 같은 시간을 살 수 없는 일회성이다.

공간이 '부정된 시간'이라고 헤겔은 말하지만, 베르그송은 다음과 같이 말한다. 인간은 시간이라는 형식에서 비로소 자유롭게 된다. 그는 시간을 '주체에 대한 자유의 근거'로 여겼다.

우리는 많은 경우 자기에 대해서 외적으로 살고 있다. 그리고 자아의 유령, 순수지속이 균질의 공간에 투영된 그림자밖에 인식하지 못한다. 우리의 삶은 시간이 아니라 공간 속에서 전개되고 있는 것이다. (…) 그러나 자유롭게 행동한다는 것은 자기를 되찾는 것이다. 순수지속 속에서 자기를 되돌려 놓는 것이다.

— 베르그송 『의식의 직접적 여건』◆

키에르케고르는 시간과 인간 자유의 문제를 순간이라는 개념으로 표현하였다. 베르그송보다도 앞선 인물이지만 키에르케고르의 사상이 서양철학으로 받아들여져 이해하게 된 것은 베르그송보다 나중이다. 순간은 주체가 영원한 존재가 되는 특권적인 시간이라고 키

에르케고르는 생각했다. 한순간에 잠이 확 깨는 듯한 신선한 기분이
드는 사고이다.

순간에서 영원과 시간은 극단적으로 대립한다. 주체가 시간 속에
서 유일하게 존재할 수 있는 것은 순간뿐이다. 순간은 영원과 시간이
라는 모순된 카테고리가 접촉하는 현장이다. 그리고 거기에 주체가
움직이는 자유가 있다. 키에르케고르는 흐르는 역사 속에서 '단독
자' 개인의 위치를 생각한 인물이다.

순간이란 시간과 영원이 접촉하는 양의적兩意的인 것이다. 이에 따라
시간성의 개념이 조정된다. 즉 시간성에 있어서 시간은 끊임없이 영
원을 캐내고 영원은 시간에 침투한다. 여기서 처음으로 현재라는 시
간, 과거라는 시간, 미래라는 시간적 구별이 의미를 가지게 된다.

— 키에르케고르 『불안의 개념』◆◆

실존과 자유가 시간론을 축으로 전개되고 있음을 알 수 있다. 다만
이 실존적 시간론은 이해하기 어려운 부분도 있다. 가령 시간은 다른
여러 주체의 시간과 어떤 관계에 있는 것인가. 이 문제를 칸트 주변
으로 되돌아가 생각한 것이 후설이다.

베르그송이나 키에르케고르는 현재 순간을 우선시하지만 후설은
인간의 기억에 의한 재구성과 미래를 예견하는 구성 능력을 중시한
다. 인간은 지속성 속에 살아가는 존재이지만 기억으로 과거와 미래
를 파악할 수 있는 존재이기도 하다. 우리가 소리 다발을 하나의 멜

---

◆ *Essai sur les données immédiates de la conscience*
◆◆ *Der Begriff der Angst*

로디로 받아들여 음악을 즐길 수 있는 이유는 무엇인가. 그것은 지나간 소리들의 연결을 똑똑히 기억하고 또 앞으로 이어질 것을 예측할 수 있기 때문이다. 후설은 이러한 능력으로 객관적인 시간성이 가능해진다고 생각한다.

> 시간이 구성되기 위해서는 동일화가 이루어질 수 있어야 한다. 나는 몇 번이라도 상기할 수 있고 지금 채워진 시간의 단편을 언제까지든 다시 만들어낼 수 있다. 그리고 다시 만들어냄으로써 지금 지속하는 가운데 동일한 것과, 다른 것에 따라오는 동일한 지속, 동일한 객관을 파악할 수 있다. 객관이란 반복되는 작용 가운데서, 시간적인 연속성에서 동일한 통일체로 표시된 의식의 통일체이다. 임의의 여러 의식작용 가운데 동일한 것으로서, 더욱이 임의의 여러 지각 속에서 반복하여 지각할 수 있는 동일한 지향志向이다.
>
> ── 후설 『내적 시간의식의 현상학』◆

후설은 의식 자체가 근원적인 시간의식이라고 생각한다. 칸트와 같은 생각이다. 또한 시간의식은 모든 인간이 공통으로 지닌 원시적인 능력이며, 인간의 시간인식의 객관적인 근거가 거기에 있다고 생각한다. 인간이 지향하는 대상이 많은 주체에 의해서 반복되어 동일한 것으로 상기될 때 시간이나 공간의 객관성의 근거가 있다고 생각한 것이다. 후설은 후에 이 문제를 상호주관성이라는 주제에서 다시 한 번 검토하게 된다.

마지막으로 벤야민의 아름다운 시간 개념을 소개하고 싶다. 벤야민은 역사가 진보한다는 근대의 미신은 역사가 균질하게 공허한 시간의 연결로 이루어진다는 발상에서 비롯되었다고 생각했다. 그리고 지금 이 순간을 역사적으로 특권의 장이라 생각했다.

역사는 구성의 대상이고 이 구성의 장을 만들어내는 것은 균질하게 공허한 시간이 아니라 지금＝시간에 의해서 채워진 시간이다. 그러므로 로베스피에르에게 고대 로마는 지금＝시간이 충만된 과거였다. ― 벤야민 「역사의 개념에 대하여」〔역사철학테제〕♦♦

---

♦ *Zur Phänomenologie des inneren Zeitbewußtseins*
♦♦ Über den Begriff der Geschichte

# 시스템
## system

체계라는 개념에는 어원의
'모아서 세우다'라는 의미가
강하게 남아 있는바,
한 사람의 인간이 구축한다는
이미지가 강하다.

시스템이 어떻게 만들어졌는지 아는가.
'시'와 '스템'이다. 농담이라고 생각하는가.
하지만 그리스어의 '같이(syn)' '세우다
(histemi)'라는 말에서 만들어졌다고 하니
그렇게 싱거운 소리도 아니다. '모아서 세
우다'가 system이다. 철학에서는 흔히 '체
계'라고 번역된다.

철학에서 체계라는 개념이 중요한 테마로
등장한 것은 18세기 이후 '독일관념론부터
이다. 체계적인 철학은 그 이전부터 존재했
지만 당시 피히테나 헤겔이 철학의 단서와
전체성이라는 측면에서 체계라는 문제를
의식하게 되었다.

철학을 건물로 형상화한 사람은 칸트이지
만, 철학이 체계를 형성하여야 한다고 주장
한 것은 피히테이다. 완고한 사람이긴 하지
만, 그는 철학이 '모든 학문의 기초를 형성
하는 근원적인 학문'이어야 한다고 생각했
다. 그렇다면 다른 학문의 뿌리가 되기 위
해서 철학은 절대 확실한 장에서 출발할 필
요가 있다. 하지만 그런 것이 있는가. 있다.

'자아'이다. 피히테는 자아가 자아를 조정한다는 자기동일적인 확실성에서 철학의 모든 체계로 넓혀갈 수 있다고 생각했다. 모든 학문의 바탕에 철학이 있고 철학의 단서가 되는 자아라는 확실성이 학문과 과학의 체계성에 기초가 된다고 믿었다.

그리고 한발 더 나아가 이러한 체계로서의 철학이라는 개념을 전체성의 관점에서 생각한 이가 헤겔이다. 그는 '진리는 체계로서만 나타낼 수 있다'라고 했다. 진리는 하나의 명제로가 아니라 때로는 대립하는 다수 명제의 빈틈없는 체계 속에서 드러난다. 『엔치클로페디』◆를 읽으면 헤겔이 만년에 구축한 체계의 모습을 볼 수 있다. 이미 조금씩 허물어지고 있는 체계이긴 하지만. 체계가 된 철학은 어딘지 모르게 낡아 못 쓰게 된 바닷가 폐선처럼 서글프게 느껴진다. 철학이 모든 학문의 정점에 서고자 하는 웅대한 기세를 보여야 할 텐데 말이다.

하지만 니체는 서슴없이 그런 체계를 오만이라고 비판한다. 몰락을 탐지해내는 그의 후각에 그저 놀랄 뿐이다. 니체에게 철학은 아포리즘, 멋진 경구로밖에 성립하지 않는다. 그는 철학이 체계로만 존재할 수 있다는 사고의 배후에는 지배를 향한 권력의지가 있다고 거침없이 잘라버린다.

체계를 세우려는 의지, 철학자 경우 이는 도덕적으로 표현하면 하나의 세련된 몰락이고, 하나의 성격상의 병이다. (…) 한층 강하고, 한층 단순하고, 한층 거만하고, 한층 무식하고, 한층 명령적이고, 한층 억압적이다. ― 니체 『생성의 무구함』

---

◆ *Enzyklopädie I-III*

세련된 몰락! 애고 애고. 학문의 단서를 이루는 체계라는 철학적 개념은 여기에서 숨이 끊어진 것처럼 보인다. 그 때문인지 현대에서 system은 거의 '시스템'으로 바뀌었다. 체계와 시스템이 얼마나 다른가 보자.

체계라는 개념에는 어원의 '모아서 세우다'라는 의미가 강하게 남아 있는바, 한 사람의 인간이 구축한다는 이미지가 강하다. 그 반발인지 시스템이라는 개념은 인간에 의해서 만들어진 것이 아닌데도 전체적으로 어떤 조직과 통일을 갖추고 있는 경우에 많이 쓰인다.

시스템의 구체적인 예를 들어보자. 생명체는 어떤가. 생명체라는 시스템은 정밀한 장치이고, 지금 어떤 생명을 유지하고, 새로운 생명을 재생산한다. 하지만 인간이 (적어도 아직까지는) 인공적으로 만들어낼 수는 없다. 그리고 사회라는 시스템도 그렇다. 인간이 탄생하기 위해 필요하고, 인간과 함께 태어났지만 인간이 스스로 계산해서 만들어낸 것은 아니다.

생명체와 사회 양쪽 모두 개인의 환경 속에서 닫힌 통일적 전체성을 만들어내고 있다. 그리고 그것만으로 존재할 수 있고, 또 스스로 재생한다는 특징을 지닌다. 이러한 시스템은 자생적이고, 인간의 존재가 가능해지기 위한 조건이다.

이런 시스템으로서의 사회 개념을 철학에서 전개한 사람이 니콜라스 루만일 것이다. 그는 사회가 성립하고 있다는 사실 자체에 눈을 돌렸다. 그리고 타자와의 커뮤니케이션에서 처음으로 성립하는, 하나의 '관계성과 같은 자아'를 상정한다. 그러므로 자아가 우선 단독으로 형성되어, 그 위에서 타자와 커뮤니케이션을 주고받는다고 할 수 없다. 그렇지 않고 자아가 타자를 이해할 수 있고, 타자가 자아를 이해할 수 있다는 사태의 불가사의함에서, 자아라는 것을 생각할 수 있다.

이는 사회 성립의 근거에 다른 자아끼리의 커뮤니케이션을 이끌어 낸다는 (언뜻 보면) 순환적인 방법을 채용하고 있다. 루만은 이러한 순환성을 '자기언급성'이라는 말로 표현하였다. 그에 따르면 사회나 언어는 이러한 순환성, 자기언급성을 본질적인 특징으로 한다. 사회는 사람이 모여 인위적으로 만든 것이라기보다 자기 생성적인 장치와 같다. 자기를 재생산하는 이 시스템을 오토포이에시스autopoiesis라고 한다.

루만의 사회체계론이 재미있는 것은 여기에서 시간의 가능성과 구조가 생긴다는 점일 것이다. 시간의 가능성이라고? 음, 시간은 타자와의 관계에서 처음으로 형성된다는 뜻일 것이다. 이것은 헤겔의 욕망의 이론이나 프로이트의 자아형성 이론에서도 보이는 사고방식이다.

헤겔은 말한다. 인간의 욕망은 '타자의 욕망에 대한 욕망'이다. 이욕망의 구조에서 비로소 시간이 가능해진다. 후에 코제브A. Kojève라는 사람이 헤겔의 『정신현상학』에서 이런 생각을 멋지게 읽어내고 있다. 시간은 사탕처럼 매끄럽게 흘러가는 것이 아니라 자아의 기대속에서 미래로부터 도래한 것이다.

여기가 재미있는 부분이다. 인간이 행동할 때는 방에서 혼자 책을 읽거나 글을 쓰더라도 항상 타자의 행동을 예견하고 기대한다. 그리고 어떤 자아가 상정하는 타자에 대한 기대 속에는 타자에게서 자기에게 향하는 기대가 들어 있다. 이 부분이 순환하지만, 자아는 타자가 자아에게 기대하는 바를 상정하며 타자에게 기대하고 그 기대에 근거하여 행동한다. 뭔가 짐작이 간다. 루만의 말에 귀를 기울여보자.

기대를 근거로 해서 사회 시스템의 시간지평이 나타난다. 우연히 기대되는 바가 정해지면 바로 그것을 기점으로 하여 어떻게 미래나 과거가 있는지 짐작할 수 있게 된다. 기대를 통해서 시간은 이른바 가동된다. 즉 시간의 순서가 어느 시점에서 다른 시점으로 이동할 수 있도록 편성된다. ─ 루만 『사회체계론』

철학에는 이성적인 주체가 먼저 있고 서로 대화한다고 보는 생각도 있다. 하지만 루만은 그렇지 않다. '이성적인 주체나 대화를 성립시킬 가능성을 놓고 타자와 내적 커뮤니케이션을 끊임없이 계속하는 주체'라는 구조가 있고, 이러한 구조가 사회와 대화 그리고 이성의 성립을 가능하게 한다고 생각한다. 또 주체는 항상 동적이며 새로이 형성된다. 이러한 다이너미즘이 매우 재미있다.

그리고 가장 흥미 있는 것은 '욕망의 주체인 자아'가 주체로서의 지위를 시스템에 넘겨주는 것이다. 여기에서 주체는 시스템이고 자아는 구조이다. 이미 자아라는 사고의 주체는 청해지지 않고 피히테가 말하는 지고至高의 자아도 필요하지 않다. 루만의 사회체계라는 개념에는 주체의 죽음을 선고한 프랑스의 구조주의나 포스트모던과 마찬가지로 냉철한 시선이 담겨 있다.

# 주어/술어
**subject/object**

주관의 표상에 불과한
오브젝트가 객관적인 것이
되고 서브젝트는 객관에서
주관으로 전환한다. 우리가
사용하는 주체나 주관이라는
말도 모두 여기서 온 것이다.

주어와 술어. 영어 문법 같은 이야기다. 하지만 철학 문제는 언어 문제와 밀접하게 연결되어 있다. 벤베니스트É. Benveniste라는 언어학자는 그의 저서 『일반언어학의 문제들』*에서 아리스토텔레스의 '카테고리' 구별법은 그리스어의 문법적 사고에서 온 것이라고 말한다. 2천5백년 전부터 그런 거라면 받아들일 수밖에 없을 듯하다. 언어는 철학적 사고의 제한 요인으로 작용하기도 하고, 반대로 철학 개념이 변함에 따라 언어가 변하기도 한다. 실제로 그런 일들이 일어난다. 그렇다면 주어와 술어는 어떤 개념인가. 상당히 설레고 기대된다.

우선 그리스 시대부터 살펴보자. 아리스토텔레스는 『형이상학』에서 이렇게 정의했다. '실체란 문장의 주어이지 술어가 되지 않는다'. 실체란 '소크라테스는 인간이다' '소크라테스는 키가 작다'와 같이 여러 술어로 설명되어야 하는 개체이다. 아리스토텔레스가 실체(우시아Ousia)를 문장구조로 설명한 것이 재미있다. 이후 문장구조는 철학에서 큰 의미를 가지게 된다(거의 처음이라는 의미이다).

하지만 실체라는 게 무엇인가. 실체는 '히포케이메논hypokeimenon(아래에 가로놓인 것)'으로 '변화 속에서 동일한 것'을 가리킨다. 현상세계에서 사물은 끊임없이 변화한다. 하지만 운동과 변화 속에서도 변함없이 한결같은 존재, 그것이 실체이다. 그리고 주체이다.

히포케이메논이라는 개념이 라틴어로 전해져 '수브엑툼subjectum(아래로 던져진 것)'이라고 불리게 되었다. 이제 발음이 귀에 익지 않은가. 주어이고 주체인 것, 수브젝툼. 그것이 중세철학에서는 '아래로 던져진 것' '변화를 초월하여 한결같이 존재하는 것', 즉 가장 확실한 것이다. 그리고 오브젝툼objectum은 '의식하는 주체가 표상을 통해 인식하는 것'이다.

하지만 이것은 사실 근대철학과 정반대이다. 주체subject는 변화하지 않는 '객관적'인 것이고, 객체object는 표상이며 '주관적'이기 때문이다. 중세철학의 용어를 계속 사용한 데카르트 등도 이 용법을 사용했다.

그럼 어디서 뒤바뀐 것인가. 대전환을 가지고 온 사람 역시 데카르트이다. 데카르트의 철학에서 '변화의 바탕에 놓여 한결같이 존재하는 것'은 이전과 마찬가지로 여전히 실체로 인정된다. 다만 실체를 표상으로 의식하는 주체 역시 실체로 등장한다. 아니 왜? 그것은 '가장 주관적인 것'이 철학의 확실한 근거로 인정되었기 때문이다. 철학사상의 대전환이다.

바야흐로 근대철학이 시작되었다. 처음에는 중심을 못 잡고 흔들렸

---

♦ *Problèmes de linguistique générale*

지만 결국 칸트가 데카르트의 주체를 한층 묵직하게 다져나갔다. 칸트는 이렇게 생각했다. 객체는 물자체物自體로 존재한다. 하지만 주체는 물자체를 인식할 수 없고 현상을 표상화하여 볼 수밖에 없다고.

이때 주관과 객체의 위치가 마치 가구처럼 뒤바뀌게 된다. 주관의 표상에 불과한 오브젝트가 객관적인 것이 되고 서브젝트는 객관에서 주관으로 전환한다. 이와 같은 전환은 이제 되돌릴 수 없다. 칸트는 이를 '코페르니쿠스적 전환'이라고 불렀다. 우리가 사용하는 주체나 주관이라는 말도 모두 여기서 온 것이다.

하지만 위대한 칸트는 이러한 대전환을 하면서도 한편에서는 아리스토텔레스의 전통에서 벗어나지 못하였다. 주어와 술어의 관계에서 실체를 생각하려고 하는 것 자체가 아리스토텔레스식 사고방식이기 때문이다. 가령 칸트는 『순수이성비판』에서 종합판단이라는 개념, 카테고리 등을 모두 주어와 술어의 관계로 파악하였다.

한데 엉켜서 돌아가는 주어와 술어이다. 물론 칸트가 단순히 문법에 얽매였던 것은 아니다. 주어와 술어의 관계를 바탕으로 인간 인식의 기본적인 문제를 해결할 수 있다고 생각했다. 다만 칸트는 주어가 어떻게 해서 가능해졌는지, 술어는 주어와 어떻게 연결되는지를 묻지 않았다. 그 때문에 주어나 주체가 어디서 생겨나오는지 다른 주어와 어떠한 관계에 있는지 등 이른바 존재론적인 물음은 그의 문제 구도에서 길을 잃고 헤매게 된다. 어려운 문제다.

하지만 여기서 좀더 넓은 곳으로 눈을 돌려보자. 확실히 문장구조는 철학의 사고형태 자체를 근본적으로 규정하고 있다. 즉 서양철학은 서양의 문법구조에서 규정되어왔다. 아니 그럼! 정신이 퍼뜩 든다. 말이 달라지면 다른 식으로 생각했을지도 모르는 일이 아닌가. 음, 이것은 큰 문제다. 철학은 '보편'이 원칙이 아니던가. 하지만 문화인류학적 연구 결과로 보면 확실히 사회구조나 언어구조가 달라지면 사고의 구조나 양식도 달라질 수 있다.

물론 이런 언어적 구조의 차이 때문에 철학개념의 보편성이 부정되는 것은 아니다(라고, 적어도 나는 생각한다). 하지만 철학사상에 다양한 관점이 주어지는 것도 의미있는 일이 아닌가. 가령 서양식 사고에서는 '문장의 주어'가 '사고의 주체' 또는 '표상과 인식의 주체'라는 개념과 정확히 일치한다든가 하는 식으로 말이다. 어쨌든 사고와 언어의 양식이 가지는 제약을 인식할 필요가 있다.

이러한 관점은 이미 니체에게 있었다. 주체의 개념은 지속하는 존재, 동일적 존재라는 착각에서 생겨난 것이 아닌가라고. 어이쿠, 일격에 격침돼버린다.

원래 주체라는 것이 존재하려면 뭔가 지속적인 것이 존재해야 한다. (…) 그런데 주체가 발생하는 것은 동등하다는 오류가 발생하기 때문이 아닐까. ― 니체 『생성의 무구함』

그리고 바르트도 말했다(조금 온건하긴 하지만). 사람과 타자와의 관계는 주어나 주체에 대한 소박한 착각에 지배당한다. 서양의 문법학에서는 주어와 술어의 관계를 '권력 용어로 기술한다.'

권력과 거의 흡사한 문장이 지배하는 경우가 있다. 힘을 가진다는 것은 우선 제일 먼저 완결된 문장을 언급하는 것이다. 원래 문법에서는 문장을 권력이나 계급에서 쓰는 용어로 기술하고 있지 않은가. 가령 주어, 종속절, 보어, 지배 등등. — 바르트 『언어의 웅성거림』◆

바르트는 주어라든가 보어라는 문법적 개념 자체에 권력적인 사고가 들어 있다고 보았다. 바르트는 언어가 사회에서 어떤 숨겨진 역할을 하고 있는지, 자취를 추적한 사람이다. 그의 후각은 그렇게 예민하다.

그렇다. 언어를 객관적인 인식의 도구처럼 생각하는 것은 그만두자. 언어에서 주어와 술어의 관계가 우위에 있다고 보는 것은 특정 역사적 지리적인 조건에서 비롯되었을 뿐이다. 그것만큼은 분명히 자각해야 한다.

서양철학은 그 언어와 문화적인 규정성에 관해 역사를 거슬러 올라가면 파악할 수 있을 것이라는 생각이 집요하게 다시 떠오른다. 그때 비로소 서양이라는 로컬(지역) 철학이 아니라 보편적인 철학, 보편적인 사고양식의 지위를 획득할 수 있을 것이다. 우리가 철학을 하는 기본 관점도 마찬가지이다. 동양철학의 독자성과 자국 사상의 특이성만을 주장하게 되면 우리 철학은 언제까지나 지역적 차원으로 오그라들어 보편성을 잃고 말 것이다. 그것을 잊어서는 안 된다.

◆*Le bruissement de la langue*

# 소비
## consumption

확실히 마르쿠제가 그려낸
소비사회는 허무하다.
우리들이 느끼는 공허한
뿌리를 매우 잘 파악하고 있다.

우리 사회는 소비를 위해 재화를 만들어낸다. 철학에서 소비라는 개념이 본격적으로 쓰인 것은 자본주의 사회가 성립되고 나서일 것이다. 하지만 마르크스는 『자본론』을 쓰면서 소비 문제를 충분히 거론하지 않았다. 마르크스가 볼 때 생산이 자본주의의 핵심이었다. 노동을 통해서 인간적 본질이 나타난다고 생각했다. 생산과 노동은 소비와 거의 반대가 아닌가.

하지만 유감스럽게도 현대사회에서 핵심을 이루는 것은 생산이 아니라 소비인 듯하다. 여하튼 소비자가 전반적으로 지출을 억제하게 되면 생산활동이 멈추고 경제가 마비된다. 어이쿠, 지금 사회의 과제는 '어떻게 해서 생산할 것인가'가 아니고 '어떻게 해서 소비를 자극할 것인가'이다.

마르크스도 이런 흐름을 예측하기는 했다. 하지만 어디까지나 자본주의 사회의 '몰락의 한 장면'으로서 예측한 것이다. 그가 볼 때 과잉 소비는 사회의 병적 현상이었기 때문이다. 무질서한 시장에서는 재화가 그 본래의 사용가치와는 상관없이 제멋대로 과잉 생산되어 소비되고 광적인 사회는 공황과 몰락을 향해 치닫는다고 믿었다.

하지만 마르크스주의의 장대한 경제실험은 실패로 끝났다. 이후에 남은 것은 사람들의 욕망을 자유롭게 해방시켜 가치를 이끌어내는 자본주의 사회뿐이다. 지금 과제가 자본주의를 다른 종류의 사회로 바꾸고자 하는 것은 물론 아니다. 오히려 자유로운 인간의 욕망은 인정하면서 동시에 어떻게 '억압이 적은 사회'로 바꾸어갈 것인가 하는 데에 있다(고 한다).

그럼 철학에서 소비 문제에 처음으로 뛰어든 사람은 누구인가. 마르쿠제H. Marcuse일 것이다. 『일차원적 인간』 ◆에서 그는 말한다. 소비의 확대와 생활수준의 향상이 정치적 조작을 위한 '담보'가 된다. 소비가 확대되면 소비자는 사회개혁 욕구를 상실하고 결국 자유의 영역을 스스로 축소해버린다. 그리고 누구나가 경박한 소비자로 전락하여 일차원적인 인간으로 몰락하고 만다.

생산성이 향상되면 점점 많은 잉여생산물이 생긴다. 이 잉여생산물은 사유물로 점유되어 분배되고, 중앙집중적 형태로 점유되어 분배되기도 하지만 (…) 어느 쪽이든 이를 통해서 소비가 확대될 수 있다. 이러한 상태에서는 자유의 '사용가치'는 줄어들게 된다.

— 마크쿠제 『일차원적 인간』

이것은 한때 매우 유행한 논의이다. 확실히 마르쿠제가 그려낸 소

---

◆ *One-dimensional man*

비사회는 허무하다. 우리들이 느끼는 공허한 뿌리를 매우 잘 파악하고 있다. 대중소비사회와는 거리가 먼 사회가 세계의 많은 지역을 차지하고 있는 것도 사실이다(누구나 자신이 태어난 사회 안에서 자신의 욕망을 키워나가는 수밖에 없다는 것은 알고 있지만). 다만 마르크스주의의 이념이 완전하게 붕괴된 지금에 와서 20세기 중반에 마르쿠제가 주장한 사회변혁은 어쩐지 허무한 울림으로밖에 들리지 않는 것도 사실이다.

라캉이 말한 대로 인간의 욕망은 자생적인 것이 아니다. 타자의 욕망에 대한 욕망이라고 하는 '욕망의 변증법'으로밖에 형성되지 않는다(이 부분은 헤겔에서 빌려왔다). 인간의 욕망은 본래 공허한 데가 있어 시뮬라크르(가짜 환영)로밖에 성립될 수 없고 또 그렇게밖에 존재할 수 없는 성격을 가진다.

보드리야르J. Baudrillard도 마르쿠제와 같은 말을 한다. 소비사회에서 사람들의 욕망은 인위적으로 만들어진다. 욕망은 소비로 나타난다. 이 사회에서는 욕망과 소비의 게임이 근본적인 원동력이 되고, 이것 없이는 사회가 성립할 수 없다. 소비사회에 등장하는 인간은 단순히 희소한 것을 얻고자 교환하는 호모 에코노믹스적 모델로는 설명할 수 없다. 욕망이 공허한 것이라고 해도 우리들은 이러한 공허 속에서 살아갈 수밖에 없다.

하지만 보드리야르 이론에서 재미있는 것은 소비를 단순히 욕망의 변증법적 관점만이 아닌 커뮤니케이션 이론으로 끄집어내었다는 점이다. 그는 소비체계가 욕구와 향수享受가 아니라 기호와 차이의 체계에 근거하고 있다고 생각했다.

소비는 기호의 배열과 집단의 통합을 보증해주는 시스템이다. 또 이데 올로기적 가치 시스템의 모럴로서의 의미도 가진다. 동시에 커뮤니케 이션 시스템, 즉 교환구조이기도 하다. — 보드리야르 『소비의 사회: 그 신화와 구조』♦

이른바 원시사회라고 불리는 사회에서는 혼인관계로 여성이 교환 되기도 했다. 이것은 공동체 사이의 커뮤니케이션이 목적이다. 보드 리야르는 이것과 마찬가지로 현대 소비사회에서는 재화와 물건이 커 뮤니케이션 목적으로 교환된다고 보았다. 욕구에 근거한 생물학적인 질서에서 방향을 바꾸어 소비가 '문화적인 시스템'으로 작동한다고 하 는 그의 이론은 절묘하다.

하지만 소비라는 주제에 대해 아마 가장 깊은 사고를 보여준 이는 바 타유일 것이다. 소비는 인간의 욕망을 확대하고 사람들의 결합을 만들 어낸다. 바타유는 소비를 마이너스 활동으로 보지 않고 시스템의 '저 주받은 부분'을 다 태워 말소시키는 적극적인 행동으로 그려낸다.

사회는 부를 과잉 생산한다. 과잉생산은 사회 자체를 파괴하고 마 는 전쟁과 살육을 초래한다. 그렇기 때문에 적절한 방법으로 '폐기'하 지 않으면 안 된다고 말한다. 탕진하는 것이다.

우리가 탕진을 사고 원리로 삼지 않으면 인간은 어쩔 수 없이 파산의 혼란 속에서 멸망할 수밖에 없을 것이다. 이러한 대혼란 외에는 자신 들이 가지고 있는 에네르기의 탕진 방법을 알지 못하기 때문이다.

— 바타유 『에로티즘』

---

♦ *La Société de consommation: ses mythes ses structures*

인간은 자연에 작용을 가하고 노동함으로써 유용한 것을 만들어 낸다. 그것이 문화의 기초가 된다는 점은 바타유도 안다. 하지만 '노동하는 인간'이 아무 생각 없이 만들어낸 사물이 오히려 인간을 자연과의 일체성에서 소외시킨다고 생각한다. 이러한 발상은 마르쿠제의 소외론과도 통하는 데가 있지만 바타유는 마르쿠제와 달리 사회변혁으로 그것을 해소할 수 있다고 생각한다.

마르크스주의적인 사회변혁 이론은 생산을 긍정한다. 그러므로 생산성을 향상시키기 위한 사상이 내부에 깔려 있다. 하지만 바타유의 입장에서 보면 이것은 사태를 악화시킬 뿐이다. 즉 생산성이 높으면 높을수록 소비되지 못한 부가 축적되어갈 뿐이기 때문이다. 그러면서 인간은 점점 소외된다. 바타유는 말한다. 소외를 타파하기 위해 희생양이나 파괴, 증여, 과도한 소비, 에로스 등의 힘을 빌려 인간은 '마음 깊은 곳'과의 일체성을 회복할 수밖에 없다. 이러한 비생산적인 소비 개념이 바타유에게는 '지고至高의 원리'이다. 대담하지 않는가. 그는 이런 식으로 서양철학의 구석 깊이 숨어 있는 생산 지향의 사고방식에 정면으로 이의를 제기한다.

우리 시대에는 여러 번 전쟁이 있었다. 전쟁은 인간이 소비하지 못한 것을 소비하는 기능을 담당해왔는지 모른다. 바타유의 생각은 아마 그런 전쟁이라는 희생을 치르지 않고도 전세계적으로 소비가 확대된다면 사람들의 생활수준은 전반적으로 훨씬 더 향상될지 모른다는 것이다. 바타유는 소비와 함께 전쟁에 대해서도 말한다. 소비수준이 낮은 나라는 소비를 늘리지 않는 한 전쟁이 일어나고 그렇게 하여 과잉 생산된 재화를 소비할 수밖에 없게 된다.

# 여성성
## féminité

누구나 타자와의 관계 속에서
남성이 되고 여성이 된다.
사회적으로 문화적으로
형성된 제도로서의 '성'이다.
젠더라고도 한다.

철학에서 오래된 수수께끼가 하나 있다. 여성성이다. 고대 그리스에서는 남성과 여성이라는 이성간의 사랑보다 남성과 남성 간의 사랑이 '등급 높은 사랑'이라 여기는 경향이 있었다. 생식을 수반하는 사랑은 동물성에 가까우며 여성이 화장을 하는 것은 '진실을 속이는 행위'라고 보았다. 고대 그리스 철학은 남성들의 철학이고 여성에게는 기만이라는 속성이 내포되어 있었다. 하지만 이것은 물론 그리스에서 여성의 지위가 낮음을 반영한 것이다. 그러므로 아리스토텔레스가 여성을 '변변치 못한 남자'라고 했던 것은 가능하면 못 본 체하길 바란다.

근대에 와서 여성은 남성과는 '이질적인 성'으로 간주되었다. 그렇게 되자 여성은 '열등한 성'으로서 남성과 다른 카테고리가 적용되었다. 프랑스혁명은 인간 평등을 요구하면서도 인간 개념에 여성은 포함시키지 않았던 듯하다. 기묘한 이야기다. 철학자들은 여성을 남성과 다른 카테고리로 간주하고 게다가 남성성을 인간성과 동등하게 보는 경향이 있었다.

이러한 상황에서 페미니즘 운동이 일어난다. 이것은 여성은 남성과 대등하다는 주장으로 시작되었다. 똑같은 인간인 여성이 인간 개념에 포함되지 않는 것은 이상하다, 이러한 이상한 사태를 뒤집자. 지극히 당연한 반응이었다고 생각한다.

다만 이 전략은 뒤집기의 '함정'에 빠지기도 한다. 여성성이라는 본질을 우선 상정한 다음 그 주체로서의 여성이라는 아이덴티티를 구축하기 때문이다. 그런데 본질적인 여성성이 있는가. 프로이트는 없다고 말한다. 나도 없다고 생각한다. 누구나 타자와의 관계 속에서 남성이 되고 여성이 된다. 이것은 물론 생물학적인 성 차이를 말하는 것이 아니다. 개인의 일상사의 문제라고 할까, 사회적으로 문화적으로 형성된 제도로서의 '성'이다. 젠더gender라고도 한다.

젠더는 사회문제만이 아니다. 철학에도 있다. 철학자는 자신을 남성으로 의식하지 않은 채 사회 속의 남성성을 관념 속에 담고 있다. 젠더 이론은 이 점을 비판한다. 예를 들어 칸트의 경우 여성에 대한 비틀어진 사고가 그의 도덕철학과 법이론에 영향을 줬다고 본다.

칸트는 원래 여성은 철학을 배워서는 안 된다고 생각했다. '여성의 위대한 학문 내용은 차라리 인간이고 인간 중에서도 남성이다. 여성이 다루어야 할 철학은 트집 잡는 것이 아니라 느끼는 것이다'「아름다움과 숭고함의 감정에 관한 고찰」*. 칸트는 철학을 언급하는 여성은 '코밑수염'을 길러야 한다고 말할 정도였다. 여성에게 철학이 어울리지 않는다는 생각은 결국 여성의 철학적 이성을 인정하지 않는 것이다. 저런 저런.

그런데 남성 철학자에게 여성성은 타자성의 상징으로서 나타나기도 한다. 가령 20세기 레비나스의 철학이 그렇다. 여성에게 특별한 속성을 부여하려는 것은 페미니즘의 입장에서 보면 화가 날지 모르겠다. 하지만 철학이 타자에 대해 생각하려 할 때 그때까지 남성 철학에서 확실히 타자였던 '여성'을 대상으로 삼는 데는 그 나름대로 근거가 있다고 생각한다. 이에 대해 레비나스의 『전체성과 무한』을 조금만 읽어보자.

> 연인들의 관계는 친밀함, 두 사람의 고독, 닫힌 사회에 묶이는 비공공적非公共的인 전형이다. 여성성, 그것은 사회를 거스르는 '타인'이고, 두 사람의 사회, 친밀한 사회, 언어 없는 사회의 성원이다.
> ── 레비나스 『전체성과 무한』

레비나스에게 여성은 주체가 사회라는 열린 공간에 직면하는 힘을 제공해줌과 동시에 닫힌 에로스의 세계를 구성하기 위한 파트너이기도 하다. 그의 사상을 보면 타자는 '얼굴'이라는 개념을 통해 타자성과 사회성을 드러내지만 여성의 얼굴은 '얼굴'의 제3자성을 완화하거나 비뚤어지게 하는 역할이 기대된다. 여기에서 레비나스는 이른바 수염을 기른 남성 철학자로서 등장한다. 그의 여성 개념에 대해 보봐르S. de Beauvoir는 『제2의 성』**에서 '남성적인 특권을 주장하는 것이다'고 비판한다.

이리가레이L. Irigaray의 비판도 있다. 레비나스의 사상에서 여성은 특별한 위치를 차지한다. 이는 레비나스가 남성 입장에서 사고하는

---

◆*Beodachtungen über das Gefübl Schönen und Erbabenen*
◆◆*Le deuxième sexe*

것이며, 여성을 철학에서 배제하고자 한 칸트의 생각을 이어받은 것에 불과하다. 또 '아버지와 아들'이라는 신학적이고 형이상학적인 비유가 레비나스의 철학에 숨겨져 있다고 이리가레이는 보았다.

> 타자가 항상 아버지의 영역, 아버지와 아들의 영역, 인간과 신의 관계에 놓여 있다는 것, 그리고 그곳에서만 윤리가 확립될 수 있다고 생각하는 것은 형이상학적 전통의 필요성에 따른 것은 아닌가.
>
> — 이리가레이 「임마누엘 레비나스에 대한 질문」◆

이는 확실히 레비나스 철학의 약점이라 할 수 있는 부분이다. 데리다도 지적했지만 레비나스의 사상에서 여성성은 윤리 이전의 영역으로 규정되고 있기 때문이다. 다만 여성이 '자아와 빛의 세계, 즉 플라톤에서 후설에 이르는 현상학적인 지배를 일시에 뛰어넘을 수 있는 존재' 데리다 「결별」로 여겨진 점에 주의할 필요가 있다. 레비나스에게 여성성은 성차별이라기보다 철학적 장치가 있는 개념으로 나타난다.

레비나스 같은 철학자가 분명하게 '남자'로 나서는 게 반드시 나쁘다고 생각하지는 않는다. 서양의 형이상학은 중성의 가면을 쓰고서 기실 남성성의 철학을 전개하고 있기 때문이다. 중성 인칭인 '사람(man)'이라는 말은 독일어 등에서 남성을 나타내는 Mann에서 왔다. 이 점을 상기할 필요가 있다.

이와 같은 서양 형이상학의 암묵적인 전제를 밝혀내고자 한 것이 데리다의 남근 중심주의라는 개념이다. 데리다는 서양 형이상학이 원래부터 남성성을 띠고 있다고 분명히 말한다. 그런데도 서양철학에서는 이 남성성이 제대로 인식되지 않은 채 인간(남자)이라는 중성적인 개념으로 전개되어왔다. 프로이트가 지적했듯이 여기에는 정신병적 증상이 있다. 즉 철학은 자신이 남자의 철학인 것을 무의식적으로 받아들이면서 그것을 무시하려고 한다.

데리다는 이 증상이 서양철학에 어떤 문제를 초래했는지 묻는다. 서양철학에서는 아버지격인 신의 이론이 있다. 이것은 존재론·신학이며 여러 가지 개념과 이론 구성 전반에 걸쳐 파고들었다. 데리다는 현전성現前性을 주시하고 전통적인 진리 이론 자체가 이러한 로고스의 남성성적 귀결이라고 생각한다. 대담집 『중단점』♦♦에서 그는 다음과 같이 말한다.

> 그러나 매번 어떤 비밀 조작으로 중성화를 가장하여 남근 중심주의적인 제어를 보장하고 있는 점을 폭로할 필요가 있다. 이 남근 중심주의는 가끔 여기저기에서 일종의 페미니즘이라는 부록을 수반하고 있는 것이다. ─ 데리다 『중단점』

서양철학에 포함된 신학적 경도를 비판하는 실마리로서 여성성의 개념이 활용될 수 있다. 그러나 그것이 자기의 정당성을 믿는 순간 이번에는 '페미니즘이라는 부록'이 수반된 새로운 남근 중심주의으로 변신할 수도 있다. 철학에서 여성의 '장소'를 요구하는 페미니즘의 문제점을 데리다는 잘 파악하고 있다.

---

♦Questions to Emmanuel Levinas     ♦♦*Points de suspension*

# 소유
## property

인간에게 고유한 것, 인간의
아이덴티티를 형성하는 것이
사적 소유라고 해도 괜찮은가.
철학의 뿌리가 자유의
원리가 되어도 되는가.

property, 소유. 미묘한 말이다. 'proper고
유의'라는 뜻에서 그 개인에게 고유한 것, 즉
개성을 의미하는 동시에 그 개인이 '소유한
재산'이라는 뜻이 된다. 그렇다면 개인의 아
이덴티티를 구성하는 것이 소유란 말인가.
내가 나라는 것이 내가 가지고 있는 것으로
결정된다는 건가. 어쩐지 한심하다.

하지만 근대 정치철학은 바로 '소유'를 축으
로 전개되었다. 프랑스혁명 직후의 인권선
언은 소유를 '신성불가침'이라 선언하였다.
신성한 것이라니 굉장한 듯하지만 배후를 알
면 더욱 놀랍다. 그때까지의 그리스도교적
인 신성함의 개념이 완전히 세속적인 소유로
나타나기 때문이다. 더욱이 근대사회에서
주체는 재산을 소유함으로써 비로소 완전무
결한 자격을 인정받는다. 그것 참.

이러한 발상은 어디서 온 것인가. 17세기 로
크 이후 사회계약론에서는 소유가 궁극적인
목적이었다고 할 수 있다. 원래 사회를 형성
하는 목적이 무엇인가. 소유하는 재산과 신
체를 보전하기 위해서다―사회계약론의 관

점이다. 여기서 사회의 주체는 영혼이 있는 주체라기보다 무언가를 소유하는 주체, 재산을 가진 주체로 그려진다. 달리 말하면 무언가 재산이 없는 개인은 사회를 형성하는 주체로서의 자격을 가지지 못한다는 말이다. 더욱이 정치적인 주체는 도저히 될 수 없다.

법률에서도 마찬가지다. 헤겔의 법철학에도 있지만 법적인 주체가 될 수 있는 자는 재산을 소유한 개인뿐이다. 법적인 인격은 타자를 인격으로서 인정하지만 타자 그 자체를 인정하는 것은 아니다. 재산을 소유하는 존재를 인정하는 것이다. 그렇다면 다른 자아는 소유라는 제도를 통해서만 인정할 수 있다는 것인가. 그렇다, 그런 논리다.

이런 사회철학에서는 재산을 소유하지 못한 미성년자와 여성은 '법률의 주체'가 아니며, 보호와 처벌의 대상인 '법률의 객체'로 간주된다. 소유를 '신성한 것'으로까지 여긴 결과가 그렇다. 철학에서도 마찬가지다. 여성과 미성년자들을 배제하고 백인 성인 남성만을 대상으로 하는 텍스트가 대부분이다. 근대사회의 소유 개념이 그런 경향을 부추긴 것이다.

소유사상은 확실히 서양철학의 전통에서는 암묵적인 전제이다. 인간의 자유는 개인의 소유가 그 뿌리이고 그것을 뺏기는 것은 자유를 박탈당하는 것과 같다고 생각한다. 정의론을 전개한 롤스의 말을 빌리면 '소유는 개인 존엄의 기반'이다. 결국 롤스의 정의론도 기본적으로 소유의 평등을 확립하는 전략으로 전개되었다. 이는 소유하지 못하는 인간은 비참하다는 냉혹한 인식을 바탕으로 하는바, 정치철학으로서는 확고한 것일 수 있다.

하지만 (슬슬 반격하자면) 정말 인간에게 고유한 것, 인간의 아이덴티티를 형성하는 것이 사적 소유라고 해도 괜찮은가. 철학의 뿌리가 자유의 원리가 되어도 되는가. 마침내 근대철학은 막다른 길에 이른 것이다. 거기서 현대사상이 시작된다. 그리고 이제 의심하기 시작한다. 소유가 정말 정당한 것인지를 말이다.

애초부터 인간은 자기의 신체와 재능을 물건처럼 '소유'하는가. 인간은 신체를 '가진다'고 해야 하는가. 그렇지 않다. 인간은 신체로 '있다'. 20세기 중반 메를로퐁티의 생각이다. 신체적인 존재는 신체로 속박당하고 신체로 살아간다. 신체적인 존재인 우리는 애초에 자유로운 존재로 태어나지 못한다. 탄생 과정 자체가 자유롭지 못하지 않은가.

유아는 '의지할 곳 없는 존재'로 태어나 타자에 의해서 살아가며 성장한다. 자라서 뭔가를 소유하게 되었다고 해도 그것은 타자가 나누어 줘서 가지게 된 것일 뿐이다. 소유에 있어 사람은 자유롭기보다 부자유로운 존재이다. 소유함으로써 사회의 특정 장소에 구속되기 때문이다.

존재한다는 것, 소유한다는 것의 의미를 많은 사상가가 물어왔다. 가브리엘 마르셀G. Marcel도 그중 한 사람이다. 인간은 신체를 '가짐'으로써, 소유함으로써 역으로 신체에게 소유당하는 것은 아닌가. 그의 생각은 더 나아간다.

신체성은 존재와 소유 사이의 완충지대이다. 모든 소유는 어떤 형태로든 나의 신체적인 관계로 정의된다. 나는 나의 신체를 절대적으로 소유한다. 그러나 동시에 나의 신체는 어떤 의미로도 '소유'되기를 거부한다. (…) 내가 절대적인 의미에서 자유로워지는 것이 불가능하다는 것, 그것이 나의 신체이다. — 마르셀 『존재와 소유』◆

소유에 대해서 열정적으로 생각한 이는 시몬 베유이다. 사유재산은 '영혼의 생명적인 요구 중 하나'이기는 하다. 하지만 자본주의 사회에서 사적 소유와 다른 '열린' 소유는 없는가. 가령 도시에 사는 자가 농지를 소유하고 실제로 그 농지를 경작하는 사람들은 소유권이 없다고 치자. 이런 경우에 '사유재산 원칙은 침해된다'. 소유라는 개념은 과거의 근대철학에서 이렇게 멀어진 것이다. '열린' 소유라는 것은 무엇인가. 베유의 말을 읽어보자.

진정한 의미의 공공생활이 이루어지는 곳에서는 사람들은 공공건물, 공원, 제전 등에서 누리는 호화로움이 자기 것이라 생각한다. 대부분의 사람이 바라는 사치는 이런 식으로 훨씬 가난한 사람들에게도 주어진다. — 베유 『뿌리를 갖는 일』◆◆

소유가 인간에게 아주 자연스러운 욕구라는 것은 베유도 인정한다. 하지만 그녀가 보기에 현대사회의 사적 소유는 그 근원적인 욕구에 반하는 경우가 많다. 사회의 '진정한 소유'란 어떤 것일까. 소유는 사람들이 삶에 '뿌리내릴' 가능성을 제공해야 하지 않을까. 바로 베유의 말기의 생각이다. 『뿌리를 갖는 일』을 쓴 것은 1943년, 그녀는 그 해 여름에 34세 나이로 생을 마감한다.

---

◆*Être et avoir*　◆◆*L'enracinement*

사적 소유가 아닌 어떤 소유로써 사람은 사회에 뿌리내릴 수 있는가. 이 문제는 두 가지 방향으로 연결될 수 있다. 하나는 타자와의 공동체와 공생이라는 문제. 또 한 가지는 반대로 내세의 문제다. 내세의 문제를 다룬 레비나스에 대해서 생각해보자.

레비나스는 자유와 소유의 원리에 뿌리를 둔 근대철학에 대해 전혀 다른 각도에서 이의를 제기한다. 타자와 '얼굴'의 개념이다. "'거기는 내가 햇볕을 쬐는 곳이다'라는 말 속에, 지상의 모든 찬탈의 실마리와 축소판이 있다." 레비나스는 파스칼의 이 명언을 좋아했다.

> 내가 존재자를 부분적으로라도 부정할 수 있는 것은 존재자를 존재 일반에 기초하여 파악하고, 이것에 따라서 존재자를 소유한 경우뿐이다. 타자란 전면적인 부정, 즉 살인이라는 형태로밖에 부정할 수 없는 유일한 존재자이다. ─ 레비나스 「존재론은 근원적인가」◆

인간은 사물을 소유함으로써 그것을 부정할 수 있다. 궁극적인 소유는 '먹는' 일이다. 사물을 신체로써 소화하고 신체의 일부로 삼는 것이야말로 최고의 소유이다. 하지만 타자는 소유할 수 없다. 그리고 부정할 수도 없다. 자기에게 동일화하는 것이 원리적으로 불가능한 존재인 것이다. 타자는 '얼굴'을 가진다. 소유할 수 없는 '얼굴'을. 소유가 불가능한 존재에 대해 인간은 살의를 품는다고 레비나스는 말한다. 그렇기 때문에 '얼굴'에는 이렇게 씌어 있다. '살인하지 말지어다'.

---

◆L'ontologie est-elle fondamentale?

# 심급 審級
## instance, Instanz

프로이트를 거쳐 마르크스의 심급 개념을 다루어 하나의 이론으로 구사한 이가 알튀세르이다. 알튀세르의 접근법은 매우 재미있다. 복수의 심급을 중층적으로 생각하고 있기 때문이다.

심급 instance은 익숙하지 않은 단어이다. 어원은 그리스어의 엔스타시스(이의異議)로, 라틴어로 '인스턴시아'라고 번역되었다. 아마 아리스토텔레스의 『분석론 전서』의 '상대의 전제에 대립되는 전제가 되는 이의'를 라틴어로 번역할 때 쓰인 것이 시초인 듯하다.

철학에서 어떤 논의에 대해 다른 전제로부터 별개의 논의를 대립시키는 경우 '다른 심급의 문제로 생각하다'라고 한다. 데카르트도 『성찰』*을 출판하기 전에 당시 저명한 철학자들에게 미리 반론을 의뢰하여 함께 게재하였다. 이러한 반론도 인스턴스(심급)이라고 불린다. 즉 심급이라는 개념은 논의의 정확함 자체가 아니라 논의의 정확함을 조사하는 '장소'를 주목한다.

재판을 떠올려보자. 각각의 사건의 성격에 따라 심리를 담당하는 관할권이 있다. 가령 형사사건은 대부분 먼저 지방법원에서 판결이 내려진다. 하지만 당사자가 판결에 불만을 제기하는 경우 고등법원으로 간다. 그래도 해결이 되지 않으면 대법원에서 최종적으로 구속력 있는 결정이 내려진다. 최고 재판소가 최종 '심급'인 것이다. 이 정도는 우리도 잘 알고 있다.

하지만 심급에는 기능에 따라 영역이 나뉜다. 즉 민사와 형사사건을 같은 법정에서 재판할 수 없다. 또 소년을 재판하는 법정은 성인을 재판하는 법정과는 다르다. 재판의 성격과 분야에 따라 최종적인 심급에도 차이를 둔다.

심급이라는 개념이 장소보다 재판하는 이미지로 쓰이게 된 것은 언제부터인가. 칸트부터이다. 칸트에게 철학의 과제는 이성비판이었기 때문에 이성이 스스로를 비판하기 위해서는 '하나의 법정을 설치'할 필요가 있다. 이성을 재판에 회부하는 것이므로 꽤 엄격한 자세가 아닌가. 그리고 이성비판 법정에서는 철학이 마지막 심급이 된다.

『학부간 논쟁』**을 읽으면 의학, 법학, 신학이라는 심급 다툼에서 철학의 심급을 규정하려는 대단한 과정을 볼 수 있다. 칸트는 심급 Instanz이라는 용어는 몇 차례밖에 쓰지 않는다. 하지만 법정의 관할권 다툼이라는 개념이 쓰이고 있다. 그것이 가장 분명히 드러나는 것은 「변신론辯神論에 있어서 철학적인 시도의 실패」라는 논문일 것이다.

변신론은 중세 이래 철학의 전통적인 논리 중 하나였다. 세계 창조와 악의 존재에 대한 신의 의도를 옹호하는 시도, 이른바 신을 변호하는 이론이다. 여기서 칸트는 변신론을 철학의 문제로 인정하면서도 변신론이 철학의 본래 의도를 실현하지 못하고 있다고 말한다. 또한 종교문제를 철학이라는 심급으로 다루기에는 한계가 있으며 이

---

◆*Meditationes de prima philosophia*　　◆◆*Der Streit der Fakultäten*

문제에 대해서는 양심의 소리 같은 것이 최종적인 심급이 된다고 한다. 또한 철학과 장소를 나누어야 한다고 보았다. 철학자 칸트의 결론은 다루는 문제의 형태에 따라 최종 심급도 달라져야 한다는 것이다. 또 종교와 철학이 나누어지는 근대사상의 변천 속에서 두드러진 이정표가 된 점도 인상적이다.

이후 심급은 20세기 철학에서 더욱 중요한 개념이 되는데, 마르크스와 프로이트를 거친 뒤의 일이다. 프로이트는 심적 장치의 구조 기구를 나타내기 위해서 심급이라는 개념을 자주 사용하였다. 그에 따르면 인간의 마음에는 자신이 인정하고 싶지 않은 욕망을 검열하는 메커니즘이 있다.

『꿈의 해석』에서 한 여성이 어쩔 수 없이 창부로 일해야 하는 꿈을 꾼다. 프로이트는 이 꿈을 분석하며 꿈에 등장하는 요소를 몇 가지 심급으로 '검열하고 있다'라고 말한다. 우선 심급은 꿈속에서 등장하여 좋은 것과 그렇지 않은 것을 가린다. 그리고 제2 심급에서는 꿈에 등장한 것을 자신이 바라는 형태로 바꾼다. 이 심급이 바로 유명한 초자아超自我이다.

꿈을 만들어내는 개인은 두 가지의 심적인 힘(흐름, 조직)을 인정해야만 할 것이다. 한쪽 힘은 꿈에 의해서 표현되는 희망을 형성한다. 제2 힘은 꿈의 희망에 검열을 더함으로써 표현을 억지로 왜곡한다.
— 프로이트 『꿈의 해석』

프로이트는 심적인 힘이라는 용어로는 불충분하다고 생각했는지 이 말을 다시 심급이라고 바꾼다. '검열'이라는 말을 선택한 것도 심급이 법원의 1심과 2심과 같은 이미지로 쓰고 있음을 엿볼 수 있어 재미있다.

프로이트를 거쳐 마르크스의 심급 개념을 다루어 하나의 이론으로 구사한 이가 프랑스의 알튀세르이다. 원래 독일어로 '최종 심급에서' In der lezter Instanz는 '궁극적으로'와 같은 의미로 쓰이기도 한다. 마르크스도 『자본론』에서 '가격은 궁극적으로 상품의 가치에 의해서 결정된다'고 쓰고 있다. 독일어에서 '경제를 최종 심급으로 한다'는 것은 '최종적으로 경제가 결정적인 힘을 발휘한다'와 같은 의미이다. 이런 배경을 두고 알튀세르는 최종 심급론을 끄집어내었다. 이른바 마르크스가 일상어로 쓰던 개념을 '철학적 요소'로 내세웠다고 할 수 있다.

알튀세르는 사회에서 발생한 문제를 파악하기 위해서는 경제의 심급에서 생각할 필요가 있다고 말한다. 하지만 동시에 정치제도와 습관, 예술과 철학이라는 심급도 무시해서는 안 된다는 것이다. 알튀세르의 접근법은 매우 재미있다. 복수의 심급을 중층적으로 생각하고 있기 때문이다. 알튀세르는 프로이트에서 중층적인 결정이라는 사고방식을 배웠다. 하나의 문제는 하나의 층에서만 정해지지 않는다. 여러 가지 심급에서 중층적으로 결정된다.

다만 알튀세르는 이러한 여러 층 가운데 어떤 층이 최종적인 심급이 된다고 생각했다. 현실사회가 여러 형태로 규정된다 해도 그 중 하나의 층이 결정적인 의미를 가진다는 것이다. 그것이 경제라는 심급이다. 인간의 여러 활동이 경제활동으로 규정된다는 마르크스의 발상을 알튀세르는 수용한 것이다.

하지만 알튀세르의 최종 심급론을 단순히 경제결정론이라고 생각해서는 안 된다. 인간을 경제인(호모 에코노믹스)으로 환원하여 생각한 것은 잘못되었다고 마르크스도 지적했다. 『프랑스 내전』*을 읽으면 마르크스가 얼마나 현실의 정치와 역사의 뒤얽힌 흐름을 읽어내는 데에 탁월한 능력을 가지고 있었는가를 잘 알 수 있다. 그런 마르크스가 역사를 경제로 환원하는 따위의 오류를 저지를 리가 없다.

알튀세르 자신도 '최종 심급'론은 경제적인 결정론이 아니라 중층적인 심급 사이의 변증법적인 관계를 말한 것이라고 강조하고 있다. 그의 『입장들』**에는 이런 구절이 있다.

최종 심급이 마지막 심급인 점은 배경이 되는 사법제도의 예를 생각해보면 알 수 있듯이, 법적 정치적 상부구조와 이데올로기적 상부구조 등 다른 심급이 있기 때문이다. (…) 이 심급의 개념에 따라 마르크스는 어떠한 기계론적인 관점에서도 해방된다. 그리고 결정 과정에서 다른 심급의 장난, 현실적인 차이의 장난이 개시된다. 여기에서 변증법이 등장하는 것이다. — 알튀세르 『입장들』

알튀세르에게 마르크스의 심급 개념은 역사, 법, 정치 같은 여러 현실을 기계론이 아닌 변증법적으로 보기 위한 중요한 도구였던 것이다. 모든 것을 중층적으로 생각하고자 하는 알튀세르다운 견해라고 생각한다.

---

# 신체
**body, corps, Körper**

자기 신체와 동일화하는
과정은 사실 타자의
신체가 없으면 일어나지
않는다. 굉장한 역설이다.

철학의 영위는 '죽음의 연습'이다. 신체는 계속해서 갈아입는 의상과도 같은 것이므로 죽음을 두려워할 필요는 없다. 이 말은 그 옛날 임종을 앞둔 소크라테스가 한 말이라고 플라톤은 전한다. 플라톤 자신은 피타고라스 학파의 전통에 따라서 신체를 정신의 '감옥'이라고 불렀다. 신체라는 감옥. 절절한 느낌을 준다.

하지만 플라톤에게 신체는 단지 정신을 지상에 가두고 있는 감옥이 아니었다. 몸은 정신이 이데아에 도달하기 위한 욕망의 소굴이기도 하다. 플라톤은 인간이 이데아의 나라에 나아가기 위해서는 신체를 가진 에로스의 힘이 필요하다고 생각했다.

이런 양면적인 사고는 그후 철학의 흐름을 결정짓는 데 큰 역할을 하였다. 데카르트는 신체와 정신을 두 개의 다른 실체로 분리하여 이후 심신이원론의 길을 열었다. 데카르트는 신체는 '연장延長(독립된 존재)에 속하는 실체', 마음은 '정신에 속하는 실체'라고 두 가지 차원에서 보았다.

여기서 문제는 정신인 마음이 주체이고, 연장인 신체가 객체로 여겨진 점이다. 철학의 기초를 '생각하는 나'에 둔 데카르트로서는 당연한 결론일 수 있다. 그러나 이로 인해 인간은 자신의 신체를 마치 기계처럼 사물로 취급할 수 있다는 사고방식이 생겨난다. 근대 의학에서조차 신체를 자동기계 같은 것, 장기를 기계부품처럼 생각하게 된 것이다. 뭔가 짚이는 데가 있지 않은가.

데카르트는 심신 문제를 송과선松果腺이라는 뇌의 한 기관과 연관 지었다. 당시에는 뇌에 마음과 정신이 깃든다고 여겼기 때문에 심신 문제는 주로 인간의 뇌와 관련이 있다고 생각했다. 그러나 한참 후 베르그송은 다르게 설명한다. 가령 뇌는 정신이 깃든 '자리'라고 해도 그것은 모자를 걸어두는 '모자걸이'에 불과하다. 모자를 모자걸이로 환원하는 것은 불가능하다. 그러므로 철학에서 신체의 문제를 다룰 때는 뇌로 환원할 수 없는 정신의 문제와, 결코 정신으로 환원할 수 없는 신체의 문제를 생각하지 않으면 안 된다는 것이다.

정신과 신체 이원론은 신체가 정신과는 달리 물질적이라는 전제가 깔려 있다. 그러나 마르셀 같은 이는 우리가 자신의 신체를 '소유하고 있다'고 생각하는 것 자체가 잘못되었다고 말한다. 하지만 우리가 신체를 소유하지 않는 것은 아니다. 자신이 신체를 가진 존재라고 느끼는 데는 우선 타자의 신체가 필요하다.

원래 개인이 정신을 가진 존재이기 위해서는 무엇보다 자기 신체와 동일화, 아이덴티티가 필요하다. 그러나 자기 신체와 동일화하는 과정은 사실 타자의 신체가 없으면 일어나지 않는다. 굉장한 역설이다.

우리가 자기 몸을 자기 것으로 인식하는 데는 의외로 여러 가지 조건이 필요하다. 자기를 신체적 존재로서 인식하려면 자기 신체보다는 눈앞에 타자의 신체가 있어야만 한다. (라캉의 거울이론은 이 복잡한 관계를 아주 잘 설명하고 있다. 시간이 있으면 꼭 『에크리』를 읽어보길 바란다).

인간이 신체적인 존재라는 것은 개인의 아이덴티티 형성과 전반적으로 관련이 있다. 가령 프로이트의 이론 중 유아의 다형도착이라는 이론이 있다. 유아는 입, 항문, 페니스라는 3개의 중요한 기관을 축으로 어머니와 관계를 맺고 자신의 욕망을 키워간다. 가령 배설을 가리는 교육을 통해서 유아는 배설의 타이밍을 어머니가 바라는 시간에 맞추고 자기 편할 때 배설하지 않도록 배운다.

이것은 유아가 어머니의 바람을 이해하고 어머니에게 자신의 배설물을 선물한다는 의미를 지닌다. 배설을 늦게 가리는 아이는 선물을 자신을 위해 남겨 두려는 욕망이 강한 아이로, 자라서 인색한 성격이 나타난다고 한다.

물론 납득하기 힘든 이야기라고 할 사람도 있을 것이다. 하지만 유아는 타자와 접촉하고 타자의 보살핌을 받으며 자라나는 과정에서 자기 신체와 타자의 관계로부터 자신의 성격을 만들어간다. 즉 타자의 신체를 전제로 한 상호적 관계이다. 그렇게 생각하면 자기 신체와 타자의 신체를 연결하는 '상호 신체성'도 상정할 수 있을 것이다.

메를로퐁티는 상호 신체성을 '몸'이라고 부른다. '몸'을 통해 사람들은 타자와 편하게 서로 이해할 수 있다. 가령 훌륭한 경치를 함께 바라보고 있는 두 사람은 언어라는 수단으로 금방 서로 마음을 전할 수 있다. 굉장하지, 정말 그래 하는 식으로. 이때 신체를 가지고 있다는 사실이 정신활동을 방해하지 않는다. 오히려 타자에게 의사를 전하는 중요한 전제조건을 형성한다. 이른바 '정신의 신체'와 '신체의 정신'처럼 서로 교차하는 곳에서 '인간'이 성립하는 것이다. 그에 관한 메를로퐁티의 표현이 아주 인상적이다.

정신은 땅에 박힌 말뚝처럼 신체에 박혀 있다. 혹은 정신은 신체의 동굴이고 반대로 신체는 정신을 부풀려놓은 것이다.
— 메를로퐁티 『보이는 것과 보이지 않는 것』

부르디외의 아비투스라는 개념도 이와같은 신체의 성질을 다른 관점에서 다룬 것이다. 젓가락 잡는 법에서 인사하는 법까지 한 사회 내에 사는 사람들은 어떤 공통의 신체 예절과 기법을 획득한다. 아이들의 성장과정은 그 사회에 사는 데 필요한 예절을 체득하는 과정이기도 하다. 사회에서 습관이 된 예절을 토대로 사람들은 서로 상대가 어떻게 행동할지 예측할 수 있다. 아비투스는 하나의 사회에서 문화적인 '신체'를 쌓아올린다. 즉 우리 몸에는 사회적인 습관이 심어져 있다. 그의 『실천감각』에는 다음과 같이 씌어 있다.

몸에 익힌 것, 그것은 사람이 마음대로 다룰 수 있는 지식처럼 소유할 수 있는 것이 아니라 인격과 일체가 된다. 이는 특히 문자가 없는 사회에서 분명하게 나타난다. 이런 사회에서는 전승된 지식은 개인을 통해 신체화된 상태로밖에 살아갈 수 없다. 지식은 그것을 나르는 신체에서 분리될 수 없고 특히 지식을 불러일으키는 일종의 신체훈련에 의하지 않고는 재구성될 수 없다. — 부르디외 『실천감각』

또한 미셸 푸코는 개인이 사회에서 주체로서 존재하기 위해 신체에 어떠한 '훈련'이 가해지는가를 생각했다. 부르디외의 아비투스는 자연스럽게 형성된다. 하지만 푸코는 신체적 예절이 역사적·정치적인 것이며 외부에서 주어진다고 생각했다. 학교와 군대와 감옥 등에서 신체에 가하는 훈련이 순종하는 신체를 만든다. 즉 통치자의 명령에 따르는 것만이 아니라 복종함으로써 스스로 주체라고 생각하는 신체를 만들어낸다. 푸코는 신체가 사회와 시대 속에서 어떻게 형성되는지를 통해 근대사회 비판의 실마리를 찾으려 했다. 이 사회에 태어난 우리에게도 시사하는 바가 크다.

　'정치해부학'이 이뤄지지만 이것은 동시에 '권력의 역학'이기도 하다. 이 해부학은 타자의 신체를 어떻게 점거하는지 정한다. 단순히 이쪽의 희망대로 시키는 것이 아니라 기술을 구사하여 이쪽이 정한 속도와 효율성에 근거하여 타자를 행동하게 하는 방법, 즉 어떻게 타자의 신체를 조작할 것인가 하는 방법을 정한다. 이런 훈련은 신체를 훈련하고, 복종하는 신체, '순종적'인 신체를 만들어내는 것이다.

　── 푸코 『감시와 처벌』

# 진리
**truth, vérite, Wahrheit**

어떤 명제가 진리인지 아닌지는 사실과 일치하는가 아닌가로 판단할 수 있다. 하지만 원래 그런 판단이 가능하고, 더욱이 타자와 더불어 판단을 공유할 수 있는 근거는 무엇인가.

진리란 무엇인가. 진리는 어떻게 성립할 수 있는가. 철학에서 가장 무거운 질문 가운데 하나이다. 그래서 '진리'는 오랜 기간 동안 대단히 복잡한 물음의 늪처럼 느껴져왔다. 이것을 풀어내는 일 자체가 철학의 역사를 밝히는 과정일 것이다.

우선 진리(알레테이아aletheia)라고 하는 말은 하이데거의 어원설이 유명하다. 망각된 것(테이아)에 씌워진 것을 제거하여 드러나는 것이라고 한다. 하지만 이를 고전 텍스트에서는 확인하기 힘들다(플라톤은 『크라튈로스』에서 진리의 어원으로 신적인 방황(알레테이아)이라 쓰고 있다). 하이데거의 어원설이 정설로 굳어져 있지만 아무래도 어원 측면에서도 진리는 수수께끼에 둘러싸여 있다.

이미 그리스 철학에도 진리라는 개념에는 여러 성격이 있었다. 아리스토텔레스는 진리는 명제에 숨어 있다고 생각했다. 그렇게 보면 '소크라테스는 앉아 있다'라는 명제는 실제로 소크라테스가 앉아 있는 곳에서는 참, 소크라테스가 서서 걷고 있는 경우는 거짓이 된다. 이 명제는 인사말이나 명령문 등과는 달리 진위를 정할 수 있는 문장이다. 즉 여기서 진리는 '어떤 명제와 그 대상이 일치하는 상태'를 가리킨다.

아리스토텔레스의 이론에 따르면 현실의 사태에 비추어서 검증함으로써 진리를 확인할 수 있다. 이것은 실제로 현대 논리학의 진리값에 나타나는 사고에 가깝다. 하지만 아리스토텔레스는 또 다른 진리 개념도 생각했다.

이것이 중요한 부분이다. 아리스토텔레스는 논리학의 추론체계, 즉 배중률과 모순율 등은 항상 참이며 '영혼에 있는 말'이라고 생각했다. 이것은 소크라테스가 서 있든 앉아 있든 항상 적용되는 진리이다. 현실의 사실에 좌우되는 '사실의 진리'와는 달리 인간의 '이성의 진리'라는 영역이 여기서 제기된다.

그리고 아리스토텔레스는 더 나아가 고도의 진리 개념을 제기한다. 철학자는 원인을 인식하는 테오리아theoria(이론)의 영위에서 존재의 존재성(우시아Ousia) 자체를 인식하게 된다고 말한다. 여기서 철학은 존재의 '진리'를 인식할 수 있다. 형이상학이 변하는 세계의 '사실의 진리'와 '이성의 진리'의 영역을 넘어서 존재의 실상을 인식하는 진리 행위가 된다. 2천 년도 넘는 옛날에 여기까지 생각하였다니 놀랍다.

그후 중세철학에서는 주로 아리스토텔레스의 '사실의 진리'의 명제가 받아들여져 진리라는 개념과 사태의 일치라는 진리 개념이 일반적이었다. 18세기 칸트에 이르기까지 여전히 이러한 진리 개념이 채택될 정도였으니 아리스토텔레스의 영향이 얼마나 컸는지 알수 있다.

하지만 칸트 역시 보통 사람이 아니다. 그보다 조금 앞서 데카르트는 진리란 판단하는 주체의 명석함, 판명성에 좌우되는 것이라고 했다. 칸트는 이것을 더욱 발전시켜 인간 인식의 공통성 속에서 진리를 구하게 된다. 그리고 진리의 '인간학적 전회轉回'를 이루어낸다.

칸트의 생각은 이렇다. 어떤 명제가 진리인지 아닌지는 사실과 일치하는가 아닌가로 판단할 수 있다. 하지만 원래 그런 판단이 가능하고, 더욱이 타자와 더불어 판단을 공유할 수 있는 근거는 무엇인가. 거기에는 어떤 조건이 있는가. 이 대목에서 인간의 인식능력이라는 관점이 도입된다. 나중에 하이데거도 지적하듯이 칸트의 진리 개념은 명제의 진리라는 개념에서 진리 그 자체가 가능해지는 조건을 생각하는 '초월론적인 진리'의 개념으로 이행하고 있는 것이다. 그야말로 철학사상의 극적인 전회이다.

이어서 헤겔의 진리 개념이 나타난다. 근대철학에서는 진리가 잠에서 깨듯 계속해서 새로운 모습으로 나타난다. 헤겔에 따르면 진리는 하나의 명제로 이루어진 것이 아니라 명제가 체계를 이룸으로써 비로소 생겨난다. 명제가 하나뿐이면 여기에 모순되는 명제가 조정될 수 있고 사실이 변함에 따라 그 어느 쪽도 참일 수 있다. 하지만 인간의 경험 전체에서 생겨난 인식은 전체적인 체계로 구축하는 한 부정할 수 없는 진리성이 생겨난다.

그리고 19세기 후반에 니체가 등장한다. 그는 진리 개념을 계보학적으로 고찰했다. 풍부한 지식과 파격적인 독창성으로 전통적인 '진리'를 비판하였다. 사람들이 믿고 있는 숭고한 진리가 어떤 필요성에서 생겨났는가 하는 관점에서 생각하였다. 그는 진리는 인간이라는 동물 종족이 살아가기 위해 필요한 어떤 착각 같은 것이라고 지적한다. 니체에 따르면 인간은 그것이 착각이라고 해도 진리라는 존재를 믿지 않을 수 없는 족속이다. 저런저런.

이런 '진리에의 의지'는 어떻게 생겨나는가. 사람들을 조작하기 위해 어떻게 이용되고 있는가. 니체는 이것을 진리 자체와 별도로 고찰할 필요가 있는 것으로 날카롭게 통찰한다. 진리에 대한 계보학적 고찰은 '진리의 진리성' 자체를 고찰 대상으로 삼으면서 새로운 경지를 열었다.

20세기 푸코는 이러한 계보학적 고찰을 '진리의 정치학'이라고 하여 좀더 큰 규모로 전개하였다. 그는 진리에의 의지가 권력과 통한다고 지적하고 진리를 '밝히는' 의미를 분석한다.

전통적인 철학의 명제에 따르면 고백은 해방이며, 권력은 침묵을 강요하고, 진리는 권력의 영역에 속하지 않는 원시적이고 자유에 가까운 것이라고 여겨왔지만, '진리의 정치사'에 의해 이러한 명제를 모두 역전시킬 필요가 있다. 진리는 원래부터 자유이고, 오류는 예속 상태라고 생각해서는 안 된다. 진리가 생겨날 때에는 항상 권력관계에 매이게 됨을 드러낼 필요가 있다. — 『지식에의 의지』◆

한편 20세기 철학에는 이러한 진리의 정치적인 고찰에 등을 돌리는 흐름도 있다. 가령 논리실증주의는 진리를 명제의 진리만으로 환원하고자 했다. 진리인가 아닌가를 판단할 수 있는 것은 현실의 사물에 견주어 진위를 확인할 수 있다는 기초적인 명제일 뿐 진리는 따로

◆ *La volonté de savoir*

없다는 주장이다. 진리를 진리값으로만 환원하고 형이상학과 철학 활동 전체를 놓아주고자 했다.

이 흐름에서 초기의 비트겐슈타인이 중요하다. 그는 진리는 진리값에만 있고 그 외부는 '밝힐 수 없는' 세계라고 생각했다. 이런 생각을 확실히 보여주는 두 문장을 인용해보자.

> 4.26 모든 참된 요소명제의 진술이 세계를 완전히 기술한다. 모든 요소명제를 진술하고 나아가 그 중 어느 것이 진리이고 어느 것이 거짓인지를 서술하면 세계는 완전히 기술된다.
> 5.5562 우리 일상언어의 모든 명제는 사실 그대로이며, 논리적이고 완전하며 순조롭다. 우리가 여기서 서술해야 할 가장 단순한 것은 진리의 닮은 모습이 아니라 완전한 진리 그 자체이다.
>
> —— 비트겐슈타인 『논리철학 논고』

비트겐슈타인이 나중에 단순한 요소명제의 진리값만 진리라고 생각하는 이러한 관점을 포기한 것은 유명한 이야기지만 진리 개념을 논리학적 관점에서 정하고자 하는 시도는 지금도 계속되고 있다. 가령 타르스키A. Tarski는 진리란 무엇인가 하는 문제를 문장에 나타난 술어의 관점에서 분석하고자 하였다. 그에 따르면 진리는 '…는 참이다'라는 술어에 지나지 않고 존재의 실상도 체계도 아니다. 진리는 하나의 메타언어적 표현에 지나지 않는 것이다. 하지만 진리는 권력과 손을 끊지 못하고 철학의 세계에서도 정치적인 의미를 형성하고 있다. 그러한 현실에서 눈을 돌릴 수는 없다.

# 정의
## justice

**정의를 행하는 것은
공동체의 공동선을
실현하는 것이다.
그리고 균형이 깨졌을 때
바로잡는 것이다.**

고대 그리스에서 옳다(디카이오스 divkaio/dikaios)란 우선 무엇보다 관습적인 결정과 풍습에 따르는 것이었다. 그리고 정의(디카이오쉬네 dikaiosyne)란 이러한 결정이 깨졌을 때 그것을 회복하는 것이었다.

『오디세이아Odysseia』에 이런 대목이 있다. 손님을 환대하는 관습을 침해하는 것은 '정의'를 거스르는, 즉 관례에 반하는 것이다. 음, 이것만 보면 우리가 생각하는 정의의 개념과는 상당히 다르다. 우리는 정의를 풍습에 맞고 맞지 않고 하는 따위로는 생각하지 않기 때문이다. 하지만 그리스에서도 정의는 폴리스의 정치적 개념이었다. 그렇게 생각하면 문제는 달라진다. 여기서 정치는 많은 사람들로 구성된 폴리스라는 공동체 안에서 대립되는 이해관계의 균형을 어떻게 맞출 것인가 하는 방법들을 말한다. 그리고 정의는 이러한 방법들을 통해 이루어진 최선의 균형이라고 여겼다. 아리스토텔레스도『니코마코스 윤리학』에서 정의는 타자와의 관계에서 성립한다고 말한다. 부정은 이러한 균형이 결여된 상태, 즉 불균형 상태이다.

요컨대 정의를 행하는 것은 공동체의 공동선을 실현하는 것이다. 그리고 균형이 깨졌을 때 바로잡는 것이다. 언뜻 보기에는 간단하다. 하지만 구체적으로 어떻게 해야 하는지는 대단히 어려운 문제이다. 공동선이란 무엇인가, 어떻게 균형이 깨지는가, 그리고 그것을 바로잡기 위해서는 어떻게 해야 하는가. 누구나 이해할 수 있는 간단한 척도가 없기 때문이다.

이 문제를 둘러싸고 사실은 고대부터 오랫동안 논의가 계속되어 왔다. 현대철학에서는 존 롤스의 『정의론』이 참고가 된다. 롤스는 모든 사람들이 기본적인 자유를 누릴 수 있어야 하고 그것이 실현되지 않는 경우 이를 회복하는 것이 정의라고 한다. 여기서 사회의 공동선은 자유이다.

그는 '혜택 받지 못한 사람'을 위해 '혜택 받은 사람'의 자유를 최소한으로 제한하는 회복적인 정의를 생각한다. 그리고 이것을 실현하기 위해서 '무지의 베일'이라는 전제를 요구했다. 타자의 생활도 성별도 전혀 알지 못하는 상태에서 사회계약을 맺는다. 이로써 사회 전체의 자유가 최대한 보장된다고 생각하였다.

> 사회의 기본구조는 가장 혜택 받지 못한 사람들이 이용 가능한 기본재를 극대화하고 만인이 향수하는 평등한 기본적인 자유를 활용할 수 있도록 구성되어야만 한다. — 롤스 『정의론』

롤스는 의외로 아리스토텔레스의 정의 개념에 가까이 서 있다. 사회에서 불평등한 입장의 사람은 유리한 입장의 사람을 희생시켜 불이익을 회복해야 한다고 생각하기 때문이다. 그의 이론은 미국의 정치와 경제정책에 직접 영향을 끼치면서 여러 논쟁을 유발했다.

롤스의 이론에 대해서 노직R. Nozick은 일찍이 로크가 생각한 소유권의 보호라는 관점에서 반론한다. 사회계약의 원리에서 보면 이러한 방법으로 사람들 사이의 불평등을 회복하는 것은 정의가 아니라는 것이다.

자연상태에서 인간은 자유지만 모두 자유를 행사하면 전쟁상태가 되고 각자의 자유도 피해를 입는다. 이것을 인식한 인간은 사회를 형성한다. 최소한의 제약을 받아들임으로써 자기의 자유를 최대한 유지하기 위해서다. 사회계약의 기본 사고이다. 그러므로 롤스가 말한 것처럼 혜택을 받지 못한 사람의 권리와 자유를 늘리기 위해 다른 구성원의 자유를 제한한다면 사회 형성의 원래 목적을 잃는 셈이다. 즉 정의에 반한다. 이것이 노직이 주장하는 요지이다.

언뜻 대립되는 듯이 보이지만 롤스와 노직의 이론에는 커다란 공통점이 있다. 인간의 자유를 최대한 실현하기 위해 사회가 형성된다고 생각한 점이다. 롤스가 가장 우선시하는 원칙은 인간의 자유를 최대화하는 것이다. 그리고 노직도 사회의 임무는 인간의 자유를 보호하는 데에 있다고 보았다. 그렇기 때문에 이 선을 넘어서 불평등을 바로잡으려고 하면 오히려 정의에 반하는 것이 된다는 것이다.

이런 사고의 바탕에는 근대 초기 국가이론인 사회계약론이 있다. 하지만 이러한 허구적인 계약 개념에는 몇 가지 문제가 있다. 가령 인간이 계약으로 사회를 형성한다는 전제에서는 인간이 우선 사회 속에서 태어난다는 사실을 설명하지 못한다. 우리는 누구나 사회 속에서 성장하고, 인간과 인간의 유대관계 속에서 개인이 만들어진다. 이러한 사회적인 프로세스를 무시한 '무지의 베일'과 사회계약이론을 사회의 출발점으로 삼으려는 것은 아무리 봐도 무리가 있다.

매킨타이어A. MacIntyre도 비판하듯이 롤스의 '무지의 베일'이라는 전제도 위험하다. 사회의 역사적 배경을 배제한 사고이기 때문이다. 모든 개인은 역사 속의 특정 사회에서 태어난 것이고 그 사회의 배경을 감안하지 않는다면 현재는 성립하지 않는다. 가령 전후에 태어난 일본인이라고 해서 생전의 일본군의 행위에 대해 아무 잘못도 없고 책임이 없다고 말할 수 있는가. 이는 간단한 문제가 아니다. 풍요로운 나라에서 태어났는가 그렇지 못한 데서 태어났는가는 역사와 따로 떼어 생각할 수 없다.

음, 점점 '정의'의 어려움이 보이기 시작한다. 한걸음 더 나아가서 생각해보자. 사회계약론에서 사회의 목적은 인간의 자유를 확보함으로써 균형을 회복하는 데 있었다. 그런데 애초에 정의를 자유의 카테고리에서 생각해도 되는가. 너무 당연한 일인가.

레비나스의 사상을 예로 들자. 그는 인간의 최고 목적이 자유 추구에 있지 않다고 말한다. 인간은 현실에서 다른 사람들과 만날 때에 누구나 '자유'로운 존재로서 행동하지 못한다. 우리는 부모나 아이, 남편이나 아내, 친구나 이웃이다. 그런 자격으로 다른 사람들과 만난다. 이 타자와의 관계를 지배하고 있는 것은 자유의 원칙이 아니다. 타자를 배려하는 것도 배려를 요구하는 타자에 대한 바람 때문이 아닌가.

여기서 인간은 자유 이전에 타자에 대한 책임을 지는 존재이다. 그리고 책임을 다함으로써 비로소 자유로운 존재가 될 수 있다. 이 때 정의는 자유를 실현하는 것이 아니다. 자유로운 것이 아니라 타자에 대한 책임을 다하는 곳에서 정의가 가능한 것이다. 주체가 자신의 자유에 심문을 가하여 자신에 대한 처벌을 받아들이는 곳에 도덕성이 생겨난다. 정의는 이렇게 타자와의 관계(성)에서만 생겨난다. 레비나스의 주장이다.

데리다는 레비나스의 생각을 잘 파악하고 있다. 그는 정의는 '완전한 타자'와의 관계에서만 찾아오는 것이라고 말한다. 물론 정의가 실현되기 위해서는 법이 필요하다. 하지만 법을 정하면 법의 보호에서 배제되는 것도 있다. 그곳에는 이미 폭력성이 숨겨져 있다. 미국의 헌법을 보자. 사회계약의 전형이며 롤스의 정의론도 이를 기초로 삼는다. 하지만 헌법에서 보호되지 않는 주체도 많이 있다. 가령 원주민과 동물, 그리고 미국의 자연 등이 모두 배제되어 있다. 물론 이런 문제는 다른 나라의 법률에도 적용되는 말이다.

법은 하나의 사회에서 한 지방 언어를 사용하여 정한 것에 불과하다. 데리다는 한 사회의 관습, 풍습, 언어를 모르는 '타자'를 그 사회의 법률로 벌하는 것은 정의에 부합된 것인가라고 질문한다. 법이 없으면 정의는 소멸한다. 그러나 법 가운데는 폭력이 있다. 하나의 결론은 없다. 하지만 정의를 타자와의 관계에서 생각하고자 하는 데리다와 레비나스의 사상이 사회계약론과 근본적으로 다르다는 점은 분명하다. 데리다의 정의는 '모든 계약에 앞서 타자에게 책임을 지는 것'이다.

# 생산
## production

생산력이 해방되어
자유로워진다면 어떻게 될까.
무한대로 생산되는 재화는
정말 도움이 되는가. 과잉
재화는 오히려 폐기물이 아닌가.

생산이라는 말의 어원은 라틴어의 동사 producere(이끌다, 앞으로 보내다, 생기게 하다)이다. 자연에 작용하여 거기에 있는 것을 끄집어내고 뭔가를 만들어내는 것을 의미한다. 한마디로 '만들어내다'이다. 기술 수공업자 이미지가 강한 fabricate(제작하다)와, 기계생산을 떠올리게 하는 manufacture(제조하다)와 비교하면, produce가 가장 자연과 관계가 깊은 듯하다.

생산이라는 말에는 본래 자연의 풍요로운 힘을 이끌어내어 인간에게 도움이 되도록 하는 것, 가령 농업 따위가 해당된다. 오늘날 사회처럼 강력한 '생산'이 가능하게 된 것은 인간이 도구를 이용해 자연에 작용하는 것뿐만 아니라 점차 기계로 물건을 만들어내기 시작하면서부터이다. 그리고 마침내 현대에 와서는 농업도 기계적인 생산 영역이 되었다.

생산이라는 개념이 철학에서 중요해지기 시작한 것은 마르크스 이후이다. 그는 사회의 구성형태를 정하는 것은 생산양식으로,

역사의 근본적인 원동력은 이러한 생산양식에 있다고 생각하였다. 그리고 역사 발전의 힘은 생산양식의 모순에 있다는 것이다.

'생산양식'은 한 사회의 노동과 분배로 규정된다. 물건을 생산하는 것은 노예와 농노, 노동자들의 '노동'이다. 자본주의의 사회에서는 이러한 노동에 기계를 사용하는 비율이 높다. 모든 사회에서 생산 노동 양식이 인간과 자연의 관계를 규정하고, 또 인간과 인간 '사이'의 관계를 규정하는 큰 역할을 한다는 것이 마르크스의 관점이다.

하지만 마르크스의 관점에는 인간의 노동을 생산으로만 보는 문제가 있다. 마르크스는 헤겔의 생각에 따라 인간의 본질은 노동을 통해서 현실로 나타난다고 생각하였지만, 원래 헤겔이 말하는 노동 개념은 좁은 의미의 생산에 한정되지 않았다. 가령 작품을 만드는 것도 노동이며, 자연에 작용하여 자연을 바꾸는 것도 노동이다. 여기에 차이가 있다. 후에 한나 아렌트도 지적하였지만 마르크스의 노동 개념은 오직 노동자의 생산과정에만 주목한다. 편협하고 답답한 생각이 아닌가.

마르크스는 당시 이렇게 생각했다. 자본주의는 중세의 봉건제도를 타파하는 시점에서는 생산력을 해방시키는 데 성공했지만 현대에 와서는 생산력 해방을 저해하고 있다. 그러므로 새로운 생산양식이 필요하다. 생산력의 무한한 해방이야말로 역사의 목적이라는 이론이다. 소비에트와 전기가 인간해방의 수단이라고 하는 레닌의 유명한 표현도 있지만 이렇게 소박한 생산력 신앙이야말로 마르크스주의의 큰 결함이다.

일찍이 이러한 결함을 지적한 이가 시몬 베유이다. 노동이 중요하다는 생각은 같지만, 그녀는 노동의 목적을 생산이 아니라 인간으로 되돌리려 했다.

가장 인간적인 문명은 육체노동을 주축으로 하고, 육체노동을 최고의 가치로 삼는 문명이다. 이것은 번영시대의 미국과 5개년 계획 이후의 러시아를 지배하던 '생산 신앙'과도 비슷하면서도 비슷하지 않다. 이러한 '생산 신앙'은 노동자가 아니라 노동에 의한 생산물, 인간이 아닌 물건을 진짜 목적으로 삼고 있기 때문이다. 육체노동이 최고의 가치인 것은 생산하는 물건과의 관계가 아니라 노동하는 인간과의 관계에 의한 것이다. — 베유 『자유와 사회적인 억압의 원인에 대해서』◆

베유는 이른바 마르크스의 생산력 지상주의를 헤겔의 관점으로 되돌리려고 했다. 베유가 이 정도로 육체노동을 고집하는 것은 조금 이상해 보인다. 하지만 우리가 사는 후기 자본주의 사회에서는 생산과 노동의 관계가 이전과 달라졌다. 이미 생산양식과 생산물만 중요한 것이 아니다. 일찍부터 인간과 육체에 주목한 베유의 통찰력이 대단히 날카롭지 않은가.

생산력이 해방되어 자유로워진다면 어떻게 될까. 무한대로 생산되는 재화는 정말 도움이 되는가. 과잉 재화는 오히려 폐기물이 아닌가. 인간이 자기 몸으로 노동하는 행위와 생산물 간의 관계는 어떠한가. 이러한 의문에 제대로 답하지 못하는 게 마르크스의 문제이다. 베유의 육체노동론이 그것에 대한 하나의 답이다.

---

◆ *réflexions sur les cause de la liberté et de l'oppression sociale*

갤브레이스J.K.Galbraith는 우리가 이미 '풍부한 사회'에 살고 있다고 말한다. 풍부한 사회에서는 인간의 욕망도 바깥에서부터 작용을 받아 만들어진다. 생산은 인간의 욕망에 맞추어서 나오는 것이다. 중요한 것은 이미 생산력의 해방 자체가 아니다. 욕망과 생산력의 관계를 밝히는 것이다.

보드리야르는 이미 생산은 자연에 작용을 가하여 유용한 것을 만들어내는 행위가 아니라 노동 자체를 만들어내는 것으로 전도되었다고 말한다. 『상징적 교환과 죽음』*을 읽어보자.

생산을 위해 생산이 이루어지게 되면 낭비라는 것은 없어진다. 낭비라는 용어는 용도가 한정된 경제에서는 타당한 용어이지만 지금은 도움이 안 된다. 이 용어는 시스템에 대한 점잖은 비판에서 나온 것이다. 콩코드(여객기)와 우주계획 등은 낭비가 아니라 그 반대다. '객관적'으로 무용성의 정점에 달한 시스템이 생산하고 또 생산하는 것은 노동 그 자체이기 때문이다. ─ 보드리야르 『상징적 교환과 죽음』

현대 소비사회에서 생산은 물건을 만들어내는 것 자체가 목적이라는 주장은 옳다. 그런데 폐기될 상품을 생산하는 것도 도움이 되는가. 생산을 유지하는 것, 노동을 만들어내는 것에 도움이 된다. 그때 노동은 '생산하는 것'이 아니고 다만 시간을 차지하는 것이다. 실제로 생산하는 것은 기계이고 자연과 마주하는 것도 기계이다. 끔찍하지 않은가.

---

◆ *Échange symbolique et la mort*

일찍이 노예가 차지하던 자리를 이제 기계가 차지한다. 노동자는 주인이 되어 노예인 기계가 생산한 것을 향유한다. 그러므로 낡은 의미의 생산 개념은 이미 효력이 없다. 보드리야르는 이런 사태를 '생산의 종언'이라고 부른다. 생산은 비생산적이 되어 자기모순에 빠지기 때문이다. 저런저런. 우리 사회의 초점은 생산이 아니라 소비를 향하고 있다.

바타유는 이 문제에 대해서 매우 재미있는 생각을 한다. 지금도 인간의 사고 행위는 대개 헤겔의 노동 개념에 기초한다. 하지만 사회는 풍요한 에너지를 비탕으로 잉여를 생산한다. 바타유는 생산의 참된 원천은 인간이 아니라 태양이라 생각한다. 태양에너지를 받아서 항상 잉여 에너지가 생산된다. 그는 인간의 과제는 사회 속에서 이 부를 축적하지 않고 오히려 소비하는 것이라고 생각한다.

바타유는 탕진이야말로 인간에게 어울리는 행위라고 생각한다. 낭비하는 것, 증여하는 것, 웃는 것 따위에서 인간은 최고의 에로스를 맛볼 수 있고, 그것이 진정한 의미에서 '인간다운' 행동이라는 것이다.

한때 바타유와 정치적 공동전선을 편 베유는 바타유의 낭비철학에 질린 얼굴을 한다. 그도 그럴 것이, 베유는 어디까지나 노동을 중요하게 생각하지 않았는가. 바타유는 인간 행동은 의미 없는 행위, 목적을 가지지 않는 타자와의 우애로 가능하다고 생각했다. 둘은 완전히 물과 기름이다. 분명 바타유의 정치철학은 황당무계한 결론으로 이어진다. 하지만 어디까지나 반시대적이고 헛된 무용성이 진실로 유용한 것이라는 변증법에 바타유의 비밀과 매력이 있다. 읽다보면 웃음이 나온다. 의미없는.

# 제도
## institution

제도는 우리의 사고와
행동을 속박하는 동시에
가능하게 한다. 그것은
때로 의식할 수 없거나
잠재적이어서, 그 속에서
살아가는 주체가
자각하거나 인식하기 힘들다.

제도institution란 말에는 설립하다 statuo라는 동사가 들어 있다. 제도란 누군가가 만든 것이 확실하지 않은가. 조직에는 의회나 정부나 학교 등등 여러 가지가 있다. 하지만 그러한 확실한 형태가 아닌 '제도'도 있다. 지금 내가 철학의 문제로 다루고 싶은 것은 그쪽이다.

이런 제도에는 이름도 규약도 없다. 눈에 보이지 않는 제도이지만 사람들 사이에 암묵적으로 용인되고 있다. 물론 우리들 사이에서도 그렇다. 한 사회 속에서 주체가 된다는 것은 그 사회 속에서 암묵적인 지식으로 작용하는 '제도'를 몸에 익히는 것이다. 이것을 완벽하게 익히느냐 아니냐에 따라 사회 내에서 타자에게 주체로 인정받을지 아닐지 결정된다. 우리는 숨겨진 제도를 평소 갖가지 이름으로 지칭하지만 사실 손쉬운 이름표를 붙여 끝낼 일이 아니다. 숨어 있는 문제는 좀더 심각하다. 우리가 사회 속에서 주체가 되는 데 제도는 어떻게 작용하는가. 이 문제를 놓고 여러 사상가가 고투 끝에 각각 독자적인 관점을 밝혔다. 차례차례 살펴보자. 첫 번째는 부르디외로 그는 한 사회에서 이어져온 전통을 대상으로 문화인류학적 관점에서 아비투스 요소를 끄집어낸다. 인사법에서 몸의 자세까지 그 사회만의 고유한 신체적인 습관, 즉 아비투스가 있다고 보았다.

> 아비투스를 통해서 행위자의 행위는 제도를 객관화한 역사라는 성격을 띤다. 이런 아비투스가 있기 때문에 사람은 제도 속에서 생활하며 제도를 자기 것으로 할 수 있다. 제도가 활동적이며 살아 있는 강력한 상태를 유지하고 죽은 문자, 사어死語와 같은 상태에서 벗어나 본래의 의미(감각)를 되살릴 수 있는 것이다. ─ 부르디외 『실천감각』

우리는 사회의 아비투스에 따라서 서로 무의식적으로 제도를 만들어낸다고 한다. 이해할 수 있을 듯하다. 가령 두 사람이 마주보고 대화를 나눌 때도 여러 가지 '제도'가 개입한다. 지나치게 가까이 다가가거나 상대를 힐끔힐끔 보는 것은 제도에 위반되는 것이다.

더욱이 두 사람의 미묘한 권력관계는 시선의 방향과 힘에 영향을 미친다. 사회학적 분야에서는 민족지적 방법(ethnomethodology)이 이러한 개인 사이의 에토스ethos(기풍·관습)을 분석하는 방법론을 취한다. 이로써 너무도 당연하게 여겨지는 보이지 않은 제도적 작용이 드러나게 된다.

또 다른 관점으로는 루만의 시스템론적 관점이 있다. 인간 사이에 이뤄지는 행동은 가능한 행동 중 극히 일부라는 점이 중요하다는 입장이다. 루만은 이것을 복잡성의 축소라고 부른다. 모든 가능성 중 극히 일부로 줄어들기 때문이다.

가령 어떤 사람이 땅 위를 걸을 때, 자신이 일으킬 수 있는 무한한 가능성을 생각하면(씨앗을 밟을 가능성, 개미를 밟아 죽일 가능성 등등) 걸음을 한 발짝도 내딛지 못할 것이다. 하지만 다행히 인간은 가능성의 우선순위를 정할 수 있는 능력을 암묵적으로 체득하고 있다. 이것이 요즘 컴퓨터와 다른 점이다. 무한한 가능성을 제로에 가깝게 끌어내려 행동하는 양식(프레임)이 서지 않으면 인간은 행동할 수 없다.

이러한 복잡성의 축소는 인간들 사이의 행동에서 예측이라는 형태를 취한다. 이것도 '제도'이다. 예컨대 우리가 전철에서 모르는 상대들에게 둘러싸여 있어도 아무렇지도 않은 것은 상대가 취할 행동에 대해서 예측할 수 있기 때문이다. 그리고 상대도 이쪽이 취할 행동을 예측할 수 있다. 이러한 상호적인 예측의 그물눈 속에서 비로소 인간은 행동할 수 있다.

그렇다면 이런 예측의 그물눈은 어떻게 만들어지는가. 이에 대해서 미셸 푸코의 신체론적 관점이 도움이 된다. 그는 우리의 정신만이 아니라 신체 자체도 사회 속에서 역사적으로 형성되어온 하나의 작품 같은 것이라고 말한다. 눈에 보이지 않는 제도가 유효하게 기능하기 위해서는 인간 신체라는 물질적인 것을 통하여 어떤 힘의 공간이 확보되지 않으면 안 된다는 것이다.

우리는 사회에서 살아가면서 분명 여러 가지 신체적 행동기법을 습득한다. 푸코는 그러한 신체 행동이 눈에 보이지 않는 제도와 깊은 연관이 있다는 것이다. 푸코에 따르면 '순종하는 신체'가 되지 않으면 우리는 일상생활을 할 수조차 없다. 인간 과학도 근대의 여러 가지 훈련제도 중 하나의 '계열' 같은 것으로 탄생한 것이다.

감옥에서 인간과학이 탄생했다고 말하고 싶은 것은 아니다. 그러나 인간과학이 형성되어 에피스테메 가운데 이미 잘 알려진 큰 변동을 가져올 수 있었던 이유는 (…) 권력의 어떤 새로운 존재양식에 따라서 인간과학이 생겨났기 때문이다. 이것은 일종의 신체의 정치학이고 다수의 인간을 순종적이고 유용하게 만드는 방법이다. ― 푸코 『감시와 처벌』

나아가 푸코는 중기 대표작 『말과 사물』에서 이렇게 말한다. 한 시대의 지식을 성립하는 조건으로서의 틀, 즉 에피스테메(순수 지식) 자체가 과학에서 일종의 '제도'이다. 그리고 그 배경에는 인간의 신체에 대한 정치학, 인간의 신체를 훈련하는 보이지 않는 메커니즘이 작용하고 있다.

메를로퐁티도 예술과 학문 분야에서 역사가 일종의 '제도'가 된다고 말한다. 하지만 그의 생각에 제도는 새로운 작품과 새로운 사고를 제약하는 틀인 동시에 새로운 시도의 근거가 되기도 한다. 이것은 재미있는 역설이다.

제도화라고 함은 어떤 경험이 여러 차원의 지속적인 연관을 가지게 되는 사건을 말한다. 그리고 이러한 지속적인 연관으로써 다른 일련의 경험이 의미를 가지게 되며, 이것이 사고 가능한 계열로서 역사를 형성한다. 또한 이러한 사건은 나에게도 의미로 작용한다. 잔존물이나 잔재가 아니라 (내) 뒤를 이을 사람을 위한 메시지이자 미래에 대한 요청으로서의 의미로 내재하는 것이다.

― 메를로퐁티 「개인의 역사와 공공의 역사에 있어서 '제도'」♦

---

♦L' 'institution' dans l'histoire personnelle et publique

제도는 이렇게 우리의 사고와 행동을 속박하는 동시에 가능하게 한다. 눈에 보이지 않는 이러한 기초이자 토대는 과거에도 있었고 미래에도 있다. 하지만 그것은 때로 의식할 수 없거나 잠재적이어서, 그 속에서 살아가는 주체가 자각하거나 인식하기 힘들다. 역설적으로 그런만큼 제도는 더욱 깊고 확고하게 뿌리를 내리고 있다.

　철학의 '보편성'도 서양철학의 역사에서 생겨난 '제도'로 볼 수 있다. 동양에 살고 있는 우리도 철학을 함으로써 눈에 보이지 않는 제도에 편입되는 셈이다. 하지만 우리는 그것을 계기로 철학적인 사고를 정립해가야 할 것이다.

　때로 제도는 우리가 자유롭게 사고하는 것을 방해하는 강한 중력처럼 느껴지기도 한다. 하지만 분명 '거칠거칠한 대지'(비트겐슈타인)가 없으면 미끄러져 넘어질 뿐 한 발짝도 앞으로 나아가지 못할 것이다. 그러므로 우리는 서양의 철학이라는 '제도'를 지역성과 함께 고찰하여 스스로 사고를 계속 발전시켜야 할 것이다.

# 세계
## world, monde, Welt

세계 개념은 인간이란
무엇인가 하는 물음에
답하기 위한, 모든 사람이
풀지 않으면 안 되는
개념이다. 그 넓이와 깊이에는
엄청난 차이가 있다.

칸트는 『인간학』*에서 인간이 인식할 수 있는 총체를 세계Welt라고 밝혔다. 반대로 말하면 세계의 한계는 인간 지식의 한계와 일치한다. 이는 그때까지의 세계관을 크게 뒤바꾼 사고이다. 칸트는 이 책에서 철학을 '학교 개념'과 '세계 개념'으로 분류한다. 학교(스콜라) 개념이란 전통적인 철학을 말한다. 하지만 세계 개념은 인간이란 무엇인가 하는 물음에 답하기 위한, 모든 사람이 풀지 않으면 안 되는 개념이다. 그 넓이와 깊이에는 엄청난 차이가 있다. 칸트에게 세계는 계몽이라는 과제에 직면한 세계시민이 자신의 삶의 의미를 묻는 가상적인 장소이다.

칸트의 세계 개념을 이어받은 것이 후설의 '생활세계'라는 개념이다. 후설은 현상학 방법론을 통해 생각을 다져나간다. 그의 생활세계는 자연과학의 세계 개념 등 여러 세계 개념이 생겨난 곳이다. 온갖 경험이 이 세계에서 처음으로 가능해진다. 우리의 모든 경험은 '모든 사람에게 공통적이며 보편적인 지평으로서의 세계' 『유럽 여러 학문의 위기와 초아론적 현상학,♦♦ 속에서 성립된 것이다.

지구는 움직이지 않는다고 후설은 말한다. 칸트의 코페르닉스적 전환(발상의 전환)이 다시 한 번 역전되는 오싹한 주장이다. 물론 후설이 천동설을 믿었던 것은 아니다. 하지만 우리의 일상세계에서는 지구가 아니라 태양이 움직이는 것 같다. 이런 소박한 믿음을 과학의 지식에 근거하여 천동설로 뒤집을 수는 없다. 우리는 과학지식이 아니라 일상적으로 생활하는 세계의 관점에서 출발하는 것이다. 그리고 과학적인 세계상도 이러한 일상적인 세계상의 일부에 지나지 않는다. 이른바 과학은 늘 씌어진 데서 다시 쓰는 것이다. 이렇게 새로운 대역전을 제시한 후설은 정말 대단하다.

후설의 현상학을 이어받은 하이데거는 후설과는 조금 다른 세계상을 제시한다. 공통점은 근대적인 자연과학의 세계상이 인간에게 자연스럽지 못하다는 것, 인간은 무엇보다 '자신을 둘러싼 세계 속에서 산다'라는 사실에서 출발해야 한다는 것이다. 이는 현상학적 방법론이 가진 장점이다.

하이데거가 생각하는 세계는 사물의 총체로서의 전통적인 세계 개념이 아니다. 현존재Da-sein라는 '그곳에 있는 존재' '공간적인 장소를 차지하는 존재'가 사는 전체적인 연속이다. 더욱이 자연물만이 아니라 가령 방향이나 날씨, 인간이 만든 도구, 표지나 기호 등 인간에게 의미있는 모든 것이 전체로서의 세계를 만들어낸다.

---

♦ *Anthropologie*
♦♦ *Die Krises der europäischen Wissenschaften und die transzendentale*

세계는 현존재의 존재와 함께 본질적으로 드러나며 '세계'는 세계의
노출성과 함께 그때마다 앞서 폭로된다. (…) 실재적인 것은 이미 드
러난 세계를 전제로 하지 않으면 밝혀지지 않는다.

— 하이데거 『존재와 시간』

세계 속에서 인간은 우선 실제로 '그곳에 있는 존재'이다. 세계는
존재 가능성을 만들어낸다. 하지만 반대로 현존재는 일상생활에 익
숙해져 참된 관심사를 잊고 오로지 기분전환에 빠지고 말지도 모른
다. 이러한 몰락의 가능성은 후설의 생활세계에서는 나오지 않는다.
세계는 아직 공통적이며 보편적인 지평이었다.

요컨대 하이데거는 세계를 사물이 존재하고 또 인간이 '실존하는
가능성'을 가져오는 조건이라고 파악한다. 이는 후설과 같은 점이
다. 하지만 하이데거는 세계를 실존이 몰락하는 조건으로도 보았다.
이것은 후설의 세계 개념을 매우 역동적으로 전환시킨 부분이다.

하이데거에게 세계는 현존재로서의 인간이 자기를 망각할지도 모
르는 곳이다. 하지만 나아가 자신의 자유를 발견할 수 있을지도 모르
는 곳이기도 하다. 인간이 세계에 사는 이중의 의미를 보여준 것이
방금 소개한 하이데거의 대표작 『존재와 시간』이다.

후설과 하이데거의 두 가지 세계 개념을 이른바 한데 묶어 계승한
이가 메를로퐁티이다. 메를로퐁티는 우선 후설의 생활세계의 개념
에서 지평이라는 요소를 이어받았다. 세계에 앞서 인간이 아직 개인
으로 분절되지 않은 채 존재하는 '상호주관성의 세계'가 있는데, 이
것이 지평이다. 그리고 지평을 근거로 사람들은 개인으로서 자기를

형성하고자 한다. 이러한 상호주관성의 세계를 메를로퐁티는 '야생적 존재'라고 불렀다.

> 내가 지향하는 것은 '표상화된 것'과 전혀 다른 '존재'의 의미로서 세계를 복원하는 것, 즉 어떠한 '표상'도 다 퍼낼 수 없고 더욱이 모든 표상이 '도달하는' 수직적인 존재인 세계, 야생의 '존재'인 세계를 복원하는 것이다. — 메를로퐁티 『보이는 것과 보이지 않는 것』

야생적 존재는 개별적 인간의 언어와 경험이 파악되기 이전의 존재, 베르그송의 순수지속과 비슷한 무언의 존재이다. 이것은 세계가 문화와 역사에 따라 질서를 갖추기 이전에 개개인들로 이루어진 '본래의 존재'인 것이다.

나아가 하이데거에서 존재분석법을 이어받은 메를로퐁티는 단순히 상호 주관성의 지평만이 아니라 이를 기초로 한 사람 한 사람의 주관을 넘어 인간 사고에 앞서는 내적인 질서에 대해 생각하려 했다. 이질서는 때때로 '몸'이나 '키아즘'으로 말해지기도 한다. 사실은 말로 할 수 없는 질서의 존재론을 메를로퐁티는 애써 밝히려 한 것이다. 그런만큼 문장은 비장하기까지 하지만 때때로 환희로 가득 차 있다.

후설부터 시작된 현상학의 전통을 이어받으면서 인간이 만들어낸 세계의 중요성을 사고의 기본축으로 구축한 이가 한나 아렌트다. 하이데거의 제자였던 아렌트는 세계를 우선 '도구 연관'에 기초하여 생각한다. 세계는 인간이 만든 도구에 둘러싸여 있다. '인간과 신이 외부에서 행하는 개입과 도움 없이 영원불변함 속에 스스로 움직이는 우주와 비교하면 인간의 손으로 만들어진 것은 모든 것이 아름답지도 참되지도 않다'. 그러나 이 세계는 인간이 서로 관계를 가지고 행위를 지속하기 위한 필수조건이다.

세계의 사물은, 그것을 만들어 사용하는 인간의 탐욕스러운 욕구와 욕망에 대해 적어도 한동안은 저항하고 '대립하고' 유지할 수 있다. 그것은 세계의 사물의 '객관성'이다. (…) 다시 말해서 인간의 주관성에 대립하고 있는 것은 순수한 자연의 장엄한 무관심이 아니라 인공적인 세계의 객관성이다. ─ 아렌트 『인간의 조건』

하지만 아렌트에게 세계는 단순히 도구로 만들어진, 인간이 영속적으로 정착할 수 있는 곳이 아니다. 세계는 인간이 자기 정체성을 확인할 수 있는 공간이자, 리얼리티를 획득하는 곳이다. 그리고 인간은 이 공간을 토대로 더욱 공공적인 공간을 구축할 수 있다. 아렌트는 인간이 세계 속에서 살아가면서 타자와 공유 가능한 활동공간을 만들어 낼 수 있다는 것에 매우 감동한다.

아렌트의 대표 저서 중 하나인 『인간의 조건』의 원래 제목은 『세계 사랑』이었다. 그녀가 보는 세계는 사람들이 몰락하고 기분전환에 빠지는 공간이 아니다. 세계는 인간이 타자와 공생하며 불멸의 영예를 빛내는 공간이다. 그리고 그것이 가능한 것은 세계의 테두리 안에서만이다. '세계 사랑', 좋은 제목이지 않은가.

# 책임
## responsibility

현대에서 책임은
개인의 이성적인 판단만으로
어떻게 할 수 있는 것이
아니다. 사회 전체에
요구되는 것이다. 그렇다고
개인의 책임이 가벼워진
것만은 아니다.

책임responsibility은 상당히 새로운 말이다. 어원은 '응답하다responsdere'로 라틴어에서 왔지만 이 말이 등장한 것은 18세기 이후로 보인다. 누군가 물어서 거기에 응답하다. 책임은 그렇게 시작된다. 말 그대로 응답할 준비, 즉 그럴 능력이 갖춰져 있다는 뜻이다.

가령 큰 사건이 발생했을 때 해결을 위해 힘을 다하려고 스스로 나선다. 원래 그것이 '응답하다'이다. 말로 하는 것만이 아니라 행위가 따른다. 어떤 일을 대담하게 받아들인다. 이것이 근대에서 말하는 책임이다.

가령 그리스 비극의 오이디푸스는 테바이를 스핑크스에게서 구해 왕이 된다. 구한 행위가 발단이 되어 자신은 비극적인 운명을 맞이하게 되지만, 이것은 그야말로 스스로 '응했기' 때문이다. 근대에 와서는 오이디푸스가 테바이를 재앙에서 구할 '책임'을 느낀 것이라고 바꿔 말할 수도 있다. 사태를 구명하여 밝혀진 사실에 대해서도 '책임'을 졌다고 말이다. 헤겔은 인간이 보통 책임을 지지 않는 사태라도 당당히 책임을 지는 것이 고대

영웅들이라고 말한다.

근대에 와서야 '책임'이라는 말이 등장한 이유는 무엇일까. 근대적인 사회 발전과 함께 고대와는 다른 '책임 수단'이 필요해졌기 때문이 아닐까. 개인은 자신의 행위에 대해 책임을 져야 한다. 그리고 책임을 지는 한 '이성적인' 존재로 인정받게 된다. 책임은 이성과 깊은 연관이 있다.

근대 형법에서는 책임을 받아들이는 주체에게만 죄를 묻는다. 광기 등 질병으로 이성적인 판단이 불가능하다고 인정되는 자에게는 책임을 묻지 않는다. 책임을 받아들이는 것과 이성적인 존재라는 사실을 동일하게 보는 것이 근대 계몽의 결론이기 때문이다.

하지만 이러한 이성 이론에 근거한 '책임'은 현대사회에 이르러 새로운 국면을 맞이하게 된다. 기술이 비약적으로 발전하게 되자 개인에게 어디까지 책임을 물어야 할지 알 수 없는 사례가 많아지기 때문이다. 가령 원자로의 계기가 고장이 났다고 하자. 그 때문에 운전원이 안전봉의 조작을 잘못하게 되었다. 그것이 원자로 사고를 일으켰다면 이때 운전원의 책임 범위는 어디까지인가. 계기 점검을 제대로 하지 못한 정비 담당자의 책임은 어디까지인가. 기구가 클수록 문제가 복잡해지며, 당면한 사고 피해도 엄청나다. 많은 사람들이 죽고 광대한 토지를 폐허로 만든 큰 사고에 대해 개인이 어느 정도로 책임질 수 있겠는가.

여기서 개인은 고대의 영웅이 아니다. 하지만 이성을 잃은 광인도 아니다. 현대사회가 초래한 큰 리스크(위험) 부담이 책임이라는 개념 자체를 뒤흔들어놓게 된다.

프랑스의 법철학자 프랑소와 에발트는 책임이 '사회화'되었다고
말한다. 자동차 사고의 판례에서 보행자 측에 과실이 있었지만 보행
자를 다치게 한 운전수에게 '책임'을 물은 사례가 있다. 이것을 적용
하여 그는 다음과 같이 말한다.

> 이러한 판결은 공동의 도덕성이라는 개념과 과실을 둘러싼 개념의
> 충돌을 일으킬 수밖에 없다. 과실이 있는데도 불구하고 책임을 면하
> 는 사례가 분명히 있기 때문이다. 요컨대 과실의 개념은 이제 책임을
> 결정짓는 적절한 요소가 아니다는 얘기이다. 과실과 책임이 분리되
> 어버린 것이다. ─ 에발트 『복지국가』

현대에서 책임은 이미 개인의 이성적인 판단만으로 어떻게 할 수
있는 것이 아니다. 사회 전체에 요구되는 것이다. 그렇다고 개인의
책임이 가벼워진 것만은 아니다. 어떤 의미에서 책임의 개념은 오히
려 확대되어왔다. 개인이 자신이 범하지 않는 행위까지 오히려 책임
을 지게 된 것이다. 이것이 현대사회에서 책임을 받아들이는 자세의
특징 중 하나라고 하겠다.

전형적인 예가 전쟁에 대한 책임이다. 야스퍼스K.T.Jaspers도 『죄책
론』*에서 나치스의 만행을 허용한 독일시민의 한 사람으로서 깊은
책임을 느낀다고 쓰고 있다. 물론 근대 형법의 논리를 적용하면 나치
스의 행위와 결정에 저항하지 않은 것이 법률을 위반하는 것은 아니
다. 오히려 저항하는 쪽이 실정법을 위반하는 것이다. 그런데 야스
퍼스는 저항하지 않은 것에 법적인 죄와는 다른 책임을 묻는다. 더욱
이 국민 전체의 연대책임 같은 것이 아니라 한 사람의 개인으로서 스

스로 책임이 있다고 피력하고 있다.

　일본의 전쟁책임론도 이와 비슷한 경우이다. 전후에 태어난 사람은 자신의 손이 피로 물들지 않았다고 주장할지 모른다. 이전 세대의 행위에 책임을 느낄 필요가 없다고 생각할 수도 있다. 하지만 책임을 받아들이는 것이 전통적인 라틴어의 어원에 기초한 '응답하는'에 해당하는 것이 분명하다. 그것이 사회에 대한 하나의 태도표명으로서 의미를 가지는 것은 물론이다. 가령 일본군의 만행에 책임을 느끼는 것은 근대적인 책임 개념은 아니라고 해도 현대적인 상황에서는 하나의 책임으로 받아들이는 것이다. 다소 복잡하지만.

　현대의 책임 개념은 생각하기에 따라 무한대로 확장할 수 있다. 예컨대 아프리카에서 굶어죽는 아이들에 대한 우리의 '책임' 논의도 나온다. 그 극단적인 예가 레비나스이다. 레비나스는 '응답하다'는 라틴어의 어원에 기초하여 말하길, 타자에 대해 책임을 짐으로써 자기 자신을 소중하게 느끼게 된다.

　매킨타이어는 『덕의 상실』**이라는 책에서 개인의 자기 정체성이란 자신을 유지하는 '이야기'로 이뤄질 수 있다고 피력한다. '이야기'에서 책임은 중요한 대목이다. 자신이 누구에게 어떤 책임을 지는가라는 관점에서 자신의 정체성이 형성될 수 있다고 보았다. 그다지 호감이 가는 논리는 아니지만 책임을 짐으로써 '양보할 수 없는 자기 정체성'(레비나스)이 생겨나는 것은 부정할 수 없다.

　하지만 레비나스에서 두드러지는 점은 책임을 자기 정체성과의

---

◆ *Die Schuldfrage*　　◆◆ *After Virtue: A Study in Moral Theory*

관계에서만 생각하지 않는 것이다. 우리는 주체라고 하면 타자에 대해 책임을 느낀다고 생각한다. 타자와 마주할 때, 타자의 얼굴을 볼 때, 우리는 무한한 책임을 느끼게 되는 것이다.

타자의 얼굴은 나를 심문하고 문책한다. 흡사 자아가 무관심하기 위해서 죽음의 가담자가 되기나 한 듯이. 흡사 자아가 타자의 죽음의 책임을 지지 않으면 안 되는 듯이. 흡사 고독한 채로 타자를 죽게 할 권한이 애초부터 자아에게는 허용되지 않은 듯이. 분명히 자아를 지목하고, 자아에게 요구하고, 간원하는 얼굴이 자아의 책임도 요청한다. 여기서 타자는 자아의 이웃이 된다.

— 레비나스 『우리들 사이에서—타자에 대한 사유에 관한 에세이』


사회의 복잡한 상호관계를 통해 현대 개인은 어떤 유의 책임에서는 해방되었다. 하지만 그와 동시에 근대적인 의미에서는 책임을 지지 않던 일이 새로 '책임 있는' 사항이 된다. 홀로코스트로 육친을 잃은 레비나스가 나치스의 만행에 연대적인 책임을 느낀다는 말은 기괴한 느낌을 준다. 하지만 레비나스의 타자사상과 책임 개념이 그러한 현대적인 상황에 대한 하나의 궁극적인 대답, 응답인 것은 의심할 여지가 없다.

# 전쟁
**war, guerre, Krieg**

현대 전쟁은 다면적이라 한마디로 정리할 수는 없다. 하지만 현대의 많은 전쟁이 국민의 눈을 외부로 돌리기 위해 시작되었다는 것은 현대사의 상식이다

전쟁은 국가와 관계가 깊다. 플라톤의 『국가』에는 소크라테스가 일부 극소수 전문가들만으로 구성된 사회를 상정하는 부분이 있다. 식료 전문가, 의료 전문가, 주거 전문가 등이 모여서 최소한의 사회를 형성한다. 그리고 지나친 욕구를 가지지 않고 자족하며 즐겁게 살아간다. 이런 유토피아 같은 국가가 있으면 전쟁 따위는 하지 않으면서 살 수 있을 듯하다.

하지만 소크라테스의 이야기를 들은 글라우콘이 공격하길 그것은 돼지 국가라고 한다. 돼지처럼 자기가 필요한 것만 충족하는 국가라는 것이다. 그러자 의외로 소크라테스는 비판에 이내 동의한다. 인간의 욕망은 항상 비대해지는바 그런 최소 국가로는 만족하지 못한다고 인정하는 것이다.

사람들은 단순히 생존하는 것만으로는 만족하지 못하고 사치와 향락의 욕망을 채운다. 이 때문에 다른 공동체와 교류하게 되고 주저하지 않고 전쟁을 일으키기도 한다. 역사적으로 국가 형성은 전쟁과 함께 이루어졌다

는 것이 플라톤의 냉혹한 인식이다. 그리고 그 근본적인 원인은 인간
의 비대한 욕망에 있다. 인간의 욕망은 언제나 비대하다. 씁쓸하지
만 부정할 수 없는 사실이다.

전쟁이 모두 국가를 위한 전쟁이었던 것은 아니다. 문화인류학 연
구를 통해 매우 재미있는 형태를 볼 수 있다. 특히 클라스트르를 소
개하고 싶다. 그의 『국가에 대항하는 사회』*를 보면 중남미의 인디
오 사회에서는 전쟁이 국가 형성과 법 지배를 피하는 전략이기도 하
다. 놀랍게도 인디오 사회에서 전쟁은 다른 공동체와 교류하는 수단
으로 여기며, 이 덕분에 관료기구와 통치조직을 갖춘 국가를 만들지
않고도 공동체를 형성할 수 있었다. 우리가 생각하는 전쟁의 의미와
는 전혀 다르다.

들뢰즈는 클라스트르의 관점을 이어받았다. 전쟁과 국가의 관계
를 노마드 원칙과 법 원리라는 두 가지 조직원리의 대립으로 파악한
다. 『천 개의 고원』**을 잠깐 들여다보자.

세계적인 조직과 마찬가지로 도당적인 집단도 국가로 환원할 수 없
는 형식을 내포하고 있음은 부정할 수 없는 사실이다. 이런 외부성의
형식은 필연적, 다각적으로 확산된 전쟁기계의 형식으로 나타난다.
그것은 국가의 '법'이라는 전혀 다른 노모스이다.

— 들뢰즈/가타리 『천 개의 고원』

들뢰즈는 클라스트르와 달리 전쟁이 국가의 형성을 막는다고는

---

*la société contre l'État   **Mille plateaux*

생각하지 않는다. 국가나 전쟁도 인간의 역사만큼 오래되었다고 본다. 하지만 플라톤과는 달리 국가가 전쟁의 원인이라고 보지 않고 전쟁을 (국가와는) 다른 원리로 생각하려 했다. 매우 독창적인 발상으로 들뢰즈의 진면목이 잘 드러나는 대목이다.

지라르도 공동체의 메커니즘에서 전쟁을 분석하고 있다. 전쟁을 공동체 안에 축적된 폭력의 표출이라고 보았다. 의례 같은 것이 그 예로, 외부 적과의 싸움은 '희생양을 위한 폭력의 특수한 양식'에 불과하다고 생각한다. 신화적인 폭력인 것이다. 그는 『폭력과 성스러움』에서 이렇게 말하고 있다.

> 집단의 응집과 통합에 잠재적으로 붙어다니는 공격적인 경향은 내부에서 외부로 향한다. 바꿔 말하면 흔히 신화 속에서 외적과의 싸움으로 나타나는 많은 싸움은 보다 내적인 폭력을 덮어 감추려는 것이라 할 수 있다. — 지라르 『폭력과 성스러움』

여기서 시몬 베유를 빠뜨릴 수 없다. 그녀는 지라르와는 다른 관점으로, 외부와의 전쟁은 공동체 속의 폭력이 모습을 바꾼 것이라고 말한다. 전쟁은 상대국과의 싸움인 동시에 국가의 최고기관이 국민을 억압하고 죽음으로 향하게 하는 수단이다.

베유는 전쟁의 목적은 국내의 자유를 억압하는 것이라고 생각한다. 전장에 던져진 병사들은 이미 자유를 향한 싸움에 임할 수 없게 된다. 전쟁은 애국이라는 미명하에 개인의 자유와 평등을 위한 투쟁을 뿌리째 뽑아버리는 수단이다.

요컨대 대량 살육은 더욱 철저한 형식의 억압이다. 병사들은 죽음에 몸을 내맡기는 것이 아니다. 대량 살육에 보내지는 것이다. 전쟁은 억압을 위한 장치로서 한 번 태동하면 파괴될 때까지 계속 지속된다. (…) 전쟁은 혁명가들이 이끄는 것이라도 반동적 요소로 간주하지 않으면 안 된다. — 베유 「전쟁에 관한 성찰」◆

베유의 날카로운 시선은 전쟁의 내적 메커니즘을 속속들이 들여다본다. 전쟁은 정치적인 활동이다. 그렇기 때문에 병사들은 전쟁에 나가 다른 병사들과 싸워서는 안 된다. 국가기관을 진짜 적으로 삼아 싸워야 한다. 폐부를 찌르는 듯한 젊은 베유의 말이 들린다. "우리의 보호자라 칭하면서 우리를 자기의 노예로 삼는 자가 진짜 적이다."같은글

베유의 사고에서 어딘가 지라르의 신화적인 폭력과도 비슷한 울림이 느껴진다. 물론 현대 전쟁은 다면적이라 한마디로 정리할 수는 없다. 하지만 현대의 많은 전쟁이 국민의 눈을 외부로 돌리기 위해 시작되었다는 것은 현대사의 상식이다.

일찍이 칸트와 헤겔은 프랑스혁명에 열광했다. 하지만 훗날 베유는 날카롭게 지적하길, 프랑스혁명은 혁명전쟁이 시작된 순간 변질되었다고 한다. 분명 로베스피에르도 인정한 사실이지만 전쟁이 외국 민중에게 자유를 가져다주는 일은 없지 않은가. 나아가 프랑스 민중은 국가권력이라는 쇠사슬에 묶이게 된다. 진정 '혁명전쟁은 혁명

---

◆Réflexions sur la guerre

의 무덤'이 아닌가.

그때까지 봉건국가에서 전쟁은 군주의 위엄을 유지하는 수단이었다. 때로 일종의 도락이기도 했다. 거의 모든 국민은 전쟁의 피해자에 지나지 않았다. 하지만 국민국가가 성립하자 전쟁은 국민의 전쟁이 되었다. 이 변화를 상징적으로 파악한 것이 헤겔의 전쟁론일 것이다. 국민국가의 시민은 시민사회라는 욕망의 체계 속에서 생활한다. 하지만 시민만이 아니라 국가 이념에 참여하고 있는 국민이기도 하며, 이는 전쟁을 통해서 자각할 수 있다. 이때 개인은 자신의 생명과 재산이 하찮은 것임을 실감하고 과거에서 미래로 이어지는 국가라는 공동체의 일원임을 자각한다는 것이 헤겔의 생각이다.

헤겔의 이런 생각은 국민국가와 전쟁의 깊은 관계를 보여준다. 지금의 전쟁은 전 국민을 끌어들이는 총력전이다. 미셸 푸코는 정치철학의 관점에서 이것을 분석하고 있다. 내셔널리즘이란 사슬 아래 국민은 자청하여 권력의 지배에 복종하게 된다. 근대국가는 군주가 신하와 국민을 죽음으로 몰아가는 과거의 봉건국가가 아니다. 국민의 복지를 위해 국가와 국민을 살리는 원리를 가진 국가이다. 그런데 이렇게 삶을 위한 국가는 역사상 가장 대량으로 국민을 살육하는 국가이기도 하다. 푸코는 이 커다란 수수께끼에 의아해한다. 도대체 삶의 원리에 근거한 국가가 어떻게 해서 국민을 살육할 수 있는가. 푸코는 인종차별주의가 열쇠라고 생각한다.

삶-권력을 행사하는 전쟁의 권리, 국민을 죽이고 죽음을 강제하는 권리를 동시에 행사하는 데에는 인종차별이라는 길을 이용하는 것

이외에 달리 방법이 있는가. — 푸코 『사회를 보호해야 한다』◆

차별하는 '인종'을 국내에서 골라내어 살육한다. 이로써 대량 살
육이 가능하게 된다. 유대인도 좋고 질환을 가진 인간도 좋다. 물론
어떤 특정 종교의 신자여도 괜찮다. 이러한 '인종'의 원리는 '청결한
국가'를 추구하는 파시즘의 전쟁과 '민족정화'를 추구하는 전쟁을 설
명할 수 있는 날카로운 분석이다.

---

◆ *Il faut défendre la société*

# 증여
## gift, don

우리가 말을 주고받는
행위 배후에는 나는 당신을
인격체로 인정하고
당신은 나를 인격체로
인정한다고 하는 무상의
증여가 일어나고 있다.

증여란 대가 없이 무언가를 주는 것이다. 하지만 정말로 '대가 없이'인가. 우리 사회에도 있는 일이다. 매년 관례적으로 건네는 선물을 생각해보자. 설날, 추석, 생일 같은 때 주는 선물과 발렌타인데이 선물 등. 분명 증여라는 형태를 취하기는 하지만 사실은 시간 차이가 있는 상호교환에 지나지 않는 경우가 많다. 아니라고? 주는 것만으로 기쁘다고? 음, 그럴 수도 있다. 하지만 그것도 주는 측이 물질은 아니더라도 어떤 형태로든 대가를 바라기 때문이 아닌가. 가령 자신의 정신적인 만족이거나 상대에게 경의를 표하거나 공동체 내에서 지위를 확보하는 일이거나. 그렇게 생각하면 증여도 넓은 의미에서는 일종의 교환 메커니즘으로 생각할 수 있다.

그런데 이른바 원시공동체에서는 교환이 아닌 증여가 사회 형성의 기본원리로 작용한다고 한다. 문화인류학자 말리노프스키 B. Malinowski의 분석이다. 그는 뉴기니에서 가까운 트로브리안드 제도의 쿨라 kula라는 교환을 예로 든다. 목걸이나 반지 같은 상징적인 재화와 함께 경제적인 재화도 교환하였다. 그곳에서 증여는 교역을 위해 없어서는 안 될 조건이다.

레비스트로스가 고찰한 내용도 있다. 인디오 공동체의 수장은 외부 공동체와 교환한 재화를 공동체 구성원에게 아낌없이 나눠주지 않으면 안 된다. 그것은 순수한 증여라기보다 재화의 교환회로가 증여라는 형태로 나타나고 있을 뿐이다. 사회를 유지하는 중요한 메커니즘인 셈이다.

또한 레비스트로스는 공동체들 사이에서 여성이 증여되었던 예를 든다. 그런 증여로써 복수 공동체 사회를 구성할 수 있었다. 원래 공동체가 존속하기 위해서는 다른 공동체와의 교류가 필요한데, 중요한 재화로서 여성이 선택된 것이다. 어떤 공동체에 여성을 증여하고 또 이쪽도 증여받기를 기대한다. 일종의 교환인 셈이다. 하지만 건네주는 공동체로서는 상대가 증여를 받아들일 것이라고 확신하는 것은 아니다. 그렇게 생각하면 교환보다는 증여의 성격이 강하다.

하지만 도대체 왜 사람은 증여를 하는가. 모든 증여가 교환은 아니다. 파괴적이고 '남김없이' 주는 증여도 있다. 이 예에서 매우 재미있는 것은 프랑스의 사회학자 마르셀 모스M. Mauss의 연구이다. 그는 『증여론』◆에서는 북미 인디언의 포틀래치potlatch라는 풍습을 자세히 고찰하고 있다.

포틀래치, 때로 전 재산을 증여하는 이 유명한 풍습에서 증여하는 쪽의 부족장은 그야말로 막대한 재화를 증여함으로써 자기의 권력

---

◆ *Essai sur le don*

을 확인한다. 이것은 교환이 아니다. 어떠한 대가도 기대하지 않기 때문이다. 그런데 증여받은 쪽은 더 한층 막대한 증여를 되돌려줌으로써 상대의 권력을 능가하려고 한다. 이렇게 때로 자기 정체성을 상실할 정도로 자기 목적을 위해 파괴적인 증여로 치닫는다.

여기서 기대되는 것은 증여를 받은 상대가 마찬가지로 자기 파괴적인 증여를 하는 것, 나아가 과격한 자기 파괴에 치닫는 것이다. 이때 증여의 주체에게는 어떤 생산적인 이성도, 경제적인 이성도 작용하지 않는다. 포틀래치의 극치를 이루는 증여자는 모든 생산적인 행위를 파괴하고 만다. 이렇게 하여 포틀래치는 증여의 역설을 극단적으로 드러내게 된다. 저런저런.

그렇다면 남의 일이지만 모든 기능이 멈춰버리고 마는 것이 아닌가 불안해진다. 하지만 모스는 증여의 법적·정치적·경제적·종교적·사회적인 의미 등을 빠짐없이 두루 고찰하고 있다. 그에 따르면 포틀래치가 사회적 대립을 우호관계로 해소하는 메커니즘으로 작용하기도 한다. 즉 그것을 통해 공동체 사이가 좋아진다는 것이다. 으음.

바타유도 포틀래치에 주목한다. 증여하는 수장은 이른바 다량의 부를 파괴함으로써 위신을 획득하는 데다, 그 부는 원래 공동체에 넘치도록 쌓인 부가 아닌가. 바타유의 보편 경제학에 의하면 공동체 내부에 부가 과잉 축적되면 그 공동체는 붕괴된다. 결국 포틀래치는 공동체가 파괴되는 것을 막는 지혜로운 수단이 된다. 분명 단순한 교환이라면 축적된 부가 느는 일은 있어도 줄어들지는 않는다. 과잉 축적된 부를 버리기 위해 증여라는 수단으로 없애는 수밖에 없다. 매우 재미있는, 근사한 관점이 아닌가.

『국가에 대항하는 사회』을 쓴 클라스트르도 포틀래치에 대해 쓰고 있다. 자기파괴적으로 보이는 행동이지만 과잉된 부를 분산시킴으로써 새로운 국가의 형성을 막는다고 보았다. 부가 축적되면 그곳에 종교나 국가 등 체계가 만들어진다. 메소포타미아의 역사를 보면 이런 과정은 필연적인 듯하다. 그리고 나아가 부가 증대됨에 따라 생산 가능성도 향상되고 인구도 늘어난다. 그리고 이것에 대처하기 위해서 관료기구가 세워지고 법과 군대가 생겨 점점 억압적으로 되어간다. 이런 것이 역사의 필연적인 흐름인 듯하다. 하지만 증여는 이런 과정을 뚝 끊어버리는 일이다.

데리다는 증여에 관해 철학적 측면에서 매우 어려운 역설을 내놓고 있다. 증여가 증여로서 당연시 된다면 그 순간 이미 어떤 대가를 암묵적으로 요구하고 교환하는 것이라는 내용이다.

그리스도교 세계에서도 이러한 자선에 관해서 여러 가지 주의를 준다. 베푸는 일은 자기만족이고 뽐내기 쉽기 때문에 자선을 행하는 자는 그것을 드러내서는 안 된다. 참된 자선은 누구도 그리고 자신조차도 모르게 해야 한다. '오른손이 한 일을 왼손이 모르게 하라.'

데리다는 이러한 증여의 어려움을 아포리아 aporia(빠져나갈 수 없는 난관)라고 하였다. 증여는 증여로 인식된 순간 그 의미가 변질된다. 그리고 이미 증여가 아니게 된다.

> 궁극적으로 증여로서의 증여는 증여로 나타나지 않게 해야 한다 — 증여하는 자에게도 증여 받는 자에게도. — 데리다 「시간의 선사」♦

그럼 도대체 참된 증여란 있을 수 없는가. 아니, 있다고 데리다는 대답한다. 증여와 비슷한 상황은 극히 일상적으로 행해진다. 그것은 사람 사이의 '말'이다. 우리가 말을 주고받는 행위 배후에는 나는 당신을 인격체로 인정하고 당신은 나를 인격체로 인정한다고 하는 무상의 증여가 일어나고 있다. 이것은 증여 자체는 아니다. 하지만 사람이 타자에 대해 말을 하는 순간 이미 증여는 행해진다. 서로 상대에게 신뢰와 우애를 주는 것으로.

이는 또한 책임에 대한 레비나스 사상의 핵심이기도 하다. 데리다는 레비나스를 논하는 문장에서 이러한 증여의 개념으로 되돌아와 언급한다. 레비나스는 『존재와는 따로』**에서 이 무상의 증여가 '인사'라는 형태를 취한다고 한다.

나는 타자에 대해 책임을 진다. 물론 타자도 나에 대해서 책임을 진다. 하지만 나는 타자가 나에게 지는 책임에 대해서도 책임을 진다. 나의 책임은 항상 타자의 책임보다 무겁다. 그것이 '나는 여기에 있습니다'라고 하는 의미, 인사의 의미이다. 레비나스는 그렇게 생각한다.

데리다에게는 이와 같은 증여가 회화와 언어를 성립시키는 가능성이자 조건이 된다. 레비나스는 이러한 증여를 완전히 일방적인 책임, 상대에게 대가를 요구하지 않는 증여로서의 책임이라고 생각한다. 레비나스의 주체는 항상 타자보다도 낮은 위치에 있고 항상 타자에 대해 '책임'을 진다. 받아들여질지 아닐지 모르는 불안한 상황에서 타자에게 인사말을 건네듯이 그렇게 할 수밖에 없다.

---

◆Donner le temps   ◆◆*Autrement qu'être ou au-delà de l'essence*

# 소외/물화
## Entfremdung, alienation/Versachlichung

소외는 인간이 노동을 하거나
자기를 표현하는 한
반드시 발생하는 것이다.
소외 없는 인간은
인간이 아니라고나 할까.

'소외되다'는 따돌림당하다와 같은 뜻이다. 철학에서 소외Entfremdung, alienation는 두 측면이 있다. 하나는 자기를 다른 것fremd으로 보는 것이요, 또 한 가지는 자기를 외부로 표현하는 것이다. 외화外化로 번역되기도 하는데 철학에서는 매우 중요한 개념이다. 언제부터 중요해졌느냐고? 아마도 헤겔부터일 것이다.

헤겔은 인간이 사회에 존재하는 것만으로 일종의 소외가 발생한다고 말한다. 가령 언어를 사용하는 것은 자신을 표현하는 것이지만 언어는 원래 타인이 만든 것이다. 언어를 사용하려면 일단 자신을 잃어야 한다. 이것도 소외이다. 즉 인간은 자기욕망을 표현하기 위해서 우선 자기소외를 경험할 필요가 있다는 것이다. 대단한 역설이다.

헤겔은 노동에 대해서도 마찬가지로 말한다. 인간은 욕망을 즉시 채우는 것이 아니라 당장은 흘려보내고 미래의 더 큰 수확을 목표로 일한다. 가령 밭을 경작하는 것은 장래의 결실을 위해서 현재의 욕망 충족을 미루는 것이다. 이것이 젊은 헤겔이 생각한 노동의 의미였다. 그리고 이런 노동의 성과는 잘 경작된 밭과 가을의 결실로 이어진다. 그렇게 해서 나의 노동은 밭이라는 '사물'이 된다. 주체는 노동으로 자기를 물화시킨다. 이것은 소외이지만 소외가 결실을 가져오는 것이다.

이렇게 보면 소외는 인간이 노동을 하거나 자기를 표현하는 한 반드시 발생하는 것이다. 소외 없는 인간은 인간이 아니라고나 할까. 헤겔은 곧잘 인간은 자신이 생각하고 있는 것이 아니라 행한 일로 판단되는 것이라고 말한다. 그리고 행동에는 소외가 따른다. 즉 소외된 자기만이 진짜 자기라는 것을 시사한다.

헤겔에게 노동은 인간의 정신이 현실세계에 등장하는 데 필요한 일이고 교양을 쌓는 과정이기도 하다. 『정신현상학』을 읽어보면 아주 재미있다. 이 책은 정신이 자기를 소외해가면서 절대정신에 도달하는 과정을 밝히고 있다. 정신의 자기소외라는 사고는 곧이어 포이어바흐L. Feuerbach의 강한 비판을 받는다. 소외된 인간의 본질이 어딘가 신학 같다는 게 요지이다. 포이어바흐는 인간성의 본질은 감성적인 현실 속의 인간에게 있다고 생각하기 때문이다. 그래서 후에 소외라는 개념은 일단 소외된 인간의 본질을 전도하고 재차 인간의 본질을 회복한다는 논리로 전개된다.

포이어바흐의 소외에 대한 사고는 감성적 인간이라는 개념이 근거가 된다. 마르크스에게 인간의 본질이란 노동하는 존재에 있다. 그런 점에서는 마르크스도 헤겔의 소외 개념과 같은 선상에 있다.

문제는 마르크스가 인간의 본질을 '생산'이라는 활동으로 본 점이다. 마르크스는 인간이 자기를 표현하는 것은 노동을 행하는 데 있다는 헤겔의 개념을 이어가면서도 상당히 좁은 범위로 한정하였다. 노동을 자본주의적인 생산활동에만 한정하여 '물질적 생활의 산출', 즉 생산과 동일한 것으로 보았다. 마르크스는 말한다. '노동, 이것이 오늘날에는 유일하고 가능한 자기 표출 형태이지만, 이미 지적했듯이 부정적인 형태이다' 『독일 이데올로기』

그러므로 마르크스의 철학과제는 인간 본질을 인간 손에 되돌리는 것이 된다. 그것은 프롤레타리아트가 소외된 노동을 폐기하는 것, 생산의 사적 소유를 폐기하는 것, 국가를 폐기하는 형태로 실현된다. 혁명이다. 이 혁명론의 뿌리에는 헤겔의 소외 개념이 있다. 마르크스에게는 혁명만이 소외된 노동(즉 생산)을 본래의 노동으로 회복시킬 수 있다.

소외라는 개념은 '물화'와 연결하여 생각하지 않을 수 없다. 소외란 자아가 사물이 되는 것이 아닌가. 사물이 된다고? 즉 그것은 큰 의미의 물화이기 때문이다. 이 물화에는 두 가지 면이 있다. 하나는 인간이 사물이 되는 것. 또 한 가지는 반대로 사물이 인간과 같이 행동하게 되는 현상이다. 왜냐고? 인간이 사물로서 객체가 되면 그때까지 객체였던 것이 이번에는 주체로 작용하기 시작한다. 이러한 뒤집기가 사실은 큰 열쇠가 된다.

가령 원시적인 사회의 토테미즘이 좋은 예일 것이다. 특정 동물을 부족의 상징으로 내세우고 그것과 자기를 동일화하는 풍습이다. 토템은 원래 인간의 사회적인 결속을 상징적으로 보여주는 기호이다. 하지만 결국은 이것이 인간을 얽어매어 지배하게 된다. 인간은 자신이 만든 상징에 복종하고, 상징을 숭배하게 된다.

자본주의 사회에서 물화가 가장 극단적으로 나타나는 것은 노동 현장이라고 한다(루카치의 사상이다). 여기서는 인간과 인간의 관계가 상품이라는 사물과 사물의 관계로 나타난다. 또 노동현장에서 노동자는 일하는 기계로 거듭 태어날 것을 요구받는다. 루카치는 이 과정에서 두 가지를 주목한다. 하나는 생산을 합리화할 수 있도록 노동자의 노동과정이 세분화, 분업화되어 기계적인 반복작업이 된다. 또 한 가지는 노동자의 인간적인 개성이 기계생산에서 이점으로 작용하지 못하고 간단하게 '잘못의 원인'이 되고 마는 것이다. 애고, 그야말로 사람이 사물이 되고 만다.

주체의 노동 일부가 기계화되고 그의 노동력이 전 인격에 대립하여 객관화된다는 것은, 이미 노동력이 상품 형태로 매매되면서 생겨난 일이라 하더라도 이 일이 극복할 수 없는 지속적인 일상의 현실이 된다. ─ 루카치 『역사와 계급의식』

정리해보자. 노동자가 생산과정에서 사물이 된다. 그것은 인간 사이의 관계가 상품이라는 사물로서 표현된 것과 마찬가지다. 토테미즘에서는 사회의 조직과 관계의 원리라는 것이 '악어'라든가 동물의 토템으로 물화된다. 마찬가지로 사람들 사이의 유통이라는 관계도 '가치'로 물화된다. 사실 화폐가 그 궁극적인 모습이다. 단순히 교환의 척도로 쓰이는 화폐가 귀중한 재산으로서 숭배된다. 마르크스는 이것을 페티시즘(물신숭배)이라고 부른다. 사물이 신이 되는 것이다. 저런저런. 인간사회는 아무래도 이러한 페티시즘 없이는 충족될 수 없을 듯하다.

흔히 근대사회에서는 인간성이 물건처럼 다루어져 상실된다고 한다. '물화'는 이것을 밝혀주는 수단이 될 수 있다. 이 관점에서 보면 회복되어야 할 인간의 본질이 어딘가 다른 곳에 있는 듯하다. 이 점에 주의하기 바란다. 소외된 인간이라는 개념은 결국 인간성 회복이라는 문제를 제기한다.

이 문제는 하이데거가 말하는 '본래성' 개념과 관련이 있다. 하이데거는 현존재는 항상 세계 속에서 쇠락하여 본래 모습에서 멀어진 것이라고 생각했다. 인간은 세계적인 존재, 공공적인 존재, '사람'(das Man)인데 본래 직시해야 할 존재 문제에서 눈을 돌리고 있다. 하지만 죽음을 미리 결의함으로써 주체는 본래 모습으로 되돌아간다고 한다. 미리 인간의 본질이 조정되는 것이 아니지만 상실과 회복이라는 논리는 역시 마르크스에 가깝다.

양심의 목소리를 받아들임으로써 현존재는 '사람'으로서 자기를 잃고 있다는 사실을 알게 된다. 결의성에 따라서 현존재는 자기의 가장 고유한 존재 가능성으로 되돌아오게 된다. 이렇게 자기에게 고유한 존재 가능성이 본성적이고 전체적으로 투시될 수 있는 것은 가장 고유한 가능성으로서의 죽음과 연관이 있다는 사실을 받아들일 때이다. — 하이데거 『존재와 시간』

# 존재
## Sein, être

데카르트의 사유 원리,
즉 코기토의 원리는 존재하는
것과 사유하는 것의 깊은
연관성을 보여준다.
존재하는 것은 있지만
그것을 '있다'고 말할 수 있는
것은 사유하는 것뿐이다.

존재한다는 것은 어떤 것인가. 어떤 것이 '있다'는 것을 가리키는 것이다. 너무 당연한 말이라 하겠지만 간단한 듯 보이는 '있다'를 생각하면 이상하게도 미궁에 빠져들고 만다. 있는 것은 있다, 없는 것은 없다고 하는 기묘한 역설을 처음으로 제기한 이는 그리스의 파르메니데스이다. 그리스 철학은 파르메니데스의 역설에서 비롯되었다고 할 수 있다. 역설이라고? 파르메니데스는 말한다. 존재하는 것만 있고 무無는 없다. 그러므로 있는 것만 생각할 수 있다. 하지만 존재 자체는 만질 수도 없고 생각하는 것도 불가능하다. 만질 수 있는 것은 존재자뿐이고 구체적으로 생각할 수 있는 것도 존재자에 관해서뿐이다. 존재 자체에 대해서는 전체적인 것 이상의 특성을 파악할 수도 없다. 그 이외의 특성은 존재를 존재자로 얕잡아보는 일이 되기 때문이다. 으으, 모르겠다.

복잡하지만 중요한 문제이므로 포기하지 말길 바란다. 유명한 아리스토텔레스도 철학이란 존재의 학문이라고 생각했을 정도이고

'존재 자체'는 철학에서 난제 중의 난제이다.

형이상학은 존재의 학문이라는 아리스토텔레스의 문제 제기 이후 길고 긴 중세시기 동안 이 문제는 여러 가지로 검토되었다. 하지만 '있다'라는 문제에 대해 큰 전환이 이루어진 것은 근대에 와서라고 할 수 있다. 데카르트는 중세의 철학체계에는 진리성을 보증하는 중요한 대들보가 빠져 있다고 생각했다. 철학의 모든 체계가 진리인 것은 신에 의해 보증되고 있다. 다만 신의 존재 여부가 철학적으로 보증되지 않는다는 것이 문제이다.

철학에 대들보가 없다는 말이 과장은 아니다. 그러한 보증이 없으면 철학의 어떠한 장대한 체계도 의미를 잃는다는 것이 데카르트의 생각이다. 하지만 어떻게 보증 받을 수 있단 말인가.

데카르트는 '사유하는 정신'을 근거로 삼는다. 나는 생각하고 있다. 이렇게 생각하고 있는 나의 존재만은 의심할 수 없다. 이것을 의심한다고 해도 의심한다는 행위 그 자체가 존재의 자명성을 나타낸다. '나는 생각한다. 그러므로 나는 존재한다.' 바로 유명한 코기토이다.

데카르트는 존재의 확실함을 근거로 신의 존재를 증명하고 중세의 철학체계를 뿌리부터 바꾸려 하였다. 하지만 반드시 그렇게 되지는 않았다. 왜냐하면 데카르트 자신이 체계의 진리성을 신의 존재로부터 '사유하는 자아'라는 존재의 자명성으로 근거 대상을 바꾸었기 때문이다. 이로써 철학의 진리성은 신에게서 자아로 이행하였다. 대전환을 시도하지만 데카르트의 생각은 중세철학, 특히 그 근간을 이루는 그리스도교 신학에서 볼 때 그야말로 '무익한'(파스칼) 것이었다.

하지만 데카르트의 사유 원리, 즉 코기토의 원리는 존재하는 것과 사유하는 것의 깊은 연관성을 보여준다. 존재하는 것은 있지만 그것을 '있다'고 말할 수 있는 것은 사유하는 것뿐이다. 존재의 물음은 사유하는 것, 즉 인간의 물음으로 유효하다. 오호, 그야말로 근대철학이다.

이것은 훗날 두 방향으로 이어진다. 하나는 버클리G. Berkeley의 사고이다. 그는 사유하는 것만이 존재를 보증한다고 생각한다. 여러 존재자가 존재하는 것은 존재자를 지각하는 존재자, 즉 인간이 존재하기 때문이다. 지각하는 '마음'이 없으면 물질 자체가 존재하지 않는다.

데카르트의 코기토를 극대화시키면 이런 논리가 있을 수 있다. 여기에 나무가 서 있다. 하지만 나무가 존재하는 것은 내가 지각하기 때문이다. 내가 보지 않았다면 나무 자체가 있는지 없는지 알 수 없지 않은가. 여기서 '존재하는 것은 지각되는 것'이라는 버클리의 원리가 생겨난다. 존재 자체가 확실한 것은 자신의 지각이다.

버클리가 분명히 밝힌 것은 아니지만, 여기서 독아론獨我論이 나온다. 존재하는 것이 확실한 것은 나뿐이고 다른 자아도 사물도 내가 존재하는 한 존재한다. 어디까지나 그 한계 내에서 존재한다. 이렇게 강한 독아론은 당연히 비판받는다. 칸트가 『순수이성비판』에서 밝힌 관념론에 대한 반박을 읽어보길 바란다.

이야기를 계속해보자. 데카르트의 코기토를 이어받은 또 한 인물은 하이데거이다. 이제 존재에의 물음은 인간에 대한 물음이 되었다. 하이데거는 인간의 실존에 대한 물음으로서 존재를 생각했다. 그는 『존재와 시간』에서 존재에 대해 물을 수 있는 인간의 의미를 찾아보았다. 그리고 존재가 무엇인지 묻기 위해 어떤 조건이 필요한지 분석했다. 그것이 하이데거의 기초존재론이다. 인간은 모든 존재자를 초월하여 자기 외부로 빠져나온 '탈자아脫自我의 존재', 자유로운 존재이다. 인간의 자유란 무엇인가. 그것은 자기가 존재하지 않게 되는 것, 죽음에 대해 물으면서 스스로 외부로 빠져나가는 특이한 존재자의 모습이다. 이러한 모습을 하고 있는 인간만이 존재가 무엇인지 물을 수 있다.

존재는 수수께끼다. 이는 현대철학에서도 중요한 주제이다. 자신이 존재하는 것을 어떻게 확실히 느낄 수 있는가. 바타유는 데카르트의 질문을 다시 한다. 그에 따르면 자신이 존재하고 있다고 생생히 느끼는 것은 사유를 통해서가 아니다. 어떤 특수한 체험을 통해서만 가능하다. 독립적이며 유일한 자기가 스스로의 존재를 생생하게 느끼는 특별한 경험을 그는 내적 체험이라고 부른다.

내적 체험은 '있다'라고 하는 것을 바로 지금 여기서 묻는다. 인간의 '계획'은 욕망을 채우는 것은 미루고 나중에 그 결실을 확보하고자 한다. 하지만 내적 체험은 뒤로 미루지 않는다. 그로써 존재를 충실하게 한다. 존재의 폐쇄 영역을 내부로부터 깨고 타자와 교감을 이룬다. 간단히 말하기는 어렵지만 바타유의 철학은 그런 내적 체험의 의미를 생각한다. 이색적인 존재론이다.

마지막으로 현대철학에서 손꼽히는 존재론에 도전해보자(어려운 것으로도 손꼽히지만). 레비나스다. 그는 '있다', 즉 존재한다는 프랑스어 표현 'il y a'를 하나의 철학 개념으로 제시한다. 무인칭의 단어를 가지고 존재한다는 것의 무인칭성과 추상성을 나타내려고 하였다. 하이데거는 『존재와 시간』에서 인간이 느끼는 불안이 죽음에 대한 공포라고 말한다. 무無에 대한 불안이다. 하지만 레비나스는 존재 그 자체가 인간에게 두려움을 초래한다고 한다. 존재의 불안이다.

> 하이데거의 불안이 만들어내는 순수한 무無는 있다(il y a)가 아니다. 존재의 공포는 무의 불안과 대립된다. 존재하는 것이 두려운 것이지 존재로서 두려운 것은 아니다. — 레비나스 『존재에서 존재자로』◆

이러한 무인칭 존재는 불안한 두려움, 이유 없는 공포를 깊은 우물의 파문처럼 그려낸다. 불안에 휩싸인 사람은 죽는 것을 그다지 두려워하지 않는다. 오히려 자신이 살아있다는 것을 두려워한다. 자신이 많은 존재에 둘러싸여 있는 것이 두려운 것이다. 지나칠 정도 많은 존재 속에서 과연 주체는 어떻게 등장하는가. 레비나스는 신선한 질문을 던진다. 존재 자체는 겹겹이 주체를 둘러싸고 있다. 주체가 자기를 주체로 형성하기 위해서는 이렇듯 넘치는 어둠에서 벗어나 일어설 필요가 있다. 하지만 어떻게 말인가.

타자에 의해서라고 레비나스는 말한다. 주체는 타자와 관계를 구축함으로써 주체로 성립한다. 레비나스에게 철학의 제1과제는 타자와의 관계이다. 그것이 존재에 대한 생각, 나아가 존재론를 넘어 무한에 대해 생각할 수 있는 계기가 된다. 언젠가 『전체성과 무한』을 읽어보길 바란다. 급할 건 없다.

---

◆ *De l'existence à l'existant*

# 타자
**l'autre**

타자는 다른 나, 타아이다.
하지만 타자에게는 그것을
넘어선 무언가가 있다.
타자는 항상 자아의 이해
가능성을 뛰어넘는다.

데카르트는 돌에 맞아 우는 개를 보며 동물에게는 정신세계가 없기 때문에 아파서 우는 게 아닐 거라고 했다.

그뿐 아니다. 창밖을 지나가는 사람들을 모두 자동기계라고 했다. 이상한 사람이라고? 으음. 데카르트는 사유하는 '나', 코기토에 사상의 근거를 두었다. 그러므로 타자나 자신 이외의 생물에 정신이 있는지 없는지는 각 코기토가 판단해야 한다. 이치상으로는 그럴 듯하다.

근대철학은 데카르트의 코기토를 '기반'으로 하여 출발했다. 하지만 이를 토대로 타자 문제를 생각하는 것은 상당히 어렵다. 코기토의 명증성은 회의懷疑를 부정하는 강력한 수단이기는 하다. 하지만 여기서 존재하는 것은 자신뿐이라는 독아론獨我論이 나온다. '타자'와는 아주 멀다. 데카르트의 철학은 독아론이 아니지만 이를 이어받은 버클리의 이론은 그렇다. '나는 생각한다'에서 모든 것이 출발한다면 독아론으로 연결되게 마련이다. 코기토 이론의 방법론적 결점이라 하겠다. 철학적 기반에 관련되는 결점인 만큼 보통 문제가 아니다.

근대철학은 기본적으로 독아론과 심신이원론을 중심으로 움직여 왔다. 이를 재검토한 현대철학에서 독아론의 부정이 중요한 이론적 주제가 된다. 그중 하나가 타자 이론이다. 하지만 이것 또한 큰일이다. 어떻게 하면 타자의 문제를 철학의 '문제'로 끌어들일 수 있을 것인가. 코기토에서 타자를 연역한다면? 불가능하다. 타자를 단순히 다른 자아로 생각한다면? 불가능하다. 타자의 존재를 자명한 것으로서 전제한다면? 더더욱 불가능하다. 뿌리가 모두 코기토에 있다. 생각하는 '나'만을 근거로 삼는 한 '타자'의 문제는 생기지 않는다.

만년의 후설은 이를 철학의 중요한 주제로 삼았다. 하지만 후설의 현상학은 데카르트의 코기토 방법론을 채용하고 있기 때문에 항상 독아론으로 의심받는다. 현상학 방법론에 독아론은 없지만 중기 사상의 주요한 개념인 '초월론적인 자아'가 그런 의혹을 사게 하는 것이다.

후설은 이 문제를 『데카르트적 성찰』이라는 저서에서 거듭 검토한다. 여기서 그가 시도한 것은 독아론을 부정하거나 독아론의 의혹을 해명하는 것이 아니다. 그는 자아의 존재를 근거로 한 타자와의 공동세계라는 것을 생각했다. 자아의 주관이 생겨나기 전에 이미 존재하는 '지평' 같은 공동성이다. 이것을 어떻게 설명할 것인가. 이는 자아도 타자와 마찬가지 존재로 해석되는 공통의 지평이다.

이러한 공동세계의 개념은 타자론에 새로운 경지를 열었다. 후설은 이를 '상호주관적 세계'라고 부른다. 여기서 신체의 문제, 시간의 문제, 타아의 문제 같은 중요한 주제가 나온다. 대표작 『순수 현상학과 현상학적 철학의 이념들』의 제2권에서 다루는 세계 구성의 문제도 마지막에는 상호주관성의 문제로 귀결된다.

공동세계의 문제를 이어받아 더욱 심도있게 분석한 이가 메를로퐁티이다. 독아론의 전제 자체가 잘못되었다는 인식에서 출발하여 생각을 발전시킨다. 자아는 신체를 가진 존재이고 타자도 마찬가지로 신체를 가진 존재이다. 서로 신체를 가진 존재자끼리 서로 이해할 수 있는 공통성이 있을 것이다. 애초에 자아가 존재할 수 있는 것은 이러한 공통 이해가 있기 때문이잖은가. 메를로퐁티는 이 공통성을 세계의 '몸'이라고 칭하고 모든 사람들에게 공통된 세계를 '야생의 존재'라고 부른다. 『보이는 것과 보이지 않는 것』에서 조금 인용해보자.

> 신체가 세계의 '몸'과 연결됨으로써 신체는 자신이 받아들이는 것 이상을 취하며, 내가 보고 있는 세계에 타자가 보는 데 필요한 '보고 寶庫'를 보탠다. 나는 다른 신체를 개입시킴으로써 처음으로 이를 이해한다. — 메를로퐁티 『보이는 것과 보이지 않는 것』

'야생의 존재'라는 개념은 자타의 경계가 아직 확실치 않은 공동의 세계를 상정한 것이다. 후설의 상호주관성 이론을 더욱 발전시킨 것이라고도 볼 수 있다. 하지만 타자의 이론을 이 방향으로 전개해 나가면 더 큰 문제가 발생한다. 타자가 자기와 다르다는 의미를 고찰할 수 없기 때문이다. 타자는 이른바 '얼굴'이 없다. 하지만 타자는 자기와 다르기에 타자가 아닌가.

이러한 '타자의 타성他性' 문제를 더 깊이 파고든 이가 레비나스이다. 사회가 이루어지려면 복수의 자아가 모여 하나의 공동성을 형성하여야 한다. 하지만 자아와 타자를 대등하게 대칭적인 것으로 생각함으로써 잃게 되는 게 있지 않겠는가.

타자는 다른 나, 타아이다. 하지만 타자에게는 그것을 넘어선 무언가가 있다. 타자는 항상 자아의 이해 가능성을 뛰어넘는다. 레비나스는 이렇게 넘어서는 것을 '얼굴'이라 부른다. 인간이 가진 얼굴인 동시에 그 이면에 무한히 많은 타자가 숨어 있다. 모든 타자는 하나의 얼굴을 갖고 자아에게 타성의 수수께끼를 숨기고 있다.

> 타자의 얼굴과의 관계는 절대 다른 것으로 내가 내 속에 그것을 가둬 두는 것은 불가능하다. 그런 의미에서 이것은 무한히 다른 것이지만 이는 나의 관념이며 하나의 관계이기도 하다. 그러나 이 관계는 폭력 없이 절대적 타성과 평화 속에서 유지된다. 타자의 '저항'은 나에게 폭력을 휘두르는 것이 아니며 부정적으로 행동하는 것이 아니다. 이는 긍정적인 구조, 윤리적인 구조를 가지는 것이다.
>
> — 레비나스 『전체성과 무한』

레비나스가 볼 때 타자는 자아와 마찬가지로 평면에 위치하는 것이 아니다. '우리' 가운데 한 사람이 아니며 자아로부터 연역할 수도 없다. 타자는 자아와 대칭적인 존재가 아니다. 절대적으로 '다른 것'이다.

타자를 어디까지나 '다른 것'이라고 생각하려는 레비나스의 사상은 현대철학의 비범한 경지에 올랐다고 하겠다. 하지만 나는 바타유의 타자론에도 끌린다. 그것은 사랑하는 것과의 관계에서 다른 것을 발견하려는 사상이다. 바타유가 말하는 사랑의 관계는 주체가 '아직 보지 못한 타자'와 만나는 경험이다.

사랑하는 상대는 자아의 인식에서 항상 멀리 도망간다고 바타유는 말한다. 사랑한다는 경험이 상대를 항상 변모시키기 때문이다. 그리고 사실은 자아에 대해서도 마찬가지로 적용된다. 손가락 사이로 빠져나가듯 시시각각 '도망가는' 상대처럼 자아 역시 그때까지 이해하던 자신이 아니다.

분명 우리 생활에서 타자의 존재를 가장 깊게 인식하는 것은 친구나 사랑하는 상대와의 관계에서가 아닌가. 그냥 지나치는 타인이 아니라 깊은 우애를 나눌 때 자아는 원하는 욕망을 억제하는 법을 배운다. 사랑하는 상대가 사랑하는 것을 자신도 사랑하고, 자신의 욕망을 거기에 맞춰야 한다는 것을 안다.

사랑하는 관계는 나아가 자신이 이해하고 있는 혹은 이해한다고 믿고 있는 상대와 또 다른 상대를 발견하는 새로운 경험을 안겨주기도 한다. 보통 아는 사이에서는 그런 복잡한 경험을 맛볼 수 없다. 닿을락 말락 가까이 얼굴을 마주할 수 있는 관계이기에 가능하다. 되돌릴 수 없는 한번뿐인 변화를 지금 눈앞에서 보여주는 상대, 시시각각으로 새로운 상대와 시시각각 새로운 자신을 발견한다. 아직 본 적이 없는 타자로서.

다른 것은 가장 가까운 것과의 사이에 나타난다. 마치 우물처럼 깊게 느껴지는 역설이다.

# 힘
## force, puissance, Macht

신은 자신은 움직이지 않고
다른 것을 움직이게 하는
'최초의 움직임'이다. 타자가
사랑하고 사모하게 되어
끌리는 것이 참된 힘이다.

고대 그리스 이래 힘은 운동원리로 생각되었다. 내부에 힘이 있는 물질은 스스로 움직이고 또 다른 것을 움직이게 한다. 엠페도클레스 같은 이는 세계를 구성하는 원소와 달리 원소끼리 결합하거나 반목하게 하는 사랑과 증오와 같은 힘이 있으리라 보았다. 그렇지 않으면 세계를 설명할 수 없다. 그는 힘을 물질과 다른 원리로 생각한 것이다.

아리스토텔레스는 힘을 내적 가능성 같은 것으로 생각했다. '힘이 있다'라는 말에는 두 가지 의미가 있다. 하나는 능력은 있지만 아직 발휘되지 않은 것으로 디나미스dynamis(가능태可能態)라고 한다. 가령 도토리는 조건만 갖추어지면 성장해서 큰 참나무가 될 힘이 있다. 하지만 아직 참나무가 아니라 가능성만 있다.

또 건축가에게는 주택을 건축하는 능력, 즉 힘이 갖추어져 있다. 건축가가 일을 하고 있지 않은 경우, 이 힘은 잠자고 있는 듯이 보이지만 잠재력이라는 가능성의 힘은 항상 있다. 한번 수영을 배우면 언제든 물에 들어가 헤엄칠 수 있는 것과 마찬가지다.

또 한 가지 의미는 이 가능성이 완전한 형태로 모습을 드러내는 경우이다. 아리스토텔레스는 이것을 에네르게이아energeia(현실태現實態)라고 부른다. 힘이 구현된 이 상태를 아리스토텔레스는 아름다운 여성에 비유한다. 아름다운 여성은 아무것도 하지 않아도 주위 사람들이 모여들고 사람들을 움직이게 한다. 마찬가지로 힘을 가진 것은 스스로 움직이는 것이 아니라 타자를 움직이게 한다. 그 최고의 존재가 신이다. 신은 자신은 움직이지 않고 다른 것을 움직이게 하는 '최초의 움직임'이다. 아리스토텔레스가 생각한 참된 힘은 폭력을 휘두르지 않는다. 타자가 사랑하고 사모하게 되어 끌리는 것이 참된 힘이다.

물론 힘force은 권력power으로 변하기도 한다. 하지만 힘과 권력은 다르다. 힘은 내적 능력을 갖추고 있지만 권력은 힘의 관계에서 생겨난다. 하지만 권력을 가지려면 우선 힘이 존재할 필요가 있다. 힘을 나타내는 프랑스어에 force 외에 puissance가 있다. 이 말에는 가능하다pouvoir이라는 동사가 숨어 있다. 즉 힘을 가진다는 것은 무언가가 '가능하다'는 의미이다.

조금 더 깊이 생각해보자. 가령 무언가 가능하려면 우선 존재하지 않으면 안 된다. 하지만 어떻게? 스피노자는 존재하는 것에는 스스로 존재하고자 하는 힘이 작용한다고 말한다. 스피노자는 이를 코나투스conatus라 부른다. 노력이나 충동이라는 뜻이다.

스피노자에 따르면 모든 존재자는 자기 존재를 유지하고 높이려고 노력하는데, 자기 존재에 기여하는 것이 '선善'이다. 이러한 노력이 정신과 신체에 관련되는 경우를 충동이라고 한다. 깊은 통찰이다. 이 것이 '존재하고자 하는 힘'으로, 존재자에게 본질적인 것이라는 것이 다. 훗날 니체의 '힘에의 의지'라는 개념도 스피노자의 영향이 컸다.

니체에게로 가보자. 니체의 후기 사상은 인간의 역사가 어떻게 권 력에의 의지에 따라 움직이는가 하는 물음을 축으로 한다. 그는 인간 의 역사가 여러 주체가 자기 시각, 즉 원근법으로 세계를 해석하면서 자기 우위를 획득하고자 하는 무대와 같다고 말한다.

주체는 힘이 확장되면 타자보다 우위에 선다. 그러면 주체는 그것 을 유쾌한 경험으로 기억하고 힘의 확장 자체를 목적으로 한다. 도덕 도 자신의 생각대로 되지 않는 세상에서 자신의 힘을 어떻게 확장할 것인가를 생각한다는 것이다. 니체의 이런 발상에도 스피노자의 울 림이 전해진다.

그리스도교의 도덕은 이 세상의 약자가 강자에 대해 품는 원한(르 상티망)의 표현이라고 니체는 단언한다. 현세의 질서에서 잃은 힘을 교묘한 논리로 전도하여 오히려 자기 옳음의 근거로 삼고자 하는 책 략이라고 해석한다. 『도덕의 계보학』에 나오는 내용이다. 술술 읽어 내려갈 만하지 않은가.

니체는 권력에의 의지를 유희와 예술로 보여주기도 한다. 예술은 인간이 진리의 억압에 굴하지 않는 수단이며 권력에의 의지 중 최고 의 표출이기도 하다. 예술작품은 디오니소스적인 것이고 '미래를 잉 태한 넘쳐나는 힘의 표현'이 될 가능성을 품고 있다.

도취는 힘을 최고치로 높여준다. 그리고 모든 두드러지는 것, 모든 뉘앙스는 이것을 생각나게 해줌으로써 오히려 도취의 감정을 일깨워준다. (…) 예술의 본질은 어디까지나 생존을 완성시켜 완전성과 충실에 이르게 하는 데 있다. 예술은 본질적으로 생존을 긍정하고 축복하여 신격화하는 것이다. — 니체 『권력에의 의지』[◆]

한편 아리스토텔레스가 말한 잠재적인 힘, 디나미스를 생生의 힘으로 생각한 이가 베르그송이다. 베르그송은 생명의 진화과정을 돌이켜보며 인간이라는 생물이 가능하게 된 불가사의함에 경탄한다. 분명 불가사의한 일이다. 어떻게 이런 대단한 일이 일어날 수 있는가. 베르그송은 생명 자체에 아리스토텔레스적 의미의 '힘'이 갖추어져 있다고 보았다. 생명은 '창조적'이고 '여러 결과를 만들어내며 그 속에서 자기를 확대하고 스스로를 뛰어넘는다.' 『창조적 진화』

이러한 신기한 생명의 힘을 베르그송은 엘랑비탈élan vital 즉 '생의 약동'이라 부른다. 그리고 생이란 순수한 지속으로서 시간 속에서 약동하는 힘 그 자체라고 생각한다.

엘랑이라는 말이 나타내는 것은 과거부터 정해진 것도 미래에서 정해지는 것도 아니다. 내부에서 느껴지는 것은 불가분의 것이고 외부에서 지각된 것은 무한히 가분적인 것이다. 그리고 이에 기초하여 현실의 지속, 힘을 만드는 지속을 생각하는 것이 가능하다. 그리고 이러한 지속성이야말로 생명의 본질을 이루는 속성이다.

— 베르그송 『도덕과 종교의 두 원천』[◆◆]

---

◆ *Wille zur Macht*    ◆◆ *Les deux sources de la morale et de la religion*

베르그송이 말하는 '생'의 힘은 모든 생물에 적용되는 것은 아니다. 생물 진화의 역사 속에서 인간에게만 비로소 참된 '힘'이 된다. 들뢰즈도 같은 의견이다.

들뢰즈는 니체의 '힘'과 베르그송의 '생'의 개념을 이어받았다. 그리고 부정성이 아니라 긍정성이야말로 참된 힘이라고 생각한다. 왜 그런가. 부정하는 것은 쉽다. 힘있는 긍정이 훨씬 어려운 것이다. 긍정하면서 그 자체의 다양성을 살려가는 것이 힘이다. 들뢰즈는 니체의 영원회귀 사상을 가리켜 현재를 그 모습 그대로 긍정하는 힘이라고 한다. 그리고 실천적인 행동은 부정성에서가 아니라 긍정성에서 나와야 한다고 말한다. 상당히 설득력 있는 말이다.

부정적이라는 것은 전형적인 가짜 문제이다. 실천적인 투쟁은 부정적인 것이 아니라 차이와 긍정하는 힘을 거친다. — 들뢰즈 『차이와 반복』

생을 긍정하는 힘만이 참된 의미에서 창조적이라는 들뢰즈 이론의 목표 지점은 멀다. 생을 긍정하는 힘이라는 개념에서 그는 생각한다. 사람들이 자신의 욕망을 부정하지 않고 자신의 욕망을 키워갈 수 있는 사회는 어떻게 가능한가. 나아가 사람들이 자기 스스로를 억압하게 만드는 파시즘 사회를 어떻게 막아낼 것인가. 그는 거기까지 생각하고자 한다. 목표는 아득하고 강화해야 하는 것은 인내심이다.

# 지평
## horizon

역사를 해석하는 데는
무엇보다 옳은 지평을
가질 필요가 있다.
하지만 개인의 원근법은
사람마다 다르다. 당연히
사람마다 지평도 다르다.

내가 볼 수 있는 세계, 내가 살아갈 수 있는 공간. 지평이란 그 경계이다. 지평선은 내가 아무리 가까이 다가가도 항상 그 너머로 멀어져간다. 우주의 끝에 도달할 수 없는 것처럼 '지평선'에 도달하는 것은 불가능하다. 결국 지평이란 결코 도달할 수 없는 채 우리 생의 경계를 이룬다는 말이 된다. 지평의 그리스어 어원은 동사 호리제인 horizein 으로 한계를 설정하다, 분리하다는 뜻이다.

이제 지평을 생각하는 우리도 출발점부터 정하자. 역시 칸트가 좋을 듯하다. 근대철학의 출발은 데카르트이지만 이른바 근대철학의 지평을 연 이는 칸트이기 때문이다. 칸트에게 지평이란 무엇인가. 그것은 인간 이성의 한계를 정하는 것, 즉 '인식 전체가 인식하는 주체의 능력과 목적에 적합한 것'이다. 이것은 『순수이성비판』에 있는 이성의 '한계' 개념에서 온다. '그런 까닭에 이 지평은 인간이 무엇을 알 수 있는가, 무엇을 알도록 허락받았는가, 그리고 인간은 무엇을 알아야만 하는가 하는 판단과 규정에 관련된' 것이다. 『논리학 서론』

칸트의 지평 개념은 논리의 영역, 미의 영역, 실천의 영역 등으로 나누어져 있다. 각각 영역별로 한계를 정하여 지평을 제시한다. 그리고 사물의 이치를 꿰뚫는 칸트답게 여러 지평의 마지막에는 '궁극적 지평'이 있다. 이는 그야말로 보편적인 진리의 지평이다. 이 지평에는 다른 모든 지평의 진리가 포함된다. 궁극적 지평. 세상 끝과 같은 느낌이다.

나중에 후설은 칸트의 지평을 근거로 새로운 지평의 개념을 열었다. 그는 두 개의 지평 개념을 제시하였다.

하나는 의식의 지평이다. 후설은 의식을 '지향성'으로 파악했다. 지향성이란 무엇인가. 지향성은 의식이 무엇인가에 주의를 집중시킴으로써 성립한다. 의식은 '열림', 열려 있는 것이다. 하지만 '열림'은 막연한 무엇이 아니라 구체적인 무엇을 향하지 않으면 안 된다. 주의의 대상이 되는 그 무엇이 의식과 '지향적인 관계'를 연결시켜주며, 다른 것은 배경으로 가라앉는다. 하지만 배경 속에 있는 것도 한번 의식의 주의를 받게 되면 역시 지향의 대상이 될 수 있다. 이러한 인식의 잠재적인 배경을 일단 지평이라고 부른다.

후설의 또 다른 지평은 칸트의 지평에 아주 가깝다. 후설은 후기에 인간의 인식 토대에는 하나의 지평이 있다고 말한다. 인식의 주체에게 잠재적인 배경이 되는 지평을 굳게 받쳐주는 '세계'의 지평이다. 이 지평은 인간의 지각 자체를 가능하게 하는 장, 지평 자체를 묻는 인간의 인식과 판단을 가능하게 하는 장에서 인식과 판단을 활기차게 해준다.

능동적으로 의식한 것은 그때마다 능동적으로 의식되고 있는 것과 연결되지만 그것을 향한 일, 그 주변에는 항상 침묵 속에 숨어서 함께 작동하고 있는 타당성의 분위기가 있다. 즉 살아 있는 지평이 그것을 둘러싸고 움직이고 있다. 그러한 지평에서 활동적인 자아는 이전에 획득한 것을 다시 움직이고, 통각적인 생각들을 의식적으로 받아들여 직관으로 바꾸기도 하면서 저절로 몸이 나아가도록 해주기 때문이다. — 후설 『유럽 여러 학문의 위기와 초아론적 현상학』

메를로퐁티는 이러한 만년의 후설의 지평 개념에 매료된 한 사람이다. 그는 이것을 세계의 '몸'이라고 바꿔 말한다. '몸'이라는 지평의 일반성으로 '세계는 하나'가 될 수 있게 되었다. 그리고 자아와 타자가 서로 이해하게 된다. 깔끔한 문장이다.

지평은 새로운 종류의 존재이고 다공질多孔質의 존재, 의미를 포함한 존재, 일반성의 존재이다. 자기 앞에 지평이 열리는 것을 보는 자가 빨려들어가는 데가 바로 지평이다. — 메를로퐁티 『보이는 것과 보이지 않는 것』

후설의 지평에 가까운 또 한 사람 하이데거를 들어보자. 세계 안의 존재라 할 때 '세계'의 개념이다.

이 지평은 시간에 연결된다. 현존재의 시간성 안에서 파악할 수 있는 것이라는 매우 독특한 개념이다. 인간은 세계 속에서 여러 사물과 타자의 배려에 얽혀 있다. 이러한 배려는 시간적인 의미를 가지고 있는바 하이데거 경우 지평은 시간구조를 나타내는 것이다. 하지만 인간이 항상 자기에게서 외부로 '탈자아' 함으로써 비로소 세계가 가능해진다. 하지만 이런 지평의 도식이라면 세계는 어떻게 존재할 수 있는가. 세계는 사물같이 존재한다고? 아니다. 개인의 외부에 우주와 같이 펼쳐져 있다? 아니다. 세계는 최고 단계로 위압한다? 아니다. 세계는 현존재에 의해 현존재의 시간성 속에서 나타난다.

세계 속에서 여러 존재자는 다른 존재자와 함께 살고 다른 존재자와 만난다. 하지만 그것은 어떻게 가능한가. 하이데거의 목표는 이와 같은 물음의 답을 존재론의 기초에서 찾는 것이다.

시간성으로 파악한 하이데거의 지평을 가다머는 인식론의 지평과 통합하였다. 그는 이를 이용하여 해석학 영역에서 하나의 방법론을 만들어냈다. 우선 가다머는(후설의 의견도 받아들여) 지평의 개념을 역사해석에 적용한다. 여기서 지평은 사람들이 원근법으로 자신의 세계를 보는 관점이다. 역사를 해석하는 데는 무엇보다 옳은 지평을 가질 필요가 있다. 하지만 (라이프니츠도 말했듯이) 개인의 원근법은 사람마다 다르다. 당연히 사람마다 지평도 다르다. 하지만 이렇게 다른 지평을 모두 품을 수 있는 큰 지평이 존재하지 않을 리 없다. 이러한 지평은 모든 사람들의 지평을 부정하면서도 동시에 종합한 것이기도 하다.

가다머는 지평의 이같은 성격을 응용하여 마침내 해석학 방법론으로 발전시킨다. 누구나 하나의 지평을 가지고 있다. 그렇지 않으면 사물을 해석할 수 없다. 존재하는 것은 지평을 가지는 것과 마찬가지이다. 하지만 이 지평은 '큰 지평'의 일부일 뿐이다. 그러므로 반대로 해석하고자 할 때 다른 지평에 서서 보면 자기 지평을 이해하기 쉽다. 현실의 지평을 이해하려면 과거의 지평에 서서 본다. 과거의 지평에 서기 위해서는 현실의 지평을 이해해야만 한다. 이렇듯 몇 가지 지평이 있는 것이다. 재미있는 논리이다.

여러 지평을 향해 가기도 하고 오기도 한다. 일종의 순환이 이뤄진다. 가다머는 지평의 순환 과정을 '지평의 융합'이라고 칭하였다. 마지막으로 그 부분을 읽어보자. 니체의 원근법을 이어받아 지평의 개념을 역사해석의 방법으로 적용시킨 것이라 할 수 있다.

실제로 현재의 지평은 연속적으로 형성되어온 것이고 우리는 자신들의 모든 편견을 항상 검증한다. 검증에서 중요한 부분은 과거와의 만남과 우리가 만들어온 전통의 이해이다. 그러므로 현재의 지평은 과거 없이는 형성되지 않는다. 현재의 고립된 지평이나 역사적인 지평이라는 것도 없다. 오히려 이해한다는 것은 우리가 각각 존재한다고 착각하고 있는 이런 지평이 융합되는 것이다. — 가다머 『진리와 방법』

# 초월
**transcendence, Transzendenz**

근대 이후에서야
철학의 중심이 신에게서
인간으로 옮겨온다.
초월 역시 인간학의 관점에서
생각하게 된다. 여기에는
칸트가 크게 공헌했다.

넘어서 오르다. 초월하다의 어원은 '넘어'라는 접두사 trans, '오르다'라는 동사 scandere가 조합하여 만들어진 동사 transcendere이다. 이것을 명사형으로 표현하면 그 유명한 '초월'이 만들어진다. 항상 수직을 떠올리게 하는 말이다. 올라라, 뛰어넘어라! 그런데 무엇을 말인가.

대관절 무엇을 뛰어넘어야 하는가. 초월이라는 개념이 언제부터 철학의 주제가 된 것인가. 대략 중세부터이다. 카테고리(범주)라는 개념과 관계가 깊다. 당시 초월이라는 개념은 '카테고리를 뛰어넘는 개념'이었다. 아리스토텔레스가 보여준 '카테고리'는 지금 우리에게도 매우 익숙한 말이다. 하지만 처음에는 주어인 실체에 대해서 기술하는 술어였다. 카테고리는 존재의 양태를 나타내는 말이다. 아리스토텔레스는 '실체' '양' '성질' '장소' '관계' 등 열 가지 카테고리를 제시한다. 그야말로 위대한 체계의 대왕이다. 그리고 모든 존재는 이 카테고리로 기술할 수 있다고 믿었다.

하지만 이후 중세 연구자들은 목소리를 높였다. 아리스토텔레스 사상을 해석하는 데 총력을 기울인 사람들이었지만 도저히 카테고리로는 표현할 수 없는 술어가 있다는 사실을 깨닫게 된 것이다. '존재'를 들어보자. 존재는 실체와 양, 성질과 같은 것으로는 분류할 수 없다. 또 '참'이나 '선'도, '유일한 것'도 그렇다. 참은 성질이 아니다. 그러므로 성질이라는 카테고리로 분류할 수 없다. 이렇게 여러 카테고리를 넘는 개념을 '초월'이라고 부르게 된 것이다.

그리스 시대에 '초월'이 없었던 것은 아니다. 가령 플라톤의 이데아 개념은 처음부터 '초월적인 것'으로 여겨졌다. 그런데 중세 때 이 개념이 아리스토텔레스에 근거를 두고 바뀌게 된 까닭은 무엇인가. 그것은 아무래도 신에 대해 사고할 필요가 있었기 때문이다. 신은 존재이고, 참이고, 선이며, 유일한 것으로, 사람의 사고를 항상 '넘어서는' 것이다. 그렇다, 중세는 모든 것을 신과 절대자의 문제에서 생각하고자 한 시대였다.

근대 이후에서야 철학의 중심이 신에게서 인간으로 옮겨온다. 초월 역시 인간학의 관점에서 생각하게 된다. 여기에는 칸트가 크게 공헌했다. 그는 '인간 경험을 뛰어넘는 것'을 초월이라 부르고 '인간 경험을 가능케 하는 조건'을 초월론적인 것이라 부른다. 이러한 초월과 초월론의 개념이 등장하게 되면 중세에 쓰이던 초월의 의미도 당연히 그대로 유지할 수 없게 된다. 이러한 인간학적 초월의 전통은 '초월'과 '초월론적'이라는 두 가지 개념의 대립에서 시작된다.

후설은 칸트의 생각에 근접한 초월을 생각했다. 그는 초월을 '내재'에 대립하는 것으로 표현한다. 현상학의 '아버지'라 할 수 있는 후설은 자기 눈앞에 나타나는 것, 즉 현전現前하는 것을 궁극적인 판단 근거로 한다. 그러므로 '주체에 내재하는 것'과 '주체 외부에 있는 것'의 구별이 중요하다. 여기서 초월은 '주체에 내재하고 있지 않는 것'의 경우이다. 세계의 물건이나 타자의 체험 등이 그 예이다. 후설은 이 장치를 사용하여 세계와 타자, 신 등 의식에 내재하지 않은 초월자를 모두 환원했다. 그리고 의식이라는 '초월론적 영역'을 깊이 분석하였다.

하이데거는 현상학의 방법론을 받아들이면서도 후설보다 칸트의 인간학에 가까운 초월의 개념을 구사한다. 하이데거는 인간이 실존하는 구조를 생각하고, 인간은 '항상 자기를 넘어선 존재'라고 말한다. 현존재는 세계 속에서 산다. 하지만 이 세계는 사물처럼 존재하는 것이 아니다. 인간과 자연의 관계로 존재하고, 인간끼리의 관계로서 존재한다.

조금 다르게 생각해보자. 인간은 자연에 대립하며 존재하는 것이 아니라 세계 속에서 살아가는 존재다. 하이데거의 세계 개념을 읽으면 이 의미를 잘 이해할 수 있다. 야콥 폰 윅스쿨J. Uexküll이라는 동물학자도 이와 비슷한 생각을 밝혔다. 윅스쿨은 '환경'이라는 개념을 사용하여 동물이 자연 속에 그저 존재하는 것이 아니라 자연이라는 세계와의 관계성 속에서 살아간다고 말하였다.

하지만 하이데거의 세계 개념에서 중요한 것은 동물이 아니라 인간이다. 인간만이 초월한다. 이 점이 윅스쿨의 환경과 다르다. 물고기는 물속에서 자족하며 살지만 인간은 세계 속에서 자족하며 사는 존재가 아니다. 인간의 실존은 시간 속에서 '탈자아'라는 존재 본연의 모습을 가진다. 그리고 항상 다른 것과의 관계성 속에서 살아간다. 인간은 초월한다. 인간은 초월함으로써 실존 가능한 존재이다. 하이데거라면 그렇게 말할 것이다.

초월하는 존재는 세계 속에서 타자와 관계를 맺고 무無를 인식하고 존재의 목소리를 들을 수 있다. 특별한 존재자이다. 하이데거의 『존재와 시간』에서 초월의 개념은 현존재라는 존재자에게 이런 굉장한 특권을 인정한다. 그런 의미에서 칸트에서 시작된 인간학의 전통을 완성시킨 것이다.

여기서 문제가 되는 것은 존재자가 세계 속에서 만나는 일, 만나는 사물이 객관적일 수 있는 것은 존재론적으로 어떻게 가능한가 하는 점이다. 세계의 탈목적적·지평적인 기초를 갖춘 초월로 귀환하는 것이 그 대답이다. — 하이데거 『존재와 시간』

후기 하이데거는 인간학적인 초아 개념을 스스로 비판한다. 또한 레비나스도 하이데거와 다른 초월 개념인 '다른 것'을 제기한다. 그가 생각하길 인간에게는 자기를 넘어 다른 것을 향하려는 형이상학적 욕망이 있다. 이것은 데카르트의 무한 개념을 따온 것이지만 인간은 자아의 동일성을 유지하면서도 자아와 절대적으로 '다른 것'을 바라며 추구한다. 이것이 초월의 구조라고 레비나스는 말한다.

지식으로서의 사고에서는 의식의 외부에 있는 '다른 것'이 의식의 내부에 쏠리게 된다. 레비나스는 이를 문제라고 생각한다. 지식의 사고라고 인식하는 사고이다. 하지만 인식됨으로써 다른 것은 같은 것으로 환원되어 다른 것으로서의 성질을 잃게 된다. 타자는 주체에 인식되어 '내재적인 것'으로 바뀐다. 주체에게 타자가 결코 내재적이 되지 않는 사고는 없는 것인가.

  궁극적으로는 '다른 것'을 '같은 것'으로 동화시키지 않고 '다른 것'을 '같은 것'으로 통합하지 않는 사고가 요구된다. 그러나 이것은 어떠한 사고인가. 이것은 모든 초월자를 내재로 환원하지 않으며 이해함으로써 초월을 저해하지 않는 사고이다. ─ 레비나스 『초월과 이해 가능성』◆

  레비나스의 초월 개념은 하이데거 같지도 존재론적이지도 않다. 레비나스에게 인간은 존재의 목소리를 듣는 특별한 존재자가 아니다. 타자와의 관계에서만이 비로소 자기를 확증할 수 있는 아주 무력한 존재이다. 이런 논리가 어떻게 현대의 독자를 이토록 끌어당길 수 있는가.

  레비나스도 사고는 내재적인 것이라고 전제한다. 하지만 더 나아가 '사고를 뛰어넘는 것'을 추구한다. 초월은 바깥을 향한 사고 운동 그 자체일지도 모른다.

---

◆*Transcendance et Intelligibilité*

# 초월론적
## transcendental, transzendental

세계와 사물은 내재하는
의식을 통해 초월로
파악되지만 세계와 사물을
구성하는 것은 의식 쪽이다.
여기서 의식은 '초월론적
주관성'이 된다.

초월적과 초월론적이 다른가. 그렇다, 다르다. 복잡하게 해서 미안하지만 transzendent 와 transzendental의 차이다. 이 정도로는 설명이 안 된다. 이런 구분을 처음 언급한 사람은 칸트이다. 두 단어는 어미가 조금 다른 정도이지만 어떤 의미에서는 칸트 철학의 근본과 직결될 만큼 복잡한 문제이다.

초월론적은 '인식 가능성의 조건'을 거론할 때 쓰는 말이다. 대상 자체가 아니라 대상을 인식하는 인간의 인식 방법을 (그것이 선험적인 한) 칸트는 초월론적이라고 말한다. 칸트의 용어 사용에 가끔 혼돈이 있지만.

차근차근 살펴보도록 하자. 인간이 무엇을 인식하는 데 가능한 조건에는 어떤 것이 있는가. 생물학적인 조건? 그렇다. 게다가 심리학적 조건이나 사회적 조건도 있을 수 있다. 문화적으로도 일정한 조건이 있을 수 있다. 그러한 조건은 사실 모두 경험으로 만들어진 것이 아닌가. 그렇지 않고 인식과 그 대상을 동시에 가능하게 해주는 근원적인 조건이 있는 게 아닌가. '인식을 가능하게 하는 조건'을 밝히고자 초월론적transzendental이라는 말을 만들었다. 초월적 transzendent을 조금 바꾼 것이다. 칸트도 이러한 조건이 '초월'과 밀접한 관계가 있다고 생각한 것이리라.

원래 초월이란 무엇인가. 칸트는 경험을 뛰어넘는 것, 감성적 직관의 대상이 되지 않는 것을 초월이라고 부른다. 초월은 물자체物自體이고 인간은 알 수 없다. 하지만 동시에 인간도 물자체인 것이다. 다만 인간은 물자체인 동시에 현상을 인식하는 주체라고 하는 이중성을 가진다. 칸트가 '초월적'에서 '초월론적'이라는 말을 만들어낸 배경에는 이러한 인간의 이중성이 있다고 할 수 있다.

후에 초월적과 초월론적의 이중성을 연구한 후설은 초월론적이라는 개념에 새로운 차원을 열었다. 우선 후설은 '내재'와 '초월'을 분명히 구별하였다. 그는 의식의 흐름 속에서 주체 측에 있는 것이 초월이라고 보았다. 가령 사물은 초월하는 것이고 타자의 의식도 초월하는 것이다.

내재와 초월은 무의식적인 것이 아니다. 지향성이라는 구조를 갖는 의식 속에서 둘이 연결될 필요가 있다. 세계와 사물은 내재하는 의식을 통해 초월로 파악되지만 세계와 사물을 구성하는 것은 의식 쪽이다. 여기서 의식은 '초월론적 주관성'이 된다. 후설은 이것이 현상학적 환원이라는 방법으로 나타난다고 생각했다.

현상학적인 에포케epoche에 의해 남는 것, 아니 이보다 에포케에 의해 처음으로 모습을 드러내는 것은 절대적 존재영역이다. 즉 절대적 또는 '초월론적' 주관성이라는 절대적 존재영역이다.

— 후설 『순수 현상학과 현상학적 철학의 이념들』

후설은 내재로써 의식과 세계를 분석하고자 한다. 애초 칸트의 '초월론적'은 어떻게 주체가 인식 대상을 구성하는지 보는 관점에서 사용된 개념이다. 이 점은 서로 같다. 하지만 후설에서는 칸트의 물자체 개념이 불필요하다. 초월론적이라는 개념은 의식의 지향적인 구조와만 관련이 있기 때문이다.

후설의 현상학은 분명 내재의 철학이라는 성격을 띤다. 모든 체험의 근거와 의미는 의식에서 노에시스Noesis와 노에마noema의 구조로 환원된다. 후설은 의식의 내재성을 근거로 다른 의식에 대해서도 고찰할 수 있는 방법을 선택하였다. 다만 이러한 내재 철학은 여타의 것을 모두 의식 지향성으로 환원해버린다.

이에 의문을 가진 이가 레비나스이다. 그는 후설의 제자로 현상학 방법론을 이어받았지만 다르게 생각한다. 모든 것을 의식과 관계 있는 것으로 생각하는 것이 옳은가. 결코 의식에 내재할 수 없거나 의식의 내면적 체험으로 환원할 수 없는 존재가 있는 것은 아닌가. 레비나스가 말하길 그것은 타자라는 존재이다. 타자는 의식에 있어서 '초월'로밖에 존재할 수 없다. 결코 완전히 인식할 수 없는 타자가 있다. 그는 여기서 윤리의 기초를 발견한다.

레비나스에 따르면 타자와의 관계라는 윤리의 장에서는 인식하는 주체가 지고의 기능을 잃게 된다. '윤리란 초월론적인 통각의 원초적인 통일이 파열되는 것이며 경험의 건너편에 있다' 『존재와는 다르』. 칸트에게서 시작된 '초월론적 철학'이 이제 한계에 이르렀다고 하겠다.

나아가 하이데거도 '초월론적'이라는 과제에 착수한다. 하이데거는 후설의 현상학적 방법의 영향을 받아 초월론적이라는 개념을 인식론의 영역에서 존재론으로 전환한다. 인식은 인간의 인식구조와 사물의 구조가 일치하는 것을 전제로 한다. 여기에 초월론적 조건이 작용한다는 점은 하이데거도 인정한다. 하지만 그는 이것을 인식이론이 아니라 인간이 '사물과 만난다'는 존재론적인 경험이론으로 생각한다. 텍스트를 조금 읽어보자.

> 존재론의 가능성을 문제로 삼는다는 것은 존재를 이해하기 위해 초월의 본질을 묻는 것, 즉 초월론적으로 사고한다는 뜻이다. (⋯)『순수이성비판』은 인식론과 전혀 상관이 없다. 이것을 인식이론으로 해석할 수 있다고 해도 순수이성 이론은 존재적인 인식(경험)이론이 아니라 존재론적인 인식이론이라고 표현해야 할 것이다.
>
> ── 하이데거『칸트와 형이상학의 문제』

이러한 흐름을 보면 후설의 사상을 이어받은 초월론적 철학은 어디까지나 자아를 중심으로 한 이론으로 전개되었다는 것을 알 수 있다. 하지만 현대 독일 철학에서는 언어분석 관점에서 자아론이 아닌 초월론적 철학의 시도도 보인다. 하버마스와 아펠K. Apel이 대표적이다. 그들은 소통의 초월론적 조건에 대해서 고찰했다. 인간 사이의 모든 소통에는 어떤 전제가 있다. 의지를 전달하는 상대 사이에 대화의 가능성에 대해 미리 규칙의 승인이 이뤄진다. 이른바 소통의 초월론적 조건이다.

언어로 규정화됨으로써 상호주관적인 지식이 성립할 수 있기 위해서 어떤 주관적 조건과 상호주관적 조건이 필요한지 성찰하는 것이

초월론적 어용론語用論의 주제다. ─ 아펠 「지식의 근본적인 기초 정립」♦

초월론적 조건을 한 주체의 인식론적 조건으로서가 아니라 몇몇 주체를 연결하여 생각하는 것이 새롭다. 하버마스에 따르면 타자와의 소통에는 '초월론적 주관성이 들어갈 여지가 없기' 때문에 상호행위 문제로 풀 필요가 있다고 한다. 다만 하버마스의 이론은 초월론적인 주관성을 부정하고 있으므로 어떻게 주체가 타자와의 대화에 돌입할 수 있는지 확실치 않다. 남은 과제의 하나이다.

초월론적 어용론은 칸트의 초월론적 조건이 인식 차원에서 출발하여 언어와 소통이라는 차원으로 옮겨졌다. 이는 현대철학의 언어론적인 전회로 나타난 하나의 귀결로서 주목할 만하다.

# 담화
**discourse/ discours**

푸코에 따르면 담화는 단순히
지배 시스템을 표현하는
것이 아니다. 사람들이 손에
넣으려고 다투는 것이다.
모든 담화는 힘과 욕망의
대상이다. 모든 문장과
표현에 무의식적인 욕망의
정치학이 작용하고 있다

영어로는 디스코스, 프랑스어로는 디스쿠르
라고 하며 담화 또는 담론으로 번역된다. 그
런데 별로 듣고 싶지 않은 게 도무지 현대사
상 중 알레르기를 일으키는 단어이다. 하지
만 원뜻은 평범하여 '여기저기 뛰다'라는 뜻
이다. '벗어나다'라는 접두사의 dis에 '뛰다'
curere가 붙은 동사 discurere이다. 여기저
기로 펼쳐지는 논의나 연설이라는 의미이
다. 그런데 언제부터, 어째서 철학에서 특별
한 의미를 가지게 된 것인가.

그것은 최근의 일로 언어학자 벤베니스트부
터 시작되었다. 그는 그때까지의 언어학을
비판한다. 언어학은 문장을 뽑아 연구하는
데, 실제로 쓰이는 문맥에서 가져온 추상적
인 문장이다. 가령 글 전체에서 '코끼리는
코가 길다'라는 문장만을 가져와 해석하는
방법이다. 문장구조를 문법적으로 분석하
려면 하나하나 분리하여 해석하는 게 당연
하다. 그런 경우에 문장구조의 문법적 해석
이 유용하기는 하지만 언어가 실제로 쓰인
문맥을 간과하는 결점도 있다. 대개 문법 교

과서에 실려 있는 문장은 평소에 아무도 입밖에 내지 않는 문장이다. 벤베니스트는 "'나'라고 말하는 주체'의 장에서 일회적으로 이루어지는 언어활동을 주목하였다. 담화라는 개념에 비로소 새로운 의미가 생긴다.

> '나'와 '너'라는 인칭의 특질은 일회성이다. 말을 하는 '나'와, '나'가 말을 건네는 '너' 모두 일회적이다. — 벤베니스트 『일반언어학의 문제들』

사실 '나'라는 말은 언어학적으로나 철학적으로 어려운 문제를 가지고 있다. '나'는 문장 안에서 쓰이는 때와 장소에 따라서 다른 것을 가리킨다. '지금'이나 '여기'도 마찬가지다. 이러한 말이 포함된 문장은 그것이 똑같은 문장이라도 가리키는 대상이 전혀 다르다. '나는 지금 여기에서 울고 있다'라는 문장을 여러 경우로 나누어 생각해보자. 나도, 지금도, 여기도 언급되는 상황에 따라 달라지지 않는가. 현실 속의 담화에서 구체적인 내용을 만들어내는 것은 문법책에 씌어 있는 문장이 아니라 '나'나 '지금'과 같은 말을 사용하는 언어의 주체라고 벤베니스트는 생각했다.

이렇게 언어학에서 시작된 담화의 개념은 철학에서도 언어가 중요시됨에 따라 크게 발전하게 되었다. 모든 언어표현은 언급된 문맥이나 언급하는 주체와 따로 떼어 생각할 수 없다는 발상이 나오게 된다.

영국의 일상언어학파의 언어분석과 어용론은 이러한 사유방법을 발전시킨 것이다. 어용론에서는 언어표현이 전하려고 하는 내용, 말하는 주체가 언어활동에서 성취하고자 하는 목적, 그리고 화자의 무의식적인 의도까지 문제로 삼고 있기 때문이다.

프랑스 등지에서도 담화분석이 발달했다. 이 역시 언어표현에 담긴 무의식적 역할을 중시한다. 모든 언어표현에는 문장의 내용 외에 화자 자신도 깨닫지 못하는 여러 의미작용이 따른다고 여긴 다. 바르트가 대표적인데, 그에 따르면 언어학에서는 아직 담화를 분석하는 방법이 없다. 하지만 담화에는 독자적인 지위가 있다. 게 다가 그것은 랑그 같은 체계와는 다른 주관적 의미를 가진다.

바르트가 말하고자 하는 것은 담화는 객관적이거나 과학적인 것이 아니라 주체에 따라 늘 성격이 바뀐다는 것이다. 그는 담화를 '권력 내적 담화'와 '권력 외적 담화'로 분류하였다. '권력 내적 담 화'는 '제도적인 것'에 의하여 사람들의 무의식에 침투해가는 것이 다. 가령 정부의 광고활동과 전철 안의 안내방송을 생각해보자. 그런 '권력 내적 담화'는 우리의 무의식에 호소하며 독감처럼 맹위 를 떨친다.

한편 '권력 외적 담화'는 권력에 대항하는 지식인의 담화이다. 다만 이것도 그 체계 안에서 담화하는 사람들의 무의식을 지배한 다. 바르트가 든 예로 말하면 마르크스주의나 정신분석과 같은 권 력 외적 담화의 화자도 결국 어떤 무의식에 지배당하는 경우가 많 다는 것이다.

무의식적인 말의 권력성에 대해서 고찰한 이는 푸코이다. 그는 말하는 주체는 모두 일종의 권력관계에 놓여 있다고 말한다. 중력 장과 같은 공간에서 모든 언어표현은 불가피하며 어떤 권력 작용을 하게 된다.

권력관계의 장이란 무엇인가. 이데올로기인가. 아니다. 푸코는 그렇게 말하지 않는다. 그럼 이데올로기성을 왜 비판하지 않는가. 그것을 중화中和하지도 않는가. 그렇다. 권력은 항상 끊임없이 존재한다. 없어지지도 않지만 무시할 수도 없다. 푸코의 담화론은 이러한 권력성을 확실히 의식하고 그것이 무엇을 배제하고 무엇을 금지하는지 알아보게 한다.

> 모든 사회에서 담론의 생산은 여러 특정 절차에 따라 관리, 선별, 조직, 재분배된다고 할 수 있다. 이러한 절차를 통해 담론의 힘과 위험을 제거하고, 우발적인 사건을 통제하며, 힘들고 위험한 실재성을 피할 수 있다. — 푸코 『담론의 질서』◆

푸코에 따르면 담화는 단순히 지배 시스템을 표현하는 것이 아니다. 사람들이 손에 넣으려고 다투는 것이다. 모든 담화는 힘과 욕망의 대상이다. 모든 문장과 표현에 무의식적인 욕망의 정치학이 작용하고 있다. 이것을 지적한 것은 그의 큰 공헌이다. 자신의 표현에 담겨 있는 정치성, 무의식적인 억압과 배제, 차별을 충분히 의식하지 못하는 화자가 넘쳐나고 있지 않은가. 아니, 나도 그럴지 모른다. 하지만 그러고 싶지 않다.

다른 입장도 살펴보자. 하버마스는 담화의 권력성에 대해서는 거의 마음을 두지 않는다. 담화는 화자와 화자가 서로 합의를 쌓기 위한 장이며 이것이 권력성에 앞서는 것이라고 생각하였다. 서로 이성적인 주체가 민주적인 토의 과정에서 의견을 내놓을 수 있으면 최선

---

◆*L'ordre du discours*    ◆◆*Nachmetaphysisches Denken*

의 합의가 얻어진다는 이념이다. 조금 읽어보자.

어떤 언어를 사용하더라도 하나의 공통된 객관적인 세계가 상정될
수 있다. 나아가 어떤 상황에서도 대화로 인해 서로 시선을 마주할
수밖에 없게 된다. 대화는 자신과 타인이 시선을 주고받을 가능성을
열어주는 동시에 참가자와 관찰자 간에 시선을 나눌 수 있게 한다.

— 하버마스 『탈형이상학적 사유』♦♦

푸코는 이런 '이상적인 대화 상황'을 환상이라고 생각한다. 그가
볼 때 하버마스는 민주적인 제도와 도덕에 안이하게 기대고 있다.
푸코는 이렇게 제안한다. 먼저 담화가 권력관계임을 인식하자. 그
런 다음 담화를 무균화하는 것이 아니라 (그 권력성을 인정하고) 새
로 만든다. 담화라는 관계의 장 자체를 흔들어 움직이고, 대화 상대
를 움직여 자신도 변화해가는 게임으로 만들자. 즉 권력게임이다.
어쩌면 현실적으로는 이상적인 대화보다 권력게임 쪽이 더 효과적
일지 모르겠다.

# 테크놀로지
**technology**

**테크놀로지는 지구라는 환경에 인간이 능동적으로 작용을 가하여 실존의 조건 자체를 바꾸려는 시도일 수 있다.**

오늘날 화제가 되는 키워드인 테크놀로지이 지만 과거에는 문법이나 수사학도 테크놀로 지라고 불렸다. 기술(테크네$^{techne}$)에 관한 학 문(로고스)이기 때문이다. 테크놀로지가 변 하기 시작한 것은 역시 근대 이후 자연과학 이 등장하고 인간이 자연을 조작하기 시작 하면서부터이다. 여기에는 갈릴레오의 역할 이 컸다. 그때까지 '자연을 철학'하고 있던 과학에 갈리레오가 대전환의 계기를 만들어 주었다. 자연을 대상으로 작용을 가하거나 실험하고, 자연 자체를 이용하는 과학의 길 을 연 것이다. 이렇게 하여 기술이라는 테크 네에서 '공학적인 기술'로서 테크놀로지가 탄생한다.

이러한 테크놀로지가 가져온 변화의 의미를 탐구한 사람으로 한나 아렌트가 있다. 그녀 는 기술은 인간의 생존 '조건' 자체를 변화시 킨다고 말한다. 가령 우리가 사는 세계에서 는 로켓으로 우주비행이 가능해졌다. 이것 의 의미를 생각해본 적이 있는가. 아렌트는 인간의 생존조건을 초월하여 새로운 생활공간을 모색하는 시도라고 생각했다. 그럼 유전자공학에 의한 유전자의 교체는? 인간이 살아온 생물학적 조건을 변화시킬 수 있다. 원자력 발전은? 지구에 존재하지 않는 새로운 원소를 인공적으로 만들어내는 것이고 물질로부터 에너지를 해방시키는 것이다.

그렇다. 지구는 우리 인간에게 생활의 장이며 생존조건이다. 테크놀로지는 지구라는 환경에 인간이 능동적으로 작용을 가하여 실존의 조건 자체를 바꾸려는 시도일 수 있다. 아렌트는 이러한 현상이 예기치 못할 연쇄반응을 일으킬 수 있음을 우려한다. 이런 새로운 시도와 함께 기술에 대한 관점도 변한다. 그리고 기술에 대한 의문도 생겨난다.

이 점에 대해서는 하이데거가 날카로운 관점을 보였다. 서양에서는 인간이 자연에 대해 특이한 자세를 갖고 있다고 생각한다. 과학으로 자연을 바꾸고자 하는 테크놀로지적 시도에도 이 자세가 작용하고 있다고 하이데거는 말한다. 그에 따르면 기술의 본질은 '조립 Ge-stell'에 있다. '조립'은 자연에 도발하면서 자연을 인간에 '도움'이 되게 이용하려는 자세이다. 서양의 과학과 철학은 전통적으로 자연은 인간을 위해 이용되는 것이라 생각해왔다. 하지만 결국 인간 자신도 이용되어야 한다고 생각하기에 이른다. 장기이식이 좋은 예이다. 인간의 몸을 부품의 집합체로 여기게 되면 환자는 치료 대상인 동시에 이용해야 할 장기의 보유자로 간주되는 것이다.

하이데거는 자연에 대한 이런 자세가 서양의 '표상' 철학의 본질을 이루고 있다고 생각한다. 표상화한다는 말은 독일어로 vorstellen, 즉 '내세우다'라는 의미이다. 하이데거는 어원적 의미를 강조하며 서양 근대철학의 기본적인 자세와 관계가 있다고 말한다.

> 여기서 '표상'이란 어떤 것을 그것 바로 앞에 세우고 세워진 것을 세워진 채로 확보한다는 의미이다. 이렇게 확보하려면 계산된 것이 아니면 안 된다. (…) 표상한다는 것은 이미 무언가를 위해 자신을 개방하는 것이 아니라 무엇인가를 확보하고 장악하는 것이다. 현전하는 것이 지배하는 것이 아니라 공격이 지배한다. ─ 하이데거 『숲길』◆

이와 같은 하이데거의 기술론은 매우 중요하다. 근대철학이 시작된 데카르트의 코기토, '나는 생각한다'라는 개념의 바탕에 있는 것을 읽어내는 힘이 있다. 주체로서의 자아를 중심에 둔 서양 형이상학 전체를 비판하고 검토할 수 있는 강력한 논점이라고 생각한다.

이에 대해서는 아도르노와 호르크하이머의 『계몽의 변증법』에서도 마찬가지로 기술비판과 형이상학에 대한 비판이 드러난다. 이 책은 그리스의 서사시 『오디세이아』를 예로 들면서 서양의 과학과 철학이 '자연을 지배하고 통제하는 것'을 목적으로 해왔기 때문에 마침내 자기 파괴적인 결과에 빠지고 말았다고 말한다. 이러한 자기 파괴는 서양식의 주체 확립 조건에 내포되어 있다. 즉 필연적인 것이라는 것이다.

> 인간 내부의 자연을 부정함으로써 외부의 자연을 지배하려는 목적뿐 아니라 자신의 삶의 목적까지 혼란스러워져 예측할 수 없게 되었다. (…) 수단을 목적의 왕좌에 앉히는 것, 이는 후기 자본주의의 공공연한 광기의 성격을 보여주고 있지만 그것은 이미 주체성의 역사

속에 들어있다고 보아야 할 것이다. — 아도르노/호르크하이머『계몽의 변증법』

서양의 '주체성의 역사'는 자연을 부정한다. 여기에 대해 지금 생태학 등의 비판이 이어지고 있다. 우리에게는 중요한 사유의 원천이다. 마르쿠제도 자연에 대한 공격과 지배는 인간에 의한 인간의 지배를 목표로 한다고 지적한다. 그것은 '다른 주체에 대한 공격성' 『에로스와 문명』 **으로 연결된다고 한다.

하지만 이러한 관점에는 커다란 위험이 숨어 있다. 분명 과학과 근대철학은 자연과 폭력적이고 공격적인 관계를 맺어왔다. 하지만 이 때문에 형이상학 전체를 비판해도 좋은가. 철학의 모든 논거가 일시에 모두 비판되어 이후에 아무것도 남지 않게 된다면?

조금 신중해지자. 하이데거의 기술론에나 아도르노/호르크하이머의『계몽의 변증법』에도 논리적인 문제점이 있다.『계몽의 변증법』은 날카로운 비판이 돋보이는 부분이 약점이기도 하다. 서양적인 주체의 시작에 이미 주체의 자기 파괴 원인이 포함되어 있다고 하면 서양사회 사람들에게는 어떤 희망도 남지 않는다. 깊은 허무주의를 낳을 수 있다. 호르크하이머의 도구적 이성이라는 개념도 실제로 허무주의를 반영한 것이며 이성 그 자체를 부정하는 결과가 될 수 있다.

이미 하버마스가 이와 같은 문제점을 지적했다. 그는 과학의 법칙과 철학의 진리는 제각기 다른 타당성과 정당성으로 파악되어야 한다고 말한다. 그는 자연에 대한 인간의 관점으로 과학과 철학을 같이

---

◆*Holzwege*　◆◆*Eros and civilization*

단죄하는 것에 의구심을 가진다. 하버마스가 주목한 것은 오히려 현대 자본주의 사회에서 기술이 '과학화'되어 과학과 기술이 일체화하고 있다는 점이다. 아울러 테크놀로지의 정치적 의미를 간과하는 것을 당연시하는 것을 우려한다.

기술지상주의 테제는 여러 학문에서 다양하게 전개되고 있다. 그러나 그것보다도 중요한 것은 그것이 배경적인 이데올로기처럼 탈정치화되어 대중의 의식에 침투하고 그 지배를 정당화하는 힘을 휘두르는 데 있다. ── 하버마스 『이데올로기로서의 기술과 과학』◆

하버마스는 미래의 기술이 유전자적 혹은 생리적 차원에서 인간에게 작용을 가하게 되는 것은 아닌지 우려한다. 이런 우려가 현실로 나타날 것인지, (조지 오웰의) 『1984년』◆◆ 같은 세계가 실현될 것인지 하는 논의는 뒤로 미루더라도 테크놀로지로 인해 우리 삶이 변화하고 있다는 것은 분명한 사실이다.

기술은 바야흐로 우리 삶의 지평 중 하나가 되었다. 무시할 수 없는 일이다. 어렵지만 어떻게 살려나갈 것인가를 모색해야 한다. 가령 유전자공학에서 질병을 치료하거나 식량생산을 개선하려는 시도가 있다. 이에 대해 도덕적 논의나 철학적 논거를 동원하여 금지할 일은 아니다. 당사자 모두가 대화를 통해서 결정해야 할 문제라고 생각한다.

---

◆*Technik und Wissenschaft als 'Ideologiie'*　　◆◆*Nineteen Eighty-Four*

# 도구
## tool, Zeug

인간을 둘러싼 자연은 원초적
자연이 아니다.
사람이 손을 가한 자연이다.
자연 자체가 하나의 도구로
변화하고 있다고 할 수 있다.

도구는 두 가지 관계에서 생각해보는 게 좋겠다. 하나는 자연과의 관계 또 하나는 기계와의 관계이다.

인간이 자연에 작용을 가할 때 도구는 중요한 역할을 한다. 인간과 다른 동물을 구별할 때 기준으로 삼기도 한다. 흔히 도구를 사용할 수 있거나 또는 도구를 만들기 위한 도구(즉 메타 도구)를 만들 수 있는 게 인간이라고 믿는다. 하지만 우리가 알지 못할 뿐, 도구를 만드는 동물이 있을 수 있다. 인간을 호모 파베르homo faber(도구를 만드는 인간)라고 정의하는 것은 가설로서는 흥미롭지만 비약적인 면이 있다.

우리에게 도구란 무엇인가. 도구는 단순히 인간의 일을 쉽게 하기 위한 수단이 아니다. 헤겔은 도구가 보편적인 의미를 띤다고 단언한다. 무슨 말이냐고? 가령 돌도끼와 같은 도구를 사용하게 되면 맨손보다 훨씬 수월하다. 도구는 생산적으로 훨씬 좋은 결과를 가져온다. 하지만 동시에 노동은 자신을 도구로 이용하면서 '사물'로 삼고 있지는 않는가.

자기를 도구로 삼아 자연에 작용을 가한다. 그리고 자기라는 도구를 써서 다른 도구를 만들어낸다. 헤겔은 이 과정을 통해 욕망의 개별성이 극복되고 누구나 쓰일 수 있는 '보편적인 도구'가 만들어지는 것이라 생각한다.

> 노동의 주체성은 도구를 이용하여 보편적인 것으로 끌어올린다. 모든 인간이 도구를 모방하고 똑같이 노동할 수 있다. 그런 점에서 도구는 노동 불변의 법칙이다. ─ 헤겔 『인륜의 체계』♦

인간과 자연이 관계를 맺는 과정에서 인간의 의식이 '사물'이 되고, 그래서 반대로 보편적인 것이 된다. 하버마스의 말로 표현하면 '교활한 의식' 『이데올로기로서의 기술과 과학』이다. 도구를 만들어내고, 언어로 사회구성원끼리 서로 의사소통을 하고, 타자를 타자로서 승인하는 것을 전제로 한다. 반대로 말하면 언어를 사용하는 것은 타자를 승인하고, 자연에 대해 자기를 물화物化하는 것이 전제된다. 상호 승인이 이뤄지려면 언어가 필요하다. 그리고 도구에 비견될 만큼 자기를 물화할 필요가 있다. 이러한 모든 계기에도 개인의 개별성과 보편성의 관계가 나타난다. 도구는 그것을 구체적인 형태로 보여준다.

다만 도구는 아직 인간이 손으로 사용하는 것이다. 연필이나 쇠망치는 스스로 움직일 수 없다. 도구를 다루는 손에는 '굳은살이 생긴다'(헤겔). 즉 도구는 인간이 아직 자연의 힘을 그대로 쓰는 것이다. 다른 말로 하면 도구를 사용하는 인간은 아직 노동하는 인간에

---

♦ *System der Sittlichkeit*

머물러 있다.

　하지만 도구가 기계로 한 걸음 나아가면 인간의 힘은 거의 소비되지 않는다. 가령 기관차는 석탄에 축적된 태양 에너지를 사용하여 선로 위를 달린다. 인간은 석탄을 태울 뿐이다. 이는 전체 과정에서 보면 보잘 것 없는 극히 작은 역할일 뿐이다. 여기서 주체는 기계이고 인간은 그 일부에 불과한 듯 보인다.

　이렇게 보면 도구는 인간의 문명 속에서 매우 재미있는 위치에 있다. 자연에서 이탈하면서도 자연과의 연결은 아직 유지하고 있다. 기계 직전이라고 할까. 이러한 관점에서 도구의 세계는 인간세계가 갖는 성격 그 자체라는 지적이 나온다. 하이데거는 『존재와 시간』에서 현대인의 세계는 자연에 둘러싸여 있는 것이 아니라 도구에 둘러싸여 있다고 말한다. 인간을 둘러싼 자연은 원초적 자연이 아니다. 사람이 손을 가한 자연이다. 그러므로 자연 자체가 하나의 도구로 변화하고 있다고 할 수 있다.

　하이데거는 도구의 세계는 '목적 연관의 세계'라고 말한다. 즉 도구라는 것은 '～를 위해' 존재하는 것이다. 망치나 시계, 책상, 주택 등은 모두 저마다 고유한 목적을 가지고 존재한다. 목적 없이 존재하는 것은 없다. 이는 도구에 대한 설명을 떠올리면 이해하기 쉽다. 망치, 책상이 어떤 사물인가 정의할 때면 '～하기 위한 것'으로 귀결된다. 망치는 못을 박기 위한 것이다. 책상에서 중요한 것은 어떤 기능을 하는가이다. 거기에 책상의 본질이 있다.

　그런데 책상은 단독으로 그 기능을 다할 수 없다. 다른 도구와의 연관에서 책상은 비로소 그 역할을 할 수 있다. 책상 앞에 앉기 위한 의

자라든가. 게다가 책상의 기능에는 다른 기능도 있다. 가령 책이나 펜 등 다른 도구를 놓을 수도 있다. 연관성이 꽤 늘어난다.

도구는 이런 식으로 수평과 수직 두 차원에서 다른 도구와 복잡한 연관을 이룬다. 이를 도구 연관이라고 한다. 하이데거는 이러한 연관이 하나의 궁극적인 목적으로 수렴한다고 보았다. 모든 도구 연관은 인간의 행복이라고 말한다. '최고선'으로 수렴한다는 것이다. 인간은 그 자체가 최종 목적이기 때문이다.

인간을 지고의 목적으로 하며 자연을 둘러싼 다른 모든 것은 인간을 위해 존재한다. 하이데거의 도구 연관이 그리는 것은 인간을 정점으로 하는 피라미드 구조이다.

제품과 함께 만나는 것은 도구적인 존재자만이 아니라 현존재라는 존재양식을 가진 존재자이기도 하다. (…) 이와 함께 세계와 만나는 것이지만 이 세계 속에서 사용자와 소비자는 함께 살아가고 있고 이 세계는 동시에 우리의 세계이기도 하다. ─ 하이데거 『존재와 시간』

하이데거는 사람이 도구에 둘러싸이고 매어서 본래의 참된 삶의 방법을 잊고 있다고 생각했다. 이렇듯 퇴락한 인간의 모습을 현대의 특유한 문제로 지적한 이가 마르쿠제이다.

현대의 산업문명은 인간 신체를 '교환 가능한 도구'로 하고 이 도구를 최고 목적으로 삼아 자기 정당성을 확립한다고 마르쿠제는 지적한다.『에로스와 문명』 인간은 도구를 사용하여 자연을 지배하면서 결국 자신 자신을 도구로 만들었다. 그리고 이번에는 도구로서 자신의 유지를 최고 목적으로 삼게 되었다는 것이다.

하지만 『인간의 조건』의 아렌트와 같은 관점도 있다. 하이데거의 도구 연관의 개념에서 출발하지만, 아렌트의 도구는 단순한 도구 연관을 넘어 공공적 세계로 진입하기도 한다.

도구를 만드는 인간은 모든 것을 유용성으로 환원한다. 그러나 인간은 도구를 사용하면서 때로는 그 유용성을 뛰어넘는 것을 만들어내기도 한다. 훌륭한 기술자가 만든 의자가 아름다운 것은 유용성 때문만이 아니다. 예술품으로서의 아름다움을 갖기도 한다.

도구의 세계는 유용성이라는 독립된 가치를 가지지 않는다. 도구는 다른 무엇을 위해 존재한다. 쓰이고 소모되는 것이 본래 역할이기 때문이다. 그러나 예술작품이 된 도구는 공공적 성격을 띤다. 공예 디자인이나 민예박물관을 떠올리면 이해하기 쉽다. 아렌트는 나아가 예술영역의 소설과 시도 도구 범주에 포함시킨다. 도구의 의미를 부정적 문맥만으로 생각하지 않은 점이 흥미롭다.

# 독아론
## solipsism

독아론은 세계를 보여주는
것을 목적으로 삼지 않는다.
오직 세계를 표상화하는
방법만을 목적으로 한다

있는 것은 오직 나뿐. 독아론은 자기(ipse)만
(solus) 존재한다고 생각하는 입장이다. 근
대철학은 데카르트의 코기토, '나는 생각한
다. 그러므로 나는 존재한다'를 출발점으로
삼는다. 독아론은 그 결론이라고 볼 수 있다.
모든 존재를 인식하는 근거가 '나'이기 때문
이다. 자기라는 코기토만 확실하다는 독아
론이 불가피한 것이다. 독아론은 '이성의 구
조'와 같은 면이 있다.

독아론에도 여러 종류가 있다. '강한 독아
론'의 경우 이 세계도 타자도 모두 자기 의식
의 한 모습에 지나지 않는다고 본다. 버클리
의 주장이다. 정원의 벚꽃도, 옆에서 웃고 있
는 애인도, 자신이 의식하고 지각할 때만 존
재한다. 세계는 주체가 지각하는 범위에서
존재하고 그 한계 내에서만 존재한다. 외부
에 사물이 존재하는 것을 부정하는 것은 아
니지만 사물을 지각하는 마음이 없으면 세계
가 존재한다고 말할 수 없다는 이론이다(버
클리는 이를 통해 세계를 항상 지각할 수 있는
신의 존재를 증명하려고 했다). 결국 세계는

내가 존재하는 한 존재한다는 독아론에 이르게 된다.

한편 '약한 독아론'도 있다. 세계의 존재는 인정하지만 '다른 나'의 존재는 그대로 인정하지 않는다. 후설의 현상이 그렇다. 후설을 독아론자라고 할 수는 없지만 중기 저술 『순수 현상학과 현상학적 철학의 이념들』의 순수자아라는 개념은 그런 독아론적 요소가 있다.

후설의 현상학은 의식 앞서 있는 것, 현전現前하는 것은 확실한 것이라는 명증성을 진리의 최종 근거로 삼고 있다. 그리고 이 의식은 항상 '무엇인가에 대한 의식'이고 대상을 향한 지향성의 형태로 나타난다. 그러므로 의식이 존재하는 것은 의식의 대상이 되는 세계가 존재함을 의미한다. 현상학에서는 세계의 존재를 의심하지는 않는다.

여기까지는 이해하는 데 무리가 없을 것 같다. 그럼 조금 더 들어가보자. 현상학의 중심 방법으로 환원이 있다. 여기서는 의식이 세계 속에서 소박하게 살아가는 측면은 일단 접어두고 이 세계를 구성하는 의식의 본 모습을 분석하고자 한다. 그리고 환원을 거듭하여 마지막에 얻어진 것은 초월론적 주관성, 순수한 자아이다. 이것을 '내재적인 존재'라고 한다. 후설의 현상학에서 절대적인 의미를 가지고 있는 것이다. 관련 부분을 인용해보자.

내재적 존재는 현실에 존재하기 위해 원리적으로 그 어떠한 '사물'도 필요로 하지 않는다는 점에서 의심할 수 없는 절대적 존재이다. 다른 측면에서 보면 초월적인 사물의 세계는 의식에 완전히 의존하며 또한 논리적으로 도출된 의식이 아니라 현재적인 의식에 의존한다.

— 후설 『순수 현상학과 현상학적 철학의 이념들』

여기에서 문제는 자아가 타자도 구성해야 한다는 것이다. 타자는 자신과는 다른 신체를 가진 다른 자아이지 않은가. 후설의 현상학에서는 타자의 자아를 주체의 자아로부터 '이입'하여 다시 구성해야 한다. 그런 경우 타자의 의식이나 자아의 존재를 항상 주체의 자아 권능에서만 이해해야 한다. 여기에서 '약한 독아론'이 나온다.

독아론을 주된 주제로 다룬 이는 비트겐슈타인일 것이다. 그는 초기에는 독아론의 근거가 정당하다고 생각했다. 세계는 '나의' 세계이다. 내가 받아들이지 않는 세계는 적어도 나와는 인연이 없는 세계이며 나에게는 존재하지 않는다. 다만 독아론은 그 일을 타자에게 '보이는' 자기모순에 빠졌을 뿐이다.

비트겐슈타인은 이것은 언어가 언어 자체에 대해서 언급하지 않는 것과 마찬가지라고 말한다. 예를 들면 안구의 구조를 생각해보자. 안구는 망막에 세계의 상이 맺히는 장치이다. 안구가 세계를 볼 수 있는 것은 이런 장치 덕분이다. 안구는 자기를 보지 못하지만 그 대신 세계를 본다.

비트겐슈타인은 언어도 같은 구조를 가진다고 생각한다. 언어는 언어 그 자체에 대해 언급하는 대신 세계에 대해 언급할 수 있다. 그의 말을 빌리면 독아론은 언어로 언어를 언급하려는 시도와 비슷하다. 원래 타자가 존재함으로써 자아에게 세계가 열린다. 이 세계를 나만의 세계라고 하면서 타자에 대해 언급하는 것은 모순이라고 말한다.

'피사체는 현실을 비출 수 있다. 그러나 피사체가 비추는 형식 자체를 제시할 수는 없다'. 마찬가지 이치이다. 언어는 현실을 제시할 수 있다. 하지만 언어는 그 제시 형식을 제시할 수 없는 자기모순적 성격을 가진다.

사고하고, 표상화하는 주체는 존재하지 않는다. 만약 내가 '내가 발견한 세계'라는 책을 쓴다면 나의 신상에 관해 보고하고 어느 부분이 내 생각인지 아닌지 언급할 필요가 있을 것이다. 이것은 주체를 고립시키는 방법이며 오히려 어떤 의미에서 주체는 존재하지 않는다고 나타내는 방법이다. 왜냐하면 이 책은 주체만이 서술할 수 있는 것이 아니기 때문이다. — 비트겐슈타인 『논리철학 논고』

비트겐슈타인에 따르면 독아론이 생각하고 말하는 바는 옳다. 다만 그것은 언급할 수 있는 것이 아니고 스스로 드러날 뿐이다. 언어는 세계를 표현하기 위해 쓰인다. 하지만 독아론은 세계를 보여주는 것을 목적으로 삼지 않는다. 오직 세계를 표상화하는 방법만을 목적으로 한다. 그러므로 올바른 언어사용법이 아니다.

후기 비트겐슈타인의 언어게임 이론은 독아론의 공허함을 나타내는 의도로도 쓰인다. 여기서 언어는 항상 타자와의 의사소통을 위해 쓰인다. 언어는 자기 단독 주체에 대한 논의는 피력할 수 없다. 그의 말을 빌리면 독아론은 철학의 '병적 증상'이다.

전기든 후기든 비트겐슈타인이 말하고자 하는 바는 하나이다. 독아론은 '옳다'이다. 하지만 의미가 없다. 세계가 나의 세계인 것은 분명하지만 타자와의 사이에서 생겨난 세계 없이는 나라는 존재가 불가능하기 때문이다. 하지만 이 문제는 계속 남아 있고 앞으로도 남을 것이다. 우리가 타자와 완전히 서로 이해하는 것, 타자와 일체화하는 것은 절대 불가능하기 때문이다.

이 문제를 계속 이어나간 이가 바타유와 프로이트이다. 바타유는 에로티시즘이란 타자와의 일체감을 회복하려는 시도로 보았다. 인간은 타자로부터 분리되어 있다. 그것만으로도 타자와의 접촉을 회복하고 싶어한다. 누구나 고독한 존재이고 다른 사람과 진실된 의미의 접촉을 할 수 없다. 독아론은 이러한 고독에 뿌리를 두고 있다. 그렇기 때문에 인간은 에로스로 타자와의 원시적인 일체성을 회복하려 한다. 타자와의 일체성이 환상에 지나지 않는다고 해도 그것은 인간 존재의 본연의 모습에서 비롯된 근본적인 욕망이라는 것이 바타유의 생각이다.

또한 프로이트는 이러한 타자와의 일체감을 회복하고자 하는 충동은 궁극적으로 죽음에 의해서만 가능하다고 지적한다. 제1차 대전을 경험한 프로이트의 유명한 진단이다. 인간은 항상 타나토스라는 죽음의 충동에 위협받고 있다는 것이다. 결국 에로스도 타나토스도 독아론의 다른 모습이라고 할 수 있다. 독아론은 철학의 '병적 증상'일 수 있다. 아니, 인간의 실존이라는 조건 자체에서 비롯된 결코 완치될 수 없는 병인지 모르겠다.

# 노마드
## nomade

노마드 사상은 국가 형성 원리를 거역한다. 하지만 국가의 원리를 부정하지는 않는다. 국가 속에서 살지만 정착하고 모여 산다는 기본적인 태도를 교란시키고 다른 방향의 원리로 개조한다.

노마드, 유랑하는 유목민. 몽골이나 어딘가 아득한 초원을 연상케 하지만 노마드라는 말은 원래 그리스어 동사 노메우어에서 파생되었다. 목초지를 찾아 헤맨다는 뜻이다. 명사형 노모스는 가축이 풀을 뜯기 위해 할당된 장소이다. 할당된 것, 장소, 제도 따위와 법률. 그런 의미가 된다. 노마드가 법과 제도와 관계가 깊은 사실은 어원에서도 알 수 있다. 그런데 들뢰즈가 말했듯이 정착민과 구별한다면 분명 노마드는 주변 일대를 이동하는 무리들이다. 노마드는 정착 생활을 부정한다. 농경하며 국가를 형성하는 무리를 부정하는 것이 본연의 모습이다.

일찍이 플라톤은 교역을 부정하고 자급자족하는 국가를 이상으로 삼았다. 국가나 공동체의 사상은 항상 일종의 전체성을 갖추어 자립하고자 하는 공동체에의 꿈을 가지고 있다. 그것을 가장 분명히 보여준 이가 루소일 것이다. 근대 국민국가의 성립 시기에 새 국가의 모습을 모색한다. 그리고 개별적으로 고립된 개인들이 모여 어떻게 국가를 형성하는지 생각했다. 루소는 어떤 한 생각에 이끌린다. 그것은 일반의지라는 보편적인 원리에 근거하여 개개인이 자기의 이익을 뒤로 한 채 공동체를 형성하는 방법이다.

여기서 개개인의 의사는 일반의사에 편입되어 부정된다. 하지만 개인은 그 대신에 혼자서는 맛볼 수 없는 공동성의 기쁨을 향유한다. 루소는 『신 엘로이즈』*에서 마을의 축제를 그렸다. 거기에는 자신들만의 자유를 부정하고 처음으로 맞이한 공동체에서의 자유와 기쁨의 꿈이 나타나 있다.

'고독한 나'만으로는 진정한 의미에서 자유가 아니다. '나'는 '우리' 속에서 처음으로 자유로워진다. 개인과 공동체가 대비된 이러한 사고방식은 루소에서 헤겔로 이어진다. 그리고 이것은 공동체를 우위에 둔 사상의 원리가 되었다.

공동체사상은 국가를 우위에 두기 때문에 전쟁이론으로 연결된다는 비판도 받는다. 하지만 이 사상의 원리 자체가 잘못된 것은 아니다. '우리'라는 복수형은 각 개인들만으로는 만들 수 없는 기쁨의 원천이 되기 때문이다. 개인은 사회 속에서, 즉 공동체 속에서 한 사람으로는 맛볼 수 없는 기쁨을 얻는다. 그것은 우리 경험에서도 알 수 있다.

하지만 루소의 공동성 원리에 중대한 결함이 있는 것도 사실이다. 공동성이 개인을 상대로 행사하는 지배와 강제가 멈추지 않는다. 루소를 이어받은 헤겔의 국가원리는 개인이 국가를 위해 죽을 것을 요구한다. 국가를 위해 죽는 것이야말로 참된 본질을 자각할 수 있다고

---

◆ *Nouvelle Héloïse*

까지 말한다. 바야흐로 기쁨의 원리가 죽음의 원리로 바뀌는 순간이다. 개인은 스스로 죽음으로써 국가라는 공동성에 편입되고 사라져가는 것이다.

루소, 그리고 프랑스혁명 이후 근대국가의 장치에는 분명히 개인을 부정하는 원리가 형성되어 있다. 웬 역설인가. 근대철학의 원리는 자유이며, 이를 통해 인간의 최고의 가능성을 실현하는 원리이지 않은가. 그리고 이러한 원리는 이미 루소의 사상에 잉태되어 있지 않았는가.

루소는 인간은 자기가 가진 최고의 가능성을 발휘하고 몸과 마음 모두 자유로워져야 한다고 생각했을 것이다. 헤겔의 철학도 마찬가지 원리를 근거로 한다. 그런데 근대의 자유와 공동체 철학에는 삶의 원리를 죽음의 원리로 전화하는 정반대의 역전이 내포되어 있다.

빠져나갈 길은 없는가. 다른 방법은 없는가. 여기서 우리는 노마드라는 말을 떠올린다. 노마드라는 본연의 모습 자체가 이러한 역전에 이의를 제기한다고 볼 수 있다. 노마드 사상은 국가 형성 원리를 거역한다. 하지만 국가의 원리를 부정하지는 않는다. 국가 속에서 살지만 정착하고 모여 산다는 기본적인 태도를 교란시키고 다른 방향의 원리로 개조한다. 바로 '외부적 사유'가 아니겠는가. 들뢰즈는 '외부적 사유'를 사유의 원리로 내세운 사상가다.

> 그러나 공적인 사유의 학문은 여러 '반대적 사고'와 만난다. 그것은 공적인 교수에 대한 '사적인 사상가'의 격렬한 사상적 행동이며 (…) 키에르케고르, 니체, 셰스토프L. I. Shestov도 '반대적 사고'의 계보에 속하는 사상가이다. 그들이 살고 있는 곳은 항상 사막이나 초원이다. 그들

은 사고의 상像을 파괴하는 사상가들이다. — 들뢰즈/가다머 『천 개의 고원』

들뢰즈는 보편적인 사고에 강한 경계심을 품는다. '진리 제국'이나 '정신 공화국'이라는 아름다운 이름이 언급되는 곳, 그곳에는 보편이라는 이름을 내걸고 사람들을 복종시켜 지배하려는 의도가 작용한다고 생각한다.

들뢰즈의 노마드 사상은 사유를 주체 개념이 아니라 사건 개념에서 생각한다. 무언가 '본질'을 요구하며 정의하는 사고가 아니라 그곳에 어떤 문제가 있는지 제기하는 사고이다. 그리고 관리들이나 공무원이 아니라 일반 사람들에게 호소한다. 현대국가에서 태어난 파시즘의 환상에 대항하려면 국가 내부에 어떤 사상, 어떤 사상적 뿌리가 있어야 하는가 묻는다. 들뢰즈의 노마드 사상은 그런 관점에서 생겨났다.

들뢰즈가 언급한 '반反사상가'라는 이름에 어울리는 노마드 사상가 중 한 사람이 레비나스이다. 레비나스의 탈무드 해석은 들뢰즈가 보여준 노마드의 원리를 실행하고 있는 듯하다.

레비나스는 유대교 텍스트를 해석한다. 그것을 통해서 그리스 이후 철학과 국가원리 깊숙한 곳에 있는 '제국성'을 끄집어내어 보여준다. 다만 그는 제국성과 같은 국가원리를 악惡이라고 보지는 않는다. 짐승처럼 살며 상대를 서로 살육할 수밖에 없는 동물적 원리보다는 국가원리가 더 훌륭하다. 국가에 있어서 공동성과 법의 원리를 문명의 소산으로 인정하는 데서 레비나스는 출발한다.

다만 이 원리에는 중요한 것이 결여되어 있다는 것이 레비나스의 생각이다. 국가와 법은 개인을 추상화함으로써 성립한다. 개인이 타자와 관계를 맺을 때 생겨나는 도덕성과는 인연이 없다. 하지만 인간과 인간의 원시적인 관계는 국가나 법에 있는 것이 아니다. 도덕성에 있는 것은 아닌가.

국가의 원리는 항상 국가 내의 공동성을 가진다. 그리고 다른 국가와 대립하고 배반할 가능성을 내포하고 있다. 현대에서도 국민국가는 세계의 주류를 이루는 원리이지만 국가와 공동성의 원리를 전제로 하는 한 전쟁의 가능성은 뿌리째 없어질 수 없다. 레비나스가 말한 그대로이다.

그는 말한다. '대지의 모든 민족이 몸담은 순수한 정치는 존재를 고집하는 동물의 에너지가 전개되는 것이며 서로 억압하려 한다.' 자신의 목숨, 그리고 생존 장소를 지키고자 하는 의사는 정당하지만 도덕성이라는 요소가 결여되어 있으면 서로 살육으로 연결된다. 그리고 궁극적으로 '아우슈비츠에서 그 극에 달한다.' 레비나스 『성경구절을 넘어서』◆

레비나스는 국가의 '정착의 원리'에 대항하는 개인 윤리의 중요성을 강조한다. 들뢰즈가 말하는 '반사상가'라는 의미를 포함하여 레비나스는 이중적 의미에서 노마드 사상가라고 할 만하다.

사이드 E. W. Said는 『오리엔탈리즘』◆◆에서 서양사상의 '심상지리心象地理' 문제를 제안했다. 서양철학과 거기에 영향을 받은 우리 자신이 무의식적으로 만들어내는 지배와 강제의 구도를 파악하기 위해서도 우리는 사고 스타일로서 노마드적 요소가 필요하다.

---

◆ *L'Au-delà du verset*    ◆◆ *Orientalism*

# 장 場
## place, lieu

장이라는 코라의 개념은
현대철학에서 중요한
의미를 가지게 된다.
자연과학을 기초로 한
'객관적인 공간'이 의심받기
시작한 것과 관계가 있다.

장場은 공간이다. 하지만 장에는 시간성도 있다. 공간과 장은 다르다. 공간은 추상적이고, 좀더 객관적인 뉘앙스가 강하다(뉴턴은 절대공간이라는 개념을 생각했을 정도이다). 공간에는 여러 이질적인 사물이 공존할 가능성이 내포되어 있다. 하지만 '장'이라는 개념에는 참여하는 요소들이 어떤 연관성을 가지고 있는 경우가 많다.

무슨 말이냐고? 그리스 철학에서 공간은 원래 원자론의 빈 공간(케논kenon)에서 비롯되었다. 하지만 플라톤은 『티마이오스』에서 '코라khora'라는 개념을 제시한다. 이는 '장' 쪽에 가깝다. 코라에서는 창조신 데미우르고스가 사물의 본모습(이데아)에서 여러 사물의 소재를 끌어내 만물을 만들어간다. 상상하기에 따라 유쾌한 일로 창조의 모태와 같은 장소이다. 그리스 창조자는 유대교의 창조자와 달리 빈 공간의 무無에서 창조한 것이 아니다. 즉 형태가 없는 소재에 이데아로부터 취한 형태를 계속해서 부여해간다. 코라는 공간처럼 추상적이지 않다.

장이라는 코라의 개념은 현대철학에서 중요한 의미를 가지게 된다. 자연과학을 기초로 한 '객관적인 공간'이 의심받기 시작한 것과 관계가 있다. 우선 물리학에서 볼 때 공간은 시간으로부터 독립된 절대적 공간으로는 존재할 수 없다.

일찍이 칸트는 인간이 사물을 인식하는 데는 공간과 시간이라는 두 가지 형식이 필요하다고 생각하였다. 하지만 둘은 결코 분리할 수 없다고 믿었다. 공간은 원래 시간을 포함한 '장'으로서의 성질을 띤다고 인식한 것이다.

플라톤의 이론을 이어받아 거대한 우주론을 구축한 이가 있다. 러셀과 함께 『수학원리』*를 쓴 화이트헤드이다. 그는 칸트와 마찬가지로 공간과 시간을 분리하지 않고 모든 사물은 '4차원 시공의 연속체 과정'으로 파악해야 한다고 생각했다.

화이트헤드는 모든 것은 시간과 공간을 뛰어넘는 자연의 질서 속에 있다고 말한다. 공간과 시간은 추상 개념에 지나지 않는다. 공간 속에 있는 자연은 시간으로서의 성격을 가진 '과정'이다. 그는 그것을 '연속체'라는 개념으로 나타내려고 했다(이 부분은 『과정과 실재』를 읽어보길 바란다).

메를로퐁티도 자연 개념 분석에서 화이트헤드의 통찰을 중요시하였다. 메를로퐁티 자신은 '몸'이라는 개념을 사용한다. '몸'을 무엇이라 해야 할까. 시간과 공간을 분리할 수 없는 '장'으로서의 개념이라 할 수 있다.

---

◆ *Principia Mathematica*

'몸'은 세계가 성립하기 이전에 주체와 다른 주체의 공통의 장을 만들어낸다. 세계라는 개념도 다른 주체와의 공통의 장소이지만 세계는 더 추상적이고 객관적인 의미를 갖는다. 세계는 나의 세계이기 전에 사람들의 세계로 나에게 다가온다. 하지만 세계에 앞서 존재하는 '몸'은 다르다. 주체가 만들어진 원초 같은 것이다.

조금 비슷한 이미지로 레비나스의 '있다(il y a)'라는 개념이 있다. '있다'도 주체가 이것을 기초로 형성되는 원초 같은 장소이다. 그곳은 존재가 원래의 형태로 꿈틀거리고 있는 추상적인 어둠의 세계이다. 하지만 메를로퐁티의 '몸'은 추상적이지 않다. 주체에게 훨씬 신체적이며 주체와 객체의 구별을 가능하게 하는 것이다. 각각의 주체에 공통된 '상호 신체적인' 옷감 같은 것이라고 보면 된다. 비교해보면 성질의 차이를 조금 알 수 있다.

니시다 기타로西田幾多郎에게도 '장소'라는 개념이 있다. 플라톤의 『티마이오스』 등을 근거로 하여 '주어와 술어가 함께 성립할 수 있는 매개체'로 여겼다. 니시다는 (메를로퐁티와 마찬가지로) 윌리엄 제임스W. James의 심리에 착상하여 순수경험을 생각했다. 순수경험이라는 개념을 구성하면서 니시다는 주체와 객체가 분리되지 않고 미분화된 장을 '장소'라고 불렀다. 주체는 '장소'에서 자기를 한정함으로써 형성된다. 장소는 사물의 참된 실재가 있는 장, 참된 자기가 있는 장이며 여기서는 주체와 객체가 분리되지 않는다.

내가 장소의 자기 한정이라고 말할 때는 일반인들의 자기 한정과는 다른 어디까지나 구체적인 것이다. 모순적인 자기 동일로 거기에는 주객의 대립과 관계가 포함된다. 그러한 자기 한정으로써 우리 의식 작용이 이뤄지는 것이다(그곳에 개별 사물이 세계를 비춘다).

— 니시다 기타로 「논리와 수리」

　그렇게 해서 주체는 장소에서 자기로 표현된다. 주체는 그 장소에 본래 갖춰져 있는 역사적인 의미가 각인되어 등장한다. 이것은 사실 라이프니츠의 모나드와도 통한다. 모나드는 그 장을 가짐으로써 세계에서 유일한 존재가 된다. 그리고 세계의 거울처럼 세계를 비춰낸다. 니시다의 '장소' 이론에서도 주체는 무無라는 장소에서 형성된 자기가 된다. 또 역사적인 의미가 각인됨에 따라 세계의 시간도 비춘다고 할 수 있다.

　이렇게 시간과 공간의 개념을 통일하는 '장'이라는 개념은 여러 형태로 구상되어왔다. 하이데거는 '사방Geviert'이라는 개념을 제시한다. 사방은 하늘, 땅, 죽을 자, 신적인 것이라는 네 요소가 연관된 하나의 장 개념이다. 그것은 단순한 우주나 세계 개념과는 달리 공간에 원초적 요소가 포함되어 있다.

　하이데거는 이 개념을 '방역Gegend'이라고 칭한다. 이것은 사물이 등장할 가능성을 제공하는 장이다. 인간은 표상에 의해, 즉 사물을 '사물의 상'에 따라 인식한다는 사유도 있지만 여기서는 인간이 표상할 수 없는 형태로 사물이 생겨나는 '자기 시간화'이다. 사물은 방역에서 사물이 된다. 이 장은 인간이 표상에 의해 사물을 자신의 눈앞에 세울 수 없는 장이다.

　하이데거는 원초적인 장은 사유하는 것, 말로 표현하는 범위 내에서만 등장한다고 생각한다. 시인의 작품과 철학자의 사유만으로 엿볼 수 있다는 것이다. 메를로퐁티의 '살'은 세계 이전에 존재한다. 하지만 하이데거의 '방역' 개념은 존재가 스스로 밝히는 장이다. 이른바 세계의 건너편에 있다고 할 수 있다.

하이데거에게서 배운 한나 아렌트는 거기에 비판을 가한다. 장을 사유 안에 가둬서는 안 된다는 것이다. 아렌트는 장의 시간성을 하이데거가 말하는 '시간화'의 개념에서 인간이 생활하는 장으로 되돌리려고 했다. 장은 공공적인 영역으로서만 존재할 수 있다고 생각한 것이다.

인간은 사고하면서 항상 자기 안에 갇힌다. 자폐한다는 것이 아니라, 자기 안의 또 다른 자기와 대화를 나누기는 하지만 사유하는 주체는 타자로부터 고립된 존재에 불과하다는 뜻이다.

아렌트에 따르면 인간이 정말로 장을 가지는 것은 단순히 사고하는 존재로서가 아니다. 행동하며 타자가 볼 수 있는 공공영역에 등장할 때 가능하다. 아렌트의 관점은 장을 사유나 말 속에 가둬두려고 한 하이데거와는 분명히 대조적이다. 그녀는 장의 개념을 다시 공공성과 타자의 시선하에 생각하고자 한다.

# 배제
## exclusion

인간의 무의식에는 양의적인
메커니즘이 작용하고 있다.
주체가 스스로
인정하고 싶지 않은 경험은
의식에서 배제된다.

너를 우리 일원으로 인정하지 않는다. 여기에서 나가라. 배제한다exclude란 어떤 공동체에서 쫓겨나는 것이다. 가령 국외로 추방되다, 동료들의 모임에서 제명되다 같은 이 배제의 메커니즘에는 두 가지 다른 길이 있는데 고대 아테네의 배제의식을 보면 알 수 있다. 파르마콘pharmakon과 오스트라시즘ostracism이다.

파르마콘 의식은 부정을 쫓는 의례를 치른 후 국경에서 희생자를 내쫓는다. 또는 벼랑에서 밀어뜨린다. 희생자는 죄인 가운데서 뽑힌다. 공동체의 더러움을 쫓고 배제하는 의식인데 이를 위해 아테네는 죄인을 처형하지 않고 살려둔다. 일종의 비축용으로 사육하는 것이다.

또 다른 한 가지는 오스트라시즘이다. 패각추방 또는 도편추방이라고 번역한다. 여기서 배제되는 사람은 죄인이 아니며, 공동체의 불명예도 아니다. 오히려 참주가 될 가능성이 있는 인물, 민중 사이에서 평판이 아주 높은 인물을 인기투표로 뽑는다. 뽑히면 10년간 아테네로 돌아올 수 없다.

이해하기 힘든 관습이다. 두 메커니즘은 배제

에 따르는 두 가지 의미를 보여준다. 이에 대해 20세기 르네 지라르는 파르마콘은 공동체의 내부에 끓어오른 폭력을 외부로 방출하는 메커니즘으로 작용한다고 말한다.

> 사회의 구성원, 즉 그 사회에서 꼭 보호해야 할 사람들에게 덮칠 폭력의 위험을 피하기 위해 상대적으로 관계없는 희생양, 희생되어도 상관없는 그쪽으로 향하게 하려는 시도이다. ─ 지라르 『폭력과 성스러움』

프로이트는 권력자를 배제하는 오스트라시즘과 같은 메커니즘이 사회를 이루는 뿌리라고 말한다. 그는 토템과 터부 현상을 고찰하면서 이러한 금기의 배경에는 원초적인 '왕 죽이기'가 있다고 보았다. 왕이나 권력자 죽이기, 근친상간, 인간의 죽은 시체를 먹는 일은 인간의 고대적 욕망이다. 이런 욕망을 금지하기 위해 특정 생물에 특별한 의미를 부여하여 토템이나 터부 등의 규칙이 만들어졌다. 근친상간 금지가 사회를 형성하는 근본 규칙이라고 지적한 것은 레비스트로스이지만 거슬러 올라가 프로이트를 읽어보면 그 배경에는 왕 죽이기가 있다는 사실을 짐작할 수 있다.

왜 왕을 죽이는가. 프로이트의 주장은 이렇다. 왕과 같이 최고 권력을 가진 자는 더러움을 가져온다. 그러므로 고대사회에서는 왕을 규칙적으로 살해했다. 부정을 최고의 존재와 일치시킨 것이다. 경악하지 않을 수 없다. 결국 오스트라시즘과 파르마콘의 배후에는 동일한 메커니즘이 작용하고 있고 두 의식은 다른 형식으로 나타난 것뿐 아닌가. 한쪽은 죄인, 한쪽은 유력자를 배제하는 것이다.

희생양에 대한 욕망, 고대적인 욕망이 현대 인간에게도 남아 있다고 프로이트는 말한다. 인간의 무의식에는 양의적兩意的인 메커니즘이 작용하고 있다. 주체가 스스로 인정하고 싶지 않은 경험은 의식에서 배제된다. 의식은 마치 없는 것처럼 행동한다. 하지만 배제된 경험이나 기억은 주체에게 매우 중요한 의미가 있기 때문에 잊을 수 없다. 부인하면 할수록 강하게 되살아난다. 이 때문에 의식은 분열을 일으킨다. 프로이트는 분열이 마음의 병의 원인이 된다고 생각했다. 주체는 자신이 바라지 않는 것을 마음속에서 제거한다. 하지만 대가 없이 이루어지지 않는다. 병이 되어 주체를 덮치는 것이다.

나치스의 유대인 절멸 계획이 떠오른다. 이 역시 집단 희생양을 골라내어 내적 권력을 강화하려는 한 대표적인 예이다. 위기에 부딪친 집단은 배제의 메커니즘을 통해서 내적 통일과 권력을 보강하려고 한다. 하지만 이 역시 대가 없이 이루어지지 않는다. 전쟁 말기의 나치스 전략은 이상 현상이라 할 만큼 두드러진다. 배제 자체가 목적이 되어 권력 강화라는 본래의 목적은 간과되기도 한다. 나치스는 유대인을 배제하는 과정에서 결국 스스로 독일인들의 파멸로 나아간다. 독일인들에게 깊은 심적 외상을 입히는 결과를 가져온 것이다. 그 상처가 얼마나 큰지 야스퍼스도 『죄책론』에서 생생히 고백하고 있다.

파시즘의 만행을 배제의 경제학적 측면에서 검토하려는 시도가 있다. 바타유의 사상이다. 자본주의 국가는 생산을 지상 목적으로 삼았다. 파시즘이 그 귀결 중 하나이다. 자본주의 국가는 화폐라는 수단을 통해 국가 내부에 균질한 공간을 만들고자 한다. 하지만 이 목표는 결코 실현되지 않는다. 생산과 화폐로 가감하면 동질적이지만 도저히 한데 묶을 수 없는 이질적인 것이 반드시 내부에 포함되어 있기 때문이다. 그 때문에 국가는 이질적인 것을 끊임없이 배제하고 국가 외부로 방출하려고 한다. 이렇게 동질적인 것과 이질적인 것의 길항拮抗 속에서 파시즘이 등장할 가능성이 생긴다.

이러한 파시즘론을 인종차별 이론과 비교해보면 바타유의 말을 이해하기 쉽다. 자본주의 국가는 사회 내부의 이질성을 잘 통합할 수 없다. 그래서 그 부분을 없애버리려 한다. 하지만 자본주의 국가는 사회의 동질성을 대전제로 하고 있기 때문에 오히려 배제를 실행할 수 없다. 배제 기능이 없는 것이다. 그러므로 동일하면서 이질적인 파시즘의 힘을 빌린다. 하지만 그로 인해 오히려 독일 국가 자체를 붕괴시키지 않았는가. 무엇을 외부로 배출하는가에 따라서 그 집단의 구조가 결정된다.

이 문제를 밝히고자 역사를 거슬러 올라간 이가 푸코이다. 그는 철학에 '배제'를 도입하여 『광기의 역사』나 『감시와 처벌』을 썼다. 정신병원이나 감옥에서, 그리고 식민지에서 사람들이 배제되는 메커니즘과 그 사회적인 의미를 놀라울 정도로 상세히 그려내고 있다. 그는 심리학이나 의학이 배제의 수단이 되었다고 말한다. 많은 것을 생각하게 하는 얘기다.

푸코는 나아가 『담론의 질서』에서 담화에 있는 배제 구조를 생각한다. 과학이나 문학 등은 대개 배제 메커니즘이 작용하지 않는 제도적인 영역이라고 생각한다. 하지만 사실 어떻게 해서 '진리가 아닌 것' '문학이 아닌 것' '예술이 아닌 것'이 처음부터 배제되고 부정되고 무시되는가. 또 '작품'을 만들고 인정받기 위해 (그리고 작가로 등장하기 위해) 채워넣지 않으면 안 되는 조건 또한 얼마나 많은가.

이러한 배제 개념을 보이는 것과 보이지 않는 것의 대립관계로 파악한 이가 알튀세르이다.

보이지 않는 것은 보이는 것에 의해 정의되기 때문에 보이는 것에는 배제의 어둠이 내재되어 있다. — 알튀세르 『자본론을 읽는다』

말할 수 있는 것과 말할 수 없는 것이 서로 배제관계에 있다. 푸코의 담화론에서 나오는 말이다. 알튀세르는 말한다. 무엇이 보이지 않는가는 무엇이 보이는가로 규정된다. 두 사람의 이론이 같은 곳을 향하고 있다. 되풀이하지만 무엇을 배제하느냐에 따라 제도와 사회가 규정된다. 버리는 행위는 대가 없이 이루어지지 않는다.

# 패러다임
## paradigm

쿤의 패러다임이라는 개념은
과학사를 뛰어넘어
널리 받아들여지고 있다.
사물을 보는 관점,
'지식의 틀'과 같은 이미지로
이해하게 되었다.

패러다임의 어원은 그리스어 파라데이그마 paradeigma로 '나열하여 보이다'는 동사에서 왔다. 모델, 규범, 표본으로 번역될 수 있다. 플라톤의 『티마이오스』에서도 파라데이그마가 창조자 데미우르고스가 만물을 만들 때 '견본'이었다.

이것이 철학세계에서 중요한 말이 된 것은 언제부터인가. 토마스 쿤T. Kuhn의 『과학혁명의 구조』◆ 이후이다. 쿤에 따르면 과학의 역사는 점진적으로 진보하는 것이 아니다. 하나의 기반 이론이 과학적 발상 자체를 일정 기간 계속 지배한다. 그러나 근본부터 변화가 이뤄지는 때가 있는데 그때 일제히 새로운 관점이 받아들여진다. 바로 쿤이 말하는 '과학혁명'이다.

생명 분야에서 2세기에 확립된 갈레노스C. Galenus의 이론이라는 것이 있다. 중세의 권위 있는 이론으로 오랜 기간 신체구조의 기본적인 모델로 여겨져왔다. 혈액순환 등 이 모델에 반하는 사실이 확인되어도 무시되거나 갈레노스의 모델에 맞추어 설명해왔다. 이런 식으로 어떤 시대의 과학활동의 기초가 되어 규범으로 작용하는 기반 이론을 쿤은 패러다임이라고 불렀다. 그러면 어떠한 이론이 패러다임이 될 수 있는가. 그의 정의를 인용해보자. 과학적인 업적 내에 다음의 두 가지 조건을 충족하면 패러다임이 된다.

> 하나는 그 업적이 대립하고 경합하는 다른 과학 연구활동을 포기하면서까지 지지하고 나서는 열성적인 집단이 모이도록 전례 없이 특이한 것일 것. 또 한 가지는 그 업적을 중심으로 편성된 연구집단에게 해결해야 할 모든 종류의 문제를 제시할 수 있는 것.
>
> ─ 쿤 『과학혁명의 구조』

갈레노스의 이론은 18세기까지 생물학의 패러다임이었다. 물론 분야마다 경우가 다르다. 가령 기하학에서는 이미 기원전에 패러다임이 확립되었다. 그러나 물리학에서 패러다임이 성립된 것은 뉴턴 이후이고 유전학에서 패러다임적 요소가 탄생한 것은 극히 최근이다.

쿤의 패러다임이라는 개념은 과학사를 뛰어넘어 널리 받아들여지고 있다. 그리고 사물을 보는 관점, '지식의 틀'과 같은 이미지로 이해하게 되었다. 모든 방면에서 패러다임적 전환이 주장되기도 한다. 쿤의 원래 생각에서 보면 남용이라 할 수 있지만 '모든 사고방식이 변하는 것'이라는 광범위한 의미로 쓰이게 되었다. 그만큼 이 말이 가진 힘이 강하기 때문일 것이다. 오랫동안 당연하다고 생각한 것이 어느 날 새로운 경험을 하게 되고 지금까지와는 다른 관점에서 보인다. 그

◆ *The Structure of Scientific Revolutions*

럴 때 원래의 사고방식은 변하지 않았는데도 '어! 패러다임의 전환이다'라고 말하고 싶어진다.

쿤은 원래 패러다임을 하나의 과학이 과학으로서 확립되기 위한 기준 같은 것으로 생각했다. 그 점에 유의하기 바란다. 쿤의 패러다임 개념은 분명히 참신했다. 무엇보다 자연과학처럼 추상적이고 객관적으로 보이는 학문마저 사회의 역사적 배경에 좌우된다는 사실을 알게 되었기 때문이다. 과학이 발견한 사실이라도 그 '과학계'에서 정통으로 인정하고 있는 틀에서 벗어나면 완전히 무시되거나 다른 이유가 붙게 된다. 상당히 의외이지 않은가. '과학적인 진리'이지만 진리로서 인정받기 위해서는 역사적인 조건이 필요하다는 의미이다.

철학자인 푸코는 쿤과 다른 관점에서 '진리의 역사적 조건'에 관해 말한다. 그의 『말과 사물』에는 이런 말이 있다. 하나의 문명은 하나의 시대이고 어떤 기본적인 지식의 틀 즉 에피스테메를 가지고 있다. 가령 중세의 에피스테메는 근대의 에피스테메와 분명히 다르다. 그 시대의 모든 학문은 사물에 대한 사유방식의 기본적인 틀, 즉 에피스테메의 근거에 따라 가능해진다.

푸코는 에피스테메 개념을 설명하면서 칸트의 아프리오리의 개념을 차용하고 있다. 칸트의 아프리오리라는 개념은 경험에서 비롯하지 않고 경험을 가능하게 하는 것이다. 하지만 푸코는 역사적인 아프리오리를 상정하였다. 역사 속에는 여러 학문의 개별적인 인식과 지식에 근거하지 않으면서도 전체적인 인식과 지식이 될 수 있는 큰 틀 같은 것이 존재한다는 것이다.

조금 이해하기 힘들지 모르겠다. 쿤이 들고 있는 예를 보면 원래 물리학이 하나의 과학으로서 성립하기 위해서는 그 시대의 역사적인 아프리오리가 변할 필요가 있다는 것이다. 여기에 에피스테메라는 관점을 도입하면 설명이 가능해진다.

한 문화의 어떤 시점에서는 항상 단 하나의 에피스테메밖에 존재하지 않는다. 그것이 모든 지식 가능성의 조건을 규정한다. 그것이 하나의 이론으로서 명시된 지식이든 실천 속에서 암암리에 쓰이는 지식이든 마찬가지이다. (…) 중요한 것은 지식의 이러한 기본적인 필연성을 언급하는 것이다. ― 푸코 『말과 사물』

푸코가 에피스테메의 개념을 제시했을 때 아직 쿤의 책을 읽지 않았다고 한다. 하지만 뜻밖에 패러다임과 에피스테메라는 두 관점에는 공통점이 있다. 양자 모두 개별적인 지식이 아니라 그러한 지식을 가능하게 하는 큰 틀을 다루고 있다는 점이다. 다만 쿤의 개념은 기본적으로 과학분야에서 '과학혁명'을 설명하고 있다. 푸코의 에피스테메 개념은 특정 시대 특정 문명하에서 모든 사고의 기반이 되는 무엇인가를 해명하고자 하였다.

그밖에도 큰 차이가 있다. 패러다임이 된 이론은 널리 알려져 있어 모든 과학자들이 인식할 수 있다. 하지만 에스피테메는 그 속에서 사는 우리가 좀처럼 의식하지 못한다(패러다임도 보이지 않는 상황이 있다. 패러다임으로 인정되기까지의 상태가 그렇다. 참신한 이론이 사람들에게 인정받았을 때 비로소 보이게 된다. 바로 패러다임 충격이다). 한편 에피스테메는 보이지 않는다. 공기와 같이 투명하다. 지나간 시대의 에피스테메는 이해할 수 있어도 동시대의 에피스테메는 우리 사고의 기반 자체이기 때문에 오히려 보이지 않는 것이다. 자신의 지식을 외부에서 보고 논평하는 것은 어렵다. 시간이 지난 후에야 인식할 수 있다. 아, 그게 그거였구나 하고 말이다.

어떻게 하면 눈앞에 있는 투명한 틀을 깨달을 수 있는가. 눈앞을 응시해도 보이지 않는다면 뒤돌아가 과거의 에피스테메를 살펴보는 것이 도움이 될 것이다. 그 경우 가다머가 말한 '해석학적인 순환'이 작용한다. 즉 우리는 과거에 대해서도 현재 시점의 형태로 해석할 수밖에 없다. 지금 되돌아보면 그렇게 보일 수밖에 없다. 어쩔 수 없이 선입관이 끼어든다. 자신의 관점에 맞춰 생각하게 되는 것이다. 과거를 해석함으로써 자기의 선입관을 느낄 수 있다.

사실 패러다임 자체에 해석학적인 요소가 포함된다. 쿤 자신도 패러다임을 '해석학적 기초 hermeneutic basis'로 바꾸어 불렀을 정도이다(쿤은 나중에 패러다임이라는 말이 혼란을 초래할 수 있다고 생각하여 학문영역의 매트릭스 disciplinary matrix라는 용어를 제안한다).

이러한 해석학적인 요소를 포함하여 패러다임을 보면 푸코의 에피스테메의 개념에 가깝다는 걸 알 수 있다. 패러다임과 관련된 과학활동도 어떤 종류의 '암묵적인 지식'을 필요로 한다. 패러다임도 가다머가 말한 의미에서 '순환성'에서 벗어날 수 없다.

# 표상
## representation, Vorstellung

사물의 존재는 인간의
표상에 의해, 인간이 대상을
접함으로써 비로소
가능하게 된다. 표상의
주관은 인간이기 때문에
대상은 그에 따를 수밖에
없는 '대상'이 된다

표상表象은 원래 모호한 것이다. 옛날 그리스 철학에서 표상은 사물의 실상에도 인간의 사고에도 없는 중간적인 것, 환상적인 것이라는 위치에 있었다. 인간은 감각으로 사물의 참된 모습을 파악할 수 있다고 하지만 표상은 '감각에 의한 운동'에 지나지 않는다. 인간의 정신적인 측면에 근거한 하나의 환상(판타지아)이다.

하지만 근대철학이 등장하면서 표상의 지위도 향상된다. '인간은 표상에 의해서만 사물을 파악할 수 있다'는 데카르트의 주장이 근대철학의 시작이기 때문이다. 인간의 참된 지성이란 무엇인가. 그것은 분명하게 판명된 표상을 근거로 확실한 추론을 이끌어내는 능력이다. 데카르트 철학에서 진리의 궁극적인 근거는 '나는 생각한다. 그러므로 나는 존재한다'라는 '코기토'에 있다. 코기토는 자기에 대한 표상이다. 표상의 지위를 놓고 이후 인식론은 대혼란을 겪게 된다.

그 경위를 간단히 살펴보자. 17세기 무렵 영국에 경험론이라는 흐름이 있었다. '자아란 지각의 다발 외에는 아무 것도 아니다'(흄)는 것이 이러한 흐름을 대변한다. 하지만 '지각의 다발'은 주체가 표상화한 집합이다. 그러면 자아는 표상의 무대라고 볼 수 있다. 칸트는 영국 경험론의 표상론을 비판하지만 그 자신도 위태롭기는 마찬가지다.

칸트에 따르면 인간이 인식할 수 있는 것은 물자체物自體가 아니라 현상뿐이다. 그리고 현상이란 인간이 표상화한 것에 불과하다. 칸트에게는 직관, 지각, 사유 모두 표상이다. 『순수이성비판』은 표상에 대한 연구인 셈이다. 정말 그런가.

본격적으로 생각해보자. 표상화한다는 것은 어떤 의미인가. 그것은 대상을 형상을 갖추어 눈에 보이도록 내놓는 것이다. 물자체가 아니라 사물의 형상이다. 이것은 인간이 표상을 통해서만 사물과 관계를 가질 수 있다는 사고이다. 그렇다면 표상화하지 않은 것은 존재하지 않은 것과 마찬가지 아닌가. 사물의 존재는 인간의 표상에 의해, 인간이 대상을 접함으로써 비로소 가능하게 된다. 이른바 표상의 주관은 인간이기 때문에 대상은 그에 따를 수밖에 없는 '대상'이 된다. 즉 표상이라는 개념에는 주관과 객관의 대립관계가 서로 얽혀 있고 그것이 전제가 된다.

표상이라는 말은 영어나 프랑스어로는 representation이다. '상기想起'나 '재생再生'의 의미이다. 하지만 독일어에서는 Vor-stellung라고 한다. '앞에 두다'라는 의미이다. 독일어를 기초로 표상의 의미를 생각한 이가 하이데거이다. 그는 여기서 서양 형이상학의 문제점을 보게 된다. 주체라는 위치에서 표상의 주권을 상정하는 것은 '존재'를 망각하는 것이며, 인간이 다른 사물이나 자연과 관련된 본래의 모습을 무시하는 것이다.

존재가 '표상화' 대상이 되면 존재는 어떤 의미에서는 이미 '존재하
고 있다'는 사실이 사라지고 만다. (…) 가치가 생겨나는 것은 형상
들의 세계 속에서, 표상화된 것들을 욕망의 목표로 삼고 이를 대상화
하는 데서 생겨난다. — 하이데거 『숲길』

하이데거는 더 나아가 이 문장에서 표상의 뿌리에는 '세워-조립함
Ge-stell'을 뜻하는 사고가 있다고 본다. 그리고 그것이 서양의 과학과
형이상학의 근본을 규정하고 있다는 것이다. 인간은 표상화함으로
써 존재 속에서 주체로서 행동하고 자연을 공격한다. 자연은 이렇게
인간으로부터 공격을 받아 새로이 세워지고 만들어지며, 기술에 의
해 재창조되는 객체이다.

여기가 어려운 부분이다. 현대과학과 기술이 자연에 대해 공격적
인 자세를 취하고 있다는 점을 알 수 있다. 이는 형이상학의 기초인
주체와 객체 이원론에서 왔는지 모른다. 그런데 그것이 표상에 따른
귀결인가. 현대의 과학과 기술은 서양만의 문제가 아니라 범지구적
인 문제이다. 이것을 단순히 표상의 개념과 결부하여 비판하는 것은
조금 자의적으로 보인다.

하이데거에 따르면 주체에 의해서 표상화되는 것보다 존재의 소
리에 귀 기울이는 것이 더 중요하다. 하지만 서양 과학문명에 대한
비판을 다루는 측면에서는 효과적일 수 있지만 철학의 영위로서는
제한적인 역할에 지나지 않는다. 자연에 대한 자세만으로 서양 형이
상학을 전면적으로 부정할 수는 없다.

표상이 17, 18세기 서구의 사유방식을 이해하는 데 효과적인 '열쇠'라고 생각한 이가 있다. 푸코다. 그는 『말과 사물』에서 서양의 지식의 틀, 에피스테메를 분석하였다. 에피스테메는 시대 전체의 가치관 같은 것이다. 17, 18세기 서양철학의 핵심에 표상이 있다고 보았다. 이를테면 르네상스와는 달리 이 시대에는 모든 것의 의미가 현실 속 사물과의 관계가 아니라 '완전한 기호 도식 안에서 주어진다'는 것이다.

고전주의 시대에는 질서체계, 즉 사물을 동일성의 체계로 인식할 수 있게 하는 위대한 분류학은 모두 표상이 자신을 표상화할 때 자신의 내부로 열려 있는 공간 속에서 전개된다. 존재와 동일자는 이 공간 속에서 장을 갖는다. 언어는 언어의 표상에 지나지 않으며, 자연은 존재의 표상에 지나지 않으며, 욕구는 욕구의 표상에 지나지 않는다.

— 푸코 『말과 사물』

푸코는 말한다. 근대의 에피스테메가 가능하기 위해서는 하나하나의 학문에 있는 그 도식적 표상성을 부숴버릴 필요가 있다. 긴 역사를 통해 비로소 사물이 깊이 인식될 때까지 서양의 지식은 모든 것을 표상의 체계로만 이해하려고 한 것이다. 매우 날카로운 통찰이다.

또한 니체도 재미있다. 인간은 표상으로 나타난 것 외에는 인식할 수 없다. 인간에게는 표상만이 확실한 것이다. 그러나 표상은 변한다. 생성하는 것을 인식하는 데는 적합하지 않다. 인간의 표상은 오류를 가져오며, 항상 존재의 본질을 오인한다. 그러나 바로 거기서 사고의 가능성이 생겨난다고 생각하였다.

어떻게 오류가 있을 수 있는지 물어서는 안 된다. 인식에는 기본적으로 진리가 아닌 것도 있다. 그럼에도 불구하고 어떻게 특정 진리가 생겨나는지 의문이다. 표상으로 나타나는 존재는 확실하다. 이것은 인간에게 유일하게 확실한 것이다. 문제는 인간이 어떻게 표상화하는가, 어떻게 표상화해서는 안 되는가 하는 점이다. 인간이 존재를 표상화하는 것은 문제가 아니라 사실이기 때문이다. — 니체 『생성의 무구함』

니체는 인간은 진리라는 이름의 오류를 필요로 한다고 말한다. 표상도 비슷하다. 표상은 오류를 포함한다. 그런데 어떻게 특정 '진리'가 생겨나는가. 니체의 생각을 이어받아 표상이 아닌 반복의 철학이 중요하다고 강조한 이가 들뢰즈이다. 결국 표상은 항상 코기토의 동일성으로 되돌아온다. 코기토는 표상 자체이다. 들뢰즈는 확고한 동일성을 근거로 삼는 한 주체의 동일성과 관련된 한계를 극복할 수 없다고 보았다.

표상에는 중심이 하나뿐이다. 벗어날 유일한 길은 전망밖에 없으니 거짓된 깊이밖에 없다. 표상은 모두를 매개하는 운동이지만 실은 조금도 움직이게 하지 않고 조금도 움직이지 않는다. — 들뢰즈 『차이와 반복』

들뢰즈는 말한다. 표상의 형식으로 사고하는 것은 결국 동일성을 경유하여 차이의 사상을 부정하는 입장으로 되돌아온다. 일찍이 니체의 영원회귀는 절대적인 긍정의 사상이었지만, 들뢰즈는 반복의 사상을 내놓는다. 그리고 '부정성否定性 없는 차이'를 목표로 한다. 이는 하이데거처럼 표상을 단순하게 부정해버리는 것이 아니라 표상의 복수성을 역으로 이용하는 만만치 않은 사고방법이라 할 수 있다.

# 풍토
## locality, climat

우리는 철학의 추상적
보편성을 인정하면서도
그리스 철학이 가진
풍토성을 지양할 필요가 있다.

철학은 보편을 추구한다. 그런데 보편성은 어디에서 구할 수 있는가. 서양과 동양은 언어가 다르다. 사용하는 개념이나 역사적 배경도 다르다. 하지만 그리스 이래 서양철학은 보편적인 사고를 추구해왔다고 생각한다. 서양철학은 어디에서 '보편성'을 획득하는가. 어떻게 동양인인 우리가 서양철학 개념으로 사고할 수 있는가.

그 근거 중 하나는 언어능력의 보편성에 있다. 촘스키A. N. Chomsky가 주장하는 것처럼 인간에게는 어떤 언어도 획득할 수 있는 유연성이 있다. 이를테면 일본인 아이라도 포르투갈에서 태어나 자라면 포르투갈어를 한다. 이란인이라도 일본에서 지내면 일본어를 할 수 있다. 인간은 특정 모국어뿐만 아니라 언어를 말하는 것 자체의 독특한 능력을 가지고 있다.

소쉬르에 따르면 언어는 차이의 체계이다. 사회나 문화에 따라 형태가 다 다르다. 하지만 그리스 이래로 철학용어는 기본적으로 어떤 언어로 번역되든 각각의 개념으로 이해한다. 철학의 보편성으로 한 가지 더 들자면 언어 번역 가능성이다.

처음으로 언어를 통해 개념을 파악하고 체계적인 형태로 전개한 것이 그리스 철학이다. 인도에서도 논리학이 상당히 발달하였던 것으로 보이지만 생활 곳곳에서 활발히 물음을 제기하고 답하는 사고 체계를 세운 것은 그리스 철학자들이다. 인간이 언어와 지성으로써 사고하는 기본방법은 그리스 철학이 제시하였다고 할 수 있겠다.

언어를 사용하는 인간은 (베르그송이 지적했듯이) 본능이 아닌 지성을 바탕으로 개념으로 사고한다. 이렇게 개념에 의한 사고의 가능성을 처음으로 보여준 것도 그리스이다. 그리스에서는 우리가 생각해야 할 문제를 여러 철학적 테마, 즉 철학소哲學素로 제시하여 종교나 과학과는 다른 철학의 가능성을 보여준다. 동양적으로 사고하는 우리에게도 그리스에서 형성된 개념을 사용하면 보편성이 높은 위치에서 사고를 공유할 수 있다.

그와 동시에 그리스 철학은 우리가 의식하는 것 이상으로 특정 풍토와 언어의 고유성에 매여 있기도 하다. 우리는 철학의 추상적 보편성을 인정하면서도 그리스 철학이 가진 풍토성을 지양할 필요가 있다. 그런데 그리스 사고방식의 '지방성'이란 어디에서 오는가.

이데아라는 관념이 생겨난 것은 그리스 땅이다. 플라톤이 생각해낸 이데아는 변하는 것과 불변하는 것이라는 이원론을 만들어냈다. 베르그송도 철학의 개념적 사고의 기초는 플라톤의 이데아론에서 빚어졌다고 말한다. 어딘가에 참된 것이 있다고 보는 생각이다. 이것은 생生의 흐름을 단편적으로 파악하여 생과 그 상위에 있는 영원한 세계를 대립시킨다. 이러한 이원론은 이후 철학의 사고에서 주류를 이룬다. 데카르트 철학에서 주관과 객관의 이원론적 대립을 보이고, 현대에서도 중요한 문제로 남는다. 서양철학의 풍토성의 기원을 보여주는 하나의 예이다.

지방성과 풍토라는 개념에 처음 주목한 이는 칸트이다. 칸트의 『인간학』은 지리적인 변화와 민족적 차이를 통해서 철학의 보편성을 추구하였다. 매우 재미있는 책이다.

일본의 와쓰지 데쓰로 和辻哲郎 는 지방성의 문제를 철학 개념으로 끌어올렸다. 와쓰지는 하이데거의 『존재와 시간』의 시간론을 근거로 삼았다. 그리고 추상적인 시간과 공간이 아니라 각 국가와 민족이 가진 고유성을 고려하여 '문화의 해석학'을 정립하였다.

와쓰지는 그리스 철학에서 모든 활동은 '보는' 것에 우위가 있다고 지적한다. 철학에서 실천보다 이론의 테오리아(보는 행위)가 우선시되는 전통은 그리스의 풍토에서 유래한다고 생각하였다.

보는 입장은 위에서와 같이 그리스인의 생산방식마저 결정짓는다. 물론 관조적인 학문적 특징도 있다. 아리스토텔레스가 말하길 인간은 본래 알고 싶어하는 욕구를 지니며 그 증거의 하나로 감각을 즐겁게 하려 한다. (…) 그 중에서도 시각을 만족시키려 한다.

— 와쓰지 데쓰로 『풍토』

이처럼 지리적 인간학이나 풍토론은 철학에서 추상성이 가장 높은 차원과 각 주체들 사이를 매개하는 측면이 있다. 다른 사상가들도 이러한 매개체 역할과 중요성을 강조하였다. 몇몇 예를 들자면 푸코의 '역사적인 아프리오리' 개념, 부르디외의 '아비투스' 개념, 메를로퐁티의 '제도' 개념 등이다.

와쓰지의 풍토론을 만들어낸 일본에서는 제2차 대전 이전부터 이러한 매개이론이 전개되었다. 니시다 기타로西田幾多郎의 '장소이론'도 그 중의 하나이다. 니시다의 생각은 플라톤의 『티마이오스』에 나오는 '장場', 코라 개념을 근거로 한다. 플라톤의 코라는 이데아와 개체를 매개하는 원리이지만 니시다의 '장소의 논리'는 절대자와 개체를 매개하는 논리이다.

> 장소가 자기 부정적 또는 긍정적으로 자기 자신 내면 깊숙한 곳에서 자기를 표현하고 모순적인 자기동일로 자기를 형성해갈수록 개별적인 것은 철저하게 개별적인 것이 되어 장소의 자기형성적인 요소를 이룬다. — 니시다 기타로 「수학의 철학적 기초」

다나베 하지메田邊元가 비판하듯 니시다의 이론은 어딘가 라이프니츠의 모나드와 비슷한 데가 있어 정적 이미지를 준다. 역사적인 신체성에서 국가, 사회, 개인의 관계를 모색하려 하는 점이 니시다 이론의 특징이다.

여기에 반해 다나베는 '종種의 이론'이라는 매개적 개념을 제시하였다. 여기에서 종은 부류와 개별을 매개하는 것이다. 그와 동시에 사회와 개인을 매개하는 사회적인 존재론으로 구상하기도 했다.

> 그럼에도 불구하고 역사의 실체로서의 개인과 대립하는 것은 바로 종으로서의 민족이다. 종이야말로 역사의 실체라 해도 좋다. 단순한 개인은 역사의 주체로서 필요한 실체적 매개가 부족하다. (…) 역사

의 매개성은 종의 매개성에서 유래한다. 주체적인 개별 실천이 역사를 매개로 하는 것 역시 종의 실체를 매개하는 데서 유래한다.

── 다나베 하지메 「종의 이론과 세계도식」

다나베는 헤겔의 변증법을 근거로 이렇게 생각한다. 유와 종, 개체의 변증법이 인류, 국가, 개인 사이에서 성립한다. 개인은 국가를 매개로 하여 인류와 통합한다. 다나베의 이론은 제2차 대전 중 일본에서 불행한 운명을 맞이하지만, 지정학적인 견지에 바탕을 둔 철학으로 철학의 보편성을 유지하면서 개인과 다른 장에서 매개적인 철학의 의의를 주장했다는 점에서 흥미롭다.

헤겔의 논리학이 보여주듯이 (그리고 데카르트의 코기토 이론의 추상성에 대항하여 비코G. Vico가 역사의 중요성을 지적한 것처럼), 철학에서는 보편성과 개별성만이 아니라, 매개가 되는 '특수성' 이론이 중요하다. 지방성과 풍토라는 개념은 이를 위한 귀중한 키워드가 된다. 이러한 풍토론을 근거로 하면 철학의 추상적인 보편성 뒤에 있는 지방성이 모습을 드러낼지도 모른다.

# 분절
## articulation

분절을 묻는다는 것은 바로
사물을 사물로서 인식하는
인간의 능력 자체를 묻는
것이며, 세계를 묻는 것은
인간의 인식과 존재 자체를
묻는 것이다.

훌륭한 요리사는 칼질하려는 고기에서 관절이 어디고 근육이 어디인지 알고 있다, 라고 멋지게 말한 이는 내가 아니라 플라톤이다. 그렇다. 덩어리로 보이는 것에도 내부는 구분할 수 있다. 이것을 이해하는 것이 중요하다. 분절은 이런 내부 구조를 의미하는 말이다. 관절artus의 접사 articulus(관절, 단락, 단편)가 어원이다.

플라톤이 말하는 분절은 사물에 이미 갖추어져 있는 구조를 뜻하지만, 여기서 생각해보고 싶은 것은 인간이 사물을 인식할 때 작용되는 분절의 힘에 관해서다. 눈을 수술하여 바깥세상을 볼 수 있게 된 사람은 처음에는 빛과 색채의 소용돌이밖에는 보이지 않는다고 한다. 시각이 사물을 분절하는 힘은 타고난 것이 아니라 습득해야 한다. 나무가 나무로, 하늘이 하늘로, 거리가 거리로 보기 위해서는 시선을 나눌 수 있어야 한다.

언어도 마찬가지다. 인간은 언어를 통해 인식세계의 분절 방법을 습득한다. 돌멩이나 모래나 바다를 그 자체로서 파악하기 위해서는 우리는 돌, 모래, 바다라는 '언어적인 분절'을 배울 필요가 있다.

이와 같은 분절은 어린아이 무렵에 익힌다. 나누어진 것을 기억하고 나누는 방법도 배워간다. 실제로 사회마다 분절 방법이 다르다. 문화인류학 연구에 많은 사례가 나와 있다. 무지개는 다섯 색인가 일곱 색인가. 달은 금색인가 은색인가. 이런 것도 그 사회의 기본적인 분절에 따른다. 분절은 이른바 인간이 무언가를 경험하게 되는 토대 같은 것이다. 개별적인 인식에 앞서 힘을 가진다. 그런데 토대는 또 어떻게 마련되는가. 철학에서는 아직 충분히 풀리지 않고 있다. 칸트의 경우 인간의 인식에서 사물을 지각할 때 수동적인 직관이 작용한다고 보았다. 그와 동시에 자발적인 구상력이 작동하여 사물의 눈에 보이는 상, 표상을 본뜨게 된다는 것이다.

『순수이성비판』에 나오는 내용이다. 카테고리의 초월론적인 연역 부분이다. 인간은 세계의 다양성에서 하나의 대상을 분절하고 인식한다. 그 바탕이 되는 것이 '초월론적 친화성'이라고 한다. 하지만 그것이 어떠한 성질을 갖는지는 분명히 밝히지 않는다.

원칙적 분석론에 따르면 다양한 지각과 개념을 얻기 위해서 구상력은 '도식'을 만들어낸다. 칸트의 도식론은 인간의 직관에서 분절의 문제를 오성으로 해결하려는 것이다. 그렇다면 도식은 무엇인가. 칸트는 굳이 설명하지 않고 오성의 도식이란 '인간의 마음 깊숙이 감춰진 기술'이라고 할 뿐이다.

칸트가 다룬 분절의 문제를 하이데거는 '사물과의 만남'이라는 존재론적 물음으로 다시 제기한다. 우리는 세계를 어떻게 보는가. 나같은 사람은 '자연스러운' 시선이라고 소박하게 생각한다. 하지만 하이데거는 사물을 보는 것은 자연스러운 것도 소박한 것도 아니다고 한다. '사물을 보는 것' 자체가 역사나 전통, 문화를 의미한다는 것이다.

언뜻 보기에 우리는 아무 배경이나 선입견 없이 사물에 접근하고 사물의 성질을 말한다. 그러나 거기에서 보거나 말하는 것은 우리가 아니다. 오히려 낡은 전통이 말하고 있는 것이다.

— 하이데거 『사물에 대한 물음』◆

여기에는 칸트의 도식과 같은 추상적 개념이 아니라 역사라는 구체적인 요소가 등장한다. 하이데거는 인간이 세계를 바라보는 '소박한' 행위도 보는 인간의 존재와 그 역사성이 질문을 던지는 것이라고 생각한다. 세계가 어떻게 분절되고 사물이 어떻게 표상되는가에 따라 인간은 이미 무엇인가를 판단하고 있기 때문이다. 그러므로 분절을 묻는다는 것은 바로 사물을 사물로서 인식하는 인간의 능력 자체를 묻는 것이며, 세계를 묻는 것은 인간의 인식과 존재 자체를 묻는 것이다.

그렇다면 굉장히 큰 것을 깨닫게 되는 셈이다. 세계의 분절이 어떤 식으로 이루어지는가에 따라 세계에 대한 인식이 정해진다는 것인가. 그렇다. 베르그송은 다음 같이 말한다.

우리가 대상에 대해 밝히는 윤곽은 우리가 대상에 도달할 수 있는 것, 변화시킬 수 있는 것을 나타내는 데 불과하다. 물질 속에 여러 선線이 있다고 보는 것은 우리가 그 선들을 찾으려 하기 때문이다 (…)

---

◆*Die Frage nach dem Ding*

인간과는 다른 차원에서 형성된 동물, 가령 연체동물이나 곤충이 인간과 같은 방법으로 물질을 절단하는지 모르겠다.

— 베르그송 『창조적 진화』

세계에 산다는 것은 그 세계를 어떤 특정 방법으로 절단, 분절하는 것일 뿐이다. 동물학자 윅스쿨은 '환경세계'라는 개념을 제시한다. 세계를 어떻게 분절하는가에 따라 세계의 형상이 전혀 다르게 나타난다. 진드기가 보는 세계, 개가 보는 세계는 인간의 시선과 전혀 다르다. 물론 우리는 진드기가 보는 세계를 알 수 없다.

세계를 분절하는 방법에 따라 그 사회의 사유방식도 규정된다. 누구나 자신이 속한 사회가 가르친 방법으로 자연과 타자와의 관계를 정립해야 하기 때문이다. 이런 논점의 분명한 예가 페미니즘이다.

페미니즘 비평에 따르면 서양사회나 그 문화의 바탕에는 남성사회의 시각이 깔려 있다. 모두 암묵적으로 남성형으로 사고하고 남성의 관점이 모든 것을 관통하고 있는 것이다. 이 역시 분절 방법에 따라 그 문명 구성 전체가 규정된다는 의미이다.

이리가레이L. Irigaray가 지적하길 여성이 철학의 화자가 되려면 남성적인 화자로 등장하지 않으면 안 된다. 여성으로서 말하는 것은 매우 어렵다.

그러므로 내가 무언가를 말하려면 항상 남성 모델에서 빌려옵니다. 그리고 나의 성은 그 모델에게 빌려온 그대로입니다. (…) 하지만 남성 모델에게서 차용해 오지 않으면, 내가 말하는 것은 현재의 규약으로는 이해되지 않거나, 혹은 이상하거나 병적인 것으로 형용되고 말 것입니다. ─ 이리가레이 『하나가 아닌 성』◆

어떻든 분절 자체는 필요하다. 분절되지 않은 자연세계는 신화적인 '가축'의 세계로 퇴락하고 말 것이다. 아도르노와 호르크하이머는 『계몽의 변증법』에서 그것을 그려내고 있다. 계몽이란 분절하는 이성의 힘이다. 어느 정도 기울어진 것이라고 해도 분절과 무관한 문명은 없다. 어떻게 하면 좋은가.

중요한 것은 자신의 분절에 대해 항상 의식적 자세를 갖는 것이다. 그 분절이 어떤 식으로 이루어지는가. 그것이 암묵의 이해로서 어디까지 우리의 사고를 지배하고 있는가. 분절은 이데올로기보다 앞서서 우리의 사고에 '자연스러운 흐름'을 만들어내는 만큼, 따로 분리하여 파악하는 것은 매우 어렵다. 하지만 철학에서도 중요한 과제의 하나임은 분명하다.

베르그송도 말했지만 지성은 지성 고유의 방법으로 세계를 보려고 한다. 하지만 철학이란 사실 지성의 '자연스러운 기울기'에 거스르는 행동이다. 우리가 자연스러운 것으로 받아들이는 분절 방법에 반하는 행위이다. 우리는 나무를 나무로 보는 이외의 방법은 모른다. 하지만 무의식적으로 받아들이고 있는 그런 문화적인 분절을 끊임없이 의식하고자 하는 것은 가능하다. 그럼으로써 이제와는 다른 새로운 사실에 눈을 뜰 가능성은 얼마든지 있다.

---

◆ *Ce sexe qui n'en est pas un*

# 문법
## grammar, Grammatik

비트겐슈타인은 평소에
쓰는 말이야말로 궁극적인
것이 된다고 하였다.
일상언어 바깥에 '올바른
문법'이라든가 '올바른 언어'
같은 것이 존재하는 것은
아니라고 보았다.

그람마gramma는 '문자'라는 그리스어이다. 여기서 그람마티케 테크네(문자에 대한 기술)라는 말이 만들어진다. 이 끝부분을 생략하면 그람마티케(문법). 즉 본래는 '읽고 쓰는 기술'이라는 의미였다.

근대에 들어와 데카르트나 라이프니츠는 모든 사람들이 쉽게 이해할 수 있는 '보편적 학문'을 구상한다. 여기서 언어에도 어떤 보편적인 법칙이 있는 것이 아닌가 하고 생각하기 시작했다. '보편 문법'이라는 신념이다. 이것이 인간의 '이성적 보편성'이라는 신념과 결합하여 17, 18세기의 철학에서 큰 의미를 가지게 된다(이와 관련해서는 푸코의 『말과 사물』이 흥미롭다). 이 시기에는 사물을 인식하고자 하는 핵심에 보편 문법이 있었다.

보편 문법이라는 것이 있는가. 니체는 인간이 문법을 믿고 있는 한 신은 없어지지 않을 것이라고 말하기도 했다. 여기서 '문법'은 비교적 넓은 의미를 갖는다. 즉 사람들은 일상생활에서 언어를 사용한다. 하지만 모두 막연하게나마 어딘가에 언어의 올바른 사용법을 규정한 규칙 같은 것이 있어서 옳고 그름을 정하는 것이라 여겼다. 니체는 그것을 '문법'이라고 했다. 그에 따르면 사람들은 자신들의 생각에 대해 시비를 가리는 '규범'이 외부 어딘가에 있다고 믿는다. 그러한 믿음이 '신'과 같은 존재를 불러들이는 것이라고 니체는 비판하였다. 그는 이러한 생각을 부정하기 위해서 각 개인에게 하나의 원근법이라는 개념을 적용하고 있다.

또 다른 인물로 비트겐슈타인이 있다. 그야말로 일생 동안이라고 해도 좋을 만큼 계속해서 '문법'을 연구하였다. 그의 문법 개념은 니체와 통하는 데가 있다. 특히 일상언어를 중요시하는 점이 그렇다. 비트겐슈타인은 일상언어 분석의 원조에 해당하는 인물로 평소에 쓰는 말이야말로 궁극적인 것이 된다고 하였다. 일상언어 바깥에 '올바른 문법'이라든가 '올바른 언어' 같은 것이 존재하는 것은 아니라고 보았다. 이 점은 러셀과 프레게와 다른 점이다. 그들은 일상언어는 불완전하며 논리적인 언어야말로 이상적인 언어라고 생각하였다. 하지만 비트겐슈타인은 그렇게 생각하지 않았다.

비트겐슈타인에 따르면 '문법'에는 표준이 없다. 문장의 규범인 문법이란, 평소에 쓰는 말의 잘못을 정정하는 규칙이 아니다. 언어라는 것은 사용하는 사람 모두가 틀리면 그것은 틀린 것이 아니라 '올바른 사용법'이라는 것이다.

그가 보기에 이른바 '올바른 사용법'이 일상언어와 별개로 있다는 생각은 말과 개념에 '옳은 정의'가 있다고 보는 발상에서 비롯된 것이다. 철학은 전통적으로 무언가 '숨어 있는 본질' 같은 것을 탐구하고자 하는 경향이 강하다는 것이다.

가령 '~이란 무엇인가'라는 물음은 어떤 개념의 숨겨진 '본질'을 묻는 물음이다. 그런 물음은 위험하다고 비트겐슈타인은 말한다. 플라톤 이래 서양 형이상학의 역사는 이 '~이란 무엇인가'라는 물음에 대해 진짜 상, 이데아와 같은 개념을 가져와 형태를 만들어왔다. 가령 각각의 선이나 정의에는 그 뒤에 '선의 참모습'이나 '정의의 참모습'이 있다. 그 '참모습'과 비교하면 어떤 사람의 행위가 선인지 정의인지를 결정할 수 있을 것이라는 생각이다.

이러한 본질에 관한 물음에 대해 비트겐슈타인은 '가족유사성'이라는 개념을 사용한다. 이것은 평소에 하는 말 속에 드러나는 비슷한 사용법을 묶어서 하나의 가족처럼 분류하는 '느슨한 정의'이다.

비트겐슈타인 식으로 말하면 가족유사성을 파괴하지 않고 언어를 사용하면 '올바른' 것이다. 뭔가 여유가 생긴다. 문법이 있다고 해도 일상언어의 사용법을 외부의 기준에 맞추어 판정하는 것이 아니다. 실제로 사용하는 장면이 근거가 된다니 말이다.

이런 점에서 비트겐슈타인의 문법 개념은 니체의 비판을 이어받았다고 할 수 있다. 한편으로 비트겐슈타인은 '어떤 것이 어떤 종류인가는 문법이 기술한다'고도 하였다. 여기서 말하는 문법은 일상언어의 바깥에 있는 규범 따위가 아니다. 일상언어로서, 어떤 말이 어떻게 쓰이고 있는가라는 문맥을 통해서 그 말의 의미나 종류를 규정한다. 그것이 '문법'이다. 그러므로 문법은 일상언어에 내적으로 갖추어져 있는 구조와 같은 것이라 할 수 있다.

그런데 언어학 분야에서는 어떤가. 20세기 후반 촘스키는 과거의 '보편 문법'적 사고방식을 살리려고 했다. 그가 말하길 인간의 정신은 말을 습득하는 능력을 태어나면서부터 갖추고 있다. 그러므로 이런 능력을 바탕으로 언어의 보편적인 규칙인 문법을 습득할 수 있다. 문법은 인간의 정신 속에 실재하고 있기 때문에 문법을 연구하는 것은 인간의 '심적 기관'을 연구하는 것이 된다.

언어라는 것이 변형문법으로 이루어져 있다는 것이 사실이라면 인간의 심적 구조에는 무언가 일반적인 근거가 있다고 상정할 수 있다. 언어연구를 과학적이라고 할 수 있는 것은 정신에 내재된 일반적인 특질을 통찰할 수 있기 때문일 것이다. ― 촘스키 『언어와 정신』◆

이런 사고는 어떤가. 콰인W. Quine은 번역이란 불가능하다는 의견을 내놓았으며 비트겐슈타인은 장면에 따라 언어는 변한다고 하는 '언어게임' 이론을 주장하였다. 이러한 이론에 촘스키는 정면으로 반박한다. 촘스키의 '문법은 인간의 마음에 새겨져 있다'라는 사고는 확실히 라이프니츠의 이론을 답습하는 시대착오적인 발상으로도 보인다. 하지만 어린아이가 언어를 습득하는 과정을 보면 어떤 보편적인 것이 있을 것이라고 보는 촘스키의 확신에도 일리가 있다.

문장이 형태를 갖추기 전에 이미 인간의 정신 속에는 '옳은' 문장을 생성하는 문법 같은 것이 존재한다고 촘스키는 보았다. 하지만 인간의 정신이 아닌 텍스트 자체의 생성력에 주목한 사상가도 있다. 크리스테바이다. 그녀는 우리가 읽을 수 있는 페노텍스트Phanotext의 배후에 텍스트를 생성하는 '제노텍스트Genotext'가 있다고 생각했다.

---

◆ *Languages and Mind*

의미의 생성작용은 이중적이다. 언어라는 옷감이 만들어지는 동시에 의미를 생성할 준비를 갖춘 '나'가 생성된다. 이 수직면으로 갈라낸 것, 그것은 페노텍스트의 생성이라는 조작이다. 이 조작을 제노텍스트라고 부른다. ― 크리스테바 『세미오티케』◆

크리스테바가 말하길 문장을 만들어내는 것은 문법 같은 것이 아니다. 문장구조에 앞선 것, 그리고 '나'라고 말하는 주어가 생성되기 이전에 존재하는 힘 같은 것이다. 이것은 때로 문법적 규범을 일탈하거나, 문장을 만들어내는 창조성을 발휘한다. 크리스테바는 살아 있는 텍스트의 힘이야말로 규범적인 문법을 만들어낸다고 생각하였다. 문법의 규범성보다 일상언어의 힘을 신뢰한다는 점에서 그녀는 니체나 비트겐슈타인에 가깝다고 할 수 있다.

---

◆ *Semeiotike*

# 가면/페르소나
**persona**

원래 우리에게 페르소나와 다른 참된 '나'가 있는가. 페르소나가 타자와의 관계성에서 성립하는 것이라면 내가 참된 '나'를 찾을 수 있는 것은 페르소나 속에서뿐일지 모른다.

가면과 페르소나는 철학이 좋아하는 단어이다. 페르소나의 어원 해석은 여러 가지가 있지만 배우가 쓰는 가면에 뚫려 있는 입 부분으로 자신의 목소리를 낸다(페로소나레)는 말에서 유래한다고 한다. 자신의 얼굴을 숨기는 가면을 쓴 채 진짜 목소리를 낸다는 조화가 재미있다. 이 말은 로마법 시대에 하나의 법인격을 나타내는 용어로 쓰여왔다. 법의 영역에서는 살아 숨쉬는 개인은 등장하지 않는다. 개인보다 법적 인격만이 중요하다.

로마법의 인격론에 관해 헤겔은『역사철학』에서 자세히 밝히고 있다. 페르소나 이론 가운데 매우 참신하여 추천하고 싶다. 법률은 인간의 여러 차이를 무시하고 추상적인 인격으로만 다룬다. 잘 생겼는지 못 생겼는지, 말랐는지 뚱뚱한지, 키가 큰지 작은지 관계없으며, 한 인간은 법 앞에서 평등한 인격으로 다루어져야 한다. 그 때문에 살아 숨쉬는 개인이 아니라 인격으로 등장해야 한다. 로마법의 예지, 지혜이다.

로마법의 예지 덕분에 가면을 쓴다는 의미가

좀더 잘 다가온다. 인간은 살아 있는 그대로는 너무나도 생생하고 구체적인 존재이므로 구체성이 어울리지 않는 장면이 있을 수 있다. 이러한 장면에서 사람은 가면을 쓴다. 물론 페르소나로 등장한 개인은 가면이라는 제약을 받는다. 가면을 쓴 개인은 무대의 배우처럼 사회 속에서 개인의 역할을 연기한다.

하지만 가면이 저지른 행위는 바로 개인이 저지른 행위로 간주되므로 개인은 페르소나가 저지른 행위를 부정할 수 없다. 가면은 '실제 얼굴'과 일체화되며 때로는 실제 얼굴보다도 더 '진짜 얼굴'이 되고 만다. 우리도 내심 비슷한 감각을 경험하지 않는가. 이것은 가면이다, 단지 역할일 뿐이다라고 생각하면서 사회 속에서 필요한 역할을 수행한다. '진짜' 자신과 구별할 수 없게 되기도 하면서 말이다.

페르소나와 가면을 부정하며 그것과 다른 '진실한 나'를 구하는 목소리가 나오는 것도 이해할 만하다. 그런데 원래 우리에게 페르소나와 다른 참된 '나'가 있는가. 페르소나가 타자와의 관계성에서 성립하는 것이라면 내가 참된 '나'를 찾을 수 있는 것은 페르소나 속에서뿐일지 모른다. 타자와의 관계를 모두 버리고 남는 '나'는 상당히 공허한 존재가 아닌가.

메를로퐁티는 타자가 본 가면의 '나'와 진짜 '나'의 관계를 어린아이가 '나'라는 말을 터득해가는 과정에 빗대어 설명한다. 어린아이는 두 가지 단계를 경험함으로써 '나'를 이해한다고 한다.

우선 라캉이 말하는 거울상 단계가 있다. 처음에 어린아이는 거울로 자신의 신체를 본다. 다른 사람의 신체를 보는 것과는 다르다. 거울에 비쳐진 신체가 다름아닌 자신인 데 놀란다. 우리는 지금도 거울 속의 자신을 진짜 자기 자신으로 받아들이기 힘들 때가 있는데 어린 아이가 그렇다고 한다. 거울의 신체가 자기 자신의 신체인데도, 타자로부터 자신이 그렇게 보인다고 들으면 납득하기 힘들다. 바로 신체를 타자의 시선으로 포착하는 것을 배우는 단계이다.

이어서 제2의 단계는 '나'라는 주어를 사용하는 능력 획득이다. 어린아이는 말을 배우면서 자기 이름을 말할 수 있게 된다. 어머니의 말을 따라 반복하는 사이에 '철이는 이것이 갖고 싶어' 같은 표현을 자연스럽게 익히게 된다. 하지만 '나는 이것이 갖고 싶어'라고 말하는 것이 더 어렵다. '나'라는 말은 다른 아이도 사용하는 말이기 때문이다. 이 주어를 쓰려면 타자의 시점에서 자신을 볼 수 있어야 한다.

'나'라는 대명사가 정말로 완전한 의미를 가질 수 있는 것은 (…) 자신의 눈앞에 있는 누가 자기를 '나'라고 칭할 수 있고, 그 사람들은 모두 자신에게 '나'이고 타인에게는 '너'라는 존재임을 어린아이가 이해하게 되었을 때이다. — 메를로퐁티 「어린아이의 대인관계」◆

인간은 성장하는 과정에서 우선 타자의 신체를 통해 자신의 신체를 인식하고, 다음으로 타자의 언어를 통해 자신의 언어를 인식한다. 1인칭으로 말하는 것은 자신이 타자들 속에서 페르소나로 등장하는 것을 인식한다는 의미이다. 페르소나라는 것이 가능해지는 과정은 사실은 인간이 인간다워지는 것과 같다. 결국 페르소나는 인간 속 깊숙이 존재하는 본연의 모습이라 할 수 있다.

---

◆Les relations avec autrui chez l'enfant

인간은 자기 자신의 얼굴을 보는 일이 없다. 거울에 비쳐진 자신의 얼굴은 항상 가면처럼 낯설다. 이는 매우 상징적이다. 인간에게는 가면밖에 없다는 게 아닌가. 자기만의 숨겨놓은 얼굴이란 논리적으로 있을 수 없다. 얼굴은 항상 타자가 보는 것이다. 즉 주체에게는 얼굴 자체가 가면의 성격을 띤다. 흠칫해지지 않는가. 인간이 인간이 된다는 것은 타자와의 그물코 같은 관계 속에서 자기를 타자의 한 사람으로 타자의 시점에서 볼 수 있다는 것을 의미한다. 즉 페르소나는 인간이 인간이 되기 위한 조건을 나타내는 것이라 할 수 있다.

레비나스에게도 '얼굴'이라는 개념이 있는데, 페르소나의 문제를 새로운 지평에서 전개한 것이다. 레비나스는 인간이 타자 속에서 '가면'을 쓴다고 상정하지는 않는다. 반대로 타자는 나에게 그대로 얼굴이 노출된다. 하지만 그 얼굴은 타자의 고유한 얼굴이라기보다는 하나의 추상적인 성격을 띤 얼굴이다. 드러나는 것은 인간관계 속에 존재하는 보편성과 같은 것이다.

레비나스의 '얼굴'은 꾸미지 않은 얼굴인 동시에 가면보다 더 한층 추상성이 높은 양의적인 성격을 띤다 하겠다. 얼굴에 있어서는 모든 타자가 나에게는 초월적이라고 한다. 동시에 그 얼굴이 나에게 '나타난다'고 하는 관계성이 드러난다.

여기서 인간에게 타자란 '얼굴'을 가진 존재이다. 다시 말하면 '얼굴'을 가진다는 것은 나에게 타자로 나타난다는 것을 의미한다. 서양 형이상학에는 암묵적인 전제가 있다. '인간'으로서의 자격을 가진 것은 인식 능력을 갖춘 성인 남성이라는 점이다. 하지만 페르소나로서의 얼굴은 그런 자격을 전혀 상정하지 않는다. 설사 상대가 갓난아기일지라도 개인을 넘어 초월적인 '얼굴', 어떤 절대적인 것이 말을 하는 것이다.

'얼굴'은 언어를 통해서 자아와 관계를 가진다. 그러나 그렇다고 해서 얼굴이 '동일한 것'으로 흡수되는 것은 아니다. 얼굴은 자아와 관계하면서도 절대적인 것으로 지속한다. (…) 말하는 배후에 있는 윤리적인 관계는 '자아'를 기점으로 빛을 발하는 의식의 일종이 아니다. 논리적인 관계는 자아를 심문한다. 이러한 자아의 심문은 타자를 통해 이루어진다. — 레비나스 『전체성과 무한』

내가 타자의 '얼굴'과 마주할 때 상대는 의식의 주체가 아니라 나에게 책임을 묻는 존재로 등장한다. 이 관계는 일방적이다. 상대는 단지 '얼굴'이라는 조건을 갖추기만 하면 된다. 그리고 나는 이 얼굴에 대해 피할 수 없는 하나의 책임을 진다. 그것은 내가 인간이기에 겪는 것이다. 페르소나가 인간이기 위한 좀더 근본적인 조건이라고 한다면 '얼굴'에 직면하여 그것에 대답하는 행위는 인간임을 증명하는 조건일 것이다.

# 변증법
## dialectic

서로 부정하는 요소는
항상 화해하는가. 바로 이런
소박한 의문에서 현대의
변증법적 사고가 시작된다.

저 유명한 변증법이다. 어원은 '나누어 말하다(디아레고 diale go)'는 그리스의 동사이다. 디아레크티케 테크네(나누어서 말하는 기술)의 테크네가 떨어져 나가면 디아레크티케 dialektiké만 남는다. 이 동사의 명사형 디아로고스 dialogos는 '대화'이다. 즉 변증법은 대화법이기도 하다. '나누어서'라는 말에는 두 가지 의미가 있으므로 주의하기 바란다. 말하는 이가 나누어져서 이루어지는 '대화'의 의미와 한 가지 사항을 분해한다는 '변증법'적인 의미이다.

변증법의 스타는 누구인가. 물론 플라톤일 것이다. 그는 이 대화법을 사고의 기법으로 끌어올렸다. 가령 대화의 장에서 소크라테스가 묻는다. 용기란 무엇인가. 상대는 대답한다. 용기란 전장에서 적에게 등을 보이지 않고 싸우는 것이다. 이것은 첫 번째 명제로 어떤 개념(여기서는 용기)에 대해 생각하기 위한 첫 전제, 출발선이다. 계속해서 소크라테스는 이 전제의 불충분한 점을 지적한다. 그러면 등을 보이지 않고 싸우는 것, 후퇴하는 듯이 보이며 싸우는 것은 용기가 아닌가. 그러면 첫 번째 명제는 그대로 유지하기 힘들어진다. 새로운 명제로 끌어올려야 할 필요가 있고, 다른 출발선이 필요하게 된다. 그렇게 대화가 전개된다.

대화는 보통 두 사람 사이에 이루어진다. 하지만 변증법적 사고는 한 사람도, 세 사람 이상도 가능하다. 변증법은 분해와 종합의 절차에 근거한 사고 원리이다. 우선 어떤 사항을 분석하여 그 특징을 나타내는 첫 '명제'를 내놓는다. 하지만 분석을 진행해보면 그 명제로는 잘 표현할 수 없는 요소가 있다는 사실을 깨닫는다. 그것을 첫 명제에 대립하는 제2의 명제로 대치시킨다. 이것은 한정적인 부정 단계의 '반명제'이다. 이렇게 긍정과 부정의 대치상태에서 두 가지 명제를 포괄할 수 있는 제3의 명제 '합명제'가 생성된다. 이것이 종합의 절차이다.

이 과정은 모든 단계가 중요하지만 플라톤은 특히 처음의 전제와 출발점이 중요하다고 생각했다. 어떻게 출발선을 잡을 것인가가 이후의 논의에 결정적인 의미를 가지기 때문이다. 반대로 제3의 종합 단계를 중시한 것은 헤겔이다. 변증법을 근대에 부활시킨 또 다른 스타이다.

헤겔은 『논리학』*의 첫머리에서 존재의 개념을 고찰하며 존재는 이것을 일단 부정하는 '무無'라는 개념 없이는 파악할 수 없다고 하였다. 그리고 '존재가 존재한다'는 명제와 이와 상반되는 '무가 존재한다'는 명제를 내놓는다. 이 두 가지는 완전히 정반대로 대립하는 듯

---

◆ *Wissenschaft der Logik*

하지만 궁극적으로는 '존재란 생성이다'라는 제3의 명제를 각각의 측면에서 기술하고 있는 것에 지나지 않는다.

헤겔의 변증법에서는 이 분석 명제와 부정 명제는 제3의 합명제를 향하는 '계기'를 형성하며, 두 명제 모두 부정되면서 존재한다. 헤겔은 이것을 '지양'이라는 개념으로 생각했다. 지양된 상태에서 부정된 것은 더욱 고차원을 향해 보존된다. 대립 상태에 있는 것은 대립된 상태에서는 서로 부정할 뿐이다. 이 상태는 제3의 단계를 끌어들이지 않으면 해결되지 않으며 이 제3의 단계에서 서로 부정하던 요소가 화해한다.

하지만 서로 부정하는 요소는 항상 화해하는가. 바로 이런 소박한 의문에서 현대의 변증법적 사고가 시작된다. 레비나스가 말하길 헤겔의 변증법 세계는 닫혀진 세계, 완결된 세계를 구성한다. 그 체계에서는 타자라는 것이 존재할 수 없다. 헤겔에게 타자를 인정하는 것은 사유의 실패를 의미한다. 사유의 우주 속에서 타자는 항상 요소의 하나에 불과하며 지양된 타자, 자기 사고의 일부로 존재한다. 레비나스는 헤겔의 변증법이 동일성의 원리에서 타자에 대한 고려를 배제한다고 비판한다.

하지만 변증법이 유효한 사유방법인 것은 분명하다. 현대철학에서도 이 방법을 살리려는 시도가 몇 차례 반복되었다. 키에르케고르가 하나의 계기가 된다. 키에르케고르는 헤겔 변증법의 지양이 너무나도 간단히 성취되는 것에 불만을 가졌다. 세계의 모순은 이렇게 간단히 화해할 수 있는 것이 아니라고 생각했다.

키에르케고르는 헤겔의 부정성 개념을 구사하여, 신이라는 절대성과 인간이라는 개별성의 대립관계를 그려낸다. 이러한 이질적인 요소 사이에서는 화해도 지양도 불가능하다. 반대로 변증법은 절대적인 대립관계를 제시하기 위한 것이다. 키에르케고르는 '이것인가, 저것인가'라는 대립을 극한까지 몰고가서 종교적인 직관을 전개하기 위한 변증법적 절차를 거친다. 이것은 말할 수 없는 것을 말하게 하기 위해 변증법의 부정성을 구사한 역설적인 변증법이다.

키에르케고르에게서 배운 아도르노도 변증법의 제2의 부정 절차를 중시하면서 닫힌 동일성의 세계를 구성하지 않는 변증법을 생각했다. 그리고 '이질적 사고를 전개하는 변증법'을 사고방법으로 채택하였다.

> 철학은 사고에서 이질적인 것을 사고할 것을 의무로 한다. 철학의 다이몬(중간자)이 이질적인 것은 존재해서는 안 된다고 설파하여도 이질적인 것만이 사고를 가능하게 한다. — 아도르노 『부정변증법』◆

아도르노는 이 방법을 '부정변증법'이라고 불렀다. 이것은 헤겔의 변증법에서 지양의 단계를 제거한 것으로 부정의 단계가 마치 영구적 혁명처럼 이어지는 것이다. 아도르노는 부정된 것을 부정해도 긍정이 되지 않으며 어디까지나 부정적인 것에 머무른다고 생각했다. 종합이라는 수단으로 부정적인 사태에 있는 모순의 빛을 뒤덮어버리는 것은 사고의 정합성을 지나치게 추구한 나머지 현실에서 눈을 돌리는 것이라고 생각하였다.

메를로퐁티도 변증법적 사고의 폐쇄성을 떨치려고 하였다. 헤겔의 변증법에는 '우리에게 있어서'라는 관점이 있다. 사유 과정에서 주체가 경험하는 단계는 주체에게 '경험'으로 받아들여진다. 헤겔은 주체가 경험을 쌓는 이 과정을 '위에서 내려다보는 눈'이 있다고 했다. 헤겔의 변증법운동에서는 절대정신이라는 종점이 설정되고 이 종점에 위치하는 철학자가 사고 운동을 내려다본다. 분명 변증법에는 산 위에서 지금까지의 자취를 뒤돌아보는 듯한 태도가 있다.

'조감적인 사고'를 부정하는 메를로퐁티에게 이러한 외부 시선은 받아들일 수 없는 것이다. 사고 운동을 외부에서 바라보는 시점이 있다는 것은 사고의 도달점을 처음부터 '알고 있는' 것으로, 사고가 지닌 본래의 운동성을 무시하는 것이다.

메를로퐁티는 아도르노의 부정변증법처럼 '종합하지 않는 변증법'을 구상한다. 이것은 고대 그리스의 헤라클라이토스의 철학처럼 차이와 모순을 고려하는 철학이다.

> 사고와 존재의 관계에 관해 변증법은 조감적인 사고를 거부하며 반성성反省性을 거부한다. 동시에 완전히 외적인 존재도 거부한다. 변증법은 '존재' 안에서 움직이는 사고이며 '존재'와 서로 접촉하는 사고이다. — 메를로퐁티 『보이는 것과 보이지 않는 것』

메를로퐁티가 구상하는 '초변증법'은 존재를 정립, 반정립, 종합으로 재구성할 수 있다고 생각하지 않는다. 생성하는 장에서 존재의 재발견을 목표로 한다. 분열된 사태를 그대로 사고할 수 있는 방법이다. 그의 변증법적 사고는 존재의 양의성을 향한 열린 물음이고자 한다.

# 방법
**method**

주체는 누구나 사용할 수 있는
'방법'으로 진리에 도달할 수
있는 것이 아니다. 어떤
'자기 단련'을 거쳐서 진리를
말할 수 있게 되는 것이다

방법(메소드)이라는 말의 유래는 메타 로도스, 즉 '길에 따라'이다. 어디서 목적지까지 가려면 여러 길을 선택할 수 있다. 서울에서 부산까지 가는 데 서울역에서 KTX를 탈 것인가, 김포공항에서 비행기를 탈 것인가, 어느 쪽을 선택할지는 상황에 따라 다르다. 그 중에서 최소한의 수고로 도달하는 길이 있다. 최단거리인가 아닌가는 별도로 하고 도달하는 데 가장 힘들지 않는 길이다. 스토아 학파 철학자들은 이 방법을 삶의 방식으로 중시하였다. 최고의 삶을 '방법'으로 추구하기 때문이다. 그들은 사는 방법과 성찰 방법을 자각적으로 고찰해야 한다고 하였다.

하지만 이것이 방법론이라는 의미에서 중요성을 띠게 된 것은 아마도 데카르트부터이다. 그의 책 제목부터가 『방법서설』*이 아닌가. 부제목도 재미있다. '이성을 잘 인도하여 여러 학문의 진리를 추구하기 위한 방법에 대한 서설'. 데카르트가 추구한 것은 이성을 기초로 하여 — 누구나가 진리에 도달하기 위한 — 틀림 없는 방법이었다. 이 방법을 설명하는 『정신지도를 위한 규칙들』**을 조금 읽어보자.

> 그런데 내가 방법이라는 말로 표현하고 싶은 것은 확실하고 쉬운 규
> 칙이다. 이것을 정확하게 지키는 사람이라면 누구나 허위를 진리로
> 오인하는 일이 없을 것이며, 쓸데없는 노력으로 피곤할 일도 없고,
> 점차 확실한 지식을 늘려, 인간이 인식할 수 있는 모든 것에 관하여
> 참된 인식에 도달할 수 있을 것이다. ― 데카르트 『정신지도를 위한 규칙들』

이 책에서 데카르트가 보여주는 방법에 따르면 의심할 수 없는 진
리에서 출발하여 진리의 고리를 더듬어 궁극적인 진리에 도달할 수
있(을 것이)다. 데카르트는 방법이 없는 사고는 무익하고 힘겹기만
하다고 생각했다.

데카르트의 이러한 몽상은 보편 수학이라는 구상과 연결된다. 보
편적인 기호학을 사용하면 누구나 무엇이든 배울 수 있다고 생각한
것이다. 얼마나 데카르트다운가. 일찍이 플라톤은 『메논』***에서 한
노예소년이 소크라테스와의 대화(문답법)를 통해 기하학 법칙을
스스로 '발견'하는 방법을 제시했다. 플라톤은 그 근거를 아남네시
스anamnesis, 즉 생전에 본 이데아의 기억에서 구한다. 그리고 근대에
이르러 데카르트의 방법은 이 아남네시스를 대신하는 구상이다. 모
든 사람에게 통하는 상식을 따르면 누구라도 철학적인 사고를 확실
하게 수행할 수 있다고 보았다.

이러한 '방법'으로서의 철학과, 방법론이라는 사고방식은 이후 철

---

◆*Discours de la méthode*　　◆◆*Règles pour la direction de l'esprit*　　◆◆◆*Menon*

학에서 매우 큰 역할을 한다. 데카르트 이후 칸트는 이성비판을 분석론과 방법론으로 나누어서 생각했다. 그는 방법을 '원칙에 따르는 절차'라고 불렀다. 이성비판 전체를 하나의 '비판적인 방법'으로 실행하고 모든 사람에게 적용되는 확실한 학문을 만들고 싶었던 것이다. 여기에도 데카르트식 사고의 영향이 보인다.

항상 철학적 전통을 뒤엎는 니체지만 신기하게도 데카르트와 칸트의 의견에는 동의한다. 니체는 방법의 중요성이 철학 분야에서 인식되려면 시간이 걸린다고 하였다. 즉 그때까지의 방법으로 사고한다면 신비적 체험의 가치가 부정된다. 종교적인 감동이 무효화되는 데 반감을 품었던 듯하다. 그래서인지 방법이 중요하다고 인정하지 않았다.

가장 가치있는 통찰은 가장 늦게 도출된다. 그리고 가장 가치있는 통찰은 방법이다. 우리 시대의 모든 학문방법과 전제는 수천년에 걸쳐 깊은 경멸을 불러왔다. 방법을 사용하는 사람은 정의로운 인간으로부터 따돌림 당했으며, '신의 적'이고 최고의 이상을 경멸하는 자이며 '신들린 자'로 간주되었다. — 니체 『권력에의 의지』

니체가 취한 '방법'의 내용은 데카르트의 보편 방법과는 다르다. 결국 그 길을 따르면 누구라도 틀림없이 진리에 도달하는 것이라기보다 헤겔의 '지식체계'에 대립하는 개념으로 고안된 듯하다. 이 부분은 주의할 필요가 있다. 여기서 방법은 체계를 만들려는 의지에 저항하는, 사고를 위한 절차인 것이다.

푸코는 데카르트의 방법을 근거로 매우 재미있는 데까지 생각하였다. 데카르트는 어떤 주체라도 같은 진리에 도달할 수 있다고 하였지만 과거 스토아학파 철학자들은 진리에 도달하려면 주체에게 일정한 조건이 필요하다고 생각했다. 그리스도교에서도 그렇다. 모든 사람이 무조건적으로 진리에 도달할 수 있는 '길'이 있다고는 생각하지 않는다.

하지만 데카르트의 방법 개념에서 진리에 도달하는 조건은 하나, 즉 방법에 따르는 것이다. 주체측에 아무 조건을 요구하지 않는다. 생각해보면 이것은 철학방법으로서 대단히 이례적인 것이다. 푸코는 여기서 깨닫는다. 과거에 소크라테스가 진리에 도달하는 데는 자기에 대한 배려가 필요하다고 말한 바 있다. 푸코는 소크라테스까지 거슬러 올라가 고심한다. 진리를 기술하는 주체의 조건에 대하여 존재론적으로 고찰할 필요가 있다. 주체는 누구나 사용할 수 있는 '방법'으로 진리에 도달할 수 있는 것이 아니다. 어떤 '자기 단련'을 거쳐 진리를 말할 수 있게 되는 것이다.

> 데카르트는 '어떤 주체라도 명증적으로 사물을 볼 수 있다면 진리에 도달하는 데 충분하다'고 말함으로써 전통과 단절하였다. (…) 〔데카르트에게는〕 진리와 관계를 맺기 위해서는 자기와의 관계는 이미 자기 단련일 필요가 없다. ─ 푸코 「윤리의 계보학에 관하여」◆

이미 이 부분은 비코도 데카르트의 방법이 만능인지 의심을 품고 있었다. 분명 기하학과 같은 분야에서는 방법이 도움이 된다. 하지

---

◆A propos de la généalogie de l'éthique

만 인간의 실천적 활동을 판단하는 데는 방법보다도 현명함과 변론이 필요하지 않은가. 비코는 철학에서 '방법' 개념으로 진리를 강요하는 데 의구심을 품었다.

　이러한 의혹을 해석의 문제로 보여준 것이 가다머이다. 데카르트가 말하는 명증성과 확실한 추론이라는 '방법'으로는 타자나 역사를 이해할 수 없다고 가다머는 생각한다.

　해석학의 문제는 이미 그 역사적인 기원부터 근대적인 학문의 방법 개념에 따른 정해진 경계를 넘고 말았다. 텍스트의 이해와 해석은 학문의 관심사만이 아니라 분명 인간세계의 경험 전체와 연관된다. 해석학적 현상은 본래 결코 방법의 문제 따위가 아니다.
　── 가다머 『진리와 방법』

　가다머 역시 철학적 활동 방법을 부정하는 것은 아니다. 가다머 자신도 해석학이란 방법을 사용하고 있다. 다만 가다머는 데카르트에서 시작된 방법의 개념이 '근대적 합리성에 근거한 과학적 방법'이 아닌가 의심한다. 과학적 방법의 유효성을 지나치게 믿으면 진리에 도달하기 어려울 수도 있다는 것이다.

　가다머에 따르면 '방법'에 의존하는 이성은 목적을 위해 쓰이는 도구의 이성으로 퇴락하고 만다. 데카르트가 말하는 방법에 따른 진리는 어떤 확실성이 되고 만다. 하지만 해석학이라는 방법은 그처럼 긴장감 없는 넓은 대로와 같은 것이 아니다. 해석하는 사람과 해석되는 텍스트 사이의 지평이 융합됨으로써 이루어지는 한 번뿐인 '진리 체험'이다.

# 폭력
## violence, Gewalt

인간의 역사는 폭력의
역사이다. 노동과정에는
폭력이 따른다. 왜냐고?
노동은 원래 인간이 자연에
가하는 폭력이기 때문이다

폭력에 대해 생각해보자. 이는 타자와의 관
계를 깊이 생각하는 것이다. 폭력이란 무엇
인가. 우선 한나 아렌트의 정의를 보자. 모
든 인간은 개인으로서 '힘'을 가진다. 이 힘
은 그 개인에게 고유한 것, 신체의 힘이나
정신의 힘이다. 이 힘이 타자의 의사에 반하
여 타자에 강제적으로 가해졌을 때는 폭력
이다. 여기서 폭력은 '타자에 가해진 개인적
인 힘'이다.

폭력에 대해서 아렌트는 권력이라는 개념을
제시한다. 권력은 폭력과 대조적으로 타자
와의 상호관계에 의해 이뤄진다. 폭력은 타
자의 의사에 반하여 행해지지만, 권력은 타
자의 동의가 필요하다. 힘은 모아야 강해지
지만 권력은 분산해야 강해진다는 것이 아렌
트의 통찰이다.

이러한 사고는 로크 이래 근대사회를 형성해
온 정치원리와 통한다. 개인은 권력을 가진
다. 하지만 아무리 강한 힘을 가진 개인이라
도 타자의 공동의 힘에 길항하는 것은 무리
다. 개인은 공동의 폭력에 대항할 수 없다.

모든 개인은 스스로 폭력을 포기하고 권력을 형성하여 개개의 폭력을 누른다. 이는 사회계약론의 기초가 되는 사고이다. 여기서 권력은 폭력을 부정하기 위한 메커니즘으로 작용한다고 믿었을 것이다.

그렇다. 문제는 바로 그것이다. 이 메커니즘이 제대로 작용하지 않는 경우가 생겨난다. 본래 사회 성립의 뿌리에 폭력의 포기가 있다는 사고 자체에 문제가 있다. 권력은 폭력을 부정하기 위한 다른 폭력일지도 모른다.

이렇게 생각한 이가 프로이트와 지라르이다. 프로이트에 따르면 사회는 개인간의 계약으로 성립된 것이 아니다. 가족집단 내에서 여성을 독점하는 '아버지'를 남자아이들이 살해함으로써 성립된다. 즉 거기에는 원초적인 폭력이 있다. 그러한 폭력으로 인한 상처를 치유하고 재발을 막기 위해서 계약을 맺는다. 사회가 형성되는 바탕에 원초적인 폭력이 있다는 이론은 과연 프로이트답다.

한편 지라르에 따르면 공동체 내부에서(혹은 공동체끼리의 경계에서) 긴장과 적대관계가 피할 수 없이 발생한다. 하나의 폭력이 일어나고, 이에 대한 보복의 폭력이 일어나며, 또다시 보복의 폭력이 되풀이된다. 이러한 연쇄작용을 어딘가에서 끊지 않으면 안 된다. 공동체는 그 때문에 인신공희人身供犧를 필요로 한다. 인신공희이라는 폭력의 대상은 폭력의 원인과 관련없는 희생양이어도 상관없다는 것이다.

지라르는 인신공희의 메커니즘은 광폭한 폭력을 정화된 폭력이 흡수하는 메커니즘이라고 말한다. 프로이트가 사회가 성립하는 기초에 아버지 죽이기라는 오이디푸스 콤플렉스가 있다고 보았다면 지라르는 아버지 죽이기를 저지른 오이디푸스왕이 스스로 눈을 멀게 한 다음 공동체를 떠나는 행위가 정화된 폭력을 보여준다고 생각하였다. 이러한 정화된 폭력은 하나의 폭력을 속죄하는 또 다른 폭력이고 여기에서 권력이 탄생하게 된다.

원시사회의 전승이나 그리스 신화 등은 흔히 권력과 법이 성립하는 메커니즘을 물리적인 폭력에 대한 고차원적 폭력의 도입이라는 형태로 설명한다. 이렇게 보면 폭력과 권력의 관계는 아렌트가 지적한 것처럼 분명한 대립관계라고는 볼 수 없다. 오히려 이 둘은 대부분 분리할 수 없이 한데 묶여 나타난다.

벤야민도 사회의 밑바탕에 폭력이 있다는 사실을 인정한다. 법을 정하는 폭력으로 벤야민은 이를 '신화적 폭력'이라고 불렀다. 권력을 만들어내는 폭력, 즉 정의와는 정반대이다.

법을 제정한다는 것은 권력을 제정하는 것이다. 그런 의미에서 이는 폭력을 직접적으로 선언하는 1막에 지나지 않는다. 온갖 '신적' 목적을 규정하는 원리가 정의이다. 이것에 대해 온갖 '신화적' 법제정의 원리는 권력이다. — 벤야민 「폭력비판론」◆

신화적 폭력은 법률을 제정, 유지하면서 사회 속의 폭력을 제거하고자 한다. 하지만 이러한 폭력은 사회 안팎에서 다른 폭력을 일으키게 마련이다. 가령 경찰이라는 메커니즘은 당연히 폭력의 폐지를 목적으로 한다. 하지만 경찰 자체가 사회 구성원에 대해 폭력을 행사하고 폭력을 빚기도 한다.

감옥이라는 제도도 마찬가지다. 군대는 원래 다른 공동체에 폭력을 가하는 메커니즘이다. 그리고 사회 구성원에게 폭력을 행하도록 강제하는 메커니즘이기도 하다. 병역은 '폭력을 행사하는 도구를 만들어내는 폭력'이다.

'신화적' 폭력은 법을 제정하여 폭력을 유지한다. 이것에 대해 벤야민은 폭력을 최종적으로 소멸시키는 '신적' 폭력을 대비시킨다. 이 것은 법과 국가의 폭력을 소멸시키는 폭력, 정의의 폭력이다. 구체적으로 어떤 것인가. 벤야민은 혁명 때의 총동맹파업과 같은 폭력을 생각한 것 같다. 그런데 폭력에 대항하는 폭력이라는 구상이 정말로 폭력을 최종적으로 소멸시킬 수 있을까.

이처럼 최종 무기와 같은 역할을 수행하는 폭력은 있을 수 없다는 것이 메를로퐁티의 『휴머니즘과 폭력』**에서 자세히 전개되고 있다. 메를로퐁티에 따르면 자유주의의 정치원리는 폭력을 부정하는 데 있다. 그런데도 현실세계에서는 식민지나 계급지배의 형태로 폭력이 전개되고 있다. 자유주의는 은폐된 폭력원리인 셈이다. 이에 대해 공산주의는 폭력을 근절하기 위해서라는 이름하에 폭력을 용인한다. 하지만 폭력으로 폭력을 없앨 수 있을지 의문이다. 메를로퐁티는 본디 인간이 신체적인 존재인 한 늘 타자에게 폭력을 휘두를 가능성이 있으며 이 문제에서 눈을 돌려서는 안 된다고 말한다.

> 우리는 무구함과 폭력 사이에서 선택을 하는 것이 아니다. 다른 종류의 폭력 사이에서 선택하지 않으면 안 된다. 폭력은 우리가 신체를 가진 존재인 한 숙명이다. ― 메를로퐁티 『휴머니즘과 폭력』

---

◆Zur Kritique der Gewalt    ◆◆*Humanisme et terreur*

메를로퐁티는 역사는 폭력의 과정이라고 말한다. '폭력을 통해 새롭게 창조하는 일 이외에는 폭력을 넘어설 수 없다'. 인간의 역사는 폭력의 역사이다. 노동과정에는 폭력이 따른다. 왜냐고? 노동은 원래 인간이 자연에 가하는 폭력이기 때문이다.

가슴이 저려온다. 다시 생각해보자. 폭력이란 무엇인가. 폭력은 인간과 인간의 관계 속에 원초적으로 존재하는 것이라고 레비나스는 말한다. 둘만의 관계는 더할 수 없이 소중한 관계일 수 있다. 나는 너와 친밀한 관계를 맺을 수 있다. 하지만 사회는 나와 너만으로 구성되지 않는다. 나는 제3의 사람과도 나와 너 사이와 같은 친밀한 관계를 맺고자 할 것이다. 하지만 그때 너와 나 사이에 존재하는 친밀한 관계는 다른 누군가와 맺은 친밀한 관계와 별 차이가 없어지고 만다. 너와의 친밀한 관계는 이렇게 상처 입게 된다.

이 또한 타자에 상처를 입히는 것이므로 일종의 폭력이다. 하나의 사랑이 탄생하면 하나의 폭력이 생겨난다. 인간관계에는 이렇게 원초적인 폭력이 숨어 있다는 것이 레비나스의 주장이다. 사회 밑바탕에 폭력이 있는 것처럼 타자와의 관계에도 타자에 대한 폭력이 숨어 있다. 잊어서는 안 된다. 메를로퐁티가 말한 것처럼 우리는 폭력에서 완전히 빠져나왔다고 생각하는 순간 다른 폭력을 휘두르게 된다는 것을.

# 본질
## essence, Wesen

'본질은 우리에게는 감추어져 있다'고 하는 생각에서 철학의 '병'이 시작된다고 비트겐슈타인은 말한다.

소크라테스가 물었다. 아름다움이란 무엇인가, 용기란 무엇인가. 하지만 소피스트들을 포함하여 아테네 사람들은 이 물음의 의미를 잘 알지 못했다. 아름다움이란 무엇인가라는 질문에 소피스트 히피아스는 예를 들어 말한다. 아름다운 여인이라고. 하지만 소크라테스는 다시 묻는다. 모든 경우에 해당하는 아름다움 그 자체는 무엇인가.

소크라테스는 사물의 본질을 물은 것이다. 그런데 소피스트들은 개별 사례를 제시하였다. 정의 내리는 데 익숙한 우리는 소피스트들이 아둔하게 느껴진다. 하지만 그렇지 않다. 당시 그리스에서는 소크라테스의 질문이 이상한 것이었다. 소피스트들이 갈피를 잡지 못한 게 당연하다.

플라톤은 소크라테스의 물음에 답하기 위해 이데아를 내세웠다. 이데아는 '아름다움은 무엇인가'라는 물음에 대해 그 본질을 정의에서 구하는 것이 아니라 아름다움 그 자체로 답하려는 발상이다.

하지만 덕이란 무엇인가. 또한 아름다움이

란 무엇이고, 선이란 무엇인가. 사실 지금도 소크라테스가 제시한 질문의 정확한 '답'을 알 수 없다. 소크라테스 자신도 답을 제시하지 못했다(그가 대답을 제시한 것은 속도 등 아주 간단히 정의할 수 있는 개념들뿐이다). 플라톤의 이데아도 대답이 되지 못한다며 아리스토텔레스는 이데아처럼 사물과 별개로 실재하는 독자적 실체가 아닌, 사물 속에 내재해 있는 본질로서 '에이도스'(형상形相)라는 개념을 제시한다.

이것은 도덕론에 대한 아리스토텔레스의 사고에서도 잘 알 수 있다. 그는 '선'에 대한 정의가 우선 존재하고, 거기서 도덕이 정해지는 것이 아니라고 말한다. 도덕은 그런 보편적인 형태로 정의되는 것이 아니라는 것이다. 어떤 민족공동체에서 사람들이 '선'이라고 생각하는 것이 선이 되며, 이들의 관습적인 사고에서 덕이라는 개념이 생겨난다. 윤리학은 인류로서 공동체에 뿌리를 내리고 그곳을 생명의 원천으로 삼는다. 이데아 같은 '선 그 자체'를 원천으로 삼지 않는다.

그렇다. 소크라테스가 정의하고자 한, 플라톤이 주요 이데아로 상정하려 한 선과 덕, 아름다움 같은 개념은 인간 삶의 현장에서 비롯된다. 니체는 이러한 본질은 정의할 수 없다고 지적한다. 본질을 확실히 정의할 수 있는 것은 기본적으로 인간이 어떤 목적을 가지고 만든 도구나 사물 등으로 제한된다. 가령 '집이란 무엇인가'라고 하면 집이 만들어진 목적에서 대답할 수 있다. 하지만 가족이란 무엇인가, 법이란 무엇인가에 대해서는 문화인류학으로도 법학으로도 확실한 결론을 내릴 수 없다. 본질을 정의 내릴 수 없는 개념들이다.

하지만 중요한 것은 '그것이 무엇인가'라는 본질적인 물음은 그 배후에 '그 존재를 묻는다'는 의미를 담고 있다는 것이다. 이는 본질 essence이라는 말의 어원에서도 분명히 드러난다. 원래 이 말은 성립 과정에서 '존재하다'esse라는 의미와 '그것이 무엇인가'라는 이중적 의미를 가진다. 서양 형이상학에는 늘 존재론이 잠재하고 있다. 다만 본질이라는 개념에서 존재성이라는 의미는 떨어져나간다. 그리고 그것이 그것인 이유라는 의미만 남는다.

레비나스는 이를 역으로 이용하여 존재론에 대한 비판을 전개한다. 그는 essence라는 말의 이중성을 지적하고 essance라는 말을 만들어낸다. 본질이 아니라 '사물의 존재성 자체를 밝혀낸다'라는 뜻이다. 그리고 서양철학이 얼마만큼 이 '존재성의 철학'에 기인해왔는가를 말한다. 또는 이를 초월하려는 시도가 중요하다고 본 것이다.

하이데거는 이러한 철학의 역사를 거쳐서 사고한 사람이다. 그는 본질에 대해 중요한 이론을 제시하였다. 우선 본질을 묻는 말 '~란 무엇인가'에 주목한다. 책상이란 무엇인가라는 물음은 책상의 본질을 도출한다. 하지만 '인간이란 무엇인가'라는 물음은 다르다. 인간의 본질을 도출하기 위한 물음이 아니라 '~란 무엇인가'라고 묻는 인간 그 자체로서 제시되어야 한다. 인간에 대해서는 '~란 무엇인가'라는 물음이 '~란 누구인가'라는 물음으로 변형되어야 한다고 하였다.

사르트르는 하이데거가 제기한 본질과 실존의 물음을 근거로 인간은 본질 이전의 실존이라고 주장했다. 하지만 하이데거의 비판을 받는다. 사르트르의 이론은 본질이 정의와 실존이라는 이중성을 간과하였기 때문이다.

후기 하이데거는 본질 개념의 이중성을 적절히 표현하면서 논리를 이어갔다. 그는 본질이라는 명사를 '본질적으로 존재하다'라는 동사로 사용한다.

> 인간은 존재에 따라 기술되며, 요구되는 경우에만 스스로 본질로서 본질적으로 존재한다. (…) 존재의 열려진 빛 속에 서는 것, 그것을 나는 인간의 실존이라고 부른다. ─ 하이데거 「휴머니즘 서한」 ♦

하이데거에 따르면 인간의 본질은 정의로 제시되는 것이 아니다. '본질'의 동사로 제시된다. 인간은 언어를 가진 '존재의 목자'로서 존재에 대해 언급하고, 존재 그 자체의 의미를 밝힌다. 여기서는 본질이라는 개념이 '본질적으로 존재하다'라는 동사와 같은 뜻을 지닌다. 거기에 주목하길 바란다. 하이데거는 본질이라는 말의 이중성, 즉 정의와 존재의 양방향에 대해 소리를 낸다. 인간의 본질을 정의하는 데는 '본질적으로 존재하는 것', 존재에 대해 말하는 데는 '실존하는 것'이 중요하다고 한다. 동사로 파악하는 방법이다.

한편 비트겐슈타인은 본질이란 언어 표현 속에 포함된 개념의 '내적인 성질'을 이미지로 전하는 것에 지나지 않는다고 잘라 말한다.

철학에서는 본질에 대해 묻는 것을 중요한 과제로 여겨왔다. 하지만 비트겐슈타인은 원래 철학의 역할은 '본질'을 정의하는 것이 아니라고 한다.

본질에 대한 우리의 물음은 '본질은 무언가 감춰진 것이다'라고 전제한다. 우리는 '언어란 무엇인가' '글이란 무엇인가'라고 묻고는 최종

---

♦ Brief über den Humanismus

적인 해답이 제시될 것이라고 생각한다. 미래에 일어날 수 있는 어떠한 경험과도 관계없는 해답이 제시될 거라고 생각해버리는 것이다.

— 비트겐슈타인 『철학적 탐구』

'본질은 우리에게는 감춰져 있다'고 하는 생각에서 철학의 '병'이 시작된다고 비트겐슈타인은 말한다. 그가 '본질'에 대신하여 제시한 것은 '가족유사성'이라는 개념이다. 일상 속에서 어떤 말이 어떻게 사용되는가를 탐구하고 대략적인 유사성에 근거하여 하나의 가족처럼 같은 부류로 정리한다. 이른바 '열린 외연의 집합'으로 모으려고 한다.

어떤 사항에 대해 정의내릴 때면 그 본질을 찾는 것이 아니라 유사성으로 정리한다. 이는 정확히 본질을 드러내는 대신 흐릿한 사진을 내놓는 것과 같은지 모른다. 하지만 확실히 '~란 무엇인가'라는 물음은 서양철학의 역사에서 너무나도 중요한 문제들을 초래해왔다. 그것을 생각하면 '흐릿함이야말로 바로 우리에게 필요한 것'(비트겐슈타인)인지도 모른다.

# 번역
## traduction, translation

**번역된 텍스트는 정말 늘 뒤떨어지는 것인가. 번역으로 무엇인가가 새롭게 태어날 수는 없는가**

번역traducere은 배반자traditor의 행위다 — 유명한 격언이다. 건너편으로trans 안내하다ducere라는 동사에서 생겨난 말이 번역이다. 여기 있는 것을 건너편 사람이 이해할 수 있도록 전달하는 행위이다. 하지만 이 행위는 항상 이치에 어긋난다며 비난을 받는다. 한 언어로 표현된 것을 완전히 같은 의미의 다른 언어로 바꾸는 일은 불가능한 일이기 때문이다.

그럼에도 불구하고 번역은 가능하며, 마땅히 이루어져야 한다. 하나의 언어로 씌어진 것을 다른 언어를 사용하여 거의 같은 의미와 가치를 나타내지 못한다면, 철학의 보편성도 보증할 수 없다. 하이데거는 독일어 없이는 철학이 불가능하다고 했지만 다른 언어로도 하이데거의 사고는 경험할 수 있어야 한다. 그것이 시詩와 철학의 큰 차이이다.

시에서는 단어 하나가 작품 자체이고, 다른 언어로 번역한다는 것은 작품을 온전히 이해할 가능성을 앗아가버린다. 시인은 언어를 하나뿐인 생물로 다루기 때문이다. 하지만 철학은 개념을 사용해 사고하는 작업이다.

개념이 번역될 수 있다면 철학 텍스트는 번역될 수 '있어야' 한다.

그래도 번역은 '반역'이며 항상 무언가를 잃게 된다. 원작자가 말하고자 한 것을 그대로 표현하는 것은 애당초 기대할 수 없다. 번역은 필터로 여과되기 때문에 텍스트를 제대로 이해하려면 역시 원본으로 읽어야 한다고 한다. 하지만 번역된 텍스트는 정말 늘 뒤떨어지는 것인가. 번역으로 무엇인가가 새롭게 태어날 수는 없는가.

벤야민이 표현하길 번역은 하나를 둘로 나눠 가진 부신符信과 같다고 했다. 부신은 도자기 조각이다. 고대 그리스에서 계약을 맺은 동료를 확인하는 데 사용되었다. 도자기 조각을 둘로 나누어서 잘라진 면이 일치하면 상대의 신원이 보증된다(심벌이라는 말은 그리스어 부신symbolon에서 왔다).

벤야민의 표현은 놀랍다. 번역이라는 작업을 한 언어에서 다른 언어로 텍스트를 옮기는 작업이라고 생각하지 않는다. 번역자는 한쪽 언어로 표현된 것을 자신의 말로 바꾸어 다시 만든다. 여기서 번역자는 자유로운 행위를 한다. 그가 바라는 바는 자신의 언어로 다시 만든 것이 오리지널 텍스트의 잘라진 면과 정확히 맞물리는 것이다.

번역이라는 작업은 원작의 의미에 가장 비슷하게 따라갈 것이 아니라 오히려 원작이 의도한 것을 세부적인 요소까지 애정을 가지고 자신의 언어로 형태를 갖추도록 만들어내야 한다. 그렇게 해야 두 개의 깨진 도자기 조각이 한 항아리의 파편이라고 인정받게 된다.

— 벤야민 「번역자의 사명」♦

---

♦Die Aufgabe des Übersetzers

번역할 때는 원작자의 표현에 얽매이지 않고 원작자가 말하고자 하는 바가 무엇인지 고민하며 자신의 말로 바꿔줄 필요가 있다. 때로 번역자는 원작자가 사용하지 않은 표현도 덧붙인다. 그렇게 해서 원작자의 의도가 잘 드러나는 경우도 있다. 물론 거기에 번역자의 자의가 들어가는 것은 피할 수 없다. 하지만 벤야민에 따르면 번역자가 애정을 가지고 자기 나름대로 자의적 표현을 첨가하면 원작자의 표현과 번역자의 표현은 '언어의 두 개의 파편'처럼 된다. 수없이 많은 번역을 해온 나도 정말 그렇게 생각하고 싶다. 하나의 텍스트가 두 개의 언어로 표현됨으로써 무언가 새로운 것이 만들어질 가능성이 있다고.

데리다는 벤야민의 텍스트를 해석하여 말하길 번역 행위는 단순히 하나의 텍스트를 다른 언어로 바꿔놓는 것이 아니라고 한다. 번역을 통해서 원작은 더 발전한다는 것이다. 이것도 참신한 발상이라고 생각한다. 두 언어의 잘린 면이 일치함으로써 원작이 표현하고 싶었던 것이 더욱 풍부하게 다시 태어난다. 크리스테바의 말을 빌리면 '텍스트간 상호 유희'『세미오티케』가 독해 가능성을 높이는 것이다. 번역에 따라서 원래 항아리 모양을 더욱 잘 이해할 수도 있다.

그렇지만 일면 번역은 역시 원문에 대한 폭력이다. 원문이 정말로 말하고 싶었던 것이 배신당하고 부정되지 않으면 번역은 불가능하다. 벤야민도 지적하듯이 원작에서는 내용과 형식이 자연스럽게 일체화를 이룬다. 번역은 이러한 자연스러운 일체화에 상처를 입히고 원래 언어의 의상을 다른 의상으로 갈아입히고 만다. 하지만 벤야민은 다시 분명히 하는데, 이 의상은 '왕자의 망토'이다. 여기서 망토를 걸친 왕자의 성스러운 신체는 편해진다.

성스러운 것은 성스러움에 열중하는 번역에 몸을 맡긴다. 성스러운 것은 번역 없이는 아무것도 아니며 번역은 성스러움 없이는 생겨나지 못할 것이다. 어느 쪽도 분리될 수 없다. (…) 이 번역이라는 사건에서 문자는 의미 바깥의 신체나 코르셋이 아니며 오히려 압박이 없어진다. 문자 또한 스스로 번역한다. 그리고 바로 이러한 성스러운 신체의 '자기와의 관계'에 번역자의 사명이 관련 있는 것이다.
— 데리다 「바벨탑」♦

외국어로 표현된 텍스트를 읽는 최선의 방법은 원문으로 읽는 것이 아니라 스스로 번역해보는 것일 것이다. 번역하다 보면 원문 텍스트에서 지나친 것들을 많이 보게 된다. 그리고 번역이라는 행위에서 어떤 보편적인 것을 확인할 수 있다. 그것은 언어의 차이를 넘어선 무엇으로, 그리고 역으로 언어의 차이로 인해 처음으로 부각되는 것이다.

'번역 가능성' 여부에 따라서는 번역의 불확정성이라는 콰인의 개념도 흥미롭다. 그는 어떤 하나의 언어를 '정확하게' 번역하는 일은 불가능하다고 말한다. 실제로 어울릴 법한 번역 체계가 여러 개 있을 수 있겠고 그 사용법에 따라 어느 쪽이 선택될지 정해진다.

콰인이 말하고 싶은 것은 완벽하게 올바른 번역은 없다는 것이다. 가장 많이 쓰이는 번역이 '좋은' 번역이다. 어떤 상황을 떼내어 번역

---

♦Des tours de Babel

하지 않고 전체를 구성하는 일부로 번역하기 위해서는 원리적으로 여러 '지침'이 있을 수 있고 어느 것만이 올바른 번역이라고 '확정할 수 없다'. 이러한 콰인의 생각은 번역뿐만 아니라 과학이론과도 무관하지 않다. 어떤 현상을 설명하는 데 복수의 설명법과 체계(이론)가 있을 수 있다. 그리고 우리가 말할 수 있는 것은 어느 이론이 '옳다'가 아니다. 어느 이론이 여러 현상을 총체적으로 가장 잘 표현하고 있으며 가장 쓰기 편한가이다.

콰인은 이는 언어의 번역만이 아니라, 일상적인 대화에서도 늘 일어나는 일이라고 말한다. 진리에 대한 회의적 관점과는 다르다. 진리가 없다고 말하는 것이 아니라 자신의 사고틀의 상대성을 인식해야 한다는 것이다. 그리고 다른 방식들을 고려함으로써 자신의 지방성을 인식할 수 있을지 모른다. 보편적이기 위해서는 자신들의 지방성을 자각하는 것말고 다른 방법이 없다.

다시 벤야민의 파편, 부신의 비유가 떠오른다. 번역한다는 것은 번역하는 언어, 번역되는 언어, 양쪽 언어를 아우르는 어떤 큰 언어를 만들어내는 것인지도 모른다. 큰 언어로 '대화하는 두 언어'를 아우름으로써 두 언어는 각각 자기를 깊게 이해하게 되는지도 모른다. 가령 서양철학은 동양 언어로 번역되면서 그때까지 서양에서는 자명하고 보편적으로 여겨져온 것이 그다지 자명하지도 보편적이지 않다는 사실이 밝혀질지 모른다. 분명히 동양에서는 서양철학에 관해 번역어로 생각할 수밖에 없다. 하지만 그것은 오히려 우리에게는 선물일지도 모른다.

# 시선
**regard**

라캉이 전개하는 시선의 변증법에서는 자기의 사고나 존재도 타자의 사상 및 존재와 밀접한 관계에 놓여 있다. 자기의 욕망은 타자의 욕망에 따라 형성된다.

본다. 보고 포착한다. 단순히 눈으로 보는 것만이 아니다. 그것을 인식하고 이해한다는 뜻으로 인식론에서는 중요한 의미를 갖는다. 그 때문에 보는 것과 관련하여 시선이라는 말은 철학에서 깊은 의미를 지닌다. 원래 서양 철학은 보는 것을 중심으로 하는 철학이다.

시선은 관점이다. 그냥 보는 것이라기보다 어떤 특별한 관점에서 보는 법이나 특수한 양식을 나타내는 경우가 많다. 니체는 인간에게 고유한 시선과 원근법의 중요성을 주장해왔다. 그리고 인간이 자신의 '시선'을 가지는 것, 자신만의 이상을 정하고 거기서 자신의 규율이나 즐거움을 이끌어내는 것을 '다신교 多神教'라는 개념으로 불렀다. 즉 모든 것은 자신만의 원근법에서 볼 수밖에 없다. 이와같은 시선의 다양성이야말로 '일신교 一神教'와 다르게 인간 정신의 다양성을 보장해준다.

다신교에서는 자유로운 정신과 다양한 정신들의 작용이 제각기 전형적으로 표현되어 나타났다. 즉 자신에게 새로이 독자적인 '눈'을 창조하는 힘, 끊임없이 새롭고 독자적인 '눈'을 창조하는 힘이 표현되어 왔다. 동물 가운데서 인간에게는 영원히 바뀌지 않는 지평이나 원근법이 존재하지 않는 이유는 그 때문이다. ─ 니체 『즐거운 지식』

니체의 원근법 개념에 강한 영향을 받은 푸코는 한때 '시선'의 개념을 애용하였다. 이때 시선은 단순히 자신에게 고유한 관점이라는 뜻이 아니다. 어떤 사태를 이해하기 위한 (집단적 혹은 사회적) 양식이라는 특별한 의미이다. 푸코는 『임상의학의 탄생』*에서 의학적 시선의 변화를 자세히 분석하였다. 그를 통해 의사가 인간의 몸과 질병을 보는 관점, 그리고 질병의 분류방법이 역사적으로 변해온 과정을 알 수 있다. 의학이 근대적인 의학으로서 탄생하기 위해서는 신체에 대한 시선 그 자체가 변화할 필요가 있었던 것이다.

19세기 초에 와서 의사들은 지금까지 수세기 동안 보이는 것과 말하는 것의 영역에 포함되지 않은 사항에 관해 기술하기 시작했다. (⋯) 보이는 것과 보이지 않는 것의 관계, 이 모든 구체적 지식에 필요한 관계의 구조가 변한 것이다. 그리고 이 관계가 지금까지는 시선과 언어 영역 이전, 혹은 저편에 놓인 것을 이제 시선과 언어 하에 두게 되었다. ─ 푸코 『임상의학의 탄생』

근대의학의 시선은 당시 의사가 사물에 대해 가져야 할 관점을 규정함으로써 환자에 대한 관점에 영향을 미쳤다. 분명 사물에 대한 관

---

◆*Naissance de la clinique, une archéologie du regard médical*

점이 근본적으로 변하면 이전과 같은 것을 보아도 전혀 다른 상이 보이게 된다. 이러한 변화는 시대적인 변화로서 많은 이들이 함께 경험하기도 한다.

하지만 시선은 집단적인 것에 국한되지 않는다. 라캉은 시선이 자아 형성에 중요한 역할을 한다고 말한다. 갓난아기는 처음에는 자기 신체를 통일된 것으로 인식할 수 없다. 아이의 신체는 아직 자신의 손이나 입, 엄마의 가슴 등 단편적인 것들의 집합일 뿐이다. 라캉이 생각하길 어린아이는 어느 단계에서 거울을 통해서 자기 신체를 발견한다. 아이는 거울에 비친 자기 신체를 보고 매우 즐거워한다. 그리고 이내 이것이 자기 신체라고 자각한다는 것이다.

아이가 자기 신체를 자각한다는 것은 어떤 의미인가. 그것은 아이가 타자의 시선과 자기 시선의 복잡한 상호성을 이해한다는 것이다 (중요한 부분이다). 그때까지 아이는 아버지 등의 몸을 보기는 했지만 자기 신체가 다른 신체와 마찬가지라는 점을 자각하지 못한다. 하지만 거울 속에서 아이는 타자의 시선으로 자기 신체를 본다. 거울의 상은 자기 시선이 타자의 시선의 위치에 서는 귀중한 장이다. 그리고 자기가 다른 사람과 마찬가지로 몸을 가진 존재라는 것을 거울 속의 자기 시선을 통해 알게 된다.

일찍이 근대철학은 '나는 생각한다'라는 코기토에서 출발한다. 그것은 자기의 사고와 존재의 확실성을 근거로 하는 철학이다. 하지만 라캉은 그것과 다른 철학의 가능성을 보게 된다. 라캉이 전개하는 시선의 변증법에서는 자기의 사고나 존재도 타자의 사상 및 존재와 밀접한 관계에 놓여 있다. 자기의 욕망은 타자의 욕망에 따라 형성된다.

이에 반해 사르트르의 시선 철학에서는 주체가 타자의 시선 하에 '사물'이 된다. 그리고 주체는 치욕을 느낀다. 주체는 분명 시선을 가진 주체이지만 타자도 시선을 가지고 있고 주체를 파악할 수 있다. 사르트르에게는 이 두 시선이 라캉의 경우처럼 서로 받쳐주면서 구축해가는 관계가 아니다. 보는 자는 보는 장면에서는 주체이지만 보이는 때에는 이미 주체가 아니다. 객체로서 자유를 상실하게 된다.

나의 인간적 조건의 경험은 다른 모든 살아 있는 인간들을 대상으로 하여 무수한 시선이 서로 다투는 투기장에 던져지고 거기에서 몇 번씩이나 홀로 탈출하는 것이다. (…) 우리가 시선이라고 이름 붙이는 것은 그런 상징의 총체이다. ─ 사르트르 『존재와 무』

사르트르에 따르면 인간은 시선의 주체로서 타자를 객체로 인식한다. 동시에 시선의 객체로서 자신이 타자에게 객체임을 깨닫는다. 그는 이와 같은 '불행'을 해결할 수 있는 길은 실존적 주체의 순수한 사유를 통해서라고 생각한다. 사유하는 주체만이 타자의 시선에서 해방될 수 있으며 타자의 지배를 받지 않는 자유를 행사할 수 있다는 것이다.

레비나스는 이와는 다른 시선 이론을 전개한다. 내가 타자의 얼굴에 시선을 두고 있는 것은 그 타자라기보다 훨씬 보편적인 제3자라고 말한다. 주체는 타자와의 관계에서 에로스적인 관계로 빠질 수도 있고, 욕망의 변증법을 전개할 수도 있다. 하지만 동시에 다른 사람의 시선에 놓여 있다.

레비나스는 서양철학이 '시각'의 철학이었다는 점이 큰 문제를 빚어낸다고 생각한다. 철학의 사고는 본다는 행위를 근거로 정립되었다. 여기서 보는 자, 인식하는 자는 시간 속에서 모든 것을 장악하는 하나의 권능이 된다. 이렇게 시각의 철학은 '현실적인 것을 높은 데서 내려다보는 시각이야말로 진리' 『윤리와 무한』◆라는 사고를 전개하게 된다.

레비나스에 따르면 사람이 타자의 '얼굴'과 직면할 때, 서로 타자라고 인식하는 관계가 아니라 윤리적 관계로 돌입한다고 한다. 레비나스는 시선은 시각과 관련 깊은 말이라 별로 사용하지 않았다. 하지만 얼굴 대면 방법을 시선이라고 부르는 것은 허용할 것이다. 얼굴은 무엇보다도 나라고 하는 주체를 '보는' 것이기 때문이다.

> 타인과 마주보는 것은 가장 깊은 의미로 노출되는 것, 즉 죽음에 노출되는 것을 의미하지 않는가. 얼굴은 정직함 속에서 죽음과 '가까운 거리에서' 접하고 있는 것이다. ― 레비나스 『윤리와 무한』

타자의 시선 하에서 주체는 (치욕을 당하는 것이 아니라) 타자에 대한 책임을 자각한다. 여기에서 시선은 (욕망의 변증법이 아니라) 타자의 얼굴에 응답한다는 윤리와 책임의 의미를 가지게 된다.

◆*Ethique et infini*

# 무의식
## unconscious, Unbwußtsein

무의식은 혼자서 사색하는
자에게 열리지 않는다.
기본적으로 타자와의
관계에서만 나타난다.

나는 나를 알지 못한다. 우리 자신이 무엇을 생각하는지 자신도 알지 못한다. 무의식, 즉 마음 내부에서 의식으로 떠오르지 않는 요소가 있다는 것은 고대 사람들도 알고 있었다. 철학에서 정식으로 이것을 고찰한 이는 니체이다. 그는 철학체계의 배후에 여러 무의식이 있다고 하였다. 그리고 계보학 기법으로 그리스도교 사회의 도덕적 배후에 숨겨져 있는 무의식에 가까운 어떤 힘을 폭로하였다. 그것을 대표하는 것이 르상티망—원한이라는 개념이다. 힘을 가지지 못한 약자들이 원한에 사로잡혀 복종과 인내의 도덕을 만들어낸다. 그것이 그리스도교 도덕이라는 것이다. 니체가 보기에 르상티망의 메커니즘은 기본적으로 무의식이다. 그리고 서양의 가치체계 근저에는 억압된 의식이 자리하고 있다.

무의식구조라고 하는 개념을 본격적으로 이론화한 것은 프로이트이다. 사람의 마음 내부에는 무인칭과 같은 움직임이 있는데, 아주 중요한 작용을 한다. 프로이트는 이것을

'이드'라는 무인칭 용어로 부른다. 이 호칭 역시 니체의 텍스트에서 착안한 것이다.

프로이트에 따르면 지금까지 과학은 인간의 자부심에 몇 번 충격을 주었다. 맨 먼저 코페르니쿠스, 이어서 다윈. 그리고 정신분석이 제3의 타격이다. 일찍이 코페르니쿠스는 지구가 우주의 중심이 아니라는 점을 폭로하였다. 그리고 다윈은 우리가 동물에서 진화하였음을 일깨워주었다. 마침내 정신분석은 우리가 자신의 마음조차 확실히 인식할 수 없는 존재라는 것을 실토하기에 이른다.

심리학 연구는 자아가 자신의 주인이 될 수 없다는 사실, 자신의 정신적인 삶 속에서 무의식적으로 일어나고 있는 사실에 대해서도 극히 일부에 불과한 정보밖에 주어지지 않는다는 것을 입증하고 있다.
— 프로이트 『정신분석입문』◆

프로이트에 따르면 무의식은 때로 마음의 병이 되어 나타난다. 뿐만 아니라 일상생활에서 실수로도 드러난다. 근대철학을 연 데카르트의 철학은 인간의 의식과 연결된 '표상'의 확실성을 근거로 한다. 그러므로 무의식이라는 개념은 근대철학의 근본에 이의를 제기하는 의미를 가지게 된다.

데카르트 철학에 이의를 제기한 것은 프로이트만이 아니다. 니체를 원류로 한 현대철학의 굵은 줄기가 그렇다. 언어학, 문화인류학 등 저마다 공헌한 실례를 찾을 수 있다. 가령 언어를 인간의 언어표

---

◆ *Vorlesungen zur Einführung in die Psychoanalyse*

현을 넘어 이면에 존재하는 '랑그'의 체계로서 끄집어낸 것은 소쉬르이다. 언어 표현 이면에 그것을 가능케 하는 언어체계가 있다는 것이다. 무의식과 같은 이러한 체계가 없다면 언어로 무엇인가를 표현하는 것은 불가능하다. 소쉬르의 언어학은 '말하는 주체'에게서 주체로서의 권능을 빼앗는 의미를 담고 있다.

문화인류학에서는 레비스트로스가 있다. 사회는 그 내부 사람들이 의식하지 못하는 구조로 이뤄져 있다. 사회는 이른바 집단적인 무의식으로 움직이고 있는 것이다. 문화인류학은 이러한 '사회적 무의식' 구조를 분명히 밝혔다. 여기도 프로이트나 구조언어학의 영향이 보인다.

정신의 무의식적 활동이 하나의 내용에 형식을 부여하였다. 언어에 나타난 상징적 기능에 대한 연구가 보여주듯이 이 형식은 고대와 근대, 미개와 문명 여부를 묻지 않고 모든 정신에 동일한 것으로 여겨졌다. 그러므로 이것이 다른 제도와 습관에 관해서도 적용 가능한 해석 원리를 획득하기 위해서는 각각의 제도와 습관의 본바탕에 있는 무의식적인 구조를 밝혀내지 않으면 안 되며, 그것으로 충분하다고 할 수 있다. ― 레비스트로스 『구조인류학』

프로이트에 이어 정신분석학에서 무의식을 기초 개념으로 하는 새로운 시도가 끊임없이 전개되었다. 우선 융C.G. Jung이 있다. 그는 프로이트와 달리 개인의 무의식을 두 차원으로 나누어 생각한다. 하나는 개인의 인생에서 억압되거나 망각된 채 의식되지 않는 무의식이 있다. 프로이트의 무의식에 해당하는 '개인 무의식'이다. 하지만 융은 또한 가지 인간에게 보편적인 의미를 가지는 것이 있다고 주장한다. '집단 무의식'은 인간에게 있어 보편적 의미를 가진다. 융은 이러한 무의식을 밝히는 데 힘을 쏟았다. 융은 레비스트로스가 무의식을 사회구조로 생각한 것과는 달리 우리 마음속에 있는 공통적인 상징과 같은 것으로 생각하였다.

라캉에 따르면 무의식이라는 심적 메커니즘이 있는 것이 아니다. 그것은 언어표현 속에서 나타날 뿐이다. 라캉은 소쉬르의 구조언어학적 유산을 이어받아 무의식구조는 언어구조와 동일한 형태를 취한다고 생각하였다.

> 무의식은 처음부터 존재하는 것도 아니며, 본능적인 것도 아니다.
> 그것은 본래 기호표현적 요소밖에 알지 못한다. — 라캉 『에크리』

나의 의식을 아무리 뒤져보아도 나의 무의식은 분명하지 않다. 프로이트의 무의식 이론에서 주목하고 싶은 것은 모놀로그가 부정된다는 점이다. 무의식은 혼자서 사색하는 자에게 열리지 않는다. 기본적으로 타자와의 관계에서만 나타난다. 주체가 보여주는 무의식 행위는 타자를 향해 반응할 때 비로소 의식할 수 있게 된다. 무의식은 의식 속에 들어오지 않기 때문에 그야말로 무의식이다. 그것이 의식화되기 위해서는 타자라는 회로를 거칠 필요가 있다.

프로이트가 제시한 무의식 개념은 후설로 시작되는 현상학에게는 커다란 도전이다. 현상학에서는 자기의식을 탐구하는 것만이 진리를 가져온다고 생각했기 때문이다. 이후 현상학에서도 자기의식을 넘어선 부분을 의식화하는 방법이 요구되기 시작한다. 주체의 의식을 찾는 것이 중심과제였던 현상학이 이처럼 주체의 의식을 넘어선 것, 어떤 무의식적인 것을 탐구할 필요성에 부딪치게 된다. 역설적인 전개다. 만년의 후설이 제시한 '생활세계'는 그러한 반영이다.

현상학으로 열린 이러한 지평은 현대철학의 중심 과제 중 하나가 되었다. 이 과제는 몇 가지 방법으로 다루어진다. 그 하나는 의식에 앞서 인간에게 공통된 무의식과 같은 장을 상정하는 것이다. 메를로 퐁티는 주체와 객체 사이에 있는 어떤 '몸'과 같은 무인칭의 세계를 상정하고, 개인은 이 몸을 받아들인 존재라고 생각한다. 이는 후기 후설의 생활세계와도 통하는 관점이다.

메를로퐁티의 몸 철학은 주체가 주체로서 성립하기 이전 단계의 공통의 장을 상정함으로써 여러 주체간의 의사소통 가능성을 생각하였다. 그리고 레비나스도 개인이 주체로서 등장하기 위한 필요조건을 찾고자 하였다. 그는 주체의 배후에 존재의 과잉된 장이 있다고 생각했다. 레비나스는 이 장을 '이리아'(il y a, 프랑스어로 '있다')라고 부른다. 하지만 '이리아'라는 무인칭의 세계는 주체에게 있어 의식을 성립시킬 수 없는 부정적인 장이다. 이 '있다'라는 부정적否定的인 장에서 의식을 가진 주체가 성립하는 장으로 탄생하기 위해서는 타자라는 시간적인 존재자가 필요하다.

주체가 있기 위해서는 타자가 필요하다. 레비나스는 그것을 철학으로 분명히 제시하였다. 주체는 신체를 가지고, 타자와 교류를 하며, 그 속에서 참된 의미의 주체로서 탄생한다. 무인칭의 장, 무의식의 장을 배경으로 하는 것 외에는 주체가 성립할 수 없다. 그러므로 무의식은 단순히 주체의 자아 속에서 억압된 부분에 불과한 것이 아니라 주체가 성립하는 장이라 하겠다.

# 명령
order

명령으로서의 도덕은
곧바로 의구심을 일으킨다.
이러한 명령이 자기 내면의
소리라고 해도 속에서
들려오는 소리가 정말
자신이 말하고 있는 것인지
어떻게 알 수 있는가.

명령은 어디에서 오며, 누가 하는가 생각해 본 적 있는가. 철학세계에서는 명령은 타자가 내린다기보다 먼저 내부의 소리로 들려온다고 생각하였다. 소크라테스의 내부 소리, 다이몬은 항상 금지형으로 명령한다고 한다. 즉 무엇인가를 하라고 명하는 것이 아니라 무엇인가를 하지 말라고 명한다.

내부 소리라는 개념을 한층 정밀하게 전개한 이가 플라톤이다. 그는 철학자는 항상 '두 사람'이라고 말한다. 상대와 대화 혹은 의논하며, 공격하기도 한다. 그런데 혼자서 조용히 생각하면 내부에서 다른 목소리가 말을 시작한다. 무서운 것은 이 소리이다. 이 목소리는 자기 의견의 결함을 날카롭게 지적한다. 이 소리의 정당함과 분명함에 스스로 거스르지 못한다. 소크라테스의 다이몬 명령은 이렇게 플라톤에 의해 '내부 대화자'로서 내면화되었다.

이러한 대화자의 소리 개념을 철학에서 가장 날카롭게 제시한 것이 칸트의 정언명법定言命法이다. 정언명법은 '너는 ~하라'고 명령한다. 칸트에게 이것은 대항하기 힘든 내면의 소리이다. 소크라테스의 다이몬과 달리 금지 명령이 아니다. 행동원리로서 명령이다. 가령 '너는 항상 타자를 수단이 아닌 목적으로 여겨 행동하라'라든가, 모든 행동을 명령 목적에 따라서 실행하라고 명한다.

여기서는 도덕원리가 '내적 명령'이라는 모습을 지닌다. 이것은 도덕론의 큰 전환이 된다. 모든 행동을 규율하는 명령이 도덕으로서 내면화되기 때문이다. 하지만 명령으로서의 도덕은 곧바로 의구심을 일으킨다. 이러한 명령이 자기 내면의 소리라고 해도 속에서 들려오는 소리가 정말 자신이 말하고 있는 것인지 어떻게 알 수 있는가.

헤겔은 칸트의 정언명법을 비판한다. 도덕이 이러한 정언명법으로 나타나는 것은 자기를 지배하는 주인이 외부에서 내부로 이동한 것뿐이다. 역시 지배되고 있다는 사실에는 변함이 없지 않은가. 이러한 명령으로서의 도덕이 아니라 사회 속에서 배양되어온 윤리가 중요하지 않은가.

뒷날 프로이트도 말한다. 자기 내부에서 들려오는 명령은 '양심의 목소리'와 같이 초월적으로 여겨질 수 있다. 하지만 사실은 아버지의 금지의 목소리가 내면화된 '초자아'의 소리에 지나지 않는다.

오이디푸스 콤플렉스가 강할수록 그리고 권위, 종교적인 가르침, 교육, 독서 등을 통한 억압이 빠른 속도로 죄어올수록 시간이 지난 후에 초자아는 양심 또는 무의식적인 죄책감으로 강력하게 자아를 지배하게 된다. ─ 프로이트 『자아와 이드』◆

───────────────

◆ *Das Ich und das Es*

일찍이 니체는 역사를 더듬어 올라가 분석하는 계보학 방법을 이용하여 생각하였다. 그리고 그리스도교 사회의 도덕률은 원한(르상티망)에 의해 만들어진 것이라고 지적하였다. 이후 프로이트는 한 개체의 자아의 역사를 분석하고 도덕성에 숨어 있는 '계보학적 소성素性'을 확실히 하였다. 이처럼 우리가 모르는 곳에서 명령하는 역사의 무의식과 개인의 무의식이 각각 제시되었다.

개인의 도덕성이 외부 존재의 명령과 그 내면화라는 형태를 취하는 경우가 있다. 하이데거에 따르면 양심은 공공적 세계에서 퇴락한 '사람'으로서 자기를 향해 말을 건다. '사람'이라는 익명의 모습으로 존재하는 주체는 항상 자기 기분과 걱정에 빠져 본래의 자기를 망각한다. 하지만 양심은 자기에게 말을 걸어 실존을 일깨운다.

> '사람'으로서의 자기 목소리를 들으며 자기에게 정말 고유한 '책임 있는 존재'를 자각한다. 그 목소리를 받아들이는 것은 선택이지만, (…) 받아들인다면 양심을 지닌 것이며, 가장 책임 있는 존재를 향해 자유로워지는 것이다. 목소리를 받아들이는 것은 양심을 지니려는 의지이다. — 하이데거 『존재와 시간』

하지만 도덕성을 향한 양심의 호소는 이중적이다. 하이데거는 양심은 '공공적 양심'이라는 '사람의 목소리'를 날조하는 경우가 있다고 말한다. 양심의 호소는 칸트가 말한 대로 도덕성의 모습을 취하는 경우가 많다. 하지만 그것이 '사람'의 목소리, 타자의 목소리에 지나지 않는 경우도 있다. 그렇게 생각하면 프로이트의 초자아에 대한 물음이 재차 울려온다. 양심의 목소리가 니체가 지적한 르상티망의 목소리가 아니라고 말할 수 있는가.

내면화된 명령을 다시 한 번 외부에 두려고 하는 시도가 있다. 20세기 후반의 레비나스이다. 타자의 얼굴은 항상 하나의 명령 '너는 살인하지 말지어다'라는 원초적인 메시지를 고한다. 이것은 칸트의 정언명법 같은 보편적인 도덕률이 아니다. 특정한 타자가 적나라한 얼굴로 의도하지 않은 채 말하는 명령이다. 그리고 여기서 타자와의 도덕적인 관계가 시작된다고 말한다. 그의 『윤리와 무한』을 조금 읽어 보자.

> (타인의) 얼굴이 말하는 첫 마디는 '너는 살인하지 말지어다'이다. 그것은 하나의 명령이다. 마치 스승이 나에게 하듯 얼굴을 드러내 계명을 준다. 그러나 동시에 타인의 얼굴은 궁핍한 것이다. 그것은 내가 그 때문에 무엇이든 할 수 있고, 그 때문에 모든 것을 해야 할 만큼 궁핍하다. ─ 레비나스 『윤리와 무한』

'얼굴'이 말하는 명령은 일정한 행동을 가리키는 것이 아니다. 가령 칸트의 정언명법이라면 자유로운 주체인 나는 자유로운 결심으로 명령에 따른다. 그것을 자기의 행동원리로 받아들인다. 하지만 레비나스는 다르다. 인간은 타자와의 관계에서 우선 자유로운 주체로 행동할 수 없다는 것이다.

우리 생활을 떠올려보면 알 수 있다. 가족이나 친구에게 자유로운 개인보다는 늘 책임 있는 자로서 행동하도록 요구받는다. 딱이 말로 명하지 않더라도.

난해한 이야기다. 레비나스는 이러한 난해함이 새로운 행동을 촉구한다고 말한다. 얼굴의 명령에 직면하면 주체는 꾸미지 않는 얼굴 표정에서 명령에 응하는 방법을 스스로 찾아낸다. 일종의 '자유'라고 할까. 타자와의 사이에서 자유로운 관계를 쌓지 못할 것이라는 부담 때문에 우리는 오히려 타자를 배려하는 여러 행동을 스스로 (자유롭게) 행한다.

레비나스의 명령 개념은 소크라테스의 부정형의 명령 개념을 반전시켜 더 한층 풍성하게 한 것으로 보인다. 명령하는 것은 누군가. 그것은 타자이다. 하지만 타자의 명령 내용은 공허하다. 주체는 그 내용을 스스로 자유로운 행위로 타자를 위해 채워가도록 명한다.

칸트의 정언명법에서는 '자유롭게'라는 이중구속 같은 역설이 암묵적으로 포함되어 있다. 칸트는 도덕률에서 모든 내용을 제거하여 정언명법을 끌어낸다. 하지만 주체가 스스로를 (그리고 타자를) 자유로운 주체로 다루도록 '명령받는' 것은 사실 자유로운 주체에게 어울리지 않지 않은가.

이에 대해 레비나스는 처음부터 주체는 자유롭지 않다고 생각한다. 타자와의 관계에서 인간은 자유로운 존재로서 행동하지 못한다. 레비나스는 명령의 의미를 뒤집어 예속관계로써 인간의 자유를 새로이 확보한다. 주체인 자는 곧 예속되는 자이다. 하지만 예속되는 자는 또한 동시에 자유로운 자가 될 가능성이 있다. 스릴 있는 역전이 아닌가.

# 이야기
## story, narrative, histoire

인간은 이야기 형태로만
시간을 파악할 수 있다.
이야기의 시간은
이야기한다는 행위 속에서
다시 시간을 되돌리는
것으로, 인간이 자기 자신을
확증할 수 있는 것은
바로 이 시간뿐이다.

이야기는 철학이 아니다. 흔히 그렇게 말한다. 언제부터인가. 아마 뮤토스(이야기)를 들려주는 것보다 철학적으로 고찰하는 것이 중요하다는 소크라테스의 발언 이후일 것이다. 『소피스트』*의 한 구절이다. 나중에 하이데거가 『존재와 시간』에서 인용하여 유명해졌다. 『소피스트』 이래 이야기라는 개념은 철학에서 아무래도 경멸적으로 다루어져 온 감이 있다. '그냥 옛날이야기에 지나지 않는다'라는 말은 철학적이 아니라고 보는 것이다. 하지만 그렇다면 기묘한 데가 있다. 플라톤은 철학에서 정말 중요한 장면에서는 이야기를 사용한다. 신화나 동화, 즉 이야기를 계속 엮어간다. 사실 철학에서는 이야기가 아니면 설명하기 곤란한 부분이 있는지도 모른다.

플라톤 이후 2천 년 이상이 지난 20세기 중반, 레비스트로스는 『구조인류학』에서 미국의 인디언 신화를 분석하였다. 그리고 여러 신화들이 시간적으로 공존하는 몇 가지 '신화적 요소'로 구성되어 있다고 밝혔다. 이야기에서 시간의 흐름으로 나타나는 통시적인 요소는 사실은 공시적 구조에서 유래한다고 하였다. 그는 구조분석으로 그것을 지적하여 보여주었다. 철학에서 이야기에 주목하게 된 것은 사실은 구조주의 이후라 할 수 있다.

레비스트로스의 방법에서 이야기를 시간적 흐름이 아니라 하나의 구조로 읽을 수 있다는 발상이 생겨났다. 이 착상에 근거하여 롤랑 바르트는 『이야기의 구조분석 서설』♦♦에서 이야기의 시간적 흐름을 논리적인 구조로 전환하여 분석할 수 있다고 생각하고 이야기의 논리학이라고 이름 붙였다.

연대순이라는 착각을 구조론적으로 기술하여 적절한 형태로 제시하는 것이 중요하다. 이야기의 시간을 설명하는 것이 이야기 논리학이다. — 바르트 『이야기의 구조분석 서설』

바르트에 앞서 프로프V.I.Propp가 『민담의 형태론』♦♦♦에서 이야기를 기호학적으로 분석하였다. 러시아 민담의 등장인물을 일곱 종류로 분류하고 그 행동 패턴을 분석한 것이다. 구조분석적인 재미있는 작업이다. 바르트의 이야기 구조분석은 이를 발전시킨 것이다.

다만 구조로 분석하게 되면 이야기의 시간적인 의미가 흐려진다. 이야기란 역시 시간적 흐름에 따른 것이 아닌가. 이야기하는 행위는 인간의 중요한 활동이고 사고에 의미를 부여하는 것이라고 리쾨르 등도 말한 바 있다. 시간을 철학적으로 분석하면 해결할 수 없는 문제에 부딪치게 된다. 인간은 이야기 형태로만 시간을 파악할 수

---

♦ *Sophist*   ♦♦ *Introduction à l'analyse structurale des récits*
♦♦♦ *Morphology of the Folk Tale*

있다. 이야기의 시간은 이야기한다는 행위 속에서 다시 시간을 되돌리는 것으로, 인간이 자기 자신을 확증할 수 있는 것은 바로 이 시간뿐이다.

이야기는 행위하는 '누구'에 대해 말한다. '누구'의 자기동일성은 그것 자체가 이야기의 자기동일성과 같다. 사실 말하기의 도움을 빌지 않는다면 개인의 자기동일성 문제는 도저히 해결할 수 없는 운명에 처한다. — 리쾨르 『시간과 이야기』◆

자아에게 자기 아이덴티티를 위해 이야기가 필요하다는 것은 리쾨르만의 생각이 아니다. 한나 아렌트의 생각도 그렇다. 아렌트는 고유명사의 가능성, 개인의 아이덴티티는 이야기에 의해 가능해진다고 말한다. 탄생에서 죽음에 이르기까지 누구나 자신만의 이야기를 엮어가는 것이다. 그 사람이 '무엇'인지는 신체와 목소리 속에 나타나게 된다. 하지만 그 사람이 '누구'인가는 '그 사람의 말과 행위 속에서 모든 것이 암시된다.'

이와 동시에 아렌트는 이야기에 의한 자기 확인은 공동체에도 적용된다고 생각하였다. 사람들이 타인과 함께 할 때, 인간 공동체에 놓여 있을 때 항상 이야기가 나온다. 이야기는 개인만이 아니라 개인이 소속된 공동체의 아이덴티티도 형성한다. 그리스의 폴리스에서도, 미국 독립혁명에서도, 새로운 정치권력은 자기동일성을 받쳐줄 이야기가 필요하다.

그것만으로는 타인과 다른 '누구'를 인식할 수 없다. 활동과 언론을 통해 사후에만 인식할 수 있다. 이를 위한 유일한 매체가 진정 이야기이다. 그 사람이 '누구'인가를 알 수 있는 것은 오직 그 사람이 주인공인 이야기, 그 사람의 전기를 통해서만 알 수 있다.

— 아렌트 『인간의 조건』

아렌트에 따르면 그리스에서 폴리스의 역할은 개인이 자신의 이야기를 할 수 있는 장을 제공하고 그것을 '불멸의 것'으로 만드는 것이었다. 그리고 동시에 이런 특징이 폴리스 자체의 아이덴티티도 형성하는 것이다. 정치적인 영역이나 공적인 영역은 이렇게 개인의 이야기를 공유함으로써 생겨났다. 폴리스에 국한하지 않고 '개인의 이야기가 공유되는 장'이면 공적인 공간으로서의 의미를 가진다고 아렌트는 생각한다.

이러한 개인 이야기와 공동체 이야기의 관계성은 매우 흥미롭다. 이것과 비슷한 관계는 이미 초기 정신분석에서 분명히 제시되었다. 프로이트와 브로이어는 '토킹큐어'(대화를 통한 치료)라는 정신분석 방법을 고안하였다. 예컨대 브로이어의 환자 안나는 두 가지 시간을 산다. 그 때문에 신체적으로 여러 증상이 나타난다. 그러나 환자는 억압받았던 1년 전의 시간을 현실 시간으로 옮겨 이야기함으로써 스스로 증상을 치유하게 된다. 이야기 행위를 통해 시간을 새로 고치는 것이다.

프로이트는 이러한 '자기 이야기'의 형성과정을 '조작'이라고 불렀

---

♦*Temps et récit*

다. 환자가 자기의 바람직하지 못한 욕망을 억제함으로써 증상이 생긴다. 이는 억압되어 있어서 의식에 떠올리려 하면 저항이 생긴다. 정신분석에 의하면 환자 스스로 어떤 이야기를 만들거나, 아니면 치료자가 환자에게 납득할 만한 이야기를 제공함으로써 환자의 억압된 욕망에 의미를 부여할 수 있다. 이로써 '치료'가 가능하다는 것이다.

정신분석적 '치료'란 자신의 정신적인·삶을 사회에서 일반적으로 통용되는 이야기에 맞춰 다시 이야기하는 방법을 배우는 동시에 자신의 이야기를 타자의 이야기와 결부시키는 방법을 배우는 것이다. 인간이 사회에서 살아가는 기술에는 이러한 이야기 방법이 포함되어 있다. 알튀세르는 사회의 어두운 이야기를 이데올로기라는 개념으로 칭하기도 했다.

나아가 리오타르J. Lyotard는 이데올로기라는 개념을 '거대 이야기' (거대담론)라는 말로 표현했다. 사회라는 옷감에 씨실날실로 얽혀 있는 희미한 이야기가 아니라 사회를 조직할 듯한 이야기, 거대한 이야기이다. 근대(모던)라는 자유, 소외에서 해방, 공동성 등의 거대한 이야기를  믿던 시대이다. 리오타르는 포스트모던한 상황에서는 그런 이야기를 믿지 않게 되었다고 말한다. 여기서 이야기 개념은 역사철학 속에 포함된 무의식 같은 허구를 보여주고 그것을 폭로하는 데 이용되고 있다. 리오타르가 말하는 근대의 거대 이야기의 예를 조금 들어보자.

원죄나 속죄 같은 그리스도교 이야기, 인식과 평등에 의한 무지 및 예속으로부터 해방이라는 계몽 이야기, 구체적인 것의 변증법이라

는 마르크스주의 이야기, 산업 발전을 통한 빈곤으로부터의 해방이
라는 자본주의 이야기. — 리오타르 『포스트모던 통신』◆

그런 이야기는 오늘날 더 이상 설득력이 없다. 하지만 리오타르는
이야기를 그만두겠다고 하지 않는다. 오히려 거대 이야기에 대항하
는 많은 작은 이야기가 생겨나야 한다고 주장한다. 그리고 수많은 이
야기의 길항 속에서 새로운 사고 스타일이 생겨난다는 것이다. 어쨌
든 이야기는 철학에서 중요한 듯하다. 마지막으로 플라톤의 말을 빌
려보자. '이야기는 구제되었다'.

---

◆ *Le postmoderne explique aux enfants*

# 야생
## sauvage

야생의 반대어는 무엇인가. 문명인가 문화인가. 하지만 문화의 결정체 같은 철학세계에서는 '야생'을 매우 좋아한다. 거의 긍정적인 문맥으로 등장한다. 우리는 야생野生과 야성野性을 구분하여 쓰지만 프랑스어의 sauvage는 둘 다를 의미한다.

야생이라는 개념은 문화인류학자 레비스트로스가 사용하면서 유명해졌다. 레비스트로스는 서양문명에서 주류로 간주되던 과학적 사고와 대립하는 형태로 '야생의 사고'를 제시하였다. 그는 이를 원시사회에서 가져왔지만 야생의 사고를 서양문명과 이질적인 것이라고는 생각하지 않았다. 과학적 사고와 다르지만 우리 모두가 가지고 있는 것이라 보았다.

내가 볼 때 '야생의 사고'란 야만인의 사고도 아니며 미개인류나 원시인류의 사고도 아니다. 효율을 높이기 위해 재배를 하고 가축을 사육하는 사고와는 다른 야생 상태의 사고이다.

— 레비스트로스 『야생의 사고』

레비스트로스는 재미있게 설명한다. 과학적 사고의 대표적인 예로 엔지니어를 들고, 야생의 사고에는 1일 목수를 들어 대비시킨다. 1일 목수는 집안에 필요한 물건을 만들려고 이것저것 짜맞춘다. 엔지니어는 작업 전체를 미리 내다보고 필요한 것을 준비, 즉 필요한 재료와 기구를 생각하여 구입한 뒤 계획을 실행한다. 하지만 1일 목수는 지금 있는 물건을 살펴보고 그것을 다른 곳 다른 상황에서 사용할 수 없는지 궁리한다. 가지고 있는 나무를 토대로도 쓰고 기둥에도 사용하므로 토대를 특별히 설계하거나 일부러 사러 갈 필요가 없다.

레비스트로스는 신화란 이렇게 콜라주처럼 끼워맞추어 만들어진 것이라고 보았다. 그리고 여러 신화의 공통적 구조를 분석하였다. 이러한 야생의 사고는 철학에 새로운 바람을 일으켰다.

야생의 사고는 심벌을 사용하는 은유나 환유와 비슷하다. 어떤 것에 빗대어 다른 것을 말하는 알레고리와도 닮았다. 이에 대해 엔지니어의 사고는 분석적이다. 분석하여 종합한다고 하는 데카르트식 이성의 방법에 충실히 따른다. 하지만 야생의 사고는 분석하지 않는다. 이리저리 끼워맞추고, 속이기도 하고, 우회하기도 한다. 하나가 여러 가지 중복되는 사용법과 의미를 가진다. 그러므로 어떤 요소는 여기저기 두루 쓰인다. 레비스트로스는 변증법으로 대표되는 서양의 분석적 이성으로는 인간의 문화를 잘 이해할 수 없다고 생각한다.

여기서 흥미로운 것은 야생의 사고가 과학적 사고에서도 중요한 의미를 가진다고 생각한 것이다. 자연세계에 대해 기계론적 접근방법 외의 다른 방법을 찾으려면 어떻게 해야 하는가. 분석적인 사고나 추론에 기초한 사고뿐 아니라 상징의 의미와 유추에 근거한 야생적 사고가 과학적 사고의 결함을 보완할 수 있다.

　서양의 분석적 이성과 다른 이성의 원리로서 제시된 야생 개념은 그 후 각종 형이상학 비판에도 이용되었다. 특히 메를로퐁티가 제시한 '야생'이 중요하다. 과학적 사고나 분석적 사고영역에 앞서 인간의 원초적인 지각이 생겨나는 장이 있다고 그는 생각한다. 여기서 인간은 우선 몸을 지닌 정신으로서의 신체다. 신체에서 분석적인 이성보다 먼저 '이성을 성립시키려는 지각'이 형성된다. 여기서 인간은 직접적인 경험을 하기도 하지만 언어나 문화로 인해 이러한 단계나 순수한 경험을 잊어버리게 된다.

　문명의 토대가 되는 언어와 문화적 대상은 야생의 존재에서 끄집어낼 수 있는데도 그 사실을 간과한다. 다른 곳에서 메를로퐁티는 이를 '몸'이라 부르고 상호주관적인 교류를 행할 수 있는 장으로 제시한다. 자연뿐 아니라 타자를 이해하는 데도 이러한 체험적인 장이 전제가 된다고 생각한 것이다.

　또한 야생이라는 개념은 자연과 문화의 경계를 가리키는 경우가 있다. '야생으로 있는 인간'이란 인간의 사회나 문화 속에서 살지 않는 인간을 말한다. 라이프니츠는 언어의 기원을 고찰한 적이 있다. 인간에게 원초적인 언어능력이 있다면 인간사회에서 살아가지 않는 야생의 인간, 가령 사회에서 유기된 아이는 헤브라이어를 사용해야 하지 않는가. 당시에는 바벨탑이 붕괴하기 전의 '원시 언어'가 헤브라이어라고 여겼기 때문이다.

　18세기에는 늑대소년이나 늑대소녀가 인기를 모으면서 특수한 육아법을 받은 카스파 하우저K. Hauser(버려진 아이 ― 옮긴이) 같은 인물이 주목을 끌었다. '원초적 언어'를 향한 관심과 함께 '야생'에 대한 관심 때문이었을 것이다. 야생에 대한 관심은 16세기 몽테뉴까지 거슬러 올라간다. 당시 신대륙에서 끌려온 '야만인'은 '문명이 결여된 지역'에 대한 관심과 호기심을 불러일으켰다. 몽테뉴는 서양문명을 비판하는 하나의 관점에서 야생민족들을 높이 평가하였다. 문명과 야생의 대립관계는 이를 계기로 시작된다.

서양 역사에서는 『오디세이아』의 연꽃 열매를 먹는 민족처럼 야생이 부정적으로 그려지는가 하면 한편에서는 문명에 대한 아이러니로 야생민족이 이상화되기도 하였다. 루소의 자연상태에도 그 잔영이 남아 있다고 할 수 있다. 특히 이것이 표면화된 것은 18세기이다. 부갱빌L. A. de Bougainville의 『세계일주 여행기』◆에는 타히티가 천국처럼 그려져 있고, 디드로D. Diderot의 『부갱빌 여행기 보유』◆◆에서는 성적 억압이 없는 사회의 이상상이 그려졌다.

문화인류학은 그 이상을 부정하고자 하지만 레비스트로스에게도 여전히 '문자를 모르는 민족'에 대한 환상이 남아 있다고 데리다는 지적한다. 이렇듯 야생에 대한 꿈은 서양사회의 역사관을 뒤집어 보여준 것이라고 할 수 있다. 그것이 때로 일본이나 중국에 대한 과잉 '집착'으로 나타나기도 한다. 가령 크리스테바는 중국의 '연극적'이고 '미적 추론'에 대해 이렇게 말한다.

어떤 사건의 형세를 예측하고, 그리고 동시에 원인을 탐구하며, 추론을 행하고, 그리고 사건을 상정하여 그 현상과 본질을 밝힌다. 이

---

◆ *Voyage autour du monde*   ◆◆ *Supplement au Voyage de Bougainville*

것은 형이상학적인 논리적 인과성 원리에서 생겨난 작업이며 우리
서양인에게는 유일한 논리이다. 하지만 중국인은 이러한 해석방법
대신 '구조주의적' 혹은 '전쟁' 구도 같은 것을 보여준다.

— 크리스테바 『중국여성들』◆

크리스테바는 서양과 대립된 중국식 사고의 특이성을 다루고 있
다. 서양의 이성에 관해 비판하고자 하는 크리스테바의 생각은 충분
히 이해하지만 이것은 서양 사고 속에서 야생의 사고를 찾으려 한 레
비스트로스보다 더 후퇴하고 있는 듯하다. 논리적인 인과성 원리가
서양인의 유일한 논리라고 말하는 것은 중국인은 모두 '전쟁' 구도로
생각한다고 단정하고 있는 것과 같은 식의 사고이기 때문이다.

일본을 좋아한 롤랑 바르트를 비롯한, 서구 지식인에게 볼 수 있는
패턴이다. 하지만 '오리엔탈리즘의 본질은 우월한 서양과 열악한 동
양 사이에 뿌리 깊은 구별을 만드는 것' 사이드 『오리엔탈리즘』이라고 한다
면 자기사고의 풍토성을 인식함으로써 반대쪽 오리엔탈리즘에 빠질
가능성도 경계해야 할 것이다.

---

◆ *Des chinoises*

# 꿈
**dream, rêve, Traum**

프로이트는 꿈을
무의식적 욕망의 표현으로
해석하였다. 꿈에서는
주체의 욕망이 표현되어
실현된다. 꿈에서는
여러 '가공'이 이루어진다.

꿈은 철학에서 어떤 위치를 차지하고 있는
가. 그리스어로 꿈은 오네이로스oneiros라고
하는데 이 말은 이제 거의 접할 수 없다. '몽
환적' 오니리크onirique라는 말에 흔적이 남아
있을 뿐이다. 몽환이란 덧없다는 이미지가
강하다. 실제로 꿈은 현실과 대립되는 경우
가 많다. 그리스의 헤라클레이토스는 이렇
게 말했다. 꿈을 꾸는 사람은 공동세계, 로고
스의 세계에서 일탈하여 자신만의 세계에 갇
혀 있는 것이다. 꿈은 취한 상태와 마찬가지
로 '혼자만의 세계' '광기의 세계'에 가까이
있다고 여겨졌다. 아리스토텔레스도 꿈은
광기나 병과 마찬가지로 이성 작용을 저해한
다고 생각하였다. 전통적으로 그리스 철학
세계에서 꿈은 논리나 이성에 반하는 것으로
간주되었다는 것을 알 수 있다.

한편 그리스도교 전통에서는 (광기와 마찬가
지로) 꿈에는 '하느님과의 통로'라는 특권적
의미가 있었다. 「창세기」를 보면 야곱은 하
늘에 이르는 사다리를 오르내리는 꿈에서 하
느님으로부터 계약에 대해 듣는다. 꿈은 지

상과 천상의 세계를 이어주는 다리이며, 하느님의 말을 전해주는 중요한 장이기도 한다. 신약성서에서도 하느님은 요셉의 꿈에 천사를 보내 마리아가 잉태한 아기의 이름을 예수라고 짓게 한다.

그리스와 그리스도교의 전통 간에 꿈의 가치는 아무래도 큰 차이가 있는 듯하다. 이런 이중적인 위치 때문에 이후 철학 흐름에서도 꿈은 혼돈된 의미를 가진다. 하지만 모두 꿈을 해석해야 할 대상으로 본 것은 분명하다. 그리스에서는 일찍이 아르테미도로스가 꿈 해석의 전통을 확립하였다. 중세 수도원에서도 꿈이 사람의 신체와 정신 상태를 나타내는 것으로 보고 해석의 대상으로 삼았다. 성적인 꿈을 꾸는지 여부로 수도사의 수련 정도를 판단하기도 하였다. 꿈이라는 의식이 제어할 수 없는 장에서 마음의 참된 모습을 나타낸다고 생각한 것이다.

꿈의 해석을 중요한 주제로 다룬 이는 프로이트이다. 그는 꿈을 무의식적 욕망의 표현으로 해석하였다. 꿈에서는 주체의 욕망이 표현되어 실현된다. 하지만 주체는 자기의 무의식 속의 욕망을 의식에서는 부정한다. 그러므로 꿈에서는 여러 '가공'이 이루어진다.

가공은 무엇을 뜻하는가? 꿈은 압축된다. 하나의 사물에 여러 가지 연상과 의미가 겹쳐져 나타난다. 혹은 무언가 다른 것으로 대체된다. 진짜 욕망을 은유로 시사한다. 그리고 꿈은 그 전체 줄거리 속에 의도적으로 조정되고 변용되어 알레고리(우의) 이야기를 보여준다.

프로이트의 꿈 개념은 인간이 자신의 의식과 욕망의 주체가 아니라고 말한다. 그 때문에 철학의 이성주의에 큰 타격을 입혔다. 인간은 꿈에서 윤리적인 주체로 행동하지 않는다고 프로이트는 말한다. 부모를 죽이는 자에서 타인을 살인하는 자까지 반도덕적인 행동을 보인다.

무기력한 이성이여!

물론 부모를 죽이는 꿈을 꾸었다고 해서 부도덕한 인간이라는 것은 아니다. 다만 이러한 '반도덕적인 꿈'을 단순히 꿈으로 끝낼 수 없다. 거기에 주체의 숨겨진 욕망이 표현된다고 생각했기 때문이다. 이 대목에서 이성적인 주체는 분열을 강요당한다. 자신의 욕망 표현에 눈에 감을 것인지, 이성의 통제가 미치지 않는 영역이 있다고 인정할 것인지, 둘 중 하나다. 어느 쪽이든 이성이 자신하던 패권은 부정되고 스스로 분열되고 있음을 인정할 수밖에 없어진다.

하지만 융의 생각은 조금 다르다. 꿈에서는 주체의 욕망이라기보다 인류 공동의 무의식이 표현되는 것이라고 생각했다. 꿈을 주체의 억압적 메커니즘이라고 생각하지 않는다. 꿈의 주체는 인간이 공통적으로 가지는 무의식과 같은 것을 상징적인 언어로 보여준다고 생각한다. 그 때문에 융은 신화나 전설 등의 모티브를 활용하여 꿈을 해석하고자 한다. 중세 수도원과는 반대 방향으로 꿈을 활용하려고 한 것이다.

바타유 경우에는 꿈을 무의식을 해석하기 위해서만이 아니라 철학의 도구로 사용할 수 있다고 생각한다. 그는 웃음, 황홀경, 눈물 흘리기 등 체험의 철학적인 의미를 고찰하고, '비지非知의 철학'을 구축했다. 그는 꿈과 현실이 지속되고 있다는 철학을 전개한다. 그리고 언어와 논리로 이루어진 일상세계나 전통적인 철학세계를 타파하기 위해 꿈의 생생한 체험을 활용하려고 하였다. 바타유는 이성에 의한 추론적인 사고방식에 거스르는 사고를 시험하였다. 그리고 이성을 비판하기 위해 여러 가지 키워드를 사용하였다. 꿈은 그 중 하나이다.

(…) 〔꿈속에서〕웃음, 에로티시즘과 황홀, 거기다 죽음을 둘러싼 나의 체험이 그저 하나의 투시도에 그려져 있다. 나에게 의미가 있는 것은 이 투시도뿐이며, 이를 책의 형태로 보여주는 것은 그저 헛된 수고일 뿐이다. 꿈과 깨어 있을 때의 사고는 연결되어 있어 어느 한순간에 나의 사고가 갑자기 명석해지거나 하는 일은 없다. ― 바타유 『에로티즘』

꿈의 해방적인 역할을 이용하려고 한 이는 빈스방거L. Binswanger이다. 그는 스위스의 정신과 의사로 철학의 현존재 분석방법을 응용한다. 그는 꿈의 세계는 공동세계로부터의 이탈이고, 고독하고 폐쇄된 세계에 갇힌 것이라고 생각한다. 그리스의 헤라클레이토스와 비슷한 생각이다. 하지만 빈스방거는 하이데거의 '본래성'의 개념과 '사람'이라는 개념을 근거로 한다. 그 때문에 꿈의 세계는 퇴락한 공공세계에서 이탈하여 참된 자신에게 직면하는 참된 세계로서의 가치를 가진다. 현실세계에서 사람들은 참된 자신으로부터 눈을 돌려 즉흥적으로 살아가고 있다. 그런데 꿈에서 사람은 자기 자신과만 대면한다. 이제 타자와의 '대화' 속에서 자신의 참된 욕망으로부터 눈을 돌릴 수 없어서 참된 자신에게 눈을 향하도록 요구한다.
미셸 푸코도 빈스방거의 꿈이론을 근거로 꿈의 윤리성을 주장한 적이 있다. 꿈에서 윤리라니 프로이트와는 반대가 아닌가. 하지만 그는 꿈에서 인간 실존이 완성된다고 생각한 것이다.

꿈은 하나의 초월적인 세계의 내용을 지지하는 동시에 자유의 근원적인 운동도 지지한다. (…) 자면서 의식을 잃을 때 꿈속에서는 실존이 눈을 뜬다. ― 푸코 『꿈과 실존』◆

푸코는 인간이 자신의 꿈속 가장 깊은 곳에서 만나는 것은 자신의 죽음이라고 쓰고 있다. 그는 여기서 하이데거의 개념 '죽음에 대한 선구적인 결의'를 염두에 둔 듯하다. 스스로 죽음을 응시함으로써 '본래성'으로 되돌아오고자 하는 사고이다. 꿈에서 자기와 대면한다는 사고도 마찬가지이다. 여기서는 꿈이 죽음의 시선과 같은 위치에 있다.

꿈에서 진실을 본다는 이론에서 생각나는 철학자가 한 사람 더 있다. 메를로퐁티이다. 그는 빈스방거와 같은 관점에서 인간의 참된 모습을 꿈이 알려준다고 생각했다.

> 신체라는 관점에서 꿈을 생각해보자. 즉 꿈이란 신체를 가지지 않으며 '관찰' 없이 세계 속에 있는 것이다. 아니 무게 없는 상상 속의 신체를 가지고 세계 속에 있는 것이라고 말할 수도 있다. (…) 꿈에서는 외부의 감성적인 분신 같은 것이 우리 내부에 있는 듯한 느낌이다. 꿈은 세계를 갖지 못하며 감성적인 것 바로 곁에 있다.
>
> — 메를로퐁티 『보이는 것과 보이지 않는 것』

메를로퐁티는 꿈속에서 주체와 존재의 교차(키아즘)가 이뤄진다고 말한다. 인간이 몸을 가진 것은 세계에서 살을 부여받았기 때문이라고 생각한 그에게 꿈은, 세계의 '몸'인 인간의 의미를 '무게 없는 상상 속의 신체'를 통해 해명할 수 있는 것인 듯하다. 메를로퐁티는 바타유와 다른 길에서 꿈을 철학의 도구로 활용한 것이다.

---

◆*Dits et Ecrits*

# 욕망
**desire, appetite**

욕망은 사람들을 진리의
이데아로 향하게 하는
원동력이 되는 동시에
육체의 욕망으로 정신활동을
착란시켜 붕괴시키는
위험한 요소이기도 하다

에로스는 아름다움을 추구한다. 왜 그런가. 그것은 에로스에 아름다움이 결여되어 있기 때문이다. 플라톤은 에로스를 이렇게 설명한다. 욕망이란 스스로에게 결여된 것을 추구하는 것이다.

욕망에 해당하는 단어나 번역어가 몇 개 있다. 영어에서는 desire와 appetite라는 두 계통이 있다. 욕망과 욕구를 구별해서 욕망을 desire, 욕구를 appetite로 생각하도록 하자. 어느 쪽도 확실한 정의는 없지만 라틴어의 appetitus에서 온 appetite는 근대에서는 식욕의 의미에 가깝다. 데카르트 이전까지의 철학 텍스트에서는 이쪽이 주로 쓰였다.

사실 욕망은 때때로 인간의 생리적 욕구로 여겨지기도 한다. 하지만 욕망을 욕구와 마찬가지로 생각해도 좋을까. 무엇을 먹으면 식욕은 해소된다. 하지만 시간이 지나면 인간은 또 공복을 느끼고 먹을 것을 찾는다. 결여와 충족의 반복이다. 한번 충족된 것이 다시 결여되고, 거기에 욕구가 나타난다. 욕구는 채워지면 해소된다. 그것이 생리적인 욕구 개념이다.

하지만 그것뿐인가. 인간은 정말로 생리적인 욕구를 채우고 싶을 뿐인가. 우리가 추구하는 것은 좀더 다르지 않은가. 생리적으로 공복을 채우는 것은 단순히 필요에 쫓길 뿐이지 인간이 그것을 '욕망'하는 것은 아니다. 나이프와 포크로 채우는 공복과 날고기로 채우는 공복은 다른 것이라고 말한 사람이 마르크스이다. 적어도 인간이 욕망하는 것은 맛있는 것을 맛있게 먹는 것이다. 공복을 채우는 간단한 행위라도 인간은 생리적인 필요를 충족하는 것과는 다른 방법을 쓴다. 손이 많이 가는 조리법이라든가, 까다로운 식사예절이 그렇다. 더욱이 욕망은 단순히 결여를 메우는 것만이 아니다.

처음에 말한 플라톤의 욕망이론은 결여의 모델이다. 하지만 자세히 보면 단순히 결여만 메우는 것이 아니다. 에로스도 굶주림을 채우고자 아름다움을 추구하는 것은 아니다. 아름다움에 대한 동경에서 아름다움을 추구한다. 아리스토텔레스는 아름다운 여성 주위에 남성이 모여드는 것처럼 부족해서가 아니라 넘쳐나는 것이 사람들을 뒤흔든다고 말한다. 욕망은 자신의 삶이 더 한층 좋아질 것을 요구한다.

욕망이란 자신에게 있어 선한 것을 구하는 것이다. 이러한 사고를 자기 철학의 뿌리에 둔 이가 스피노자이다. 생물체는 존재하는 것 자체를 목적으로 삼는다. 그러므로 그 목적에 부합하는 것을 욕망하는 것은 자연스러운 것이다. 그는 그것을 선善이라고 부른다. 이 이론에서 인간이 욕망하는 것은 선이라는 결론이 도출된다.

나아가 니체는 말한다. 갖가지 도덕체계 또는 이성에 의해 억제된 삶을 회복할 수 있는 힘은 이성이나 도덕을 부정하는 '욕망의 힘'을 통해서만 생겨난다. 음. 스피노자도 니체도 거부한다. 무엇을? 인간을 정신과 신체로 분리하는 것, 욕망을 신체영역에 결부시키는 것, 그리고 욕망을 결여라는 관점에서 생각하는 것을.

다만 아주 옛날 플라톤도 말했듯이 욕망이 인간에게 항상 바람직한 것으로 등장하는 것은 아니다. 욕망은 사람들을 살리기도 하지만 죽이기도 한다. 플라톤도 마찬가지다. 욕망은 사람들을 진리의 이데아로 향하게 하는 원동력이 되는 동시에 육체의 욕망으로 정신활동을 착란시켜 붕괴시키는 위험한 요소이기도 하다. 그야말로 양날의 칼이다.

이러한 욕망의 이중성을 니체도 잘 알고 있었다. 욕망은 이성의 족쇄를 부수는 생生의 힘인 동시에 사람들을 지배욕으로 이끄는 원동력이기도 하다. 니체는 『도덕의 계보학』에서 그리스도교의 도덕은 약자의 원한이라는 뒤집힌 욕망으로 사람들을 예속시킨다.

욕망의 메커니즘에 대해서는 프로이트가 자세히 설명하고 있다. 프로이트도 욕망을 결여모델로 분석하는 일이 자주 있지만 사실은 인간의 사고가 욕망과 그 제어과정에서만 발생한다고 생각하였다. 인간에게서 욕망을 제거하면 사회 자체가 성립되지 않는다. 시민사회를 인간의 욕망체계라고 한 이는 누구인가. 헤겔이다. 다른 의미이기는 하지만 프로이트도 인간사회는 처음부터 '욕망의 체계'였다고 본다.

이러한 프로이트의 '시원始源으로서의 욕망' 개념을 이어받은 이가 들뢰즈이다. 그는 국가나 사회가 사람들의 욕망을 조직하여, 어떻게 전개할 것인가를 자세히 분석하였다. 『안티오이디푸스』는 이러한 욕망의 메커니즘을 분석한 책이다.

들뢰즈는 프로이트의 개념을 근거로 아기의 입과 어머니의 가슴,

항문과 배설물 등이 '기계' 같은 메커니즘으로 작용한다고 하였다. 사회에 실재하는 것은 이렇게 연결된 기계이고 이 기계가 욕망한다고 생각하였다.

욕망은 아무것도 부족하지 않다. 욕망 자체의 대상도 부족하지 않다. 오히려 욕망에서 빠져 있는 것은 주체이고 욕망에는 고정된 주체가 없다. (…) 욕망과 그 대상은 일체를 이루며 그것은 기계의 기계로서 기계가 된다. 욕망은 기계이고 욕망의 대상도 이 기계에 접속된 또 하나의 기계이다. ― 들뢰즈/가타리 『안티오이디푸스』

들뢰즈는 욕망을 주체에 두지 않는다. 욕망 그 자체에 힘이 있다고 생각하는 것이다. 욕망은 기계처럼 연결된 형태로 물건을 생산하고, 사회를 구축해간다. 욕망이 인간관계 자체를 만들어낸다고 하는 들뢰즈의 사고방식은 매우 독창적이다. 라캉도 보여주었듯이 욕망은 단독으로는 생겨나지 않는다. 타자의 '욕망의 욕망'과 같은 형태로 일어난다. 욕망은 타자와의 관계와 분리될 수 없다.

들뢰즈는 프로이트로부터 많은 것을 배웠지만, 정신분석이 개인 욕망을 사회 내부로 회수하는 기능을 수행한다며 비판하기도 한다. 욕망을 회수하는 것이 아니라 욕망의 개방적인 기능이 작용하는 조건은 없는가. 사회가 역사적으로 실행해온 욕망의 조직 방법과 그 구조를 분석하여 들뢰즈는 추측한다.

마르쿠제 등은 생生의 욕망을 모두 해방시키자고 주장했다. 니체의 생의 개념에 포함되어 있는 욕망의 긍정적 기능을 확장하고자 했다. 하지만 들뢰즈가 구하고자 한 것은 그런 해방이 아니다. 욕망을 그대로 긍정하면 다른 욕망의 형이상학에 연결될 가능성이 있기 때문이다. 라이히W. Reich는 리비도를 우주론적으로 실체화하여 오르곤 에네르기라는 이론을 주장하였지만 이런 막다른 길에서 궁지에 몰렸다. 욕망의 작용 메커니즘 분석을 통해 들뢰즈가 지향한 것은 파시즘과 같은 형태로 사람들의 욕망이 조직화되는 것을 막기 위한 방법을 발견하는 것이다.

마지막으로 레비나스의 경우는 욕구와 다른 욕망의 '형이상학성'을 지적한다. 그는 욕망에는 항상 개별적 주체를 초월하는 것이 있다고 생각하였다.

> 욕망은 절대적인 '타자'를 향한 욕망이다. 채워지는 굶주림, 해갈되는 갈증, 진정되는 육욕을 넘어선 곳에서 형이상학은 이런 것들의 충족을 넘는 '다른 것'을 욕망한다. 신체를 아무리 움직여도 이 희구를 약하게 하지 못한다. — 레비나스 『전체성과 무한』

타자에 대한 욕망 개념은 욕망의 주체에 대한 존재 자체를 부정하는 들뢰즈의 개념과 극단적으로 대치되는 듯이 보이지만, 욕망이 과잉을 추구한다고 생각하는 점에서는 같다. 우리가 욕망의 힘을 어떻게 살려서 더 나은 삶을 살아갈 수 있을지 확인하고자 하기 때문이다.

# 랑그
## langue

---

랑그의 체계는 자의적인
기호체계이다. 각각의 기호는
다른 기호와의 차이와
대립관계로 이뤄진다. 각각의
랑그는 인간이 자연을 어떻게
분절하는가에 따라 정해졌다

랑그는 프랑스어로 '언어'이다. 극히 평범한
단어이지만 소쉬르가 랑가주 langage, 랑그
langue, 파롤 parole로 구별한 이후 철학과 언어
학에서 특별한 의미를 가지게 되었다. 소쉬
르는 언어를 사용하는 주체의 여러 측면에
서 언어활동을 분석하고자 하였다. 능력의
측면(랑가주), 규범의 측면(랑그), 행동의
측면(파롤)으로 아주 깔끔하게 나누었다.
순서대로 살펴보자.

능력의 측면에서 본 랑가주. 어떤 주체가 언
어를 사용하려면 우선 신체적인 능력을 갖
추어야 한다. 가령 발화기관에 결함이 있다
면 말을 할 수 없다. 또 늑대소년의 예가 보
여주듯 기관을 사용할 능력을 개발하지 않
으면 안 된다. 신체적인 능력만 갖추는 경우
목소리는 내도 언어가 되지 않는다. 인간공
동체 안에서 타자가 사용하는 언어를 배우
는 경험이 반드시 필요하다. 소쉬르는 이렇
게 언어를 사용할 수 있는 인간의 잠재능력
을 랑가주라고 칭한다.

촘스키는 인간이 잠재적으로 갖추고 있는

랑가주에 주목하였다. 가령 프랑스어를 사용하는 부모에게서 태어난 아이라도 다른 언어를 사용하는 환경에서 성장한다면 프랑스어가 아닌 그 언어를 사용하게 된다. 이것은 불가사의한 힘이며, 인간에게는 어떤 언어도 사용할 수 있는 잠재능력이 있다. 이것은 전前언어적인 것이라고 촘스키는 생각했다. 이른바 인간에게는 아프리오리 즉 경험에 앞서서 랑가주 능력을 갖추고 있는 것이다.

다음은 규범의 측면에서 본 랑그. 인간이 실제로 언어를 사용하기 위해서는 어떤 언어를 습득하고 있을 것, 즉 그 언어의 규범적인 체계를 자신의 것으로 할 필요가 있다. 문법적인 지식을 획득하지 않았더라도 어떤 언어를 사용하는 주체라면 그 표현이 옳은지 그른지 거의 알 수 있다. 이러한 언어의 규범체계를 랑그라고 부른다. 언어학이 대상으로 하는 것은 이러한 형식적인 규범체계라고 소쉬르는 생각한 것이다. 어느 쪽이든 랑가주라는 잠재능력을 가진 주체가 영어나 독일어 등의 언어체계를 습득함으로써 언어를 사용할 수 있게 된다.

그리고 파롤. 행위의 측면이다. 말이나 발화로 번역되는 일이 많다. 지금 말한 랑그 체계는 주체에 의해 '실제로 언급될' 필요가 있다. 이 측면이 파롤이다(더욱이 '실제로 언급하다'라는 점과 대비하여 언급하는 행위와 언급되는 말을 합하여 디스쿠르, 즉 담화라고 부르기도 한다. 이 담화라는 개념은 언급하는 주체가 실제로 언급하는 것과 무의식 속에서 언급하는 것 두 차원에서 생각할 수 있다. 그 점에서 '언급된 말'인 파롤과는 전혀 다르다. 담화와 파롤은 다른 차원에서 분석할 필요가 있다).

랑그 개념은 철학 분야에서 중요한 역할을 수행해왔다. 특히 소쉬르의 생각은 다음과 같다. 랑그의 체계는 자의적인 기호체계이다. 각각의 기호는 다른 기호와의 차이와 대립관계로 이뤄진다. 가령 개라는 기호는 늑대, 고양이, 여우 등 구별해야 할 다른 동물 기호와의 차이를 기초로 만들어진다. 각각의 랑그는 인간이 자연을 어떻게 분절하는가에 따라 정해졌다. 가령 유럽계 언어에서는 가축의 수컷과 암컷에 다른 단어를 사용하는 경우가 많다. 식용가축과 식용이 아닌 가축을 구별하기도 한다. 하지만 오랫동안 식용가축을 사육하지 않은 일본에서는 그런 구별이 필요 없다. 즉 단어는 차이의 관계에서 형성된다.

이런 식으로 랑그는 차이의 체계로 구조화할 수 있다. 이 사고는 매우 매력적이다. 레비스트로스도 이를 사회분석에 응용하여 구조인류학을 만들었다. 사회와 언어가 같은 구조를 갖추고 있어 사회구조를 언어학 방법으로 분석할 수 있다고 생각한 것이다.

이론적으로 문화는 언어와 유사한 기구를 가진다는 의미에서 언어는 문화의 조건과 유사하다고 할 수 있다. 언어와 문화는 대립과 상관관계에 따라, 바꾸어 말하면 논리적인 관계에 따라 성립한다. 그러므로 언어는 하나의 토대이고, 그 상부에는 더 한층 복잡하지만 언어구조와 똑같은 종류의 구조가 남아 문화의 여러 측면에 대응한다고 생각할 수 있다. ─ 레비스트로스 『구조인류학』

언어학이 언어구조를 도출해낸 것처럼 문화인류학에서는 문화나 사회의 구조를 끌어내고자 하였다. 이는 혼인관계 분석이나 신화 분석에서 큰 힘을 발휘하였다. 레비스트로스는 세계의 여러 신화를

통해 그 신화적 요소를 분석하여 어떤 공통된 구조를 도출해내려고
하였다. 그것이 가능하다고 생각한 것은 랑그를 모델로 하고 있었
기 때문이다.

랑그의 분석보다는 모델을 활용하려는 시도들도 나왔다. 먼저 푸
코를 보자. 그는 소쉬르의 논리를 인정하였지만 추상적인 구조가 아
니라 언어표현의 총체와 그것을 행하는 주체의 관계가 중요하다고
생각하였다. 그리고 담화라는 개념을 전개하였다.

또한 라캉이 '무의식은 언어와 같은 구조를 가지고 있다'고 말한
것도 유명하다. 라캉에게 중요한 것은 추상적인 구조의 랑그가 아니
었다. '주체가 비로소 주체가 될 가능성을 제공하는 언어활동'이라
는 랑가주에 주목하였다. 주체에게 언어가 가능하기 위해서는 어떤
조건이 필요한가. 라캉은 그것을 탐구하고 그리고 언어체계 그 자체
보다 언어표현 활동 쪽이 중요하다고 생각하였다. 나아가 만년의 메
를로퐁티, 그는 발화(파롤)의 중요성을 강조한다.

정신활동이 아니라 행동으로 타인을 지향하는 것은 발화이며 랑그
가 아니다. 즉 주체의 말을 발화하거나 일어난 사건을 거절하기도 하
고 받아들이기도 하는 대면의 장에서 주체의 정신활동으로 이해하
기에 앞서 주체에게 답하는 것은 발화이며 랑그가 아니다.

— 메를로퐁티『보이는 것과 보이지 않는 것』

메를로퐁티에 따르면 인간이 말하는 존재로서 행동하고 그 말을
들리게 하려면 어떤 상호주관성이 필요하다. 말이 가능하려면 우선
이러한 상호적 주관성이 전제되어야 한다. 언어활동은 어떤 공통의

지평 같은 것을 전제로 하여 이루어지는 것이다.

소쉬르라면 그 지평을 랑그라고 생각했을 것이다. 하지만 메를로 퐁티는 랑그 이전을 가리킨다. 손으로 무언가를 더듬는 것과 마찬가지로 말하는 사람은 상대와의 대화 가능성을 말로써 계속 더듬어 찾는다. 그는 거기에 주목한다. 그것은 랑그라는 추상적인 구조가 아니다. 세계를 관철하는 '몸'과 같은 것이다. 말을 언급하는 존재는 이 '몸'을 받아들인 존재이다. 그는 그렇게 생각한다.

소쉬르의 랑그 개념은 매우 유익한 이론이지만 랑그는 이미 체계로서 사회 속에 성립되어 있는 것으로 상정된다. 메를로퐁티가 모색하고 있는 것은 그러한 공동성을 일관되게 '의욕하고, 말하고, 사유하는' 존재이다. 메를로퐁티가 지향하는 '몸'은 하이데거의 '존재' 개념에 가깝다. 하이데거는 인간은 존재의 목자로서, 말은 그러한 인간을 통해서 언급된다고 생각한다. 분명히 세계는 랑그와 같은 형태로 분절된다. 이 분절을 가능하게 하는 것은 무엇인가. 그 점을 생각하는 데 하이데거의 존재론이나 메를로퐁티의 '몸' 철학이 중요한 열쇠가 된다고 할 수 있다.

# 이성
## reason, raison, Vernunft

푸코는 근대 유럽의 이성이

이성으로 확립된

역사적인 과정을 더듬어간다.

이른바 이성은 비이성을

'광기'로 간주함으로써

비로소 스스로 근거와

정통성을 장악하게 된다.

라틴어계의 '이성'이라는 말에는 비율, 계산 (reason, raison←ratio)이라는 의미가 포함된다. 그리고 독일어의 '이성'에는 '들어서 이해하다'(Vernunft←vernehmen)는 의미가 포함된다. 각각 깊은 의미를 가진다. 라틴어 어원 ratio에서 짐작할 수 있듯이 이성은 일종의 척도로서, '계산하는 이성'이라는 뜻을 가진다. 이성에는 '수학성'이라는 요소가 포함되어 있다. 분명 그리스 시대에서 수학은 이성의 측면에서 하나의 모범적인 학문이었다. 수학은 언뜻 보면 무질서한 듯이 보이는 것들 속에서 조화와 법칙을 도출한다. 바로 이성의 중요한 과제이자 기능이다.

여기서 새로운 요소를 덧붙인 것이 그리스도교이다. 이 종교는 인간의 원죄라는 개념을 도입하여 세계를 불투명한 것으로 만들었다. 이미 인간은 조화와 법칙을 붙들 힘을 잃은 듯이 보인다. 대신 신의 계시가 들려온다. 눈에 보이기보다 귀로 들려온다. 독일어의 '이성'에 포함된 '들어서 이해하다'라는 의미는 이 문맥과 연결된다.

하지만 '자연은 수학이라는 언어로 표현된다'는 갈릴레이의 말처럼 근대과학은 수학을 근거로 한 학문이다. 현대 이성은 수학적 이성이라는 성격을 강화해왔다. 이성은 합리적이며 수학은 그 합리성을 가장 잘 나타내는 것 중 하나로 여겨졌다. 합리성을 중시한 이성은 계몽적인 이성이라 할 것이다. 그리고 이것에 대해 여러 가지 비판이 전개되었다.

하나씩 보자. 우선 이성의 '수학적인 성격'에 대한 비판이다. 이성으로 사물을 이해하는 데 산술이나 수학이라는 모범을 근거로 하는 것을 문제로 삼는다. 이성은 이미 본래의 이성이 아니라는 것이다. 호르크하이머에 따르면 인간의 이성이 도구적 이성으로 타락하고 있다. 이성은 약화되고 '인간에게 선을 가르친다'라고 하는 본래의 역할을 포기한 상태다. 그리고 어떤 목적에 도달하려면 어떻게 하는 게 좋은가만 생각하게 되었다.

이성이 형식화됨으로써 어떻게 되었는가. 정의, 평등, 행복, 관용 등 지금까지 이성에 내재되고 이성에 의해 인정된다고 생각한 모든 개념들이 근거를 상실하게 되었다. 이는 오늘날까지 여전히 목표이며 목적이다. 그러나 거기에는 그것들을 불러 객관적인 실재와 결합시키는 권한을 부여받은 이성의 힘은 존재하지 않는다.

— 호르크하이머 『이성의 상실』◆

나아가 아도르노와 호르크하이머는 『계몽의 변증법』에서 근대 계

---

◆*Zur Kritik der instrumentellen Vernunft*

몽이 합리성과 자연의 지배를 지향한다고 말한다. 이어서 이성이 얼마나 추락하였는지 비판하고자 하였다. 합리성을 탈신화화脫神話化 과정이라고 여기면서도 그 때문에 인간이 치러온 대가가 얼마나 큰지도 지적한다. 인간은 기술에 힘입어 '외적 자연'을 지배하고 도덕에 따라 '내적 자연'을 지배해왔다. 하지만 이러한 권력적인 지배관계로 확립된 주체성이 그 지배적인 성격으로 인해 자기 내부에서 붕괴한다고 한다.

이러한 비판은 이성을 이성 내부에서 비판하고자 한 시도로 주목된다. 하지만 그들이 어떤 이성에 근거하여 '계몽적인 이성'을 비판하는지는 확실치 않다. 도구로 추락하지 않은 이성이 호르크하이머에게 어떻게 깃들 수 있는가. 아드르노는 계몽적이 아닌 이성을 어떻게 이용할 수 있는가. 그 점이 명확하지 않다. 두 사람의 이성비판이 완전히 절망적인 결론으로 간 데는 아마 여기에도 원인이 있을 것이다.

이에 반해 이성을 '외부'에서 비판하는 방법이 있다. 그 중 하나가 미셸 푸코의 『광기의 역사』라고 할 수 있다. 푸코는 근대 유럽의 이성이 이성으로 확립된 역사적인 과정을 더듬어간다. 그리고 이성은 이성적이지 못한 것을 '외부'로 배제함으로써 스스로를 확립해왔다고 지적한다. 비이성적인 것을 광기라 하여 사고 가능성 자체를 부정하고 배제함으로써 이성은 스스로를 이성으로 확립한다. 이른바 이성은 비이성을 '광기'로 간주함으로써 비로소 스스로 근거와 정통성을 장악하게 된다.

이성에 있어서 무엇이 '외부'인가. 그것은 사고나 추론에 적합하지 않은 일체의 것이다. 근대 이성은 비이성과 경계를 설정함으로써 자신 영역을 확보한다. 푸코는 서구 이성이 배제한 것을 고찰하여 서구 이성의 협소함과 한계를 분명히 하고자 하였다.

그러나 자크 데리다가 비판했듯이 이성의 외부라는 논리에서 이성을 비판하는 논거는 어떻게 가능한지 의문이다. 비판은 원래 이성적 행위가 아닌가. 이를 이어받아 후기 푸코가 제시한 방법은 이성의 계보학적 비판이다. 서구 이성이 확립되어온 역사를 거슬러 올라가 이성비판의 논거를 찾는다. 여기서 푸코는 그리스도교 사회의 정치적 이성을 목회자의 권력이라는 개념에 근거하여 내부에서 비판하고자 하였다. 역사를 통한 이러한 이성비판은 계몽의 변증법 같은 절망에는 빠지지 않는다. 또 이성의 외부를 자칭하지도 않는다. 이성의 내부에서 이루어진 비판의 논거로 큰 성과라 할 것이다.

또한 역사적 관점에서 수학적 이성을 비판한 가다머도 주목해보자. 그는 수학을 모범으로 한 계몽적 이성은 시간성을 고려하지 않는 이성이라고 보았다. 기하학은 시간적으로 무한대이며 비인칭적인 학문이다. 이러한 수학을 본보기로 한 계몽적인 이성은 필연적으로 역사성을 무시하고 개인적인 요소를 무시하게 된다.

모든 사람은 역사 속에서 특유의 선입관을 가진 존재로 산다고 가다머는 말한다. 인간은 역사적으로 개별적인 이성에 따라 자신의 선입관을 근거로 역사상의 텍스트와 대화한다. 그리고 선입관을 극복한다고 하는 해석 행위를 계속한다. 가다머는 인간을 그런 존재라고 생각한 것이다.

이러한 역사적 이성비판에 반해 레비나스의 이성비판에는 풍토적인 이성비판의 요소가 있다고 할 수 있다. 레비나스는 서구 이성을 헤브라이적 요소와 그리스적 요소로 나눈다. 그리고 헤브라이 이성 쪽에서 그리스 이성을 비판하는 길을 제시한다. 그리스 이성은 합리적 주체성의 사고이다. 모든 것을 이성을 통해 이해할 수 있다는 것으로 환원하는 이성이다.

> 그러한 이성에는 세계의 긍정성과 연관지어 생각하는 듯한 사고와 우주의 거대한 휴식을 기점으로 생각하는 듯한 사고의 견고한 핵에 균열을 일으키는 것은 아무것도 없다. 이는 대상을 부동화不動化하는 사고이며 항상 자신의 척도에 맞추어 생각하는 사고이다. 지식을 얻음으로써 생각하는 사고이다. ─ 레비나스『성경구절을 넘어서』

이에 비해 레비나스가 '다른 이성'으로 제시하는 헤브라이 이성은 그리스적인 '예지'와 지知의 가능성에 대한 믿음을 무너뜨린다. 그리고 다른 이성의 가능성을 모색한다. 이것 역시 이성을 그 내부에서 비판하는 길을 보여준 것이라 할 수 있다.

이러한 이성비판 방법은 우리가 철학을 배우는 의미를 생각하는 데에도 도움이 될 것이다. 동양에서 철학을 하기 위해서 중요한 것은 무엇인가. 서양의 이성 개념에 포함된 보편성과 풍토성 양 측면을 인식하는 것이다. 즉 서구 이성은 유럽의 것이며, '서양의 외부'인 동양의 이성을 근거로 하지 않는다는 것을 인식하는 것, 그리하여 유럽의 이성을 비판하는 길을 찾는 것. 이것이 서양철학 전통의 바깥에서 살아가는 우리가 마땅히 해야 할 일이다. 이렇게 서양철학에 보답할 수밖에 없지 않겠는가.

# 수사학
## rhetoric

수사학은 항상 상대가 있는
논의이다. 진리이론과 같이
무인칭 표현으로는
언급할 수 없는 것을 다룰 수
있다. 수사학 표현에는
이른바 '얼굴'이 있다.

레토릭의 어원은 그리스어 레토르rhêtôr '공적
인 발언을 하는 자'이다. 즉 수사학은 원래
'웅변가'를 위한 기술로 탄생하였다. 그래서
레토릭은 수사학, 웅변술로 번역된다. 하지
만 이 말은 아무래도 시칠리아에서 생겨난 듯
하다. 시칠리아에서는 참주에게 빼앗긴 소유
지를 되찾기 위해 설득술이 발달하였다고 한
다. 수사학이 처음에는 문학보다 정치와 관
련이 있었다는 사실은 시사하는 바가 크다.
웅변술로 시작된 수사학은 사람들을 설득하
는 기술로 고대 그리스의 폴리스에서 발전하
였다. 특히 아테네의 민주정치에서는 사람들
을 움직이는 웅변이 중시되었고 그 때문에 여
러 기법이 개발되었다. 하지만 웅변은 특히
대중의 정서에 호소하는 것으로 진리가 아닌
것마저 진리인 것처럼 말하는 기술, '소피스
트의 기법'으로 받아들이기도 하였다.
플라톤의 『고르기아스』*에 그려져 있듯이 이
데아를 향한 진리이론은 웅변 기술을 비판한
다. 그의 진리이론에 따르면 영원한 진리는
언어표현에서 떨어진 곳에 있다. 어떤 사항

이 진리인가 아닌가는 그 표현에서 결정되는 것이 아니라 참된 이데 아를 나눠 갖는가, 그렇지 않는가에 따라 정해진다. 이러한 진리이 론에서 보면 표현만으로 사람들에게 호소하는 수사학은 겉보기뿐 인 진리 기술이라고 간주되었다.

아리스토텔레스도 수사학은 필연적인 것을 다루는 것이 아니라고 말한다. 그의 『분석론 전서』는 필연적인 결론이 필연적인 전제로부 터 어떻게 도출되는지 보여주는 책이지만 아리스토텔레스는 수사학 은 '진리로 믿어지는 것'을 근거로 한 논의라고 말한다.

수사학은 항상 상대가 있는 논의이다. 그러므로 진리이론과 같이 무인칭 표현으로는 언급할 수 없는 것을 다룰 수 있다. 수사학 표현 에는 이른바 '얼굴'이 있다. 무인칭 명제는 언급하는 장면을 불문하 며 언급하는 주체도 불문한다. 그리고 무인칭 문장으로 독립된 성격 을 띤다. 피타고라스 정리처럼 어디에든 적용할 수 있다. 하지만 수 사학 문장은 얼굴을 가진 주체가 특정 장면에서 특정 상대에게 언급 하는 것이다. 항상 누가 누군가에게 말한다. 수사학은 항상 무엇을 언급한다는 성격을 갖는다.

플라톤의 진리이론에 반해 당시부터 이소크라테스의 수사학적 전통이 있었다. 서양문학 분야에서는 이쪽이 주류를 이룬다. 이소 크라테스에 따르면 진리에는 강제하는 힘이 있다. 논리학과 수학과 같은 진리의 학문은 모호한 영역에서 살아가고 있는 인간에게는 적 용하기 힘든 경우가 많다. 인간에게는 더 유연한 풍부한 학문이 어 울리지 않는가.

플라톤과 이소크라테스의 대립구도는 근대에 와서 데카르트와 비코의 대립으로 재현된다. 데카르트는 『방법서설』에서 이렇게 말한다. 여러 사람의 의견(독사doxa)을 모아 '진리로 믿어지는 것'으로 구성된 학문에서는 한 사람의 상식인이 기본 능력으로 도달할 수 있는 단순한 추론방법에 그쳐 진리에 가까이 갈 수 없다. 데카르트는 중의에 근거한 학문과 방법에 근거한 학문을 대립시킨다. 그는 방법을 통해서 확실히 진리에 도달하게 된다고 생각했다.

비코는 이를 비판한다. 데카르트의 방법은 이성을 강제하고 '머리에 폭력'을 가한다는 것이다. 독특한 비판이다. 인간의 이성이 아닌 감정의 문제, 머리가 아닌 마음의 문제에는 참된 추론적 방법이 어울리지 않는다고 비코는 말한다. 인간의 행동실천과 같은 사항에 대해서는 진리라는 '압제'가 아니라 '진리로 믿어지는 것'이야말로 중요하다는 것이다. 비코는 수사학을 써서 머리가 아닌 '마음을 비틀어 누르는' 『학문의 방법』** 것이야말로 중요하다고 생각하였다.

비코의 뒤를 이어 20세기 리쾨르는 담화를 분석한다. 그리고 '시학'이라는 개념을 제시한다. 시학(포에틱Poetic)은 시작詩作에 관한 학문이지만 동시에 실천적 학문(포이에시스Poiesis)이라는 면도 있다. 리쾨르는 담화를 말의 '사건'이라고 생각했다.

사건이란 어떤 주체가 특정 장소와 시간 속에서 언급하는 행위이다. 리쾨르는 말의 힘이 중요한 것이고 그 명제 내용의 진리 여부는 중요한 것이 아니라고 생각한다. 이는 수사학적 전통을 이어받은 관점이다.

---

◆*Gorgias*　◆◆*De Nostri Temporis Studiorum Ratione*

나아가 수사학은 모놀로그 성격이 강한 칸트적 '도덕'이 아니라 사람들의 공동생활이나 습관 속에서 탄생한 '윤리'를 중시한다. 이 부분은 한나 아렌트의 표현 이론이 이해하기 쉽다. 아렌트에 따르면 사람은 공공장소에 등장하여 자기를 표현함으로써 스스로 영예를 획득한다. 이는 표현의 힘으로 실현되는 것이며 진리에 의한 것이 아니다. 정치영역에서는 철학적인 진리가 아닌 이른바 중의(억견臆見) 또는 여론이 중요한 의미를 가진다고 생각한 것이다.

> 사람의 행동에서 영감이나 발현은 진리의 압도적인 명증성에 대항할 수 없을지도 모른다. 그러나 이는 의견이 가진 고유한 설득력으로 진리의 명증성과 경합할 수 있다. ― 아렌트 『과거와 미래 사이』◆

아렌트 생각에 진리를 언급하는 것은 철학이 강제력을 휘두르는 것이다. 그래서 그녀는 진리가 아니라 '중의'의 중요성을 강조하였다. 하지만 아렌트의 '진리'의 개념은 조금 경직된 듯한 인상이다. 진리가 (플라톤의 이데아와 같이) 언급하는 주체의 외부에 있는 것이라고 생각하기 때문이다.

이에 대해 만년의 미셸 푸코는 '진리를 말한다' 라는 문제를 주된 주제로 삼았다. 푸코는 무인칭 같은 진리가 아니라 어떤 특정 입장에서 특정 주체가 말하는 진리의 표현에 주목하고 이를 파레시아parrhesia라고 불렀다. 파레시아는 그리스어로 '모든 것을 말하다' 라는 뜻이지만 푸코는 위험을 무릅쓰고 진리를 언급하는 행위를 이렇게 칭하였다.

---

◆ *Between Past and Future*

가령 신하가 군왕에게 간할 경우, 신하는 처벌받을 것을 각오하고 군주의 옳지 못한 행위를 비판한다. 이것이 파레시아이다.

파레시아 행위에서는 진리가 어떤 것인지는 그다지 문제가 되지 않는다. 신하는 자신이 진실이라고 믿는 것을 말하면 된다. 중요한 것은 진리를 '언급하는' 행위 자체이고, 그 부분이 수사학의 표현행위와 같은 구조이다.

푸코는 아렌트와 달리 주체가 진리를 언급함으로써 주체와 대화 상대에게 어떠한 영향이 생기는가를 본다. 그리고 진리를 언급하는 것이 어떤 정치적 의미를 갖는지 살핀다. 철학은 진리 그 자체의 학문이 아니다. 오히려 사람이 진리를 어떻게 믿는가를 생각하는 학문, 그리고 사람이 타자에 대해 진리를 어떻게 사용하는지 생각하는 '진리의 정치학'이어야 한다는 것이 푸코의 생각이다.

푸코의 파레시아 개념은 영국 분석철학의 어용론語用論에 가까운 요소가 있다. 어용론에서는 어떤 발언의 진리 내용만이 아니라 그것이 발언의 주체에게 어떠한 의미를 가지는지, 그것이 상대에 어떠한 영향을 미치는지 고찰한다. 어용론은 때로 매우 사소한 언어분석으로 흐르는 경향이 있지만 수사학과 마찬가지로 언급하는 것을 '얼굴'을 가진 언어활동으로 분석하고자 하는 부분은 좋다고 생각한다.

# 논리
## logic

고대 그리스의 전통이었던
수학 공리론은 서양철학의
논리학에서도 중요한 토대가
되었다. 수학에 근거한,
분명한 추론에 대한 논의가
'논리학'이다.

논리는 로직, 로직은 로고스. 즉 논리의 원어 '로직'은 그리스어의 로고스의 파생어이다. 로고스는 '말[言]'을 나타내는 동시에 넓은 의미의 논리를 가리킨다. 여기에서 파생된 로직은 '로고스와 관련이 있는'이라는 형용사에 가까운 뜻도 있다. 논리학이라는 뜻도 있다. 그러므로 일단 논리학은 로고스의 학문이라고 생각해도 좋을 듯하다.

다만 논리학은 말의 힘에 주목하는 것이 아니다. 가령 말의 기법인 수사학은 어떤 사항에 보편적으로 갖추어진 요소보다 우연적이고 개별적인 것을 중요시한다. 하지만 논리는 보편적인 것을 물으려 한다. 아리스토텔레스의 비유로 말하면 불은 그리스에서도 트라키아에서도 똑같이 탄다. 논리는 모든 장소에서 타오르는 불처럼 시간과 장소의 제약을 넘어서 기능한다.

논리적이란 구체적으로는 어떤 것인가. 논의 전체가 정합적이고 누가 보아도 그 논의의 이치가 이해될 수 있는 것, 그리고 그 논리에 따르면 타자라도 같은 논의를 전개할 수 있는 것. 그런 것이 '논리적'이다. 하지만 일견 역설적으로 보이는 것도 그 논의의 내적인 구성과 추론의 이치가 정확하면 그것은 비논리가 아니다. 훌륭하고 논리적이라고 생각해도 좋다.

음, 그렇다면 어떻게 하면 논리적이 될 수 있는가. 그 조건은 무엇인가. 고대 그리스에서는 수학의 공리론을 빌려와 결정할 수 있다고 여겼다. 개념을 정의하고 거기서 더 이상 거슬러 오르지 못하는 전제를 두고, 이에 근거하여 모순 없이 이론을 전개하면 항상 진리인 추론이 행해지지 않을까라고. 아리스토텔레스의 『분석론 전서』에는 추론의 상세한 리스트가 있다. 항상 참된 추론, 항상 오류인 추론, 참된 경우와 거짓된 경우의 추론 등등.

고대 그리스의 전통이었던 수학의 공리론은 서양철학의 논리학에서도 중요한 토대가 되었다. 수학에 근거한, 분명한 추론에 대한 논의가 '논리학'이다. 저 멀리 아리스토텔레스로부터 칸트에 이르기까지 조금도 진보하지 않은 것이라 하겠다.

그런데 19세기 후반에 프레게는 이 추론 형식을 수학적인 표현으로 제시하는 방법을 생각해냈다. 현대 기호논리학의 기초는 그에 의해서 정착되었다. 기호논리학은 모든 명제와 추론을 기호화한 표현으로 환원할 수 있다고 생각한다. 데카르트나 라이프니츠의 계보학에 대한 꿈의 근대판이라고도 할 수 있겠다.

데카르트의 '방법'이라는 개념은 누구도 틀리지 않는 진리에 도달하는 길을 보여주는 것이었다. 이와 마찬가지로 '확실한 추론 원칙'에 따른 논리학은 누구나 올바르게 추론할 수 있으면 잘못된 추론에 대한 비판도 가능한 확실한 수단이라고 하였다.

이러한 계보학에 대한 꿈을 가장 잘 드러낸 것이 논리실증주의이다. 빈에서 노이라트O. Neurath와 카르나프R. Carnap 등이 주도하여 운동이 전개되었다 하여 '빈 학파'라고도 한다. 그들의 목적은 철학 분야에서 논리학적 법칙에 반하는 일체를 추방하려는 데 있다.

빈 학파는 이렇게 생각했다. 인간이 손쉽게 진위를 판단할 수 있는 명제(프로토콜 명제)와 이것을 기호화한 논리적 명제만이 철학의 내용이 될 수 있으며, 그밖에는 일체 철학적인 진위를 결정할 수 없는 공허한 논의가 아닌가. 특히 그들의 공격 대상은 모순을 기본 원리로 하는 헤겔의 변증법과 하이데거의 존재론이었다. 부정성에 근거한 헤겔의 변증법적 논리학을 기호논리화한다면 전혀 의미를 가지지 못하며 하이데거의 무無도 도저히 표현할 수 없기 때문이다.

하지만 하이데거의 무 개념은 파르메니데스까지 거슬러 올라가 서양철학의 존재론을 이어받아 존재의 의미를 고찰한 것으로 기호논리로 부정할 수 있는 것이 아니다. 수학적인 논증만이 참된 논증이라고 생각하는 것은 고대 그리스에 수없이 존재한 전통적인 흐름을 근거로 했을 뿐이다.

논리실증주의에서는 논의는 실제 여러 관점에서 비판을 받는다. 그 중 하나는 이 학파 내에서 나온 콰인의 비판이다. 그에 따르면 논리실증주의 뒤에는 추론 구조 판정과 감각적 사실 판정이 완전히 별개로 행해진다고 보는 관점이 있다.

논리실증주의에서는 논리법칙은 경험에 앞서는 것이기 때문에 인간이 외부의 경험과 분리하여 추론의 진위를 결정할 수 있다고 본다. 이것은 분석적 진리이다. 한편 경험론적인 사실은 논리법칙과는 달리 누구나 감각적으로 진위를 결정할 수 있다. 이것은 종합적 진리이다. 하지만 콰인은 분석적 진리와 종합적 진리를 이렇게 분리할 수 있다는 생각은 '경험주의의 도그마'이며 경험에 근거하지 않는 형이상학이라고 비판한다.

> 언명言明의 진리 여부는 언어적인 요소와 사실 요소로 나눠 분석할 수 있다고 생각하고 싶을 것이다. (…) 하지만 분석적 언명과 종합적 언명 사이의 경계는 아직 그어져 있지 않다. 원래 이러한 구별이 필요하다고 하는 것 자체가 경험주의자의 비경험적인 도그마이고 형이상학적 신조이다. ― 콰인 「논리적 관점에서」◆

콰인의 생각에는 논리를 만들어내는 것도, 경험적 사실에 대한 명제를 만들어내는 것도 모두 평소에 하는 말, 즉 일상언어이다. 이것을 공통 토대로 하여 분석적 명제와 종합적 명제가 형성되는 것이다.

논리실증주의는 전기 비트겐슈타인의 『논리철학논고』에서 힌트를 얻었다. 하지만 후기 『철학적 탐구』에서 비트겐슈타인은 생각을 달리한다. 논리실증주의의 배경이 된 요소명제의 분리가능성을 포기하고 이러한 명제의 묘상과 세계가 일치한다는 생각도 버린다. 그는 콰인과 마찬가지로 철학의 기반은 일상언어라고 생각하게 된다. 논리학이나 보편적인 언어도 평소의 언어사용 방법에서 생겨난 것이며, 생활세계의 장을 떠나 언제나 적용되는 본질이나 법칙이 있다고 생각해서는 안 된다고 한다.

---

◆ *From a Logical Point of View*

철학자들이 지식, 존재, 대상, 자아, 명제, 이름 등 어떤 말을 사용하는 본질을 파악하고자 할 때 사람은 항상 스스로 물어야 한다. 그 말은 태어난 보금자리인 언어 속에서 실제로 그렇게 쓰이고 있는가 하고. ― 비트겐슈타인 『철학적 탐구』

비트겐슈타인에 따르면 논리가 평소에 쓰는 언어표현과 사용법을 떠나 '진공 상태에서의' 이상적 언어로서 기능한다는 것은 그릇된 생각이다.

콰인이나 비트겐슈타인의 이같은 생각은 어떤 의미에서 금기이기도 하다. 논리는 하나의 언어의 장에서 떨어져 나오면 유효성을 잃는다. 모든 사람에게 타당한 논리 표현이 있다고 생각해서는 안 된다. 사실 논리가 언어의 제한을 받는다는 이러한 사고는 헤겔의 논리학으로 이어지는 부분이 있다. 비트겐슈타인이나 콰인은 분명 동의하지 않겠지만.

일찍이 헤겔은 생각했다. 인간의 역사란 정신이 자기를 인식해가는 과정이며, 정신작용의 구조를 나타내는 논리학을 통해서 이 과정을 읽어낼 수 있을 것이라고. 이것은 기호논리학으로 연결되는 통로가 아니더라도 다른 길을 통해 인간 정신에 포함된 보편적인 구조를 밝히고자 한 시도이다. 헤겔의 논리학을 그대로 사용할 수는 없지만 이러한 시도가 의미하는 바는 다시 한 번 깊게 생각해봐야 되지 않겠는가.

# 참고문헌

Adorno, Theodor, W., *Negative Dialektik, Gesammelte Schriften, Band 6*, Suhrkamp

Adorno/Hokheimer, *Dialektik der Aufklärung, Max Horkheimer Gesammelte Schriften, Band 5*, Fischer

Althusser, Louis, *Lire le Capital*, Maspero

Althusser, Louis, *Positions*, Éditions sociales

Althusser, Louis, *Pour Marx*, La Découverte

Apel, Karl-Otto, The problem of philosophical fundamental grounding in light of a transcendental pragmatics of language, *Man and World*, v.8-3

Arendt, Hannah, *Between Past and Future*, The Viking press

Arendt, Hannah, *The human condition*, The University of Chicago Press

Arendt, Hannah, *The Origins of totalitarianism*, Harcourt, Brace & World

Barth, Roland, *Introduction à l'analyse structurale des récits*, Seuil

Barth, Roland, *Le bruissement de la langue*, Seuil

Bataille, George, *L'érotisme, Oeuvres Complètes, vol.10*, Gallimard

Bataille, George, *L'expérience intérieure, Oeuvres Complètes, vol.5*, Gallimard

Bataille, George, La gros Orteil, *Oeuvres Complètes, vol.1*, Gallimard

Bataille, George, La part maudite, *Oeuvres Complètes, vol.7*, Gallimard

Bataille, George, Le pur bonheur, *Oeuvres Complètes, vol.12*, Gallimard

Bataille, George, Souveraineté, *Oeuvres Complètes vol.8*, Gallimard

Baudrillard, Jean, *Échange symbolique et la mort*, Gallimard

Baudrillard, Jean, *La Société de consommation*, Gallimard

Benjamin, Walter, Die Aufgave des Übersetzers, *Gesammelte Schriften*, Suhrkamp

Benjamin, Walter, Über den Begriff der Geschichte, *Gesammelte Schriften*, Suhrkamp

Benjamin, Walter, *Ursprung des deutschen Trauerspiels*, Suhkamp

Benjamin, Walter, Zur Kritique der Gewalt, *Gesammelte Schrigten*, Suhrkamp

Benveniste, Émile, *problemès de linguistique générale*, Gallimard

Bergson, Henri, *Essai sur les données immédiates de la conscience*,
Presses Universitaires de France

Bergson, Henri, *L'évolution créatrice*, Presses Universitaires de France

Bergson, Henri, *Les deux sources de la morale et de la religion*, Presses
Universitaires de France

Bourdieu, pierre, *Le sens pratique*, Les Éditions de Minuit

Brecht, Bertolt, *Schriften zum Theater*, suhrkamp

Cassirer, Ernst, *Die Philosophie der symbolishen Formen*, Bruno Cassirer Verlag

Chomsky, Noam, *Language and mind*, Harcourt Brace Jovanovich

Clastres, Pierre, *La société contre l'État*, Les Éditions de Minuit

Deleuze, Gilles ; Guattari, Félix, *Différence et répétition*, Presses Universitaires
de France

Deleuze, Gilles ; Guattari, Félix, *L'anti-Oedipe*, Les Éditions de Minuit

Deleuze, Gilles ; Guattari, Félix, *Mille plateaux*, Les Éditions de Minuit

Derrida, Jacques, *De la glammatologie*, Les Éditions de Minuit

Derrida, Jacques, Des tours de Babel, *Psyché, invention de l'autre*, Gallimard

Derrida, Jacques, donner le temps, *Donner le temps, e'archéologie du frivol*, Galilée

Derrida, Jacques, *Marges de la philosophie*, Les Éditions de Minuit

Derrida, Jacques, *Points de syspension: entretiens*, Galilée

Descartes, René, Règles pour la direction de l'esprit, *Oeuvres et Lettres*, Gallimard

Eward, Francois, *L'État providence*, Grasset

Foucault, Michel, *"Il faut défendre la société"*, Gallimard, seuil

Foucault, Michel, A propos de la généalogie de l'éthique: un aperçu du
travail en cours, *Dits et Ecrits, vol.4*, Gallimard

Foucault, Michel, Entretien avec Michel Foucault, *Dits et Ecrits, vol.3*, Gallimard

Foucault, Michel, Foucault, Les Mots et les Choses, *Dits et Ecrits, vol.1*, Gallimard

Foucault, Michel, Introduction, *Dits et Ecrits, vol.1*, Gallimard

Foucault, Michel, *L'histoire de la folie*, Gallimard

Foucault, Michel, *L'ordre du discours*, Gallimard

Foucault, Michel, La philosophie analytique de la politique, *Dits et Ecrits, vol.3*, Gallimard

Foucault, Michel, *La volonté de savoir*, Gallimard

Foucault, Michel, *Les mots et les choses*, Gallimard

Foucault, Michel, *Maladie mentale et psychologie*, Presses Universitaires De France

Foucault, Michel, Naissance de la clinique, *une archéologie du regard médical*, Presses Universitaires de France

Foucault, Michel, Questions à Michel Foucault sur la geógraphie, *Dits et Ecrits, vol.3*, Gallimard

Foucault, Michel, *Surveiller et punir*, Gallimard

Frege, Gottlob, Über Sinn und Bedeutung, *Kleine Shcriften*, Georgolms

Freud, Sigmund, *Das Ich und das Es*, Fischer

Freud, Sigmund, *Die Traumdeutung*, Fisher

Freud, Sigmund, Hemmung, *Symptom und Angst*, Fisher

Freud, Sigmund, *Massenpsychologie und Ich-Anályse*, Fischer

Freud, Sigmund, *Vorlesungen zur Einführung in die psychoanalyse*, Fisher

Gadamer, Georg, *Wahrheit und Methode: Grundzuge einer philosophischen hermeneutik*, J.C.B Mohr

Girard, René, *La violence et le sacré*, Hachette-Pluriel

Girard, René, *Le bouc émissaire*, Grasset

Habermas, jürgen, *Der philosophische Diskurs der Moderne*, Suhrkamp

Habermas, jürgen, *Nachmetaphysisches Denken, philosophische Auf-sätze*, Suhrkamp

Habermas, jürgen, *Technik und Wissenschaft als Ideologie*, Suhrkamp

Hegel, G.W.F., *Jenaer Systementwürfe Ⅲ*, Felix Meiner Verlag

Hegel, G.W.F., *System der sittlichkeit*, Felix Meiner Verlag

Heidegger, Martin, Brief über den "Humanismus", *Wegmarken*, Vittorio

Heidegger, Martin, *Die Frage nach dem Ding*, Vittorio Klostermann

Heidegger, Martin, Die Kehre, *Gesamtausgabe, Band 79*, Vittorio Klostermann

Heidegger, Martin, *Holzwege*, Vittorio Klostermann

Heidegger, Martin, *Kant und das Problem der Metaphysik*, Vittorio Klostermann

Heidegger, Martin, *Sein und Zeit*, Max Niemeyer Verlag

Horkheimer, Max, *Zur Kritik der instrumentellen Vernunft*, Fischer

Husserl, Edmiud Ideen zu einer reinen Pfänomenologie und

phänomenologishen philosophie, *phililsopie*, Max Niemeyer Verlag

Husserl, Edmiud, *Die Idee der Phänomenologie*, Martinus Nijhoff

Husserl, Edmiud, *Die Krisis der eutopäichen wissenschften und die*

*transzendentale phänomenologie*, Felix Meiner Verlag

Husserl, Edmiud, *Zur phänomenologie des inneren Zeitbewu tseins*,

Martinus Nijhoof

Irigaray, Luce, *Ce sexe qui n'en est pas un*, Les Éditions de Minuit

Irigaray, Luce, Questions to Emmanuel Levinas, *Re-Reading Levinas*,

Indiana University Press

Kierkegarrd, Sören, Der Begriff der Angst, *Gesammelte Werke*, Diederichs

Kristeva, Julia, *Des chinoises*, Ed. des femmes

Kristeva, Julia, $\Sigma \eta \mu \epsilon \iota \omega \tau \iota \kappa \eta$ — *Recherches pour une sémanalyse*, Édition du Seuil

Kristeva, Julia, *Pouvoirs de l'orreur*, Édition du Seuil

Kuhn, Thomas s., *The structure of scientific revoulutions*, University of

Chicago Press

Lacan, Lacques, *Ecrits*, Édition du Seuil

Levinas, Emmanuel, *Autrement qu'être ou au-delà de l'essence*, Kluwer Academic

Levinas, Emmanuel, *De l'existence àl'existant*, J.Vrin

Levinas, Emmanuel, *Éthique et infini, Librairie Générale*, Française

Levinas, Emmanuel, *L'au-delà du verset*, Les Éditions de Minuit

Levinas, Emmanuel, L'ontologie est-elle fondamentale?, *Entre nous*, Grasset

Levinas, Emmanuel, Le moi et la Totalité, *Entre nous*, Grasset

Levinas, Emmanuel, *Totalité et Infini*, Martinus Nijhoff

Levinas, Emmanuel, *Transcendance et intellibilité*, Labor et fides

Lévi-Strauss, Claude, *Anthropologie structurale*, Librairie Plon

Lévi--Strauss, Claude, *La pensée sauvage*, Librarie Plon

Lucács, György, *Geshichte und Klassenbewu tsein*, Luchterhand

Lyotard, Jean François, *Le postmoderne exlpiqué aux enfants*, Galilée

Marcel, Gabriel, *Être et avoir*, Flammarion-Aubier

Marcuse, Herbert, *One-dimensional man*, Ark Paperbacks

Marx, Karl, *Das Kapital*, Dietz

Maturana, Humberto; Varela, Francisco, *The Tree of Knowledge*, Shambhala
    Publications

Merleau-Ponty, Maurice, *Humanisme et terreur*, Callimard

Merleau-Ponty, Maurice, L'《institution》 dans l histoire personnelle et publique,
    *Résumés de cours*, Gallimard

Merleau-Ponty, Maurice, *Le visible et l'invisible*, Gallimard

Merleau-Ponty, Maurice, Les relations avec autrui chez enfant,
    *Parcours 1935-1951*, Verdier

Merleau-Ponty, Maurice, *Phénoménologie de la perception*, Gallimard

Nietzsche, Friedlich, *Die fröhliche Wissenschaft*, Kröner

Nietzsche, Friedlich, *Der Wille zur Macht*, Kröner

Nietzsche, Friedlich, *Die Unshuld des Werdens; Der Nachlaß*, Kröner

Nietzsche, Friedlich, *Geburt der Tragödie*, Kröner

Nietzsche, Friedlich, *Zur Genealogie der Moral*, Kröner

Nietzsche, Friedlich, *Götzendämmerung*, Kröner

Niklas Luhmann, *Soziale Systeme*, Suhrkamp

Ortega y Gasset, Jose, *La rebelion de las masas*, Espasa-Calpe

Polanyi, Karl, *Dahomey and the Slave Trade*, University of Washington Press

Popper, Karl, *Conjectures and refutations: the growth of scientific knowledge*,
    Routledge

Quine, N.V.O., *From a logical point of view*, Harvad University Press

Rawls, J. A., *A theory of justice*, Harvard University Press

Ricoeur, Paul, *De l'interpretation essai sur Freud*, Édition su Seuil

Ricoeur, Paul, *Temps et récit*, Édition du Seuil

Sartre, Jean-Paul, L être et le néant, *Essai d'ontologie phénoménologique*, Gallimard

Saussure, Ferdinand de, *Cours de linguistique générale*, Payot

Simmel, Georg, Brücke und Tür, *Gesammeltausgabe, Band 12*, Suhrkamp

Simmel, Georg, *Philosophie des Geldes*, Suhrkamp

Weber, Max, Die protestantische Ethik und der "Geist"des Kapitalismus,
  *Gesammelte Aufsätze zur Religionssoziologie*, J.C.B.Mohr

Weil, Simone, *Attente de Dieu*, La Colombe

Weil, Simone, *L'enracinement*, Gallimard

Weil, Simone, Réflexions sur la guerre, *Ecrits historiques et politiques*, Gallimard

Weil, Simone, *Réflexions sur les cause de la liberté et de l'oppression sociale*, Gallimard

Wittgenstein, Ludwig, *Philosophische Untersuchungen*, Suhrkamp

Wittgenstein, Ludwig, *Tractatus Logico-Philosophicus*, Suhrkamp


アリストチレス,『政治學』岩波書店

西田機多郎,『善と研』『究西田機多郎全集 1巻』岩波書店

西田機多郎,『論理と數理』『哲學論文集 第六』『究西田機多郎全集11巻』
  岩波書店

西田機多郎,『數學の哲學的基礎附け』『哲學論文集 第六』
  『究西田機多郎全集11巻』岩波書店

和辻哲郎,『風土』岩波書店

# 찾아보기

# 항목 찾아보기

SHIKO NO YOGO JITEN
by NAKAYAMA Gen
Copyrihght © 2007 NAKAYAMA Gen
All rights reserved.
Originally published in Japan by CHIKUMASHOBO LTD. Tokyo
Korean translation rights arranged with
CHIKUMASHOBO LTD. Japan
through THE SAKAI AGENCY and A.F.C. LITERARY AGENCY.

**사고의 용어사전**

2009년 8월 10일 1판 1쇄 발행
2012년 2월 27일 1판 3쇄 발행

지은이 —— 나카야마 겐
옮긴이 —— 박양순
펴낸이 —— 한기호
펴낸곳 —— 북바이북
　　　　　　출판등록 2009년 5월 12일 제313-2009-100호
　　　　　　주소 121-846 서울시 마포구 서교동 484-1 삼성빌딩 A동 2층
　　　　　　전화 02-336-5675 팩스 02-337-5347
　　　　　　이메일 kpm@kpm21.co.kr
　　　　　　홈페이지 www.kpm21.co.kr
인쇄 —— 예림인쇄 전화 031-901-6495 팩스 031-901-6479
총판 —— ㈜송인서적 전화 031-950-0900 팩스 031-950-0955

ISBN 978-89-962837-1-3 03300
값은 뒤표지에 있습니다.

북바이북은 한국출판마케팅연구소의 임프린트입니다.